典型的な行政作用

case 8　建築主Aが違法建築物を建てたにもかかわらず，B市長がその建築物の除却命令を発しないので，近隣住民Cが不満である。

Ⅲ．サービス行政

類型Ⅲ₁　申請に基づく給付行政

case 9　生活に困っているAが，B市の福祉事務所長に対して生活保護の申請を行ったところ，申請が拒否された。

類型Ⅲ₂　契約に基づく給付行政

case 10　新たにマンションを建設したAが，B市に水道利用の申込みをしたところ，B市は，Aが行政指導に従わないことを理由として，水道の供給を拒否した。

Ⅳ．公共事業（特に道路事業）

類型Ⅳ₁　道路用地の取得

case 11　B市は，新たに市道を建設するために，Aが所有する土地を必要としていたが，Aが売買に応じないので，土地収用の手続をとってAの土地を強制的に取得した。

類型Ⅳ₂　道路の管理

case 12　B市は，Aから取得した土地について道路建設工事を行い，道路の供用を始めたが，近隣住民Cは，供用された市道の騒音に悩まされている。

case 13　新たな市道が建設されたので，B市は別の市道を廃止する決定をしたが，近隣住民Dは，これによって生活に不便が生ずることから不満である。

KIMURA TAKUMARO
木村琢麿

プラクティス
行政法

信山社
SHINZANSHA

はじめに

　本書は，行政法の教科書（ないし入門書）である。レベルとしては，標準的な法学部生を想定しているが，社会人の自学自習や法科大学院の予習などにも使えるように配慮している。類書が多いなかで，本書の特色として語りうるものがあるとすれば，それは以下の点であろう。

　① 行政救済法を中心にして行政法の全体像を示していること

　通常の教科書・概説書では，行政法総論と行政救済法がほぼ同じ割合で説明されており，とりわけ入門書では，行政救済法に充てられる頁数が少ないのが一般的である。これに対して，本書では，入門的な要素を重視しながらも，行政救済法に関する説明を重視し（第5章〜第8章），行政法総論については，行政救済法との関連から最低限の説明をする方針をとっている（第4章）。また，行政組織法についても，主として行政救済法との関係からみて重要なポイントを示すとともに，学生が軽視しがちな情報法・公物法・住民訴訟のエッセンスも提示している。

　② 単純かつ典型的な事例を基礎にしていること

　本書では，行政に関する基本的な法律（国家公務員法，土地収用法など）をもとにした典型事例を冒頭（見返し部分および第2章）に掲げ，本論ではそれらの事例を用いながら叙述している。これによって，行政法の一般理論を具体的な形で理解することができるようになるとともに，新司法試験などで求められる個別法解釈の基礎が養えるであろう。

　なお，判例の複雑な事例をそのまま用いることは極力避けているが，重要判例の理解の便宜となるよう，著名な最高裁判例を簡略化した事例も併用している。また，伝統的な行政法各論との関係を含めて，典型事例に関する法制度を概観し，発展的な学習の手がかりを提供している（第2章第2節，第3章第4節）。

　③ 重要判例を網羅していること

　判例については，別冊ジュリスト『行政判例百選Ⅰ・Ⅱ〔第5版〕』を基本にしている。もっとも，判例よりも②の典型事例を優先している結果として，すべての用途に耐えられる十分な情報量を有しているとはいえないが，行政法の基礎を身に付けるにあたって必要な内容はカバーしていると思われる。

i

④　伝統的な学説との関係を重視していること

　本書は，典型事例と重要判例をマスターするためには伝統的学説の理解が必要である，という認識に基づき，伝統的学説から基本事項を説き起こしている。また，冒頭において伝統的学説の全体像を鳥瞰していることも，ひとつの特徴であろう（第3章）。その反面で，最近の学説の紹介は最小限にとどめている。

⑤　民事法との比較を重視していること

　初学者は，行政法よりも先に民法を学習しているのが通常であることを考慮して，総論部分では，民法との比較という観点から，行政法の基本的な考え方を説明している（第3章第2節など）。行政救済法については，国家賠償法との関係で民法上の不法行為との比較を行うほか，民事訴訟（あるいは刑事訴訟）の手続との比較を積極的に取り入れている。

　もちろん，これらの目論見が成功しているかどうかは，読者の評価に委ねるほかない。また，以上に記したのは一般読者向けの説明であるが，特に行政法研究者向けの説明として，別に「あとがき」を付しているので，あわせて参照ねがいたい。

　なお，本書は信山社の「プラクティスシリーズ」として出版されるが，本書の執筆方針や行政法という科目の特質などから，事例の設定方法をはじめとして，同シリーズの他の書物とは，相当に異なる要素があることに注意していただきたい。

目　次

はじめに
凡　例
参考文献

第Ⅰ部　序　論

第1章　行政法の全体的なイメージ　3

第1節　行政法はどんな科目か……………………………………3
第2節　行政法の学習方法…………………………………………7

第2章　行政法の具体的なイメージ　12

第1節　典型的な行政作用の概観…………………………………12
第2節　典型的な行政作用に関する法制度………………………17
　1．農地買収の仕組み　類型Ⅰ₁（17）
　2．租税の賦課・徴収の仕組み　類型Ⅰ₂（19）
　3．公務員管理の仕組み　類型Ⅰ₃（22）
　4．許認可行政の仕組み　類型Ⅱ（24）
　5．サービス行政の仕組み　類型Ⅲ（28）
　6．道路行政の仕組み　類型Ⅳ（29）

第3章　伝統的な行政法学説の基本構造　33

第1節　伝統的学説の全体的な特徴………………………………33
第2節　公法関係と私法関係………………………………………36
　1．伝統的な公法私法二元論（36）
　2．公法私法二元論の相対化（39）
第3節　行政法の三段階モデル……………………………………46
　1．三段階モデルの意義（46）

2．民事法のモデルとの比較（50）

　第4節　行政組織法・行政法各論・公物法……………………52

　　1．行政組織法の基礎（52）

　　2．伝統的な行政法各論の体系†（60）

　　3．公物法の基礎†（64）

第Ⅱ部　本　論

第4章　行政法総論のポイント　75

　第1節　法律と行政の関係……………………………………75

　　1．法律の優位（76）

　　2．法律の留保（76）

　　3．行政法の法源（79）

　第2節　行　政　行　為……………………………………84

　　1．行政行為の分類（85）

　　2．行政行為の効力（90）

　　3．行政行為の瑕疵に関する諸法理（93）

　　4．行政行為の附款（96）

　第3節　行　政　立　法……………………………………99

　第4節　行政契約・行政指導・行政計画………………104

　　1．概　　観（104）

　　2．行　政　契　約（105）

　　3．行　政　指　導（109）

　　4．行　政　計　画（111）

　第5節　行　政　手　続……………………………………112

　　1．行政手続法の意義と背景（113）

　　2．行政手続法の諸規定（116）

　　3．手続的瑕疵の効果（122）

　第6節　行政上の強制措置…………………………………123

第7節　行政情報の取得・管理……………………………………130
　　1．行 政 調 査（131）
　　2．情報公開と個人情報保護（132）

第5章　行政訴訟その1：基本類型と訴訟要件　　138

第1節　行政訴訟の全体像……………………………………………138
　　1．行政訴訟の基礎的な前提（139）
　　2．行政訴訟の種類（141）
　　3．取消訴訟のイントロダクション（147）
第2節　取消訴訟の訴訟要件…………………………………………153
　　1．取消訴訟の対象になる処分（処分性）（153）
　　2．原 告 適 格（163）
　　3．訴えの利益の事後消滅（173）
　　4．その他の訴訟要件（176）
第3節　取消訴訟以外の抗告訴訟……………………………………183
　　1．無効確認訴訟（183）
　　2．不作為違法確認訴訟（191）
　　3．義務付け訴訟（193）
　　4．差 止 訴 訟（197）
第4節　当事者訴訟……………………………………………………200
　　1．実質的当事者訴訟（200）
　　2．形式的当事者訴訟（204）
第5節　民衆訴訟・機関訴訟（特に住民訴訟）……………………205
　　1．客観訴訟の概観（206）
　　2．住民訴訟の概観（206）
　　3．住民訴訟の訴訟要件（その1）（210）
　　4．住民訴訟の要件（その2）：財務会計行為の範囲（213）
　　5．住民訴訟における違法性の承継（215）

第6章　行政訴訟その2：審理・判決・仮の救済　219

第1節　行政訴訟の審理　219
1. 審理に関する諸原則（220）
2. 違法性の評価に関する諸問題（227）

第2節　行政訴訟の判決　237
1. 取消判決の効力（237）
2. 事情判決（244）
3. 判決によらない訴訟の終了（245）

第3節　仮の救済　246
1. 執行停止（246）
2. 執行停止以外の仮の救済（250）
3. 当事者訴訟と民事訴訟における仮の救済†（252）

第7章　行政不服審査（行政上の不服申立て）　256

第1節　行政不服審査法の意義　257
1. 行審法の沿革（257）
2. 行審法の特色（258）
3. 行審法の位置づけ（260）

第2節　不服申立ての種類　261
1. 異議申立て・審査請求・再審査請求の区別（262）
2. 異議申立てと審査請求の関係（262）
3. 不服申立庁（不服申立先）（264）

第3節　不服申立ての要件　268

第4節　不服申立ての審理　271
1. 手続の開始（271）
2. 執行不停止原則と例外的な執行停止（272）
3. 審理手続の諸原則（273）
4. その他の手続的規定（277）

第5節　不服申立てに対する裁決・決定･････････････････････････279
　　1．裁決・決定の種類（279）
　　2．処分を変更する裁決・決定（280）
　　3．裁決・決定の効力（284）
第6節　教　示　制　度････････････････････････････････････286
　　1．教示に関する諸規定の特殊性（287）
　　2．教示に関する諸規定の内容（287）
　　3．公共団体に対する処分の場合†（289）
補　　論　行　政　審　判･･････････････････････････････････291

第8章　国家補償　293

第1節　公権力の行使に関する国家賠償････････････････････････294
　　1．国賠法1条の基本的な仕組み（295）
　　2．国賠法1条の要件（296）
第2節　公の営造物の設置管理に関する国家賠償･･･････････････････305
　　1．国賠法2条の基本的な仕組み（305）
　　2．国賠法2条の具体的な問題状況（307）
第3節　賠償責任者･･･････････････････････････････････････313
第4節　損　失　補　償････････････････････････････････････316
　　1．公用収用に対する補償（317）
　　2．公用制限に対する補償（319）
　　3．占有許可の撤回に対する補償（322）
　　4．憲法上の諸論点（323）
　　5．国家補償の諸問題（325）

あとがき
事例一覧
事項索引
判例索引

凡　例

1．本書の構成要素

　本書は，通常の教科書・入門書とは異なった体裁をとっているので，その点を含めて以下に説明しておこう。

　① 本書では，行政法理論が用いられる具体的な場面を理解しやすくするために，類型 と case を多く用いている。まず大枠として，典型的な 4 つの行政作用について，最も基本となる問題状況を 類型Ⅰ～類型Ⅳ として設定し，その下にさまざまな case を設定している（最も基本となる case は，見返しに掲げた 13 個である）。このように，本書の整理の仕方としては，類型 の問題状況を具体化したものが case である。

　② 行政法の学習者が誤解しやすいと思われる個所などを明らかとするために，学習のアドバイス の欄を設けている。

　③ 見出しの後に「†」を付した項目は，やや高度な内容であるので，最初の段階では飛ばして読んでも差し支えない。ある程度，理解が進んだ段階では，発展学習の素材として，ぜひ取り組んでほしい。

　④ 本文中，記憶すべき重要な概念は，**ゴチック体** としている。

2．法令名の略語一覧

　以下の法令は，適宜，それぞれの略称で表記する。なお，下線を付した 4 つの法律は，本書の中心的な考察対象になるものである。

感染症予防法：感染症の予防及び感染症の患者に対する医療に関する法律
行政機関個人情報保護法：行政機関の保有する個人情報の保護に関する法律
<u>行審法</u>：行政不服審査法
<u>行訴法</u>：行政事件訴訟法
<u>行手法</u>：行政手続法
行特法：（旧）行政事件訴訟特例法
建基法：建築基準法
原子炉規制法：核原料物質，核燃料物質及び原子炉の規制に関する法律

憲法：日本国憲法
航空機騒音障害防止法：公共用飛行場周辺における航空機騒音による障害の防止等に関する法律
国公法：国家公務員法
<u>国賠法</u>：国家賠償法
古都保存法：古都における歴史的風土の保存に関する特別措置法
自創法：（旧）自作農創設特別措置法
自治法：地方自治法
収用法：土地収用法

情報公開法：行政機関の保有する情報の公開に関する法律
税徴法：国税徴収法
税通法：国税通則法
代執行法：行政代執行法
独禁法：私的独占の禁止及び公正取引の確保に関する法律
道交法：道路交通法
入管法：出入国管理及び難民認定法

風営法：風俗営業等の規制及び業務の適正化等に関する法律
法務大臣権限法：国の利害に関係のある訴訟についての法務大臣の権限等に関する法律
補助金適正化法：補助金等に係る予算の執行の適正化に関する法律
民訴法：民事訴訟法

参考文献

以下に掲げる文献は，原則として著者名，およびカッコ内の略称によって引用する。

1．判例集・判例教材

行政法などの実定法の学習においては，判例（最高裁判所の判決など）を学習することが不可欠である。本書では，判決文をほとんど引用していないので，2回目以降に読む場合には，下記の判例集（特に①の百選2冊）を手元におき，随時参照することをお勧めする。

① 別冊ジュリスト『行政判例百選Ⅰ・Ⅱ〔第5版〕』（2006年）〔百選Ⅰ・Ⅱ〕
② 別冊ジュリスト『地方自治判例百選〔第3版〕』（2003年）〔自治百選〕
③ ジュリスト増刊『重要判例解説』（各年度）〔重判〕

このうち，①および②は，通し番号（ページ数ではなく）によって引用する。たとえば，「百選1」は，『行政判例百選』の第1事件である。

その他の判例百選シリーズは，2009年11月現在の最新版を用い，特定可能な程度に略記して（憲法百選〔第5版〕，租税百選〔第4版〕など），それぞれの通し番号によって引用する。なお，「旧百選」は『行政判例百選Ⅰ・Ⅱ』の第4版，「旧自治百選」は『地方自治判例百選〔第2版〕』である。

③に掲載された判例は，表題年度と該当ページによって引用する。たとえば，「重判20-1」は，『平成20年度重要判例解説』の1頁に収録された判決である。

判決文や法令の引用個所に施した下線および〔 〕内の文言は，すべて筆者（木村）が加筆したものである。

* 本文中で判例を引用する場合には，①〜③の判例集・判例教材の番号を適宜付記するが，正式の判例集（最高裁判所民事判例集〔民集〕，最高裁判所刑事判例集〔刑集〕，行政事件裁判例集〔行裁集〕，最高裁判所民事裁判集〔集民〕，訟務月報〔訟月〕，裁判所時報〔裁時〕，判例時報〔判時〕，判例タイムズ〔判タ〕，判例地方自治〔判例自治〕など）の情報は省略する。判例情報の詳細は，巻末の判例索引を参照ねがいたい。

ただし，これは頁数を圧縮するという便宜から簡略的に表記したものであり，授業のレポートなどで判例を引用する場合には，巻末索引に示すように，「最判平成○年○月○日民集○巻○号○頁」（または「最判平成○・○・○民集○巻○号○頁」）と表記するのが基本であることに注意してほしい。

2．標準的な概説書

行政法に関する概説書は数多く公刊されているが，ここでは，発展的学習にとって有益と思われる代表的な文献のみを掲げる。

④　宇賀克也『行政法概説Ⅰ〔第3版〕，Ⅱ〔第2版〕，Ⅲ』（有斐閣，2008-2009年）
⑤　小早川光郎『行政法講義上～下Ⅲ』（弘文堂，1999-2007年）
⑥　塩野宏『行政法Ⅰ〔第5版〕，Ⅱ〔第4版〕，Ⅲ〔第3版〕』（有斐閣，2006-2009年）
⑦　芝池義一『行政法総論講義〔第4版補訂版〕』（有斐閣，2006年），同『行政救済法講義〔第3版〕』（有斐閣，2006年）
⑧　藤田宙靖『行政法Ⅰ総論〔第4版改訂版〕』（青林書院，2005年）

3．古典的な概説書

本書では，伝統的学説との関係を重視した説明をしているので，本書のベースとなっている考え方を知りたい読者のために，代表的な概説書を掲げておく。

⑨　佐々木惣一『日本行政法論総論』（有斐閣，1924年）
⑩　美濃部達吉『日本行政法上巻・下巻』（有斐閣，1936-1940年）
⑪　田中二郎『行政法総論』（有斐閣，1957年）
⑫　田中二郎『新版行政法上巻・中巻・下巻〔全訂第2版〕』（有斐閣，1974-1983年）

これらの概説書で複数の巻に分かれるものについては，それぞれの上巻が本書の主たる内容（行政法総論・行政救済法）に対応する。特に⑫の上巻は，コンパクトにまとまっており，最も参照しやすいであろう。その他の巻（行政組織法や行政法各論に関する部分）も，典型事例に関する理解を深めるうえで有益である。

4．発展学習のための文献

本書では，原則として研究書や論文等の引用は省略しているので，学部のゼミなどで，特定のテーマについて深く学習をするにあたって，議論の概況や基本文献を知るには，特に⑬が便利であろう。もちろん，2．に掲げた本格的な概説書から文献を探すこともできる。

また，本書では，「あとがき」に記したような配慮から，筆者の著書なども引用しているので，そこから関連文献を探すこともできる。とりわけ⑭は，行政法の理解にも資するところが多いであろう。また，⑮と⑯は，行政法の基礎理論の諸前提，あるいはその応用の仕方について論じたものである。

なお，⑰は本書の部分的な基礎をなしている入門書であるが，学習が進んだ段階でも，頭の整理のために活用できるのみならず，参考文献を厳選して掲げているの

で，適宜参照してほしい。
　⑬　ジュリスト増刊『行政法の争点〔第3版〕』(2004年)
　⑭　木村琢麿『ガバナンスの法理論』(勁草書房，2008年)［木村・ガバナンス］
　⑮　木村琢麿『港湾の法理論と実際』(成山堂書店，2008年)［木村・港湾法理論］
　⑯　木村琢麿『財政法理論の展開とその環境』(有斐閣，2004年)［木村・財政法理論］
　⑰　宇賀克也編『ブリッジブック行政法』(信山社，2007年)

第Ⅰ部 序　論

第1章　行政法の全体的なイメージ

　本書のイントロダクションとして，行政法の全体的なイメージについて，本書を用いた行政法の学習方法とあわせて記しておく。もっとも，肩肘張った《序論》の類ではなく，「気楽にイメージできるところから始めていこう」というアドバイスが込められている。

第1節　行政法はどんな科目か

　行政法を語るにあたっては，本来なら最初に，行政や行政法の意義について説明する必要がある。しかしながら，入門の段階では，行政とは何か，行政法とは何か，行政法の体系はいかなるものか，といった原理的な問題について深入りするのは適当でないと思われるので，学習のポイントが明らかになるように，最小限の説明をしておこう。

◇**行政・行政法の意義**
　行政と行政法の意義に関しては，さまざまな見解が対立しているが，本書ではこれらの定義に関する論争には立ち入らずに，行政法とは，基本的には《役所（霞ヶ関の中央省庁，県庁，市役所など）に関する法》であるという，形式的な理解を示すにとどめることにしたい。
　とはいえ，行政に関する法律として，「行政法」という名前の法典があるわけではない。行政法は，役所に関わる無数の法令によって構成されているのである。この点が，独立した法律をもつ憲法や民法などとの相違である。
　いずれにしても，行政法学の主たる関心は，行政（役所）と私人の関係である。そこで，もろもろの行政活動のうち，私人に関係する作用を **行政作用** と呼び，行政作用に焦点を当てた考察がなされてきた。このことに留意しながら，次に行政法の体系をみることにしよう。

＊**行政に関するさまざまな表現**　ここにいう《役所》は，本来，《行政機関》または《行政主体》という形で，文脈に応じて正確に表現するべきであり（第3章第4節 1.），その範囲についても議論があるが，本書では，私人に対する意味での役所（あるいはその仕事）のことを，単に《行政》と呼ぶことがある。また，行政（役所）の活動を全般的に表現するために，適宜《行政活動》という言葉を用いる。

なお，行政に対する言葉としては，《国民》や《人民》などがあるが，本書では基本的に《私人》という言葉を用いる。租税に関しては《納税者》という表現を用いるが，言うまでもなく《納税者》は《私人》である。また，《私人》には，自然人（個人）のみならず，私法人（民間企業など）も含まれる。

◇**行政法の体系**

行政法の体系については多くの議論があるが，ここでは行政法の大枠的なイメージを提供する意味で，伝統的な行政法学の体系を示しておく。ここで述べる《体系》も，民法の総則・物権・債権のような法令上の体系ではなく，あくまで理論的な体系である。

伝統的な行政法学は，行政法の体系として，①行政法総論，②行政救済法（行政争訟法＋国家補償法），③行政組織法，④行政法各論の4つに分けてきた（図1-1 参照）。民事法と比較していえば，行政法総論と行政法各論が民法・商法などの**実体法**（＝権利義務の中身に関する法）に，行政救済法のうち行政争訟法が民事訴訟法などの**手続法**（＝権利義務の実現のための訴訟手続等に関する法）に，それぞれ相当する。なお，行政救済法のうち国家補償法は民法の不法行為に，行政組織法が会社法の組織的規定（あるいは，一般社団法人及び一般財団法人に関する法律など）に，ほぼ対応することになろう。

行政法総論と行政法各論をあわせたものを，行政組織法に対置した意味で，**行政作用法**と呼ぶことがある（ここにいう行政作用は，先述のように，行政と私人の関係に着目した概念であり，とりわけ行政組織に関する行政内部関係と対比される）。このような概念が中核になっていることは，伝統的な行政法学が行政と私人の関係を主たる考察対象にして

図1-1　行政法の体系

```
行政法総論  ⎫
行政法各論  ⎭ ＝行政作用法 ………… ＝実体法

             ⎧ 行政争訟法 ⎧ 行政訴訟 …………  ⎫
             ⎪            ⎩ 行政不服審査 …… ⎭ ＝手続法
行政救済法  ⎨
             ⎪ 国家補償法 ⎧ 国家賠償 ………… ⎫
             ⎩            ⎩ 損失補償 ………… ⎭ ＝実体法

行政組織法 ……………………………………… ＝組織法
```

きたことの表れである。行政作用に関する行政法総論は，民法総則に近い存在であるが，民法総則のように条文の形になっていないところに特徴がある。

行政救済法の諸要素については，第5章の冒頭で改めて説明するが，この領域では，行政事件訴訟法，行政不服審査法，国家賠償法をはじめとした一般的な法律が整備されている。

行政法各論は，警察法，公企業法，公用負担法，財政法の4分野によって構成されると考えられてきたが（第3章第4節1.），さしあたってのイメージとしては，本書の見返し部分に掲げた「典型的な行政作用」が，ほぼ各論の諸要素に対応すると考えてよいであろう。

* 行政通則法の意義　行政法総論は法律の形になっていないが，しばしば**行政通則法**と呼ばれる一群の法令がある。それは，すべての行政活動に共通して適用される法令であり，行政手続法，行政代執行法，地方自治法などのほか，行政事件訴訟法，行政不服審査法，国家賠償法を含めることも可能である。しかしながら，これらは行政に関する基本ルールを網羅的に規定したものではない。それゆえにこそ，《理論的に構築された行政法総論（行政行為論など）》が通則法的な法律に代わる存在となるのである。

◇行政救済法の重要性の高まり

最近では，これらの体系上の諸要素のうち，行政救済法の重要性が高まっている。その背景として，2004（平成16）年の行政事件訴訟法改正がある。改正された条文の数は多くはないが，これによって行政訴訟の基本的な考え方が大きく変容しているとともに，新しい判例が次々と出現している。また，2008（平成20）年には，行政不服審査法の改正法案（以下，改正行審法案という）が国会に提出されている。なお，国家賠償については，1947（昭和22）年の国家賠償法の制定以降，多くの判例が蓄積されている。

* 行政法総論の凋落？　行政救済法に比べて行政法総論の重要性は相対的に低下しているというのは，あくまで初学者がマスターするべき内容についてであるが，その事情について，以下に補足しておこう。

行政法総論の中核をなしてきたのは行政行為論であり，そこでは伝統的に，行政行為の分類などがさかんに論じられてきたが，最近では個別法の解釈によると考えられつつある。特に，行政行為論のうち行政裁量の問題は，裁判官の審査権がどれ

だけ制限されるか，という問題であるから，実質的には行政訴訟の問題である。また，近時では，行政行為に代えて行政処分という概念が用いられることが多いが（行手法2条2号など），もともと行政処分は取消訴訟の外延を画する概念である。さらに，行政手続については，争訟手続（訴訟手続や不服申立手続）との連続性が重視されており，両者の比較を通じて理解することが求められる。このほか，行政計画などでも，少なくとも教科書レベルでは，実体法理を詳しく述べる意義は乏しく，通常は救済法的な問題を中心に論じられている。全般に，伝統的な行政法総論の一般理論は相対化されており，個別法の解釈をもとに民事法の原理を適宜修正する，という手法がとられることが多くなっている（後出の図3-5などを参照）。

もちろん，こうした傾向は，行政法総論の研究が進んでいないことを意味するわけではない（最近の研究成果の一例として，木村・ガバナンスに掲げた諸文献を参照）。

◇**憲法・民法・刑法と行政法**

多くの読者は，行政法に先立って憲法・民法・刑法の学習を始めていると思われるので，それらの基本科目との関係について付言しておこう（あくまでイメージを確認する程度の意味で，図1-2も参照してほしい）。

憲法は国家の基本法であるが，とりわけ国家と私人の関係を規律している。また，刑法は，国家が犯罪者を処罰するための法律であり，憲法と同じく，国家と私人の関係を規律するものである。これに対して，民法は，私人相互の関係を規律している。

他方，行政法は，<u>憲法を具体化する法</u>として，国家（特に役所）と私人の関係を規律するが，<u>憲法よりも具体的な法律関係</u>を問題にするので，民法の発想を部分的に取り入れている（行政法理論の中核をなしてきた行政行為の概念も，民法の法律行為にならった概念である）。また，国家が私人と対等の立場にたつこともあり，その場合には，民法のルールが基本となる（役所の文房具の納品契約など）。さらに，行政法において強制措置が発動される場合には，刑法の考え方が採用される（行政罰など）。

図1-2　国家と私人の関係

(a) 権力的な行政作用の場合

国家
　｜←行政法←憲法
私人――私人
　　民法

(b) 非権力的な行政作用の場合

国家≒私人
　｜←民法＝行政法??
私人

* 公法私法二元論をとる伝統的学説は，図中の（a）を主たる考察対象にしてきた（第3章第2節）。

このように，憲法・民法・刑法は法律学の基礎であり，行政法の基礎をも提

供している。そこで，行政法の理解にあたっては憲法・民法・刑法の理解が不可欠である。学習の順序としては，憲法・民法・刑法について一応の学習をしたうえで行政法に進むのが望ましいが，早めに行政法の学習を始めて，憲法・民法・刑法の知識を確認していくという方法も有効であろう。

＊ 行政法と民法の理論的な関係　　もっとも，行政法が民法などをどれだけ《基礎》にするべきかという問題があり，伝統的な公法私法二元論は，それに関連する議論である。なお，本書では，民事法との関係を念頭において，《バイパスとしての行政法》というイメージを提供している（第3章第2節2.〔44頁〕）。

第2節　行政法の学習方法

以上の行政法のイメージをもとに，行政法の学習方法と本書の利用方法について述べておくことにしたい。

◇行政法学習の難しさ

法律学のなかで行政法が学習しにくいことには，いくつかの理由があるように思われる。

① 繰り返し述べると，行政手続法などの通則法的な法律を除けば，行政法には憲法・民法・刑法のような統一的な法律がない。このことが，民法や刑法などに比べて，行政法を取っ付きにくい存在にしている。

② これに関連して，行政法には関係法令が多岐にわたっており，それらを行政法の一般理論と結び付けて学習しなければならない，という事情がある。多くの行政法の教科書では，一般的な記述のなかで個別法に基づく例が大量に引用されるが，読者がそれぞれの法制度の基本的部分を知っていないと，具体例が理解できないはずである。とはいえ，個別法の条文をみながら教科書を読み進めたのでは，いくら時間があっても足りなくなる……。

③ しかも，行政法には総論と救済法があるので，行政法を学ぶことは民法と民事訴訟法をまとめて勉強するようなものである。さらに，民事法の世界では，民事訴訟の知識がなくても，一応は民法の学習ができるはずだが，行政法の場合には，行政訴訟の基本的な理解なくして総論部分の十分な理解はありえない。ところが，初学者の多くは，訴訟法に慣れていないのが現実であろう。

◇**行政法学習に向けたアドバイス**

　本書では，こうした行政法の難しさを和らげるために，ささやかな学習戦略を提示したい。筆者の勧める行政法学習の柱は，次の3つである。

　①　まず，伝統的学説の基本構造を理解することである。比喩的にいえば，民法総則などに相当するものが行政行為論などの伝統的学説であった。本書では，そうした行政法学習の基軸を示すために，伝統的学説の基本構造について，思い切って《図式化》して示すことに努めたい。その際にキーワードになるのは，民主主義と対置された意味での **自由主義**，自由主義を具体化する技術としての **行政法の三段階モデル** である（第3章）。もちろん，現代的な学説の意義を軽視するつもりはないが，それらについても，伝統的な学説の延長で理解することが望まれる。

　②　そのような図式的な理解をする一方で，具体例をもとに理解することが必要である。そこで本書では，本論に先立ち，典型的な行政作用の 類型 を設定したうえで，それぞれに関して具体的な case を掲げるという方法をとっている（第2章）。読者としては，具体的な問題状況を思い浮かべながら，本論（第4章以下）の一般的な説明を理解していく，という学習方法を心がけてほしい。法律学全般についていえることだが，一般理論と具体例を連動させながら学習していくことが不可欠である。

　本書で掲げる case の多くは，判例で出てくるような高度な設例ではなく，判例の当然の前提となるような基本事例であり，個々の制度や条文を理解するうえで不可欠となるものである。そこで，場合によっては，事例ごと覚えてしまうことも，有効な学習方法であろう。学習の進み具合を測るひとつの目安として，行政処分の具体例をいくつか思い出せなければ，行政法の勉強が順調に進んでいるとはいえないだろう。

　③　あわせて，行政法総論と行政救済法を関連させながら理解することである。総論と救済法がリンクしていることは，行政法の難しさの一因ではあるが，いったん両者の関連性が分かれば，理解が急速に進むことであろう。

　また，行政法には統一的・包括的な法律が存在しないとはいえ，行政救済法の領域では，基本的な法令が比較的整備されている（行政事件訴訟法，行政不服審査法，国家賠償法など）。そこで，条文を重視した学習をするのであれば，行政救済法に重点をおいた学習から始めることにも合理性がある。つまり，行政法総論の概略を学んだあとで，行政救済法を重点的に学習し，さらに行政法総論にもどって理解を深めていく，という学習方法が有効ではないか。こうした

配慮から，本書では，行政法総論についてはコンパクトな説明にとどめて，行政救済法に重点をおき，できる限り両者の関連性を示すことにしたい。

＊ **典型的なシチュエーションを把握する重要性**　民法の学習においては，売買契約や賃貸借契約が，法律行為論や債権総論・契約総論などの典型的場面とされるはずであるし，土地の売買契約に伴う所有権の移転が，物権法の基本的な場面設定であろう。また，民事訴訟法の講義においても，これらの取引をもとにした給付訴訟や確認訴訟の例が示されるのが通常であると思われる。

それに対して，伝統的な行政法各論は，民法でいえば債権各論（ないし契約各論）のような性格を有するが，あまりにも多くの法令によって構成されているので，一般的なイメージを提供するには適さない。そこで，行政法各論のなかの典型的な要素を思い切って選び出したのが，本書で強調する「典型的な行政作用」である。

◇**本書の構成**

本書は行政救済法（第5章〜第8章）を中心にすることから，行政法総論と行政組織法については，本書の前半（第3章・第4章）で最小限の解説をするにとどめる。それに先立って，典型的な行政作用に関する概観を行う（第2章）。なお，行政救済法については，行政訴訟（第5章・第6章），行政不服審査（第7章），国家補償（第8章）の順に扱う。

＊ **行政不服審査と行政訴訟の関係**　行政不服審査については，手続的な順序としては訴訟の前段階に位置していることから，本来は行政法総論に続けて説明すべきところである。しかしながら，初学者にとっては行政訴訟がより重要であり，また不服申立ての技術的な内容に入る前に，行政法総論で扱ったことがらを取消訴訟と結び付けて理解する必要があるので，本書では便宜的に行政訴訟を先に講ずる（現行法上も，不服申立てを前置せずに行政訴訟を提起できるのが原則である）。この点も，学問体系より教育的配慮を優先させた結果である。

◇**本書の利用方法**

初めて行政法を勉強する読者を念頭において，本書の利用方法として，筆者が思い描いている姿を示しておこう。すなわち，①まず，本書の序論のうち，第2章の典型事例（強調された部分）と第3章の基本原理（特に第1節〜第3節）を頭に入れたうえで，②本論である第4章の総論部分をざっと読み，③そのうえで，第5章〜第8章の行政救済法をじっくり読んでほしい。④全体を読み終わったら，もう一度，序論や行政法総論の記述に戻って学習するのが望ま

しい。

　こうすることで，本書の前半と後半の内容が相互に関連していることが理解されるであろう。もともと，法律学は一気に理解しようとしても無理がある。分かる範囲で読みすすめていき，分からなくなったら前に戻って考えなおす（あるいは，ひととおり学習したうえで再度詳しく学習する），といった作業は不可欠である。

　念のために述べると，第2章の典型的な行政作用については，これらを完全に理解していなければ本論が理解できないというわけではない。第4章以下で取り上げられる事例をみるにあたって，必要に応じて第2章の説明に戻って理解を深める，という学習方法が効率的であろう。

＊ **発展的な学習方法**　本書全体を一応理解できるようになった段階では，それぞれの典型事例についてはどのような論点があるか，という視点から整理してみることも有益である。たとえば，パチンコ球遊器事件に関するcase 204やcase 424について，行政法全体を通じてどのような論点があるかを整理してみよう。
　さらに学習が進んだ段階では，典型的な行政作用に関する法令（第2章第2節）を六法で参照しながら，本文の説明を再読してほしい。また，興味をもった判決の原文を読んで，あわせて判決で出てくる法令を読み込んでみよう。それらを通じて，本格的な事例問題に対応する能力（基礎体力）も養われるであろう。

＊＊ **表記に関する注意**　本書では，多少なりとも分かりやすくするために，俗に用いられるカタカナ言葉（ルール，バイパス，アクセルなど）を多用しているが，公式の文書（筆記試験の答案を含む）では，これらのカタカナ言葉は濫用しない方が無難である。たとえば，ルールという言葉は「法規範」に置き換えればよいし，取消訴訟などのバイパスという性質は，多くの場合，「排他的手続」のように表現できるはずである。もちろん，専門用語に近いカタカナ言葉（アカウンタビリティ，パブリック・インボルブメントなど）は，積極的に使いこなしてほしいし，両者の境界線は，状況によって異なるだろう。

◇**伝統的な行政法学説の重要性**
　すでに述べたように，最近では行訴法などの法改正や判例の展開を通じて，行政法の基本原理が著しく変容している。それにもかかわらず，基礎学習のレベルでは伝統的な学説（とりわけ美濃部達吉・田中二郎の学説）を理解することが重要である。この点は，行政法の教育者の間で必ずしも一致した認識ではなく，むしろ伝統的学説を重視することが本書の特色のひとつであるといえよう

が，筆者は，行政法に関しては，民法などの場合以上に，伝統的学説が強調されてしかるべきであると考えている。

　もっとも，伝統的な学説は公法私法二元論という枠組み（第3章第2節）に依拠しているので，ともすれば，「公法私法二元論を否定する近時の学説からすると，伝統的学説はもはや参照するに値しない」と思われるかもしれない。しかし，公法私法二元論の採否は，表面的な問題にすぎない。実際には，伝統的学説の諸要素は今日の学説・判例に色濃く反映されており，少なくとも現在の判例の基本的部分を理解するためには，伝統的学説の理解が必須の条件になっているといえよう。おそらく読者の多くが想像するほど実務は新しくないし，基本的部分は変化していないのである。行訴法などの改正点ばかりに目を奪われてほしくないところである。

　そこで，皆さんの学習のしかたとしては，公法私法二元論に賛成するかどうかはともかくとして，古くから使われている基本的な用語や原理（比例原則，公物，当事者訴訟のほか，行政行為を含めた基本概念のほとんどは，伝統的な公法私法二元論に由来している）を，きちんと理解して使えるようにしておくことが求められる。今日，伝統的学説は批判的にみられることが多いが，《伝統的なツール》がすべて捨てられているわけではないのである。古い屋敷に火が放たれたけれども，その家具は運び出されて大事にされている（フランス語でいえば，sauver ses meubles），といったところだろうか。

第2章　行政法の具体的なイメージ

　前章で述べた方針に沿って，本章では，行政法の典型的な問題状況を示すことにしたい。これによって，行政法の実際的なイメージをもつことができるようになるとともに，本論（第4章以下）を理解するための手がかりが得られるであろう。全体を鳥瞰するために，本書見返しに掲げた「典型的な行政作用」を適宜参照しながら，感覚的にでもいいから本章を読み進めてほしい。

> 学習のアドバイス
>
> 　もとより行政法で問題になる事例は多種多様であり，簡単に整理できるはずはないが，初学者が知っておくべき紛争の場面は，ある程度の類型化ができると思われる。本書に掲げる典型事例は，教育上の配慮から，筆者なりに取捨選択したものである。
> 　いずれにしても，初学者の段階で，すべての行政作用について多くの知識をもつ必要はない。類型I$_1$の農地買収，類型I$_2$の租税行政，類型I$_3$の公務員の懲戒処分，類型IIの建築確認を中心に，ざっと理解しておけば足りるであろう。これらを頭に入れながら次章以下を読み進め，適宜，本章の説明に戻って確認するという，往復的な学習方法をお勧めしたい。

第1節　典型的な行政作用の概観

◇4つの典型的な行政作用

　ここで典型的な行政作用のカテゴリーを掲げておこう。学習の便宜上，伝統的な行政法各論の類型（第3章第4節2.）に先立って，より具体的な行政作用の類型を設定するわけである。これらのカテゴリーは本論で頻繁に参照するので，類型I$_1$，類型I$_2$……のようにラベル化しておくことにしよう。
　さらに，それぞれの行政作用において，具体的な行政活動がなされ，時には

関係者との間で紛争が生ずるが，本書ではそのような場面を case として掲げている。つまり，本書の整理の仕方としては，行政作用の 類型 の問題状況を具体化したものが case である。

Ⅰ．古典的な規制行政・侵害作用
　　類型Ⅰ₁ 農地買収
　　類型Ⅰ₂ 租税の賦課徴収
　　類型Ⅰ₃ 公務員の懲戒
Ⅱ．許認可行政
　　類型Ⅱ₁ 申請者との二面関係 ex. 建築確認の拒否処分に対して，申請者が不満な場合
　　類型Ⅱ₂ 申請者以外を含めた三面関係 ex. 建築確認に対して，近隣住民が不満な場合
Ⅲ．サービス行政
　　類型Ⅲ₁ 申請に基づく給付行政 ex. 生活保護，補助金の交付
　　類型Ⅲ₂ 契約に基づく給付行政 ex. 水道の供給
Ⅳ．公共事業（特に道路事業）
　　類型Ⅳ₁ 道路用地の取得
　　類型Ⅳ₂ 道路の管理

＊ 典型的な行政作用を掲げる意義　　以上の行政作用の類型とその選択方法には，本書に固有な要素が多く含まれているので，補足的な説明をしておく必要があろう。

　① 以上の4種類の行政作用は，もとより網羅的なものでないし，他の整理の仕方もありうるが，初学者の学習のためには，なじみやすい具体例を提供することが大切であると考え，数を限定しながら選別した結果である。特に，類型Ⅳ の公共事業は，広い意味でのサービス行政のひとつではあるが，類型Ⅲ と違って申請・契約に基づかない行政作用であり，なおかつ用地取得を含めた一連のプロセスとして理解するべきであるので，別枠で掲げている。

　② ここで，古典的な農地買収の場面（類型Ⅰ₁）を筆頭に掲げているのが，やや古臭く映るかもしれない。むしろ通常の行政法の教科書・概説書では，行政行為の筆頭例として，土地収用の収用裁決（本書でいえば，類型Ⅳ₁ における行為）があげられることが多いであろう。しかし，土地収用の手続は複雑で，少々分かりにくいところがあり（本章第2節6.），むしろ土地収用の例を農地買収に置き換えてみると，理解しやすい場面が多いはずである。

　他方，今日の典型的な行政作用である租税行政（類型Ⅰ₂）を強調する方法もあ

りうるが，学生のなかで税金を直接納めたことのある人は少ないだろうから，かえって実際的なイメージがもちにくいのではないか。むしろ農地買収の仕組みは，第二次大戦後の農地改革に関する歴史教科書程度の知識があれば，なじみやすいと思われる。

③　今日では，終戦直後のような農地買収はなされなくなっているが，農地買収に関する判例は，現在でも先例的な意義をもつものが少なくない（『行政判例百選』でも，今なお農地関係の見出し判例が20件に上っている）。また，現代の市街地再開発事業や土地改良事業などの公用権利変換は，農地買収に類似する側面があり（本章第2節6.にあげる第2種市街地再開発事業など），農地買収との比較で理解される場面もある（たとえば，第5章第3節1.の説明〔188頁〕を参照）。

④　次章以下に掲げるcaseのなかには，本章であげる典型的な行政作用に関するcaseとは異なるものが少なからずあるが，その多くは以下のcaseのアレンジにとどまっている。その意味で，行政法における典型事例の基本形は，おのずから限られてくるはずである。

◇**行政作用の分類**

以上の典型的な行政作用や事例との関係で，行政作用ないし行政活動の一般的な分類について述べておこう。ただし，冒頭であまり概念的な説明をしないようにする配慮から，最小限の説明にとどめる。

①　行政作用は，さまざまな観点から分類されるが，最も基本的な類型は，**侵害作用**と**給付作用**である。侵害作用とは，私人の権利・自由に対して侵害をもたらす行政作用であるのに対して，給付作用とは，そのような侵害的な要素をもたず，私人にサービスを提供する作用である。

②　他方，行政を分類する場合には，**規制行政・給付行政・調達行政**という3区分が用いられる。これは，それぞれの行政の《最終的な目的》という観点から，いわば①よりもマクロな視点から，分類したものである。規制行政は，行政が私人に対して規制をすることを目的とする行政活動であるのに対して，給付行政は，私人に対して金銭・物品・サービスなどの給付を行うことを目的とする活動である。また，調達行政は，行政に必要な金銭・物品等を調達することを目的とする活動である。

先の典型的な行政作用についていえば，農地規制や建築確認は規制行政の例であり，給付行政としては，生活保護や補助金交付，道路事業などがある。調達行政としては，租税の賦課徴収のほか，役所の事務に使う文房具の調達がその典型例である。

表2-1　典型的な行政作用の類型

			行政作用の分類	行政の分類
Ⅰ 古典的な侵害作用	農地買収 類型Ⅰ₁		侵害作用	規制行政
	租税の賦課・徴収 類型Ⅰ₂		侵害作用	調達行政
	公務員の懲戒処分 類型Ⅰ₃		侵害作用	規制行政（内部管理行政）
Ⅱ 許認可行政	二面関係 類型Ⅱ₁	拒否処分・監督処分など	侵害作用	規制行政
		許認可処分など	（給付的作用）	〃
	三面関係 類型Ⅱ₂：第三者との関係		（給付的作用）	
Ⅲ サービス行政	申請による給付行政 類型Ⅲ₁		給付作用	給付行政
	契約による給付行政 類型Ⅲ₂		給付作用	〃
Ⅳ 公共事業（道路行政）	道路用地の強制的取得 類型Ⅳ₁		侵害作用	調達行政
	道路の管理 類型Ⅳ₂		給付作用	給付行政

③　ごく大まかにいえば，類型Ⅰや類型Ⅱが侵害作用・規制行政の典型であり，類型Ⅲと類型Ⅳが給付作用・給付行政に対応する。その例外を含めて整理すると，表2-1のようになる。

＊　行政の分類と行政作用の分類の関係　②の規制行政・給付行政・調達行政の区分は，行政の《最終的な目的》に着目した区分であり，①の侵害作用・給付作用の区分は，こうした行政の3分類の《手段・手法》として位置づけられる。一般には，《規制行政→侵害作用》，《給付行政→給付作用》という図式が妥当することが多いが，2つの分類が交錯する場面がある。たとえば，調達行政のなかにも侵害作用が含まれうるし（公金調達の目的のために，租税徴収という侵害作用がなされる場面など），給付行政にあたって侵害作用がなされることもある（道路の管理という給付行政の目的のために，障害物の除却命令という侵害作用がなされる場面など）。言い換えれば，②の区分はマクロの視点であるのに対して，①の区分はミクロの視点であることになる（次章以下で考察の対象になる行政行為もまた，ミクロの視点に立った概念である）。とはいえ，①と②の分類の違いは実際には相対的な

第1節　典型的な行政作用の概観

面があるので，本書では適宜両者を融合させている（典型的な「行政作用」と題した分類にも，規制行政と給付行政の区分の視点が一部入っている）。

　なお，行政の分類としては，規制行政・給付行政・調達行政の3つが基本となるが，このほかに **誘導行政** と呼ぶべきものがある。環境対策のための補助金などがその例であるが，広い意味での給付行政ないし規制行政に振り分けられることが多いので，本書ではあえて誘導行政という類型は掲げないことにする。さらに，**内部管理行政** というべきものもあり，そこに公務員の人事管理を含めることもできるが，公務員の仕組みは，行政のための人材確保であることに着目すると，広い意味での調達行政であるし，行政内部の規律確保という面に着目すると，規制行政の一種といえる（木村・ガバナンス35頁，105-106頁）。

＊＊ 行政手続法の分類との関係　　行政手続法では，不利益処分，申請に対する処分，届出という類型が用いられている。おおむね，類型Ⅰ は **不利益処分**，類型Ⅱ₁ と 類型Ⅲ₁ は **申請に対する処分**，類型Ⅱ₁ の一部は **届出** の仕組みである。ただし，個別法によって行政手続法が適用除外される場合も多い（類型Ⅰ₂ や 類型Ⅰ₃ など）。他方，行政手続法の適用が予定されていない場面もある（類型Ⅲ₂ など）。もとより，行政手続法上の分類は個々の行為に着目した分類であり，行政活動や行政作用を一体的にみた場合とは観点が相違するが，両者に一応の対応関係があることは認められよう。

◇行政上の二面関係と三面関係

　行政作用に登場する当事者の関係を図式的にみると，二面関係と三面関係に分けられる。類型Ⅰ₂ の課税処分や 類型Ⅰ₃ の公務員の懲戒処分，類型Ⅳ₁ の土地収用などは，古典的な **二面関係** の典型例であり，行政と私人（行政から処分をうける私人）の関係が問題になる。たとえば，所得税の課税処分であれば，税務署長と納税者という2当事者だけが登場する。また，類型Ⅲ で行政サービスを求める私人も，行政との間で二面関係を形成する。

　これに対して，**三面関係** の典型例は，処分の名宛人のほかに，競業者（ライバル会社）や住民を含めた関係である（類型Ⅱ₂ の場面）。たとえば，違法建築物の近隣に住む者の要望をうけて，市長がその違法建築物に対して除却命令を発する場合（case 212）には，建築主・行政・近隣住民という3当事者が登場する。

　これらは，自由主義と民主主義（ないし福祉国家）という観点から整理できるが（第3章第1節），ひとまず二面関係と三面関係という形式的な観点から，典型的な行政作用と分類論をまとめると，図2-1のとおりである。

図2-1　行政法上の当事者関係の基本形

(a) 侵害作用・規制行政に関する二面関係……　類型Ⅰ，類型Ⅱ₁，類型Ⅳ₁

```
行政
 │規制
 ↓
私人
（規制の名宛人）
```

(b) 給付行政に関する二面関係……　類型Ⅲ，類型Ⅳ₂

```
行政
 │給付
 ↓
私人
（給付の名宛人）
```

(c) 規制行政に関する三面関係……　類型Ⅱ₂

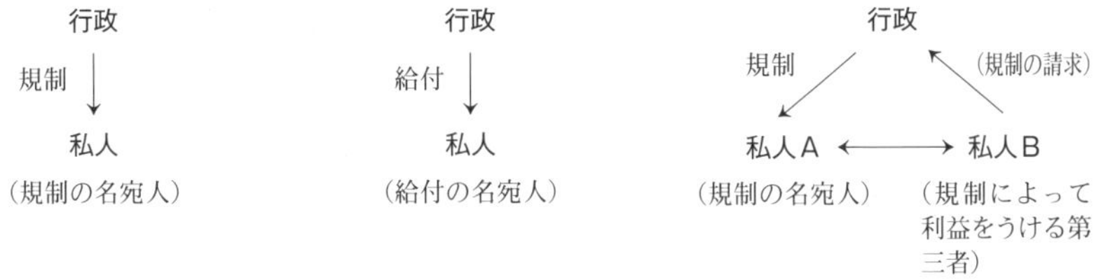

```
        行政
    規制／   ＼（規制の請求）
      ↓       ＼
    私人A ←→ 私人B
（規制の名宛人）（規制によって
              利益をうける第
              三者）
```

第2節　典型的な行政作用に関する法制度

　ここで，先に掲げた典型的な行政作用に関する法制度を概観しておく。初学者の段階では，これらについて詳しい知識を身に付ける必要はなく，本節の前半部分（類型Ⅰ₁の農地買収，類型Ⅰ₂の租税行政，類型Ⅰ₃の公務員の懲戒処分，類型Ⅱの建築確認）を中心に，ひととおり理解しておけば足りるであろう。ただし，本論を読んでいて，言葉の意味が分からなくなったときなどには，必ず参照するようにしてほしい。また，学習が進んだ段階では，引用された条文にあたって理解することが望まれる。

　なお，それぞれの行政作用の類型について，見返し部分に掲げた典型事例（cases）を再度掲げるが，このほかに派生事例というべき事例を追加してある。

1．農地買収の仕組み　類型Ⅰ₁

　第二次大戦後の農地改革においては，不在地主の農地について，当該農地を耕作している小作人に譲り渡す仕組みが採用された。この制度にみられる重要な行政行為ないし行政処分として，農地買収計画，農地買収処分，農地売渡処分の3つがある（図2-2参照）。これらの行為の結果として生じる農地所有権の移転は，民法上の転々譲渡に近い外観を伴っているが，買収処分などの行政行為が介在する点で相違するわけである。

case 201　地主Aの農地について，B県知事が買収計画に基づいて買収処分を行い，その農地を小作人Cに売り渡した。

① **農地買収計画** は，買収の対象となる農地（基本的には，当該農地のある市町村に住所のない，不在地主の土地）ごとに市町村農地委員会が定めるもので，その内容を公にする手続（公告・縦覧）がとられたうえで，都道府県農地委員会の承認がなされる（自創法6条，8条）。小作人の請求によって策定される買収計画と，市町村農地委員会の職権によって策定される買収計画の2種類がある（同法施行令43条，45条）。

図2-2　農地買収の流れ

地主 ────→ 国 ────→ 小作人
　　②買収処分　　③売渡処分
　　　　↑　　　　　　↑
　　①買収計画　　売渡計画

② **農地買収処分** は，①の買収計画をもとに，都道府県知事が不在地主の土地を買収する行為であり，買収処分によって，国にいったん土地の所有権が帰属する（自創法3条，9条，12条）。買収処分に際しては，地主に対価が支払われる（case 833）。

③ **農地売渡処分** は，市町村農地委員会が定める売渡計画に基づき，②によって買収した土地を国から小作人に売り渡す行為である（自創法16条，18条，20条）。

* **農地買収に関する法令**　農地買収の根拠となっていたのは，自作農創設特別措置法（昭和21年法律43号）である。自創法は昭和27年法律230号によって廃止されているが，同法の一部は現行の農地法（44条以下）に受け継がれている。本書の記述は，原則として廃止直前の自創法および同法施行令の規定による。また，旧行特法によって処理された事件がほとんどであるが，本書では，便宜上，現行の行訴法の問題として説明する。なお，これらは行政手続法の制定前の制度であるが，現行の農地法における類似の処分についても，行政手続法の適用は排除されている（農地法84条の2）。

** **農地買収をめぐる争訟方法**　農地買収計画に対して不満がある地主は，買収計画の公告後10日以内に，市町村農地委員会に対して異議申立てをなしうるが，その結果についてさらに不服があれば，都道府県農地委員会に審査請求（当時の法令上は訴願）することができる（同法7条）。それでも不満なときには，買収計画などの取消訴訟を提起することになる（case 501-2・case 727 など）。他方，買収処分がなされても，地主が立ち退かないときには，立木等の収去命令を発せられ（同法33条），それにも地主が応じない場合は強制手段（行政代執行）がとられる

第2章　行政法の具体的なイメージ

（case 413・case 440 参照）。

このように，農地買収に関しては，農地買収計画に対する争訟が基本となるが，本書では，分かりやすくするために，農地買収処分の問題に置き換えている個所がある。

2．租税の賦課・徴収の仕組み 類型Ⅰ₂

租税に関する権利義務の関係は，私人間でいえば，消費貸借契約（金銭の貸し借り）などによって生じた金銭債権の取り立てに近いが，法令に基づいて（契約に基づくことなく）強制的に納税者の財産を取り立てる点が特徴的である。租税には国税と地方税の区分があるが，本書では，それぞれの例として，おもに所得税と固定資産税を取り上げることにしよう。

租税に関する手続は，租税確定手続と租税徴収手続に分けられ，それぞれにおいては課税処分と滞納処分が中核となる。しばしば《租税の賦課・徴収》という言葉が使われるが，賦課は確定手続，徴収は徴収手続に対応している（図2-3参照）。それぞれの手続の概要を以下に示しておこう。

図2-3　租税の賦課・徴収の流れ

①課税処分（通知書の送達）［⇒ 租税債権の確定］
　　（a）申告課税方式：　納税者の申告→税務署長の更正処分……
　　（b）賦課課税方式：　∅（＝申告なし）→市町村長の賦課決定……

↓　← 納税者の租税滞納

②滞納処分（督促のうえで，差押え・公売）

① 租税確定手続　　一般に，課税要件が充足されると，租税債権は当然に発生する。たとえば，一定の所得があれば，その事実によって当然に，所得税の納税義務が発生するし，固定資産を所有していれば，そのことだけで固定資産税の納税義務が生ずる。ところが，その場合に発生する租税債権はあくまで抽象的な存在であり，具体的な租税債権になるためには，租税確定（課税処分など）の手続を経る必要がある。

case 202　B税務署長は，納税者Aが過少な税額を申告したので，課税処分として所得税の増額更正処分をした。

case 203　B市長は，Aに対して固定資産税の賦課決定を行った。

第2節　典型的な行政作用に関する法制度

case 204　国税庁長官が「パチンコ球遊器が（旧）物品税の課税対象になる」という新たな通達を発したので，B税務署長は製造業者Aに対する賦課決定を行った。

　租税確定の方式としては，(a) **申告納税方式** と (b) **賦課課税方式** とがある。case 202 の所得税や法人税は申告納税方式の租税であり，case 203 の固定資産税や case 204 の旧物品税は賦課課税方式の租税である。
　このうち，(b) の賦課課税方式の場合には，もっぱら税務行政庁の行為（**賦課決定**）によって税額が確定する。やや複雑なのは，(a) の申告納税方式である。申告納税方式の租税については，原則として，納税者の申告によって税額が確定する。例外的に，申告がない場合や申告が不相当な場合に限って，税務行政庁（税務署長）の **更正処分**（または決定）によって税額が確定する。つまり，納税者の申告→（必要に応じて）税務署長の更正処分 というプロセスをたどることになる。
　租税確定のための行政庁の行為は，一般に **課税処分** と呼ばれる。申告納税方式における更正処分，賦課課税方式における賦課決定は，いずれも課税処分である。これらは行政行為の典型例であり，取消訴訟の対象になる行政処分でもある。所得税・法人税・(旧)物品税は **国税** なので，国の機関である税務署長によって課税処分がなされるが，固定資産税は **地方税**（市町村税）なので，当該固定資産が所在する市町村の長によって課税処分がなされる。
　課税処分によって租税債権が確定されると，国や地方公共団体は納税者に対して具体的な租税債権を有することになる。租税債権は，公法上の債権かどうかという問題を別にすれば，基本的には民法上の債権と同じ金銭債権である。
　②　租税徴収手続　確定した税額分の租税を納税者が自発的に納めれば，手続はひとまず完結するが，租税を納めない納税者に対しては，**滞納処分** という強制徴収の手続が用意されている。

case 205　case 202 で，Aが納税をしないでいるので，B税務署長は，滞納処分としてAの所有する土地を差し押さえた。

　滞納処分の骨格をなすのは，**差押え** と **公売**（換価）であり，それに先立って，租税を滞納した納税者に対して **督促** がなされる。もし私人間の金銭債権であれば，自力救済が禁じられるので，裁判所に申し立てて民事執行をすることになるが，租税債権については租税行政庁が自力執行をして租税債権を実現できる。これらの租税徴収の場面での行政庁の行為は，一般に **徴収処分** と呼ばれ，

滞納処分は徴収処分の中核をなす。

　以上の手続の流れは，租税法令―課税処分―滞納処分 という形で一般化することができ，法律―行政行為―行政上の強制措置 という，《行政法の三段階モデル》の典型例である（case 303）。

＊　租税に関する法令　　課税の中身（課税要件など）に関する法令としては，国税では所得税法・法人税法・相続税法などがあり，地方税では地方税法（および各地方団体の地方税条例）がある。これとは別に，国税の租税確定手続と租税徴収手続について一般的なルールを定めているのが，それぞれ国税通則法と国税徴収法であり，地方税については，地方税法がほぼ同様の規定をおいている（1条～22条）。租税手続においては，行政手続法はほとんど適用されず，基本的には上記の法令の定める手続による（税通法74条の2参照）。

　なお，case 204 はパチンコ球遊器事件（最判昭和33・3・28〔百選51〕）をモデルにしたものであり，そこで問題となっている物品税は旧物品税法に基づく国税であったが，1988（昭和63）年に成立した消費税法によって廃止されている（case 424 をも参照）。

＊＊　さまざまな申告の方式　　納税者が申告を行う方式としては，**青色申告** と **白色申告** がある。青色申告は，所得税（の一部）と法人税について，帳簿を備えつけて正確な申告をしようとしている納税者に対して，税制上のアドバンテージを認める制度である。具体的には，税額の算定方法などの面で，白色申告よりも優遇されるほか，更正処分において理由付記がなされることが明文で定められている（所得税法155条2項，法人税法130条2項）。こうした青色申告をするには，税務署長の承認が必要である。

　他方，納税者が，自分に有利な結果になるように，（すでになされた）申告の内容を変更するときのために，**更正の請求** という手続が用意されている（税通法23条）。逆に，納税者が自分に不利な変更をするためには，**修正申告** がなされる（税通法19条1項）。

　なお，課税処分などは納税者に不利益となる処分であるが，例外的に納税者に有利な決定がなされることがある。その例として，地方税における租税の **減免** がある。減免の性質については議論があるが，申請に基づいて地方団体の長が決定するのが通常であり（地方税法367条など），その場合の減免の決定は行政処分とされる（東京高判平成11・9・21参照）。これは，法令上当然に課税対象から除外される **非課税** とは区別される（同法348条1項など）。

＊＊＊　租税に関する争訟　　税務署長の課税処分や滞納処分に不満がある納税者のために，租税争訟手続が用意されている。租税争訟は行政争訟のひとつである。

第2節　典型的な行政作用に関する法制度

課税処分などに不満がある納税者は，不服申立を経て，取消訴訟を提起することになる（**不服申立前置主義**）。不服申立については，国税の場合には，まず処分後2ヵ月以内に，税務署長に対する異議申立をしたうえで，さらに不満であれば，国税不服審判所長に審査請求をする（税通法77条1項・3項，115条1項）。結局，①税務署長の課税処分→②税務署長に対する異議申立て→③国税不服審判所長に対する審査請求→④取消訴訟の提起，という救済手続が予定されていることになる（case 705）。

　他方，地方税の場合には，国税と同じく不服申立前置主義がとられているが（地方税法19条の12），国税と違って，基本的には行審法の原則によって，都道府県知事や市町村長に対する異議申立てのみが認められる（同法19条；case 703）。結局，固定資産税の例でいえば，①市長の課税処分，②市に対する異議申立て，③取消訴訟の提起，という救済手続が基本になる。ただし，固定資産税の課税の前提となる固定資産（土地・家屋等）の評価額に不満がある納税者は，固定資産評価審査委員会に審査の申出をすることになる（同法432条以下；case 706）。

　なお，滞納処分とは別に，租税の納付等をしなかった納税者に対する制裁的機能をもつ制度として，**加算税**（過少申告加算税・無申告加算税・不納付加算税・重加算税）がある（税通法65条以下）。また，脱税などの租税犯に対しては刑罰が用意されており（所得税法238条以下），そのために，検察とは別の組織による**租税犯則調査**が予定されている（国税犯則取締法，地方税法437条など）。国税犯則調査にあたる国税局調査査察部が，いわゆるマルサであり，調査の結果として犯罪事実が確認された場合には検察への告発がなされる。

3．公務員管理の仕組み　類型I₃

　公務員には，国の機関で働く国家公務員と，地方公共団体の機関で働く地方公務員がある。本書では国家公務員を中心に述べるが，地方公務員の場合も基本的な仕組みは同じである（ただし，地方公務員は各地方公共団体の長が任命権者となり，また，国家公務員の場合の人事院に相当する機関は，地方公務員の場合には人事委員会または公平委員会である）。以下では，国家公務員に対する懲戒処分を中心に，その前提となる制度を概観しておく（図2-4参照）。

　①　**公務員の採用**　たとえば，A省の職員Bについてみると，任命権者であるA大臣の採用行為によって，それまで私人であったBに国家公務員としての身分が与えられる（国公法35条）。採用行為の性質については議論があるが，実質的には民間企業における採用行為と同じである。

　公務員に採用されると，Bには，公務員としての権利（給料をもらう権利，

図2-4　公務員の法律関係（国家公務員の場合）

公務員の権利義務［＝法律関係］の発生　← 各省大臣の採用［＝行為］
　　├ 公務員の義務：　職務専念義務，守秘義務など。
　　└ 公務員の権利：　給与の請求権，公務員としての身分保障など。

　← 懲戒処分［＝行為］：非違行為がなされた場合など
　← 分限処分［＝行為］：適格性を欠く場合など

公務員の権利義務の変動

　　　　　　　人事院に対する審査請求→取消訴訟……

休暇をとる権利など）が与えられる一方で，<u>公務員としての義務</u>（勤務時間中は職務に専念する義務，政治行為の制限，守秘義務など）を負うことになる。採用行為によって，公務員としての権利義務（国家公務員の場合には，国とBの間の法律関係）が発生するわけである。

　②　公務員の法律関係の特色　公務員の法律関係については，伝統的には特別権力関係であると考えられてきたが，今日ではこの考え方は大幅に修正されており，基本的には民間企業の職員と同じ考え方が妥当している。ただし，公務員の権利義務や勤務条件の内容は，国家公務員法などの法令によって細かく規律されている（**勤務条件法定主義**）。

　③　公務員に対する不利益処分　公務員の法律関係（権利義務）を変動させる行為として重要なのは，懲戒処分と分限処分である。**懲戒処分**は，公務員が法令に違反したり，飲酒運転などの社会的に非難される行為をした場合に，その制裁ないし責任追及の意味でなされる行為である。民間企業においても，社会的に好ましくない行為などをした従業員に対して懲戒処分（懲戒解雇など）がなされるが，公務員の場合と実質は同じである。これに対して**分限処分**は，当該公務に対する適格性や能力を欠く場合などになされる行為であって，制裁的な要素は含まれない。

(case 206)　公務員Aが飲酒運転で事故を起こしたことから，B大臣はAに対する懲戒免職処分を行った。

　懲戒処分には，免職・停職・減給・戒告の4種類があり（国公法82条1項），分限処分には，降任・休職・免職がある（同法78条，79条）。免職以外の場合には，公務員の身分が維持されるが，case 206のような免職の場合には公務員

第2節　典型的な行政作用に関する法制度　　23

の身分が消滅する。懲戒処分と分限処分は，いずれも行政処分であり，不利益処分の典型例である。これらの不利益処分に対しては，行政手続法第2章の規定は適用されないが（3条1項9号），理由説明書を送付するなどの手続が必要とされる（国公法89条，人事院規則12-0）。

＊ 公務員に関する法令　国家公務員の基本的なルールは国家公務員法に定められているが，人事院規則に委任されている事項も多い。また，地方公務員に関しては地方公務員法が基本となる。
　なお，一般公務員の争議権は否定されているが，団結権は認められている。そのための制度として，職員団体 の組織がある。職員団体は人事院に登録することができ，当該職員団体に専従する役員をおくことができる（国公法108条の2以下）。
＊＊ 公務員の不利益処分に対する争訟方法　公務員が懲戒処分や分限処分などの不利益処分に不満な場合には，人事院に対して不服申立てをすることができる（case 707）。その場合の不服申立てに関しては，行政不服審査法の規定の大部分が適用除外とされている（国公法90条，人事院規則13-1）。公務員は，不服申立てに対する裁決・決定に不満があるときには，取消訴訟を提起できる（国公法90条）。なお，類型I₂ の租税の場合と同じように，不服申立前置主義が採用されている。

4．許認可行政の仕組み 類型Ⅱ

　行政の仕組みのなかには，許認可（行政行為論のカタログにある許可や認可などを総称したもの）に関する制度が多い。許認可は，私人が役所のお墨付きをもらう手続であり，許認可行政がお役所仕事の象徴的存在としてイメージされることも多いであろう。許認可に関する制度は多種多様であるが，ここでは，運転免許と建築確認の制度を中心に述べることにしよう。

◇許認可制度の概観
　許認可に関する法律はさまざまであるが，いずれの法律においても，(a) 許認可を求める私人側の申請と，それに対する行政側の応答（許認可やその拒否処分），(b) 許認可をうけた私人が違反行為をした場合，あるいは私人が許認可をうけないで活動した場合などに備えて，行政側の監督処分や罰金の徴収などが規定される（図2-5参照）。

図2-5　許認可に対する申請と行政庁の対応

【私人】　　　　【行政】　　　　　　　　　　　　　　【私人】
　申請　→　許認可　　　………→　第三者（競業者や近隣住民など）による
　　　　　　　　　　　　　　　　　取消訴訟 類型Ⅱ₂・case 529
　　　　→　拒否処分・却下処分　………→　申請者による取消訴訟など 類型Ⅱ₁・case 507
　　　　→　補正の要請　　　　　………→　補正
　　［形式的な要件を満たさない場合］

case 207　B県公安委員会は，Aの運転免許の申請に基づいて，Aに運転免許証を交付した。

case 208　Aが酒気帯び運転をしたことから，B県公安委員会はAの運転免許を取り消した。

　運転免許を例にしてみると，免許の申請と交付が（a）に相当し，免許の停止・取消しや罰金が（b）にあたる。無免許運転をした者に対しても，（b）の罰則の適用がある（道交法64条，84条，103条，115条以下）。

　許認可に関する手続については，道路交通法や建築基準法などの個別法のほか，一般法として行政手続法の適用をうける。（a）と（b）は，それぞれ同法2章の《申請に対する処分》，同法3章の《不利益処分》に対応する。また，申請に際して《行政指導》がなされるときには，行政手続法第4章の規定が適用される（ただし，case 208については，行政手続法は適用されない〔道交法113条の2〕）。

　許認可に関する紛争は，類型Ⅱ₁における二面関係の紛争と，類型Ⅱ₂における三面関係の紛争に大別できる。最初にあげる建築確認の場面を理解できれば，ほかの場面でも応用できるであろう。

◇建築確認の仕組み

　建築確認は，私人が建物を建てる際に必要な許可手続であり，市町村の建築主事（例外的に都道府県の建築主事）に対して申請がなされる（建基法6条）。建築の計画が，建ぺい率・容積率・高さ制限などの法令の基準に適合しており，なおかつ管轄する消防長（または消防署長）の同意がえられれば，建築確認がなされる（同法93条1項，消防法7条）。もし建築確認の手続を経ないで建築物を建てると，罰金が科されるほか（建基法99条1項1号），次に述べる違法建築物の除却命令の対象になる場合もある。建築確認の対象になった建築物が完成すると，建築主事の完成検査がなされ，法令上問題がなければ検査済証が交

付される（同法7条）。

　他方，違反建築物などについては，市町村長から **除却命令** などが発せられる（建基法9条1項）。除却命令に従わないと，市町村長が代執行によって自ら除去することができるほか（同条12項），罰則等が科せられる（同法98条1項1号）。以上の制度のもとでの基本的な問題状況は，次のとおりである。

> case 209　建築主AがB市の建築主事に対して建築確認を申請したところ，同建築主事はそれを拒否した。
> case 210　建築主Aが建築確認をうけずに，法令の基準に反する建築物を建てたので，B市長はAに対し，その建築物を除却するように命じた。

　このように，行政によって建築確認が拒否された場合，あるいは除却命令が発せられたりした場合には，建築主と行政の二面関係が問題になる（図2-6参照）。

> case 211　建築主Aに対してB市の建築主事が建築確認をしたことについて，近隣住民Cが不満である。
> case 212　case 211で，B市長が建築物の除却命令を発しないので，近隣住民Cが不満である。

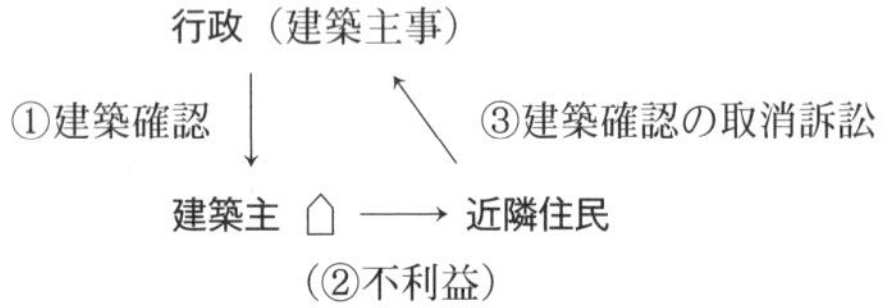

　これに対して，新たな建築確認がなされたことによって近隣住民の住環境が悪化した場合（日照権が侵害される場合など）や，違法建築物の除却命令が発せられないときには，建築主・行政・近隣住民の間での三面関係で紛争が生ずる（図2-7参照）。このように，建築確認は建築主Aにとっては利益をもたらす反面で，近隣住民Cらには不利益をもたらすという意味で，**二重効果的処分** と呼ばれる（case 529参照）。

図2-6　建築をめぐる二面関係　類型II₁

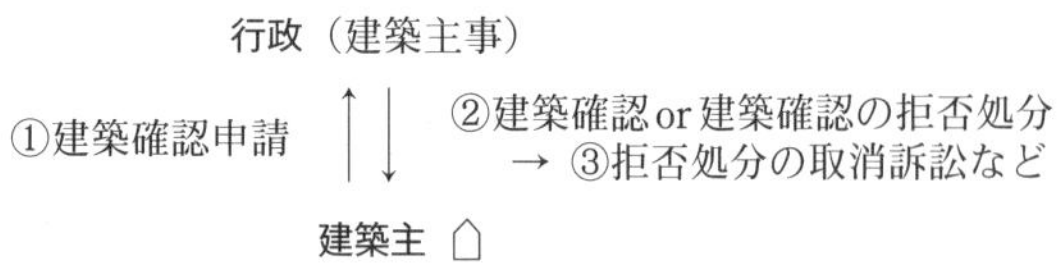

```
            行政（建築主事）
①建築確認申請 ↑↓ ②建築確認or建築確認の拒否処分
               → ③拒否処分の取消訴訟など
            建築主 ◯
```

図2-7　建築をめぐる三面関係　類型II₂

```
            行政（建築主事）
①建築確認 ↓      ③建築確認の取消訴訟
        建築主 ◯ → 近隣住民
              （②不利益）
```

＊　**建築確認の周辺的な制度**　通常の建築確認においては，建ぺい率・容積率・

高さ制限が個別的に審査される。その例外的な制度として，これらを総合的に審査して，ゆるやかな制限のもとで許可を与える **総合設計許可** という仕組みがある（建基法59条の2）。これは，土地の有効利用を図るための措置で，安全上問題がない場合に，一定の条件のもとで認められる。

また，民間の建築会社などが建築物を建てるにあたって，敷地の区画や形などを変える作業を行うには，都市計画法上の **開発許可**（29条）が必要であり，建築確認の場合と同様に，行政と民間事業者の間の二面関係が生ずる。申請に基づいて都道府県知事の許可が下された場合には，建築確認に先立って，近隣住民との間で三面関係の紛争が生ずることがある。

** その他の許認可制度　建築基準法や道路交通法以外の許認可の例を，いくつか掲げておこう。

① 公衆浴場や質屋，古物屋などの営業を行う際には，行政庁の許可が求められる（公衆浴場法の条文上は「経営許可」であるが，以下では，分かりやすく「営業許可」と表記する）。これらの制度のもとで，許可が拒否された場合には，case 209と同様に，申請した事業者と行政の二面関係が問題になるにとどまるが，既存業者に許可が与えられているところで，新たな事業者に許可がなされた場合には，行政と2つの事業者（複数のライバル会社）の間で三面関係の問題が生ずることになる（case 409・case 526・case 527）。

② 原子力発電所を設置したい電力会社は，原子炉設置を経済産業大臣に申請し，経済産業大臣は原子力委員会や原子力安全委員会の諮問を経たうえで設置を許可する（原子炉規制法23条，24条）。この場合には，近隣住民との間に紛争が生ずることがあり，電力会社・行政・近隣住民の間での三面関係の争いとなる（case 530）。このほか，国土交通大臣から航空会社に事業の許可がなされる場合（航空法100条以下）にも，航空機の離発着によって騒音の被害をうける近隣住民との間で，同様の問題が生ずる。

③ 同じく三面関係として，近隣住民ではなく利用者との関係で紛争が生ずる場面として，鉄道事業における料金認可（鉄道事業法16条）がある。鉄道会社に対して行政が値上げ認可をして，その鉄道を利用している者が反対する場面が，その例であり，鉄道会社・行政・鉄道利用者の三面関係の紛争となる（case 532）。なお，薬品の製造承認についても，薬品メーカー・行政・薬品服用者の間で三面関係が形成される（case 809）。

◇ **届出の仕組み**

許認可と似て非なる仕組みとして，**届出** がある。届出は，許認可の場合と異なり，届出がなされた時点で手続が完了するのが原則である。たとえば，老

人福祉法は，事業者が有料老人ホームを設置する場合には，都道府県知事に対して届出をすることを求めており（29条），届出に対する行政側の応答は予定されていない（case 522）。なお，届出に関しては，行政手続法第5章（37条）に基本的な定めがおかれている。

　＊　**行政情報の開示請求**　厳密には許認可行政というべきものではないが，ここで許認可行政に関連して，**行政情報の開示請求**の制度に触れておこう（詳しくは，第4章第7節2.を参照）。行政情報の開示も，《申請に対する処分》の性質を有する。すなわち，私人の開示請求に基づいて，行政機関の長が開示決定をするか，不開示決定ないし部分開示決定をすることになる（国の場合につき，情報公開法3条以下，行政機関個人情報保護法12条以下）。基本的には，行政と開示請求者の二面関係が問題になるが（case 459），開示によって不利益をうける第三者が存在する場合には，三面関係の問題になる（case 460）。

5．サービス行政の仕組み 類型Ⅲ

　ここにいうサービス行政は，通常の教科書では給付行政と呼ばれるものであり，生活保護，補助金の交付，水道の供給などがその例である。いずれにおいても，私人の申請ないし（契約の）申込みに基づいてサービスが提供されるが，契約によるか否かによって，大きく2つの類型に分けられる（図2-8参照）。

◇**申請に基づくサービス行政**

　先にみた租税の賦課徴収（類型Ⅰ₂）は，行政が私人から《お金を奪い上げる》場面であるのに対して，逆に行政が私人に《お金を与える》場面の典型が，補助金や生活保護である（類型Ⅲ₁）。生活保護の場合には，お金に代えてサービスが提供されることも多い。そのための基本的な仕組みを定める法律として，生活保護法があるが，地方公共団体が独自に定めた条例も多く存在する。

図2-8　サービス行政の図式
（a）申請・決定による場合 類型Ⅲ₁
　　　　　　行政
　①申請 ↑↓ ②決定
　　　　　　私人

（b）契約による場合 類型Ⅲ₂
　　　　　　行政
　①申込み ↑↓ ②承諾 → 契約成立
　　　　　　私人

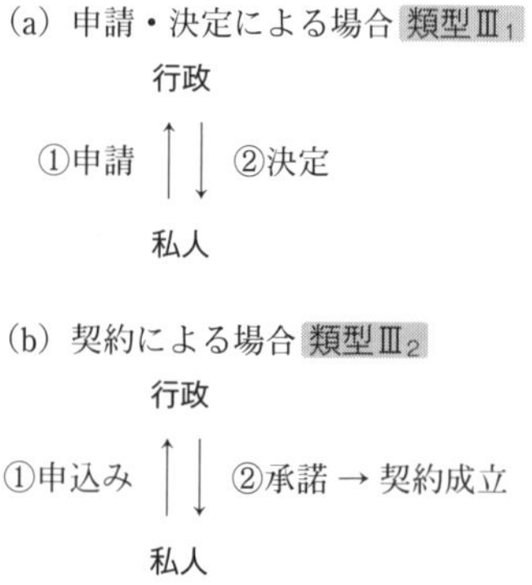

case 213　生活に困っているAが，B市の福祉事務所長に対して生活保護の申請をしたところ，同所長はそれを拒否した。

case 214　事業者AがB大臣に対して補助金交付を申請したところ，B大臣はそれを拒否した。

　生活保護や補助金は，基本的には 類型Ⅱ₁ の許認可の場合と同様に，私人の《申請》に基づく《決定》という仕組みがとられる。つまり，内容的には，お金やサービスの提供という，民法の贈与に近い仕組みであるが，手続的には，私人が役所に申請（生活保護申請や補助金交付申請）して役所の決定（生活保護決定や補助金交付決定），つまり役所の返答を待つ，という手順が予定されている（生活保護法24条，補助金適正化法5条～10条）。

◇契約に基づくサービス行政

　これに対して，契約によって行政サービスが提供される例として，水道事業があげられる（類型Ⅲ₂）。

case 215　新たにマンションを建設したAが，B市に対して水道利用の申込みをしたところ，B市は，Aが行政指導に従わないことから，水道供給を拒否した。

　水道事業は原則として市町村が行うこととされており（水道法6条），市町村の運営する水道を利用したい私人は，市町村に水道供給の申込みをする。申込みをうけた市町村が承諾をすることで，水道供給契約が成立する。通常の契約の場合とは異なって，水道事業者は「正当の理由」がなければ申込みを拒んではならないと規定されている（水道法15条）。補助金や生活保護と同じように，私人が行政からサービスの提供をうける場面であるが，契約という手法が採用されている点で異なっている（第4章第4節2.）。

6．道路行政の仕組み　類型Ⅳ

　道路という行政サービスの提供は，公共事業のひとつであり，概念上はサービス行政（ないし給付行政）に含めることができるが，路線認定などの複数の行政決定に基づいて建設・管理の事業がなされる点で，複合的な行政活動であるという特徴がある。まず，道路を建設するためには用地を取得する必要があるが，そのための特殊な手法として公用収用（強制収用）の手続がある。こうして始められる道路の建設から，道路の日常的な維持管理，場合によっては道

図2-9　用地買収の手続
　（a）任意買収　　　　　：起業者の申込み → 地主の承諾 → 売買契約
　　　　　　　　　　　　　……地主との合意に基づき所有権が移転
　（b）強制買収（土地収用）：①事業認定 → ②収用裁決（権利取得裁決・明渡裁決）
　　　　　　　　　　　　　……強制的に所有権が移転

路の廃止に至る手続が，道路の管理 と呼ばれるものである。

◇道路用地の取得（土地収用法の手続）

　道路建設のために必要となる土地は，（a）道路管理者が地主から 任意買収 によって取得することが多いが，（b）地主が頑として売買に応じない場合には，公用収用をする途が用意されている（図2-9参照）。

　このうち，（a）については，売買契約が締結され，民法のルールがそのまま適用される。他方，（b）の土地収用に関する基本的な法律として土地収用法があり，同法は，公益的な事業のために必要な土地を強制的に奪い上げる手続を定めた法律である。その場合には，事業認定や収用裁決という行政行為が介在し，民法とは異なったルールが適用される。最終的に土地を使う者（起業者）は，国や地方公共団体に限られず，JRなどの民間企業も含まれる。本書で頻繁に用いるのは次の例であり，それをもとに，以下で収用手続を概観しておこう。

　⦅case 216⦆　B県のC市は，新たに市道を建設するために，Aが所有する土地を必要としていたが，Aが売買に応じないので，土地収用の手続をとってAの土地を強制的に取得した。

　① 事業認定　　事業認定 は，公益的な事業のために公用収用が必要であることを認定し，起業者に収用権を与える行為である。国または都道府県が起業者である事業などについては国土交通大臣が行うが，ひとつの都道府県内におさまる事業は都道府県知事が行うのが原則である（17条）。

　② 収用裁決　　起業者は，事業認定の告示があった日から1年以内に，収用しようとする土地が所在する都道府県の収用委員会に，収用裁決 の申請をする。これをうけて収用委員会が行う収用裁決は，権利取得裁決 と 明渡裁決 に分けられる（47条の2）。前者は，地主の権利を起業者に移転させる裁決であり，損失補償（任意買収でいえば売買の代金に相当するもの）に関する内容も含まれ

30　　　　　第2章　行政法の具体的なイメージ

る（48 条 1 項）。さらに後者によって，地主の明渡義務が発生する。
　case 216 でいえば，C市の申請に基づいてB県知事の事業認定がなされたうえで，B県収用委員会の収用裁決がなされることになる。それでも地主Aが居座る場合には，明渡しの代執行がなされることになる（102 条の 2）。

　＊　土地収用に対する争訟　　事業認定や収用裁決は行政処分であると考えられており，それぞれが取消訴訟の対象になるが（case 506・case 576），収用裁決のうち補償額に関する訴訟は，形式的当事者訴訟によって地主と起業者の間で争うことになる（収用法 133 条 2 項・3 項；case 575 参照）。類型Ⅰ の各処分の場合と違って，訴訟に先立って不服申立てをしなければならないわけではないが，不服申立てをする場合には 30 日以内にしなければならない（同法 130 条）。

◇道路の開設と管理
　道路法上の道路は，国・都道府県・市町村が道路管理者となって管理する（同法 12 条～16 条）。

　case 217　B市は，Aから取得した土地について道路建設工事を行い，道路の供用を始めたが，近隣住民Cは，供用された市道の騒音に悩まされている。
　case 218　B市は，新たな市道を建設したので，別の道路を廃止する決定をしたが，近隣住民Dは，これによって生活に不便が生ずることから不満である。

　市道に関する case 217 や case 218 でいえば，B市が道路管理者となる。基本的には，道路法に定めるところによって管理されるが，理論的には，公物としての道路の管理の問題となる（case 313～case 316 参照）。

　＊　道路に関する法制度　　道路開設の決定は，都市計画上の決定をはじめとした，さまざまな形態でなされる（たとえば，都市計画に伴って建設される道路につき，都市計画法 11 条 1 項 1 号）。こうした道路開設決定に基づいて，道路の建設工事が始められる。
　こうして建設された道路が正式の道路（道路法の適用をうける道路）として扱われるためには，別途，道路法上の認定・指定が必要になる（道路法 5 条～8 条）。認定等がなされない道路は，里道と呼ばれる。
　なお，道路法は，道路の管理（道路サービスの提供）に関する法律であるが，これに対して道路交通法は，道路の秩序維持（道路警察と呼ぶべきもの）に関する法律である。前述の運転免許の仕組み（case 207・case 208）も，道路交通法にお

図2-10 土地区画整理事業のイメージ

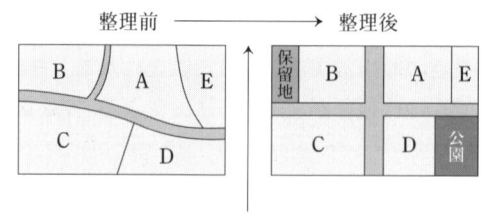

整理前 ───────→ 整理後

事業主体の計画・処分

いて採用されている，道路警察的な許認可制度である（第3章第4節3.〔71頁〕も参照）。

** **土地区画整理事業など** 道路事業と並ぶ公共事業として，**土地区画整理事業**，**土地改良事業**，**市街地再開発事業**などがある。これらは，雑然とした所有関係を整理して，整然とした街づくりをする手法である。公共事業という性格を有する意味で 類型Ⅳ の道路事業と共通点があり，他方で，事業計画の策定等の段階で認可がなされる点で 類型Ⅱ の要素もある。これらは，伝統的には公用権利変換と総称されてきた（第3章第4節2.）。

　事業のプロセスとしては，一般に，事業計画の策定・認可─換地処分・監督処分など（個別的な処分）というステップがふまれる。たとえば，土地区画整理事業の認可は，形式的には都道府県知事から事業主体（主に市町村や組合）に対してなされることが多いが，実質的には多数の利害関係人（土地所有者など）に向けられたもので，図2-10に示すように三面関係（ないし，それ以上の数の複数当事者による多面的関係）が生ずる。こうした事業計画に基づいて，個々の換地処分（所有権の交換など）がなされることになる（土地区画整理法4条以下）。土地改良事業や市街地再開発事業などにおいても，ほぼ同様の手続で換地処分などがなされる（土地改良法5条以下，都市再開発法3条以下）。このうち第2種市街地再開発事業は，換地処分にあたって，事業主体が事業区域内の土地をいったん収用するという段階を経るので，農地買収（ 類型Ⅰ$_1$ ）や土地収用（ 類型Ⅳ$_1$ ）に近い側面がある（都市再開発法6条，都市計画法69条）。

第3章　伝統的な行政法学説の基本構造

　本章では，行政法理論の骨格部分を示す意味で，伝統的な行政法学説を鳥瞰することにしたい。内容的には，主として行政法総論の基礎をなす諸要素であるが，行政組織法や行政法各論の基本的部分を含んでいる。なお，行政法各論については，典型的な問題状況の説明（第2章第2節）も参照してほしい。

> **学習のアドバイス**
>
> 　本章に述べるのは，伝統的学説のエッセンスというべきものであり，かなり抽象的な内容が含まれているので，最初の段階では，本章を完全に理解できなくても差し支えない。次章以下の学習を進めるうちに，本章の理解が深まってくるはずである。
> 　特に第4節については，入門段階ではざっと目を通す程度でよいが，<u>行政主体と行政機関，警察，公物</u>などのキーワードについては，大まかなイメージをもてるようにしてほしい。
> 　ちなみに，公務員試験などでは，伝統的な行政法各論や行政組織法，公務員法，公物法からも出題されている（公務員法については，case 206 の項目も参照）。

第1節　伝統的学説の全体的な特徴

　ひとくちに伝統的な行政法理論といっても，その内容は論者によって異なるところがあるが，伝統的学説の最大公約数的な特徴は，①基本的な視点として，**自由主義** を重視してきたこと，②自由主義を具体化する技術として，**行政法の三段階モデル** を中心とした体系を掲げてきたこと，にあるといえよう。本節では，この2つの要素を中心に説明することにしたい。

◇伝統的な行政法学説の特徴：自由主義的な視点

　伝統的な行政法学は，主として自由主義的な考え方に依拠している。これに対して，現代の行政法学は民主主義的要素をも重視している。このように，自由主義と民主主義のいずれを重視するかが，行政法の随所で意味をもっている。

　ここで言葉の整理をしておくと，もともと自由主義と民主主義のいずれも多義的な概念であるが，行政法学でいう**自由主義**は，基本的には，国家権力から私人の自由・財産を保護することを意味する。国家の介入を制限するという夜警国家（消極国家）の考え方である。これに対して**民主主義**は，行政に対する議会の関与を高めるという考え方（間接民主主義）であるが，近時では，行政に関して住民の参加を取り入れるという考え方もある（直接民主主義）。伝統的には，これら2つの民主主義のうち，議会を通じた間接民主主義が基本とされてきたが，最近では直接民主主義の要素も重視されている。情報公開や説明責任の原則にも，直接民主主義に資する要素が含まれている（第4章第1節3.）。

　あとの話を先取りすることになるが，たとえば伝統的学説は，行政作用のなかでは，もっぱら侵害作用・規制行政に関心を向けてきたし，規制行政の問題状況としても，規制をうける私人と行政の間の二面関係を重視してきた（第2章第1節）。また，行政上の法律関係のなかでは，私人の自由や財産を権力的に侵害する公法関係に注目してきた（本章第2節2.）。法律の留保に関する議論でも，侵害行政にのみ法律が求められてきた（第4章第1節1.）。比較的最近になって制定された行政手続法でも，規制的な行政行為の手続に対するルールが中心になっている（第4章第5節）。さらに，公法関係における三段階モデルも，自由や財産に対する物理的な実力行使に先立つ前段階として，法律と行政行為というステップをおいたものであるし，違法な侵害に対して，取消訴訟というブレーキをかける節目を提供したものでもある（本章第3節1.）。このほか，行政訴訟における取消訴訟中心主義（第5章第1節1.），行政裁量論における美濃部説（第6章第1節2.）なども，同様に自由主義に依拠している。

　要するに，私人の自由と財産がむやみに侵害されないようにすることが自由主義的な伝統的学説の関心事であり，そのためのテクニックとして，行政法の三段階モデルなどが考え出されてきたのであった。

＊　自由主義的な視点の修正　　このように，伝統的学説のもとでは，私人の利益として，主に自由と財産が注目されてきたが，現代においては，行政サービスを求める利益や，環境・健康に関する利益，消費者としての利益などの新しい利益も重

視されている。すなわち伝統的には，行政が私人の自由・財産をむやみに侵害しないように《ブレーキ》をかけることが重視されていた（case 202 など）。ところが，今日では，サービスを提供しない行政に対して，サービスを行うように《アクセル》をふかすことが求められている（case 213 など）。あるいは，私人の生命や環境等を害するような活動をしている事業者等に向けて，行政が積極的に規制を行うように《アクセル》をふかすことが求められている（case 212 など）。

図3-1　行政法における自由主義と民主主義

自由主義・消極国家　→　規制行政への関心（伝統的学説・現代の学説）

民主主義・福祉国家　→　給付行政への関心（現代の学説）

　この結果，今日では，古典的な二面関係に加えて，現代的な二面関係，さらには現代的な三面関係が重視されるようになっている（前出の図2-1も参照）。すなわち，①伝統的学説のもとでは，私人の利益として自由や財産上の利益が注目されてきたので，自由・財産を侵害する可能性がある行政と私人の間での二面関係を念頭において，規制行政が考察されてきた（類型 I_1・類型 I_2・類型 IV_1 など）。②ところが現代では，民主主義的ないし福祉国家的な観点をも取り入れながら給付行政が考察され，私人の利益として行政サービスをうける利益も考慮されている。そのために，給付を行う行政との間での二面関係が重視されている（類型 III_1 など）。③さらに現代では，環境・健康に関する利益や消費者としての利益などの新しい利益を守るために，事業者等の活動に対して行政が積極的に規制を行うことが求められている。これが，《規制行政の福祉行政化》と呼ばれる現象である。この現象は，とりわけ類型 II_2 において顕著である。たとえば，違法建築物の除却命令についていえば，建築主にとっては財産権を侵害される侵害作用であるが，近隣住民にとっては環境上の利益を守るための給付的作用（ないし福祉的作用）であることになる。類型 IV_2 の道路事業という給付行政に関しても，行政・道路利用者・（公害をうける）近隣住民という三面関係が形成されるといえる（以上につき，図3-1も参照してほしい）。

◇伝統的学説の3つの柱

　以上のような自由主義的な視点を理論化するための技術として，伝統的学説は次の3つの柱を掲げてきた。

①　行政上の法律関係について，内部関係と外部関係の区分。
②　上記①の外部関係について，公法関係と私法関係の区分。
③　上記②の公法関係について，三段階モデル。

第1節　伝統的学説の全体的な特徴

今日では，これらの諸原理に対して批判が向けられており，実際の判例や法制度においても少なからぬ例外が認められているが，学習の出発点としては，これらを十分に理解しておく必要がある。

◇内部関係と外部関係の区分

次節では，伝統的な行政法学の3つの柱（上記の①～③）について説明するが，①の内部関係と外部関係については，ここで簡単に述べておくことにしよう。

イメージ的にいえば，内部関係は役所（行政）の内部における問題であるのに対し，外部関係は役所の外側にいる私人に関わる問題であり，伝統的には両者が峻別されてきた。体系的には，行政作用法（総論・各論）と行政組織法の区分につながり（第1章第1節），内部関係に関する問題のひとつとして行政組織法がある（本章第4節）。また，理論的には，とりわけ法規命令と行政規則の区分に反映される（第4章第3節）。さらに，行政救済法においても，処分性が認められる範囲の問題などにおいて意味をもつ（第5章第2節）。

これらについては，あとで必要に応じて説明することにして，ここでは，②の公法関係と私法関係の問題に移ることにしよう。

第2節　公法関係と私法関係

言うまでもなく，民法は《法律学の王様》であり，民法学に遅れて展開した行政法学は，民法学をひとつのモデルとしてきた。その一方で，行政法理論の基本的な部分については，民法の考え方をできるだけ排除し，民法学とは独立した体系を築き上げようとしてきた。それに関する議論が，公法私法二元論である。今日では，公法私法二元論は批判的に捉えられているものの，「行政法」という科目が存在する以上，行政法と民事法の関係は永遠のテーマといってよいだろう。本節はやや難しい内容を含んでいるので，最初の段階ではすべて理解できなくてもよいが，大筋だけはのみ込んでほしい。

1．伝統的な公法私法二元論

伝統的学説は，行政外部関係を公法関係と私法関係に区分してきた。その前提として，私人相互の問題（民⇔民の問題）と行政をめぐる問題（民⇔官の問

図3-2 伝統的な公法私法二元論

```
公法関係     民事法の規定を
(=権力関係) → 一括して排除    → 取消訴訟……専用道路の利用
  ↕ 二律背反，空間的断絶（水と油の関係）
私法関係
(=非権力関係) → 民事法の適用   → 民事訴訟……一般道路の利用
```

専用道路 = 公法関係
一般道路 = 私法関係

題）との間には，本質的な違いがあると考えられてきたのであり，それが<u>公法と私法の区分</u>として語られてきたのである。

◇公法としての行政法

　第1章で述べたように，行政の世界には「行政法」という法律が存在しているわけではなく，行政に関するさまざまな法令によって構成される《法（ルール）》が，行政法の法源となっている。それでは，行政にかかわる法令がすべて行政法の要素になるといえるだろうか。

　伝統的な学説は，その問いに対して否定的に答える。伝統的学説は，<u>行政と私人の間には，2種類の法律関係（権利義務の関係）</u>があると考えてきたからである。すなわち，一方では，行政が私人に対して課税処分を行う場合，あるいは自動車運転免許の停止処分を行う場合のように，<u>権力的な関係</u>がある。他方で，行政と市民の間で売買がなされる場合（役所に必要な文房具の購入，不要となった国有地の売却など）のような，非権力的な関係がある。伝統的な行政法学は，前者を **公法関係** と呼び，そこには公法的な規範が適用されると解してきた。これに対して，後者は **私法関係** と呼ばれ，私人間の取引と同様に，私法規範（民法や商法などの民事法のルール）が適用されると考えてきた。こうした考え方を，**公法私法二元論** という。伝統的な学説は，かかる二元論に立ったうえで，公法関係のみを行政法学の対象としてきた（図3-2参照）。

　このような伝統的な学説のもとでは，行政法と民法は，《水と油のような関係》にあると考えられていたといってよい。つまり，民法や商法などの法律が存在している《私法》の世界と区別するために，《公法》という領域が別に設定され，公法の世界では，私法の世界にはない固有の論理（いわば公法的な原理）が当てはまると考えられてきたのである。あとで学ぶ行政行為も，民法の法律行為（その中心的な存在は契約である）をモデルにしながらも，法律行為とは内容的に異なった，公法に固有の概念として考え出されてきたものである。

第2節　公法関係と私法関係

そのうえで，法律行為には認められない特殊な効力として，行政行為の公定力などが盛んに論じられてきた。

◇**公法的な実体的ルールの特殊性**

　伝統的学説は，公法関係と私法関係の区別の基準として，権力性の有無を掲げてきた。そして，公法関係（＝権力関係）には公法規範が適用され，私法規範が排除されるのに対して，私法関係（＝非権力関係）には私法規範が適用される，という原理を構築した。公法的な規範としては，国税通則法や道路交通法などの法令が定めるルールのほかに，比例原則や平等原則など，条文にない法の一般原則があるとされた（case 406 以下）。

　このほかの公法的な規範の例として，会計法 30 条がある。同条は，国を当事者とする金銭債権で，時効に関して他の法律に規定がないものについて，5 年の消滅時効を定めている（地方公共団体に関する債権についても，自治法 236 条に同様の規定がある）。そこで，民法上の消滅時効（原則として 10 年）との振り分けが問題になるが，伝統的学説は，会計法 30 条は《公法上の金銭債権》に限って適用されると考えてきた。たとえば，公務員の勤務関係は公法関係であるから，公務員の俸給請求権（行政に対する給与の請求権）は会計法 30 条によって 5 年で時効にかかることになるし，国公立病院の診療費や水道料金についても，同様に公法関係として 5 年の時効が適用されるといわれてきた。さらに，会計法 30 条のような規定があるから，実定法（現実の法制度）は公法と私法の区分を前提としているのだ，と説明されてきたのである。

　さらに，公法関係で認められる権利である**公権**（公務員が国から俸給をうける権利など）は，一身専属的な権利であり，民法上の権利と異なり，譲渡や相続の対象にならないと解されてきた。これは，**公権の不融通性**といわれる。また，行政上の目的のために用いられる**公物**についても，民事法の適用が排除されると考えられてきた（case 313 の説明を参照）。

＊ **2 種類の権力関係**　以上に述べたのは，公法関係（＝権力関係）のうち，**一般権力関係**に関する問題であり，それとは別に，**特別権力関係**があると考えられてきた（公務員の勤務関係，国立学校の学生の身分関係など）。後者には，法律による行政の原理の例外が認められると解されてきたのである。しかしながら，憲法などでも学ぶように，特別権力関係の考え方は，部分社会論として説明されるところを除き，早くから批判されてきた（最判昭和 29・7・30〔旧百選 24〕，最判昭

和49・7・19〔百選6〕など)。それでも，(一般)権力関係の概念は，長らく維持されてきたのである。

◇**公法関係における訴訟制度の特殊性**
　さらに伝統的な学説は，公法関係については，こうした実体法上の特殊性(権利義務など内容に関する特殊性)とともに，訴訟法上の特殊性があると考えてきた。すなわち，第二次大戦以前は，公法関係に関する訴訟について，司法裁判所とは別に **行政裁判所** が設置されていた。その根拠となっていたのが，明治憲法61条と行政裁判法である。
　第二次大戦後，行政裁判所は廃止されたが，現行法上，民事訴訟の手続とは区別された行政訴訟に関する手続として，**行政事件訴訟法** が存在している。その行訴法では，「行政庁の公権力の行使」に関する抗告訴訟，「公法上の法律関係」に関する当事者訴訟が規定されている(3条，4条)。これらの公法関係の訴訟については，私人の救済方法として仮処分が排除されるなど，民事訴訟とは異なった扱いがなされている(44条)。このように，行訴法は公法私法二元論を基礎にしており，この法律が適用される行政事件の範囲を画するためには，公法と私法の区別をしておく必要がある，と考えられてきた。
　総じて，公法関係については，もっぱら私益(私人の利益)に関する紛争を念頭においた民法や民事訴訟法の諸規定を排除し，公益(行政の目的とする公共性)を保護するための配慮がなされてきたわけである。

2．公法私法二元論の相対化

　すでにみたように，伝統的学説は《公法関係に民事法は適用されない》という原則を掲げており，これが公法私法二元論の中核をなす原理であった。これに対して，最高裁の判例は，早くから伝統的学説とは異なった立場を示しており，実際の立法例も公法私法二元論から乖離しつつある。この点について，具体例を交えて説明していこう。

◇**権力関係に民法177条が適用されるか**
　権力関係における民法の適用に関して，古くから論じられていたのは，次の2つの問題である。

第2節　公法関係と私法関係

case 301　Aの農地がCに譲渡されたが，所有権の移転登記はなされていなかった。後にB県知事は，その農地の買収処分を行い，小作人Dに売り渡した。

case 302　Aの土地がCに譲渡されたが，所有権の移転登記はなされていなかった。後にAが租税を滞納したために，B税務署長は，その土地を差し押さえてDに公売した。

最高裁は，自創法に基づく農地買収処分に関するcase 301については，民法177条を適用しないという解決方法を示しており，その結果，Cは登記を経ていなく国やDに対して所有権を主張できることになる（最大判昭和28・2・18〔百選8〕）。他方では，租税滞納処分に関するcase 302では，民法177条を適用するという判断を示しており，Cは登記がなければ国やDに対抗できないという（最判昭和31・4・24，最判昭和35・3・31〔百選9〕）。これらの事件を簡略化し，若干アレンジしたものが，それぞれ図3-3，図3-4である。

図3-3　農地買収と民法177条

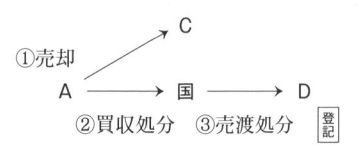

①売却　　　C
A → 国 → D
　　②買収処分　③売渡処分　　登記

図3-4　滞納処分と民法177条

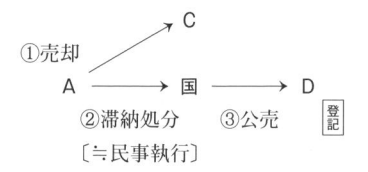

①売却　　　C
A → 国 → D
　　②滞納処分　③公売　　　登記
　　〔≒民事執行〕

　農地買収処分にせよ，租税滞納処分にせよ，行政が市民に対して一方的に強制をする権力的な行為であるので，伝統的学説にいう公法関係を構成すると考えられる（前者は民法上の売買契約ではないし，後者は民法上の贈与契約ではないのであって，いずれも対等な私人の間で非権力的な契約によって形成される関係とは異なる）。したがって，公法私法二元論に依拠した伝統的学説によると，私法規範である民法177条はいずれも適用されないはずである。ところが最高裁は，伝統的学説が支配的であった時期に，両者の間で異なった考え方を示しているのである。

　さて，現在の学説はどうかというと，大多数の論者は，公法私法二元論によることなく，この2つの判決の結論を支持している。すなわち，case 301で問題になる農地買収処分は，農地制度の民主化のために不在地主から農地を取り上げる制度であるから，登記の所在がどこにあるかを形式的にみるのではなく，実質的に真実の所有者が誰であるかに着目して処分がなされるべきである。したがって，自創法の趣旨からして，真の所有者ではないAに対して農地買収処分をすることはできないのである。他方，case 302の租税滞納処分については，

《民事執行には民法177条が適用される》という実務との均衡が理由とされている。すなわち，Aの財産に（租税滞納処分ではなくて）民事執行がなされた場合，CがAからの所有権移転の登記を備えれば，Cは第三者Dに対して自分が土地の所有権を有すると主張することができる。租税滞納処分は実質的に民事執行と同じ機能をもつにもかかわらず（case 205と本章第3節2.を参照），もしそこで民法177条の適用を認めなければ，租税滞納処分の対象となる財産の範囲と民事執行の対象となる財産の範囲とが異なることになってしまう。それではおかしいということから，判例の結論が正当化されているのである。

◇公権・公物・公法上の債権に関する判例

　伝統的学説のいう公権の不融通性（譲渡や相続の対象にならないという性質）については，最高裁は，地方議会議員の報酬請求権が「公法上の権利」であるとしつつも，譲渡することは可能であると判示している（最判昭和53・2・23〔旧百選14〕）。つまり，《公権であるから融通性はない》という考え方は，判例上，必ずしも採用されていないのである。このほか，公物についても，今日の判例では，民事法の適用が部分的に認められている（case 313参照）。

　また，会計法30条に関する判例によると，同条は，「国の権利義務を早期に決済する必要があるなど〔の〕……行政上の便宜を考慮する必要がある金銭債権」であって，他に時効期間につき特別の規定のないものに限って適用される。このように，最高裁は《公法上の金銭債権》という概念を用いることなく，会計法30条の趣旨からその適用範囲を画している。その具体的な帰結として，自衛隊員が公務中に事故を起こし，国に対して損害賠償請求できる場合に，当該損害賠償請求権に対して民法167条1項の適用を認めている（最判昭和50・2・25〔百選35〕）。

　もっとも，その後の最高裁判決は，公立病院の診療に関する債権が私法関係に属するという理由から，私立病院の場合と同様に，3年の時効（民法170条1号）にかかると判断している（最判平成17・11・21）。水道料金の債権についても，最高裁は同様の立場をとっていると解される（最決平成15・10・10参照）。そこでは「私法関係」という言葉が使われているので，伝統的学説に逆戻りしている感もあるが，これらは民法の時効期間が会計法や地方自治法の時効期間よりも短い場面であり，最高裁の立場は，《公法関係と私法関係の区分にとらわれずに，法律関係の実質に即して判断する》という意味では一貫しているといえよう。

＊ 公法関係に関する判例・学説の状況　恩給権についても，公権の性質論を用いずに，その担保権の設定に制限を加えている（最判昭和30・10・27〔百選16〕）。公務員の俸給請求権についても，相殺の対象になること自体は否定されていない（最判昭和45・10・30〔百選34〕）。逆に，生活保護受給権の融通性を否定した判例があるが（最大判昭和42・5・24〔百選17〕），最高裁は，生活保護法の解釈から，この結論を導いている。このほか，建築基準法65条の適用される建物について民法234条1項の適用が排除されること（最判平成元・9・19〔百選7〕），選挙法上の住所について民法22条が適用されること（最判昭和35・3・22〔百選32〕），公職選挙法の期間計算において民法140条の初日不算入の原則が採用されること（最判昭和34・6・26〔百選33〕）についても，それぞれの法律の解釈によっている。

　他方，会計法30条については，その起源からすると，公金処理の便宜を考慮した会計上の制度であり，民法などに定められる時効とは別次元の制度であるから，原則としてすべての国の債権債務に適用されるべきものである。こうした観点からすると，そもそも会計法30条を公法私法二元論の問題と結びつけるのはおかしい，ということになる（参照，木村・判例評論577号194頁以下）。

◇**公法私法二元論の否定説**
　このように，行政上の法律関係に民事法が適用されるかどうかという論点について，最高裁は，個々の法律の趣旨などから実質的に判断しており，問題となっている法律関係が公法関係であるか私法関係であるかは，決定的な理由とされていないことが多い。学説もこのような判断の仕方を支持している。こうしてみると，行政上の法律関係について，公法規範の適用される領域と私法規範の適用される領域とを，あらかじめ区別しておく実益は，乏しいことになろう。

　訴訟制度との関係においても，公法私法二元論は決定的な意味をもたないといわれる。まず，抗告訴訟の対象となる「公権力の行使」については，公法と私法の区分を前提としなければ，その範囲を画定できないというわけではない（case 506以下）。また，当事者訴訟は「公法上の法律関係」に関する訴訟とされているが，この手続は内容的には民事訴訟とほとんど変わらず，その範囲を明確にしておく実益は乏しい（case 572の項目を参照）。したがって，当事者訴訟があるから公法私法二元論をとらなくてはならない，というわけでもない。

　そこで，現在の大多数の学説は，公法と私法の区別を前提とせず，行政に関

するさまざまな法規範を考察の対象とし，その特殊性を探っていこうとしている。そこで，行政法の定義についても，《公法》という言葉を用いることなく，《行政に関する固有な法》とか《行政に関する特有な法》などとしており，行政に関する法現象を全般的に考察の対象にしている（本書第1章第1節の記述も，それに近いイメージを前提にしている）。

いずれにしても，公法私法二元論に対しては批判があるにもかかわらず，<u>公法関係について考案されてきた《行政法の三段階モデル》は，今日でも基本的に維持されている</u>。公法関係におけるモデル（特に，図3-7に示すような訴訟制度）が，いわば民事法の《バイパス》として，形を変えて残っていることになる。そこで，こうした考え方を次に示すことにしよう。

* 公法私法二元論の再評価　　これに対して，公法と私法の区別はやはり維持するべきである，という考え方も存在している。実際，公法といわれる領域には，比例原則や平等原則が妥当するから，私法の領域（私人間の取引）にはみられない特殊性があることは否定しえない。また，公法の領域では，基本的には私益が対立する民事上の問題と異なり，公益を考慮することが求められるし，行政に対する市民の参加や，そのための事前手続を整備するといった課題も残されている。さらに，公物の管理や行政事務の民間委託については，伝統的学説のいうように，民事法の適用を全面的に排除するべきではないが，民間企業が営利的活動を行う場合とまったく同一に扱うのは適当でないから，行政に固有の法原理を探求する必要がある，という考え方もありうる（議論の状況につき，木村・ガバナンス108頁参照）。

さらに2004（平成16）年に行訴法が改正され，当事者訴訟に関する規定（4条）に「公法上の法律関係に関する確認の訴え」という文言が挿入されたことも，《公法》という領域の再評価の動きにつながっている。公立病院の金銭債権に関する前掲最判平成17・11・21は，行訴法の改正を反映したものと言えなくもない。このように，公法と私法の関係をめぐる議論は，新たな段階に入っているといえるだろう。

** 行政法令に違反した行為の民事上の効力　　行政法と民法の関係については，公法私法二元論に関する問題とは別に，《行政上の法令に違反した行為が私人間で効力をもつか》という問題がある。たとえば，食品衛生法で求められている食品販売の許可を得ないままに，食品の売買契約がなされたとき，当該契約が無効になるかどうか，という形で問題になる。民法の講義などでも，民法90条などとの関係で扱われるテーマであろうが，行政法では，行政法各論の体系（本章第4節2.）や行政行為の種類（case 410参照）と絡めて議論されてきた。その基本判例として，最判昭和35・3・18〔百選11〕，最判昭和30・9・30〔百選12〕，最判昭和

第2節　公法関係と私法関係

52・6・20〔百選13〕がある。

◇バイパスとしての行政法

　このように最近では，伝統的な公法私法の二元論が批判され，それに代わるさまざまな見解が提唱されているが，当然のことながら，行政に関する個別の法令によって，民事法とは異なるルールを設定すること自体は認められている。そこで，イメージ的にいえば，《バイパスとしての行政法》という考え方が出てくる。そこで以下では，そうした表現をもとに，ごく大まかな形で伝統的学説と現代の学説を対比して，行政法の全体像を示すことにしよう。

　かつての公法私法二元論のもとでは，行政法と民事法は《水と油の関係》あるいは《別次元の関係》であると考えられてきた（前出の図3-2参照）。これに対して，伝統的な意味での公法私法二元論が否定された現在では，民事法と行政法は《一般道路とバイパスの関係》というべき間柄になっている（図3-5参照）。つまり，《水と油》でないので，行政上の法律関係も，基本的には民事の法律関係と同一の平面上におかれるが，行政法に固有の《バイパス》を使うことが求められる場合がある。もっとも，これは《使わなければならないバイパス》であり，我々が道路として使うバイパスとは，若干意味が異なるのであるが……。後で述べる取消訴訟の排他性（排他的所管）は，まさに《バイパスの利用強制》の意味であり，《バイパスの利用を強制する力》が公定力である（第5章第1節3.）。

　いずれにしても，今日の行政法の諸問題は，《どこまでがバイパスに乗せられるべきか》という問題に帰着することが多い。通常は民事法という一般道路に乗るのであるが，行政上の法令がバイパスに乗ることを求めている場合があるのである。訴訟に関しても，民事訴訟という一般道路のほかに，取消訴訟というバイパスが用意されているので，どの範囲の事件がその例外的ルート（バイパス）に乗せられるべきか，が議論されるのである。行政上の不服申立ては，通常は取消訴訟というバイパスにつながっているので，《バイパスの導入線》とでも呼ぶべきものである。結局，取消訴訟と不服申立てをあわせて，《取消手続のバイパス》が設定されており，《取消手続の排他性（利用強制）》という考え方が採用されていることになる。

　　＊　さまざまなバイパスの形態　　バイパスの設定のされ方は，行政法の世界でも変則的な場面がみられる。はじめに，争訟法に関して整理してみよう。なお，以下

図3-5　現代における行政法と民事法のイメージ

原則として，行政上の法律関係も，民事上の法律関係と同一平面
　　↕　個別法に基づく柔軟な区分
個別法　→　例外的に民事法の排除　→　取消訴訟などのバイパス

バイパス
一般道路
＝行政上の法律関係全般

＊　上の図を，伝統的な公法私法二元論のイメージ（図3-2）と比較してほしい。

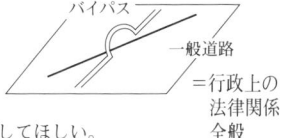

の記述は行政救済法に関する説明が多いので，第5章以下を学習したあとに，もう一度振り返って読んでほしい（制度の説明としては，第2章第2節も参照）。

①　本来，バイパスが利用できるはずの場合に，《バイパスから降ろされる》こともある。類型Ⅳ₁において，土地収用の補償額に関して提起される形式的当事者訴訟が，その例である（case 575）。収用裁決に対する不満は，原則的には裁決取消訴訟というバイパスで処理されるが（case 576），例外的に，補償金額に関する争いは，民事訴訟と同じく当事者間の争い（権利訴訟）に戻されるわけである。

②　行政行為が無効である場合にも，取消訴訟というバイパスではなく，原則として民事訴訟などの権利訴訟，つまり一般道路によることになる（case 549〜case 551）。

③　通常は，取消訴訟と不服申立てをあわせて，広く取消手続というバイパスが設定されるが，不服申立ての手続というバイパスのなかに《寄り道》が設けられることもある。不服申立てを受けたときに，情報公開審査会や電波監理委員会のような諮問機関を経由しなければならない，という仕組みがその例である（case 459；第7章補論）。さらに，改正行審法案では，こうした《寄り道》を一般化している（第7章の註〔258頁〕）。

④　バイパスのなかに，《さらなるバイパス》が用意されることもある。固定資産評価審査委員会に対する審査申出の手続がその例であり，バイパスで処理される問題の一部が，特別な取消手続，つまり《特別なバイパス》において処理される（case 706）。固定資産評価額については，課税処分の取消訴訟や不服申立て，つまり《通常のバイパス》では争えず，固定資産評価審査委員会の審査決定に対する取消訴訟で争われることになる。

⑤　抗告訴訟の代表格は，取消訴訟というバイパスであるが，2004（平成16）年の行政法改正によって，新たな抗告訴訟の類型として，義務付け訴訟や差止訴訟が法定された（第5章第3節3.および4.）。これらは，民事訴訟でいえば給付訴訟に相当するので，《一般道路に近いバイパス》ということになろう。

他方，訴訟以前の行政手続や損害賠償請求との関係でも，バイパスの発想が取り入れられることがある。あくまで例示的にあげておこう。

①　《取消訴訟の排他性》にならって，《手続的な排他性》と呼ばれる制度が採用

されることがある。たとえば，納税者が勘違いして申告をした場合などに，申告の内容を変更するための手続として **更正の請求** が定められているので（税通法23条），この更正の請求によらないで，民法上の錯誤の主張をすることは許されない（最判昭和39・10・22〔百選130〕）。これは，《更正の請求の排他性》と呼ばれる。

② 行政上の強制執行も，民事執行のバイパスの一種である。判例においては，《強制執行手続の排他性》というべき法理がみられ，行政上の義務の履行に民事執行の手続を用いることはできないとされる（case 451）。

③ 国家賠償法も，民法（不法行為法）のバイパスであるといえるが，両者の間では，一般道路とバイパスというほどの大きな違いはなく，ほとんど《車線の区別》に近いものである（第8章第1節1. および第2節2. 参照）。

④ 裁判所の強制競売手続において債権者に損害が生じた場合の救済方法については，《強制競売手続の排他性》というべき判例が形成されており，国家賠償請求の途が原則として閉ざされている（最判昭和57・2・23〔旧百選147〕）。

このように，どこがバイパスであるかを見分けて，バイパスの利用規制に反することなく，車を乗りこなせるようになることが，行政法学習の目標である。残念ながら，一般道路とバイパスを即座に見分けられる《カーナビ》は，今のところ開発されていない。

第3節　行政法の三段階モデル

伝統的学説の第3の柱は，**行政法の三段階モデル** である（本章第1節〔35頁〕参照）。これは，特に行政外部関係（特に公法関係）について妥当するものと考えられてきた。以下に示すのは，そのエッセンスである。なお，最近では，伝統的な三段階モデル（ないし，その中核をなす行政行為論）を修正する考え方として，行政過程論なども提唱されているが，これについては第4章第2節で述べることにしよう。

1. 三段階モデルの意義

行政法の三段階モデルとは，❶法律─❷行政行為─❸行政上の強制措置 という3つの段階を表現したものである。最初の段階にある法律が一般的な法規範（ルール）であるのに対して，行政行為は，それを個別具体的な場面に当てはめた行為である。また，行政行為は観念的な行為（文書）であるのに対して，強制措置は物理的な実力行使（強制徴収・立ち退き強制など）である。

なお，地方公共団体の**条例**は，法律と対立する場合には法律に劣る存在であるが（憲法94条，自治法14条1項），三段階モデルにおける位置づけとしては，条例は法律と同じく，議会が制定した一般的なルールであるので，❶の法律に準ずる地位を有する。

◇三段階モデルの具体例

　この三段階モデルは，行政作用の大多数に当てはめることができる。そこで，本書第2章で説明した典型的な問題状況を例にとって，このモデルの具体的な意味を考えてみることにしよう。なお，ここでは変則的に，caseを図式的に表現する（それぞれに関する詳細な説明は，第2章第2節を参照してほしい）。

case 303　所得税法―課税処分―滞納処分……case 202に対応

　行政作用の 類型 I₂ の租税に関する法律として，case 202では所得税法をあげているが，法人税法や地方税法などについても同じである。いずれにおいても，租税賦課処分（所得税の更正処分など）によって租税債権（金銭債権）が確定する。納税者がそれに応じて自主的に税金を納付すれば問題ないが，納付しないときには，滞納処分として強制徴収（納税者の財産の差押えと競売）がなされる。

case 304　建築基準法―（建築確認申請→）建築確認―行政罰……case 209に対応

case 305　建築基準法―（違法建築物の建築→）除却命令―代執行・行政罰……case 210に対応

　また，類型Ⅱ の許認可についても，三段階モデルが妥当する。case 304とcase 305は，いずれも建築基準法に関する典型的な問題状況である。

case 306　道路交通法―運転免許の交付―免許の停止・取消し・行政罰……case 207・case 208に対応

　同じく 類型Ⅱ の許認可で，読者に身近な例として，道路交通法上の運転免許の制度をあげておこう。道路交通法に基づいてなされる運転免許の交付は，許可という行政行為である。免許をもらったドライバーが，道交法（およびその関係法令）を遵守しながら安全運転をしていれば問題ないが，違反行為をした場合には，免許の停止や取消し，罰金などの制裁が加えられる。

case 307　土地収用法―事業認定・収用裁決―代執行……case 216に対応

さらに，類型Ⅳ₁の土地収用については，上記のプロセスが基本になる。事業認定と収用裁決は，いずれも行政行為といえる。

　case 308　入管法―∅（＝行政行為なし）―強制収容

　以上のように，ほとんどの行政作用は三段階モデルに依拠してなされるが，その例外として，case 308 のような 即時強制 があり，行政行為を媒介とせずに強制措置がなされる。たとえば，入国警備官は密入国の疑いのある容疑者を収容しうるが（入管法39条1項），その場合に行政行為は介在しない。また，警察官が犯罪行為を制止する場合（警察官職務執行法3条〜6条），消防士が延焼の危険がある家屋などを破壊する場合（消防法29条），都道府県知事が感染症患者を強制入院させる場合（感染症予防法19条・26条）なども，同様である。

　＊　根拠規範と統制規範　　行政が私人に補助金を交付する際には，補助金適正化法―補助金交付決定―決定の取消し・罰則 というモデルが存在しているようにもみえる（類型Ⅲ₁）。しかし，補助金は基本的には民法上の贈与の性質をもち，この場合の補助金適正化法は，会計法の契約に関する規定と同様に，統制規範 であると考えられる。これは，民事法のモデルを前提として，いわばそれを《横から規制する存在》である。これに対して，以上の本文の説明で出てくる，第1段階の《法律》は，三段階モデルの《主軸をなす存在》であり，基本的には 根拠規範 と呼ばれるものである（後出の図4-2を参照）。

◇三段階モデルの自由主義的意義

　伝統的な行政法学説は，思想的には自由主義に依拠しており，そうした関心に基づいて公法の領域を設定し，公法における技術的なモデルとして三段階モデルを定立してきたのである。

　すなわち，三段階モデルは，私人の自由や財産に対する規制（たとえば，税金の取立て）にあたっては，国民の代表者によって制定された法律（租税でいえば所得税法など）の規定を求めるという，慎重な手続を要求していることを意味する。また，物理的な実力行使（同じく滞納処分）に先立って，行政行為（同じく課税処分）という段階の手続を求めている。さらに，最近制定された行政手続法は，規制的な行政行為というステップに至る前後にも，一定の手順が踏まれることを要請している（租税については，行政手続法とは別に，国税通則法の規律がある）。

ところで，行政行為は，物理的な存在としては，紙きれにすぎない。課税処分は，更正通知書や決定通知書のような紙きれの送達によってなされるのであり（税通法28条1項参照），紙の移動以外には物理的な変化は生じない。法律もまた，行政行為と同じように紙きれである。このような2種類の紙きれは，<u>自由主義的な見地から，私人の地位を段階的に保護しようとしたもの</u>といえる。つまり，物理的な実力行使の前に，2段階のペーパーが用意されているのである（図3-6参照）。

図3-6　三段階モデルの意義

法律（条例）＝議会の定める一般的な
　　　　　　　ルール（観念的な存在）
　　　　↓
行政行為＝行政の定める個別的な
　　　　　ルール（観念的な存在）
　　　　　［→取消訴訟による救済］
　　　　↓
強制措置＝行政行為の強制的実現
　　　　　（物理的な実力行使）
　　　　　［→取消訴訟による救済］

＊　3段階目の行政上の強制措置については，図中では「強制措置」と略記している（以下の図でも同じ）。なお，2段階目の行政行為について，《ルール》という表現をすることには違和感があるかもしれないが，たとえば課税処分は，法律の一般的なルールに基づいて，税務署長が「あなたは○○円の税金を支払うべきである」という規範を設定するものであると考えれば，《ルール》という言葉が使われることも理解できよう。

◇**三段階モデルの自由主義的意義（つづき）**

　それでは，三段階モデルによって違法な行政行為や強制措置を受けた私人が，それらの措置に不満である場合，裁判所に救済を求めることはできるか。その問いに対する答えとしては，<u>行政行為（あるいは強制措置）の取消訴訟を提起することができる</u>，ということになる（行訴法3条2項）。たとえば，租税の場合には，課税処分や滞納処分に不満な納税者は，それらの取消訴訟を提起することができる。

　このように，<u>三段階モデルは，私人が提起できる取消訴訟の対象を明確にするためのモデルである</u>，ともいえるのである。取消訴訟は，三段階モデルのプロセスが進行するのを止める《ブレーキ》としての機能を有しており，自由主義的な三段階モデルをもとにした救済方法の柱をなしていたのである。それゆえに，行政行為は原則として行政処分（＝取消訴訟の対象となる行為）であると考えられてきた（第5章第2節1.）。

　逆に，行政側が三段階モデルというバイパスに乗って活動を進めるには，裁判所の行為は不要であり，さらに判例によると，行政側が行政上の義務の履行について裁判所の力を借りることは認められない（case 451）。

2．民事法のモデルとの比較

　ここで，❶法律─❷行政行為─❸行政上の強制措置 という行政法の三段階モデルを，より深く理解するために，民事法における私人間の問題状況と比較してみよう。以下に述べるのは，民法と行政法の本質に関わる問題で，必ずしも見解は一致していないところがあるが，以下では最も標準的な説明を試みる。これが理解できれば，民法と行政法の双方について見取り図が得られることになろう。やや抽象的で，理解しにくいところもあるだろうから，立ち止まって考えこまないで，大局的な比較をするようにしてほしい。

◇民事法の三段階モデル？

　民事法の世界で，行政法の三段階モデルに対応するモデルは何だろうか。おそらく民事法の世界では，こうしたモデルが論じられることはあまりないと思われるが，そのこと自体，行政法と民事法の相違をなしている。同時に，民事法と比べた場合に，《行政法がいかに異常な世界であるか》を物語ることになろう。

　分かりやすいところから始めていこう。まず，第2段階の行政行為に相当するものは，民事法では《法律行為》である。もともと行政行為（acte administratif）は，民事の法律行為（acte juridique）にならって作り上げられた概念である。法律行為の代表的な存在が契約である。そこで以下では，契約を念頭において考えていこう。

　次に，第1段階の法律に相当するものは何かと聞かれたら，《民法》と答えたくなる人が多いと思われるが，模範解答としては，《何も存在しない》ということになろう。あえていえば，《当事者の同意》である。言い換えれば，行政法の世界では，法律がなければ行政行為はなしえないのに対して，民事法の世界では，法律がなくても契約は発生する。これは，**契約自由の原則**（あるいは法律行為自由の原則）の帰結であり，より根本的には，私的自治の原則から導かれる。実社会においても，《合意は拘束する（Pacta sunt servanda）》という原理は，古代ギリシャ・ローマの時代から（つまり民法典が登場する以前から），法格言として，条文の根拠なしに認められてきたのである。

　実際，民法に明示されていない契約もある。宿泊契約がその例である。民法第3編第2章第2節以下には売買や賃貸借，消費貸借などの契約類型（カタログ）が掲げられているが，これらは典型契約と呼ばれ，それ以外に非典型契約

図3-7　一般道路とバイパスの《路線図》

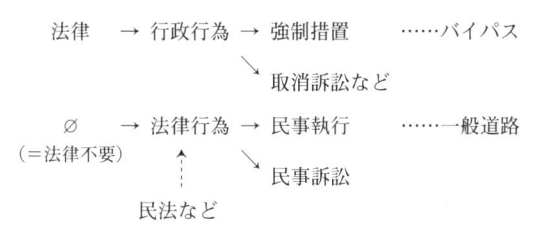

```
法律  → 行政行為 → 強制措置    ……バイパス
                ↘ 取消訴訟など

 ∅    → 法律行為 → 民事執行    ……一般道路
(=法律不要)  ↑    ↘ 民事訴訟
          ┊
         民法など
```

(カタログに載っていないアラカルト契約) を締結することは可能である。また，民法の規定の多くは任意規定であり，当事者の合意によって別の取決めをすることも可能である (ただし，強行規定として，公序良俗違反の契約を無効にする民法90条などがある)。

さて，残った第3段階については，《裁判所による民事執行》と総称できる。そこには，判決に基づく場合のほか，仮処分によるものなども含まれる。あるいは，判決や仮処分などを含めた意味で，《裁判行為 (acte juridictionnel)》が第3段階に相当するともいえる。名称はともかく，民事法の世界では<u>裁判所の力を借りなければ実力行使できないこと</u>がポイントである。言い換えれば，民事の世界では，当事者自らが強制行為をなしえないという，<u>自力救済禁止の原則</u>が妥当している。たとえば，売買契約において買主が代金を支払わないときには，売主は裁判所に訴えるしかない。相手の財布を抜き取れば窃盗罪になる。ホテルの料金を支払わない客に対しても同様である。

結局，民事法の世界では，❶∅ (=法律不要)—❷法律行為—❸民事執行 というモデルが基本となる。また，すでに述べたように，行政上の強制執行や取消訴訟は民事執行や民事訴訟の《バイパス》である，というイメージが妥当する。それをモデル化したのが，図3-7 である。

＊ 行政も裁判所も《役所》として一括すると…　ここで，《行政法が異常な世界である》というのは，あくまで，《行政機関を私人と同視する》という前提をとった場合の表現である。これに対して，《行政機関を裁判所と同視する》という考え方もありうる。たしかに，行政機関も裁判所も公的機関であるという共通点があるし，後者の立場が伝統的な学説に近いが，今日では前者が一般的な認識といえるであろう。ただし，実際には，行政行為が法律行為と裁判行為の中間に位置づけられることもあり，行政手続の議論などで意味をもつ (その例として，case 430 の説明を参照)。

第3節　行政法の三段階モデル

また、第1段階について、《民法という法律があって初めて契約が存在しうる》と考える立場もないではない。しかし、こうした立場は少数派というべきであろう。こうしてみると、民法という法律は、当事者の契約等の行為を直接根拠づけるものではなく、紛争が生じたときに裁判官が適用して初めて意味をもつ存在であることになる。より理論的には、行政法は行為規範（紛争が生ずる前に行政が用いる日常的な規範）であるのに対して、民法は裁判規範（紛争が生じたときに裁判官が用いる解決方法）である、といわれることがある。

　なお、民事法の世界では、民法以外に当事者の法律関係を規律する法律が存在する。消費者保護に関する法令がその典型例であり、クーリングオフの制度などが定められている（特定商取引に関する法律9条以下）。しかし、これらは前述の統制規範であって、根拠規範ではないと考えられる。

第4節　行政組織法・行政法各論・公物法

　前節までに述べたのは、おもに行政法総論の内容であるが、本節では、行政組織法・行政法各論・公物法について概観しておこう。といっても、網羅的な説明ではなく、行政法総論や行政救済法の理解に不可欠な項目に限って述べることにしたい。

> 学習のアドバイス
>
> 　本節の説明のうち、2.以下の行政法各論や公物法の説明は、通常の教科書ではあまり強調されていないところである。ややなじみにくいかもしれないので、最初の段階では飛ばして読んでも差し支えないが、学習が進んだ段階では、第2章第2節と照らし合わせながら理解してほしい。

1．行政組織法の基礎

　行政組織法を理解するにあたっても、出発点に立ち戻る必要がある。それは、伝統的な行政法学では、行政組織法についても自由主義的な観点が重視されてきた、ということである。つまり、私人の自由・財産を保護するという観点から、私人に向けて行政行為をする機関である行政庁が中心とされ、行政庁との関係で、さまざまな概念が定立されてきたわけである。

◇行政主体と行政機関

ここで，対概念（対立するキーワード）を整理しておく必要がある。**行政主体**は，法人としての国とか地方公共団体（都道府県・市町村など）であるのに対して，**行政機関**は，行政主体という法人のなかで一定の機能を有する機関である（税務署長や県知事など）。民法の法人のところで学んだように，法人格を有する法人（株式会社など）と，その機関（取締役会・監査役など）とは区別されるのである。

表3-1　行政主体と行政機関

行政主体	行政機関
法人格あり	法人格なし
権利義務（法律関係）	行為（法律関係を変動させる原因）
権利	権限
権利訴訟に対応	行為訴訟に対応

　行政作用の 類型Ⅰ₂ の租税行政を例にとると，税務署長の課税処分によって，国が納税者に対する租税債権を取得する。つまり，<u>課税処分</u>という<u>行為</u>によって，租税債権という国の<u>権利</u>が確定し，国と納税者の間の<u>法律関係</u>が形成される。行為をするのは《行政機関》である税務署長であり，それによって権利を取得するのは《行政主体》である国である（図3-8 参照）。

　行政主体は，法人として権利義務を有するが，行政機関は法人でないので，権利義務を有しない。行政機関が有するのは，あくまで行為をする権限である。税務署長は，課税処分をする権限を有するにとどまるわけである。もし税務署長が租税債権という権利を有するとすれば，それはすなわち，税務署長自身が納税者からお金を受け取る権利を有することになり，おかしな話になる。この場合に権利を有し，財政的に潤うのは，あくまでも行政主体（法人）としての国である。

　こうした行政主体と行政機関の区別は，行政訴訟の類型にも関係している。すなわち，抗告訴訟と当事者訴訟，あるいは行為訴訟と権利訴訟（当事者訴訟

図3-8　行政行為と行政上の法律関係

税務署長 ──────→ 納税者
　　　　課税処分＝行政処分［行為］　……取消訴訟など行為訴訟（抗告訴訟）の対象
　　　　　　↓
国　　　 ──────→ 納税者
　　　　租税債権の確定［法律関係］　……権利訴訟（当事者訴訟）の対象

第4節　行政組織法・行政法各論・公物法

および民事訴訟）は，それぞれ行政機関，行政主体の区分に対応する（第5章第1節2.）。以上の対比を，**表3-1**にまとめておこう。

＊ 行政機関の2つの意味　本文で述べた行政機関は，○○大臣や××税務署長という，私人に対する行政作用の結節点に着目した行政機関であり，**作用法的な行政機関概念**と呼ばれる。これに対して，国家行政組織法上は，○○省や××税務署といった組織全体が行政機関と呼ばれており（3条など），本文の用語法と区別する意味で，**組織法的な行政機関概念**と呼ばれる。日常的な感覚からすれば，後者の方が行政機関（役所）のイメージに適合的かもしれない。しかし，初学者にとって重要なのは私人との関係での行政機関なので，作用法的な概念である行政庁を中心に考えてほしい。

◇**行政主体の種類**

　行政主体としては，**国**と**地方公共団体**が最も重要である（地方公共団体には，都道府県や市町村という普通地方公共団体と，特別区や一部事務組合などの特別地方公共団体がある〔自治法1条の3〕）。また，土地区画整理組合などの**公共組合**，すなわち，公共的な事業のために私人（土地区画整理組合の場合は事業地域の地権者）の強制加入によって成立する組合も，行政主体である。このほかの行政主体として，国から独立して公的な事業を行う**独立行政法人**や**特殊法人**があるが，どの範囲で行政主体としての性質が認められるか，たとえば国賠法が適用されるか否か，については議論がある（特殊法人の地位につき，最判昭和53・12・8〔百選2〕も参照）。しかしながら，入門の段階では，行政主体として，国や地方公共団体を考えておけば足りるであろう。

＊ 独立行政法人と特殊法人　独立行政法人については，独立行政法人通則法がすべての法人に共通するルールを定めている（大学入試センターなど）。国立大学も，国から切り離された国立大学法人として，国立大学法人法の統一的な規律をうけ，独立行政法人に近い扱いがなされている。これに対して，特殊法人は，個別の法律によって設立されるもので，その内容も多種多様であるが（NHKなど），1980年代の行政改革以降，その数は激減している。なお，地方公共団体が設立した独立行政法人については，地方独立行政法人法が統一的なルールを設定している。
＊＊ 私人が行政作用を担う場合　最近では，民間企業が行政の肩代わりをする場面が増えている。類型的にいえば，①行政と民間企業の契約によって，行政事務の

民間委託がなされる場合と，②法令によって行政上の権限が民間企業に付与される場合，がある。①の例としては，役所の情報提供を行うコールセンターがあげられる（契約上の問題につき，第4章第4節2.の註〔106頁〕参照）。②の例としては，公の施設の管理を行う **指定管理者** がある（自治法244条の2第3項）。また，本来は市町村の建築主事が行う case 209 の建築確認を，民間企業である指定確認検査機関が行う仕組みがあり（建基法6条の2，77条の18），このように，行政庁の指定によって行政上の事務を行う法人は，**指定法人** と呼ばれる（指定確認検査機関の行う事務は，地方公共団体の事務とされることにつき，最決平成17・6・24〔重判17-43〕）。最近では，①と②をあわせて，**公私協働** という概念のもとで論じられている（木村・ガバナンス167頁以下）。後述のPFI法も，公私協働的な制度のひとつともいえる。

◇行政機関の種類

　行政機関のなかで最も重要なのは，**行政庁** である。なぜなら，行政庁こそが行政行為をする本来的な権限を有する機関であり，私人との間で法的な接点をもつ機関だからである。通常は，《○○省のトップである○○大臣》，《××税務署のトップである××税務署長》が行政庁であり，大多数の法令では，彼らが許認可や課税処分などの行政行為をする権限を有している。

　このほか，case 203 の市長や，case 216 で事業認定を行う都道府県知事，case 211 の建築主事も，行政庁である（都道府県知事や市町村長は，法令上は「地方公共団体の長」と呼ばれるが，本書では分かりやすく「首長」と記すこともある）。case 207 の公安委員会や，case 216 で収用裁決を行う収用委員会のように，合議体の行政委員会が行政庁になることもある。

　行政庁以外の行政機関として，補助機関・諮問機関・執行機関がある。まず **補助機関** とは，○○省のトップである○○大臣を補佐する機関であり，○○省の局長や課長をはじめとした諸機関がそれにあたる。末端の職員のレベルまで，さまざまな補助機関が存在している。また **諮問機関** は，各省庁の審議会などであり，多くの場合，各省大臣の諮問をうけて意見を述べる。税務署長の諮問機関は通常存在しないが，内閣総理大臣や各省大臣の諮問機関は多い（たとえば，case 613 で経済産業大臣等が原子炉の設置許可をする際には，原子力委員会および原子炉安全委員会への諮問が義務付けられている〔原子炉規制法23条3項〕。このほかの例として，case 438 を参照）。最終的な対外的決定は，諮問機関の答申をうけた大臣（行政庁）が行うことになる。さらに **執行機関** とは，私人に対する強制措置を執行する機関であり，税務署長の種々の決定をうけて，国税に

図3-9　行政主体と行政機関の例（類型Ⅰ₂に即して）

```
            ╱ 法人として権利義務を有する      ……国や地方公共団体など
 ┌行政主体─
 │  行政機関＝法人のなかの機関
 │    ┌ 行政庁＝私人に対して権限を行使する機関 ……B税務署長など
→│    ├ 補助機関＝行政庁を補佐する機関     ……B税務署の〇〇課長など
 │    ├ 諮問機関＝行政庁の諮問をうける機関
 │    └ 執行機関＝強制措置を行う機関      ……B税務署の徴収職員など
 │
 ╲ 公務員＝生身の人間＝行政機関に貼りつい  ……B税務署の各職員（税務署長個人など）
            ている存在
```

関する差押え等を行う徴収職員がその例である（図3-9 参照）。

　＊　**行政機関と公務員の関係**　行政機関は公務員個人とは区別される。つまり，《〇〇省△△課長》という職と，その職にある公務員とは，観念的に区別されるわけである。たとえば，類型Ⅰ₃で懲戒処分をうける公務員は，休暇を取得する公務員と同様に，《生身の人間》としての存在であり，類型Ⅰ₂の納税者などと同様である。したがって，懲戒処分をめぐる紛争は，行政内部関係の問題ではなく，行政外部関係の問題であることになる。

◇**行政機関相互の関係（その1）：上下関係**

　一般に，行政組織はピラミッドの構造をとっているので，そのなかで，上級行政機関は下級行政機関に対して，**指揮監督権**を有する。指揮監督権の内容として，上級機関が下級機関の権限を代わって行使すること（代執行）はできないが，下級機関の行為を取り消すこと（職権取消し）は可能であると解されている。違法な行為のみならず，不当な行為の取消しも可能である（第7章に述べる，審査請求の場合と同じである）。通達も，上級機関の指揮監督権の一態様である（case 424 参照）。

　以上は，行政機関相互に上下関係がある場合の問題であるが，上下関係がない場合を含めて頻繁に用いられる手法として，次に述べる委任・代理・専決がある。

　＊　**通達と職務命令**　通達は上級機関から下級機関に対して発せられるが，下級機関に貼りついている公務員個人に対して発せられるのは，**職務命令**である

（case 566 参照）。公務員が違法な職務命令に従う義務があるかどうかが論じられるが，通説は，職務命令に重大明白な瑕疵があれば，それに従う義務はないとしている（最判平成15・1・17も同旨）。その場合の公務員の救済方法としては，職務命令の不服従に基づく懲戒処分がなされたあとで，その取消訴訟を提起することなどが考えられる（case 505-2 参照）。

◇行政機関相互の関係（その2）：委任・代理・専決

　法令上は，各省の大臣や首長が対外的な行為をする権限を有しているが，彼らがその権限を直接行使することは稀であり，実際には，そのもとの職員（正確には行政機関）が行為し，大臣らに代わって私人に対する意思表示をするのが通常である。そのための手段として，委任・代理・専決があるわけである。

　まず**委任**は，ある行政機関（委任機関）の権限が他の機関（受任機関）に移譲される場合であり，受任機関の行為はその機関の行為とみなされる。民法上の委任と異なり，委任機関は権限を完全に失うことに特徴がある。**代理**は，民法上の代理と同じように，もともとの権限保持者のために代理機関が権限を行使するもので，法律に基づく法定代理と法律に基づかない授権代理とがある。委任と異なり，権限の移動は生じない。**専決**は，委任や代理のように何らかの法令や授権行為を伴うことなく，事実上，行政庁の補助機関が本来の行政庁の名前で権限を行使するものである。

　委任は権限の移動を伴うので，法令の根拠を要することから，実務では，法律を要しない専決が多く用いられている（たとえば case 202 で，税務署長の課税処分の権限を税務署員が代わりに行うなど）。なお，代理（授権代理）についても，法律の根拠は必須でないとされる。

　＊**行政上の委任と民法上の委任の相違**　民法上の委任においては，委任者は受任者に対して，何らかの指揮監督権を有すると考えられている（民法645条などを参照）。これに対して，行政法上の委任においては，原則として，委任機関から受任機関に権限が完全に移動するから，委任機関の指揮監督権は存在しない。行政主体相互間における《事務の委託》の場合も，同様に考えられている（自治法252条の14）。ただし，委任機関と受任機関が階層的関係（ピラミッド的な上下関係）にあるときは，ピラミッド的なヒエラルキーに基づく当然の権限として，委任機関の受任機関に対する指揮監督権が認められる。

　なお，地方公共団体の法定受託事務については，次の項目で述べるように，通常

の委任・委託とは異なる性質がみられる。

◇**国と地方公共団体の関係**
　委任・代理・専決などは，同一の行政主体内部における行政機関相互の関係である。これに対して，行政主体相互の関係として最も重要なのは，国と地方公共団体（都道府県や市町村など）の関係である。
　①　国と地方公共団体は，いずれも典型的な行政主体であり，それぞれ独立の存在である。かつては，地方公共団体の長が国の下部機関として職務を行う機関委任事務が存在するなど，国の地位が優越していたが，現行法上の建前としては，国と地方公共団体は対等の地位にある。
　②　地方公共団体の事務として法定受託事務と自治事務があり，国との関係によって分類される（自治法2条8項・9項）。**自治事務**は，地方公共団体が自主的な判断で行う事務である。これに対して，**法定受託事務**は，地方公共団体の事務でありながら，国が一定の役割を担う事務であり，国の機関による是正の指示や代執行といった，国の関与が一般的に認められている（同法245条以下）。ただし，**関与法定主義**のもとで，国の関与（助言・勧告などの行政指導的なものを含む）が認められるのは，法令に根拠がある場合に限られ（同法245条の2），また，関与に関する紛争は国地方係争処理委員会において解決される（同法250条の7以下）。
　法定受託事務といっても，地方公共団体が国から委託をうけた事務ではないことに注意を要する。法定受託事務と自治事務の区分は，国の関与の有無に着目した形式的な区分にすぎず，いずれももともと地方公共団体の事務である。この区分は，1999（平成11）年の地方分権改革により，従来の固有事務・団体委任事務・機関委任事務の区分に代えて採用されたものである。かつての機関委任事務や団体委任事務には，《もともとは国の事務》という前提があったが，現行法では，その前提が否定されているわけである。
　法定受託事務については，法令（通常は個別法の雑則）のなかに，その旨の規定があり（たとえば，道路法97条），それ以外は自治事務である。
　③　地方公共団体の議会が制定する一般的なルールとして，**条例**がある。条例は，法律に準じた地位を有するが（第4章第1節3.），法律と条例の間には優劣関係があり，法律（ないしそれに基づく政省令）に反する条例は制定できない（憲法94条，自治法14条1項）。国の法令が存在する場合には，その趣旨・目的等に抵触しない範囲で条例が制定できる（最大判昭和50・9・10〔自治百選28〕

徳島公安条例事件)。

＊　**2種類の法定受託事務**　本文に述べた法定受託事務は，国と地方公共団体の関係に関する第1種法定受託事務の説明であり，このほかに，都道府県と市町村・特別区との関係での第2種法定受託事務も存在するが，ここでは前者だけを説明する（第2種法定受託事務についても，基本的には第1種法定受託事務の考え方が応用できる）。

＊＊　**自主条例と委任条例**　条例には，自主条例と委任条例がある。**自主条例** は，法律の委任なしに制定される条例であり，徳島公安条例事件における公安条例がその例である。法令との抵触が問題になるのは，主としてこの自主条例である（同事件の場合には，道路交通法との関係が問題になった）。これに対して，**委任条例** は，法律の委任に基づいて制定される条例であり，その例として，公衆浴場法（2条3項）に基づいて，公衆浴場の配置基準を定める都道府県条例があげられる（case 526 の説明を参照）。

＊＊＊　**法令の意義**　法令は，基本的には，法律と命令（政令・省令など）をあわせた概念である。地方公共団体の制定した条例・規則を含まないのが一般的であるが（自治法14条1項など），条例等を含む場合がある（行手法2条1号の定義を参照）。行訴法や行審法における「法令」も，後者の意味であると解されている（行訴法3条5項，行審法2条2項など）。

◇行政組織に関する法律の根拠

　行政組織の編成は，私人の権利義務に関するものではないので，侵害留保説（case 401 の説明を参照）からすると，当然には法律の根拠は要求されないが，国会中心主義（憲法41条）などの民主的要請に照らして，一定の範囲で法律の根拠が必要であると解されている。実際には，省庁の設置については法律の根拠（各省設置法；case 402 参照）が必要であり，省庁内部の局・課などについては政令・省令によるとされる（国家行政組織法7条5項・6項参照）。国務大臣の合議体である **内閣** や，それを補佐する **内閣府** については，それぞれ内閣法・内閣府設置法が制定されている。

　他方，地方公共団体の行政組織については，地方自治法に定めがあり（138条の2以下）。首長の内部部局の編成に関して，広く条例の制定が求められている（158条）。

2．伝統的な行政法各論の体系†

　伝統的な行政法学においては，行政行為などを一般的に論ずる行政法総論に続いて，行政法各論が論じられていた。行政法各論は，①警察法，②公企業法，③公用負担法，④財政法の4つに分けられてきた。今日では，この行政法各論の体系には批判があり，最近の概説書では各論の要素が論及される例は少ないが，行政法の典型事例（第2章第1節）を理解するうえでは有益であるし，行政作用の分類（第2章第2節）との対応関係もみられる。そこで以下では，伝統的な行政法各論の意義について，ごく簡単に整理しておこう。

◇ 警　察

　行政法の世界でいう 警察 とは，社会公共の安全・秩序に対する危険を除去する目的で，私人の自由を制限する作用である。古典的な夜警国家ないし消極国家の要素とされてきた。

　警察という作用には，組織としての警察（警察法の定める警察）と重なり合うところが多いが，必ずしも警察組織の作用とは一致しない。つまり，警察組織が行う《形式的意味での警察》のほかに，警察以外の組織が行う警察行政が存在しており，ここで問題にしているのは，こうした《実質的意味での警察》である。たとえば，インフルエンザなどの感染症に関する都道府県知事や保健所の行う活動は，公衆衛生という社会の安全のための作用であるから，実質的意味での警察に含まれる。当然のことながら，夜警国家の時代にも，行政機関として警察組織だけが存在していたわけではないのである。逆に，警察組織の行う作用のうち，犯罪の処罰を目的とした司法警察（捜査・逮捕など）は，実質的意味での警察からは除かれ，刑事訴訟の問題となる。

　警察は規制行政の典型であり，侵害作用がなされる場面である。警察目的の規制については警察規制（警察制限）という言葉が用いられる。警察規制においては，類型Ⅱにみる《申請に基づく許可》という手法が用いられることが多いが（たとえば，運転免許の申請と免許証交付〔道交法84条以下〕），申請に基づかない規制もある（たとえば，信号機をさえぎる工作物の除去命令〔道交法81条〕）。いずれも行政行為であり，警察は権力的な行政行為論のモデルを提供する場であった。また，感染症患者の強制入院のように，行政行為を介在させない即時強制が定められることもある（感染症予防法19条）。

＊ 警察のバリエーション　現代行政においては，警察目的を越えた統制（ないし規制）が重要になってくる。たとえば，建築基準法に基づく建築制限（case 209）は，もともとは，地域の安全という警察のための制度とされてきたが，今日では国民の健康などの保護をするという目的も認められており，警察目的を越えた制度であると解されている（同法1条参照）。大気汚染防止法をはじめとした環境対策の法制度や，農地法をはじめとした経済統制の法制度も同様である。総じて，警察規制は憲法学にいう消極的規制にほぼ対応し，それ以外の規制の多くは同じく積極的規制に相当するといえよう。

　警察と統制の区分は，行政法令に違反した行為の民事上の効力をみるにあたって，警察法規（取締法規）違反の行為と統制法規（強行法規）違反の行為を区分し，前者については原則として効力を否定しない，という考え方につながる（前者に相当する場面として，最判昭和35・3・18〔百選11〕，後者に相当する場面として，最判昭和30・9・30〔百選12〕）。しかしながら，今日の学説上は，両者の区分は相対化している（case 410参照）。

　なお，内部管理行政のうち，類型Ⅰ₃の公務員に対する規律も，一種の秩序維持が目的とされているので，広義の警察的な要素を認めることができる（木村・財政法理論143頁以下）。また，自創法に基づく農地買収（類型Ⅰ₁）は，極めて特殊な時代背景のもとでの統制行政のひとつであるが，実質的には農地の《収用》に近い性質をもち，その意味では類型Ⅳ₁と共通点がある。

◇**公企業**

　公企業は，社会公共の福祉の維持・増進を目的とする公の事業である。さしあたっては，警察・公用負担・財政以外の雑多な要素であるとイメージしてもよいであろう。警察が夜警国家的な作用であるのに対して，公企業は福祉国家ないし積極国家において重視される作用である。具体的には，道路や公園などの管理，上下水道の事業，生活保護，学校教育などが含まれる。公企業のなかには，下水道組合による下水道事業のように，《企業体（民間企業のような形態）》によってなされる事業もあるが，こうした形態は公企業であるための必要条件ではなく，公企業はあくまで事業の目的に着目した概念である。おおむね，規制行政と区別された給付行政に対応し，多くの場合には給付作用がなされる。

　公企業においては，類型Ⅱのように，申請に対する許認可などの行政行為の形式が用いられることもあるが（たとえば，類型Ⅱの鉄道やバスなどの公益事業の認可，類型Ⅲ₁の生活保護の決定），契約の手法が用いられることも多い（た

第4節　行政組織法・行政法各論・公物法

とえば，類型Ⅲ₂の水道供給契約)。このように，行政行為と契約が選択的に用いられることに公企業の特徴がある。なお，公企業においては，道路や公園などの公物が用いられるので，その利用関係が問題になる（3. 参照）。

◇公用負担

公用負担とは，特定の公益事業のために，私人に対して強制的に財産上の負担を課すことである。その要素として，**公用収用**，**公用制限**，**公用権利変換**がある。公用負担においては，権力的な行政行為の手法が多く用いられる（収用法に基づく収用裁決など）。

① **公用収用**とは，公益事業（たとえば，道路や鉄道の建設）のために，必要とされる土地等を一方的に取得することである。土地収用法に基づく土地収用が代表的である（case 216）。

② **公用制限**とは，公益事業のために，特定の土地等に対して一方的に課せられる制限である。都市計画法の都市計画地域（case 519，case 837），古都保存法の特別保存地区（case 835），自然公園法の特別地域（case 836）などにおける建築制限が，その例である。公用収用と違って，財産が取り上げられるわけではないが，利用方法などに一定の制限が加えられる。民法の地役権に近い問題状況である。

なお，公用制限と同じく土地等に対する権利の制限であるが，警察目的のためになされる点で公用制限と区別されるのが，**警察制限**である。その例としては，消防活動のための建物の使用制限（消防法29条）があげられる（case 838・case 839）。

③ **公用権利変換**は，公益事業の一環として，土地・建物に関する権利関係に一定の変換を加える作用である。土地区画整理事業，土地改良事業，市街地再開発事業などがその例である（第2章第2節6.；case 520・case 521）。

◇財　政

財政は，国や地方公共団体の活動のために必要な金銭・財産を調達・管理する作用であるが，財政作用のなかにはさまざまな要素がみられる。

① 伝統的に財政の中心的な要素とされてきたのは，類型Ⅰ₂の租税の賦課徴収（納税者から金銭を強制的に奪い上げる作用）であった。これは，伝統的学説が公法関係（＝権力関係）に注目してきたためである。租税の賦課徴収は侵害作用であり，その中核をなす課税処分は権力的な行政行為の典型である。

表3-2　典型的作用と行政法各論の対応関係

			行政作用の性質	各論体系上の位置づけ
Ⅰ. 古典的な侵害作用	農地買収 類型Ⅰ₁		侵害作用（規制行政）	統制（≒公用負担）
	租税の賦課徴収 類型Ⅰ₂		侵害作用（調達行政）	財政
	公務員の懲戒処分 類型Ⅰ₃		侵害作用（内部管理）	行政組織（広義の警察）
Ⅱ. 許認可行政	二面関係 類型Ⅱ₁	拒否処分・監督処分など	侵害作用（規制行政）	警察または公企業
		許認可処分など	給付的作用（規制行政）	〃
	三面関係 類型Ⅱ₂		給付的作用（規制行政）	〃
Ⅲ. サービス行政	申請による給付行政 類型Ⅲ₁		給付作用（給付行政）	公企業
	契約による給付行政 類型Ⅲ₂		給付作用（給付行政）	〃
Ⅳ. 公共事業（道路行政）	道路用地の強制的取得 類型Ⅳ₁		侵害作用（調達行政）	公用負担
	道路の管理 類型Ⅳ₂		給付作用（給付行政）	公企業

②　補助金は，租税と反対に，私人に金銭を与える財政作用であり（農業の振興のために農家に対して交付される金銭など），給付行政の一例でもある（類型Ⅲ₁の生活保護に近い問題状況である）。また，国や地方公共団体の物品の調達も財政作用であり，行政契約の一類型である調達契約の問題となる。これらはいずれも非権力的な行政作用であり，伝統的な行政法学の関心は乏しかった。

◇行政法各論の体系のまとめ

　警察をはじめとした行政作用の諸類型比較をかねて，伝統的な行政法各論の意義をまとめておこう。

　①　行政法の基本となるのは，規制行政と給付行政の区分であり，各論の体系もほぼそれに対応している。総じて，警察と公用負担は規制行政であり，公企業は給付行政である。また，行政行為はほとんどの行政領域に用いられうる

が，特に警察や公用負担において活用される。今日では，公企業の概念は給付行政に取って代わられることが多いが，警察の概念は今なお重要であり，損失補償の要否を判断する場合などにおいて意味をもつ（case 838・case 839 など）。

② 行政行為の種類との関係では，警察や公企業のいずれにおいても，《申請に基づく許認可》という手法が用いられるが，許可は警察の場面で，特許は公企業の場面で，それぞれ用いられると考えられてきた。そこで，**警察許可**と**公企業の特許**の区分が論じられてきたのである（case 409 参照）。

③ 典型的な行政作用と伝統的な行政法各論との対応関係は，表3-2 のとおりである。記憶しておくべき内容ではないが，以上の記述を確認する意味で参照してほしい。

3．公物法の基礎†

公物法は，行政法のなかで最も古臭い理論が残っている領域である。そもそも，公法私法二元論を否定する立場を徹底すれば，公法関係や公権などと同じように，《公○○》という概念は不要になるはずであり，基本的には個別法の解釈によって民事法の原理を修正すれば足りるはずである（本章第2節2.）。しかし，今日の学説でも，公物の概念を否定するところまで徹底させる立場はないといってよいし，判例上も，取得時効の成否や原告適格などの論点において，公物法の一般理論が意味をもちつづけている（後掲の最判昭和51・12・24 を参照）。その理由としては，公物に関する法令が十分に整備されていないという事情がある（現在のところ，公物管理に関して一般的なルールを定めた法律は存在していない）。

さらに，公物法は行政法の一般理論を反映させる形で展開されてきたので，公物法の理解が総論や救済法の判例等の理解にとって有益であることが少なくない。そこで以下でも，総論や救済法との関係から，公物法のエッセンスを抽出して解説することにしよう。

* **公物法の位置づけ**　伝統的な行政法学説は，おもに公企業のなかで公物を論じてきた。それは，公企業の作用がなされるにあたって物的財産が使われる場合が多く（道路事業という公企業のために，道路という公物が用いられるなど），その利用関係が公企業法の関心事だったからである。他方，今日では公物法が行政組織法の問題として論じられることもある。それは，公物が《行政組織の物的手段》と

して性格づけられるからである。その場合の公物法は，《行政組織の人的手段》としての公務員法と並列されることになる（木村・財政法理論169頁以下，同・ガバナンス35頁）。いずれにしても，公物法は行政組織法や行政法各論の諸要素とは異なった性格を有している。

> **学習のアドバイス**
>
> 　公物法の伝統的学説のなかには，今日では修正が求められるものが少なくない。すなわち，伝統的な公共用財産と公用財産の区別は，実務上はかなり便宜的になされているし，公物警察と公物管理，公物管理と財産管理，本来的な目的のための使用と目的外使用の区分などは，現代的な感覚に合わないことが多い。たとえば，売店や食堂が庁舎の《目的外》というのは，社会常識に合致しているとはいえないだろう。筆者も，これらの概念的区分は相対化されるべきであると考えているが，初学者としては，ひとまずは伝統的な枠組みを理解するように努めるべきである（基本的な文献を含めて，木村・港湾法理論147頁以下を参照）。
> 　いずれにしても，公物は，行政法総論（特に公法私法二元論）の素材を提供してきたのみならず，行政争訟法や国家補償法の裏地をなしているので，救済法の学習を終えてから，ぜひ本節を読みなおしてほしい。

◇公物の意義

　伝統的に公物法は，行政組織の物的要素に関する法として，行政組織法に含められてきたが，行政上の物的要素のすべてを対象とするわけではない。また，私法の原理とは区別された公法理論が適用される場でもあるので，その範囲を限定する必要があった。

　そこで，伝統的には，**公物**は「行政主体により，直接，公の目的のために供用される個々の有体物」である，と定義されてきた。そこから排除される要素として，たとえば現金や無体財産（役所のソフトウェアなど），《公の用》に用いられない公的な財産（賃貸されている駐車場など）がある。これらは公物に対して，**私物（私産）**と呼ばれる。ここにいう私物には，概念上は《公務員が所有する私物》なども含まれるが，公物と対置した意味で重要なのは，《国有・公有の私物（後述の普通財産など）》である。

　現在では，公法私法二元論は否定的に捉えられているが，公物の定義自体は基本的に維持されている。また，国賠法2条の「公の営造物」は，公物を意味

すると考えられている（case 818）。

　＊　公物の内容や外延は少々微妙なので，定義を暗記しておくのが好ましい。なお，伝統的には，公物のほかに **営造物** の概念がある。これは，人的・物的施設の総合体であり，病院や学校がそれにあたる（自治法244条以下の **公の施設** も，これに近い）が，理論的な重要性は公物に劣るというべきである。

◇類似の概念としての行政財産

　先の公物の定義上，所有権の帰属は問われないことに，特に注意する必要がある。公物に類似する概念として **行政財産** があるが，これは国または公共団体の所有物（国有財産・公有財産）のうち，公の用に供する財産であり，あくまで国や公共団体の所有権に着目した概念である点で，公物の概念と相違する。たとえば，私人の土地が道路として利用される場合（case 315参照）のように，国有財産や公有財産ではないが，公物として認められる財産が存在している（私有公物と呼ばれるもの）。なお，行政財産に対置される概念は **普通財産** であり，国や公共団体が所有する財産で，公の用に供せられない財産のことである。

　大まかにいえば，《公物≒行政財産》，《私物≒普通財産》という図式が妥当するが，私有公物の存在からしても，正確な表現ではないことになる。行政財産はすべて公物であるが，その逆は真ではないのである。

　国が所有する財産（行政財産と普通財産）は国有財産と総称される。国有財産については，国有財産法が基本的な法律であり，同じく地方公共団体が所有する公有財産については，地方自治法（237条以下）に基本的な規定がある。しかし，上記の概念の相違からしても，これらの法律が公物を全般的にカバーしているわけではないことになる。そこで，公物の一般法理が重要になる。

◇公物の区分

　公物は，**公共用物** と **公用物** に区分される。いずれも，広い意味での《公の用》に供されることでは共通しているが，公共用物は直接《一般公衆（＝公共）》に供されるのに対して，公用物は直接的には《一般公衆》に供されない。平たくいえば，公用物は，役所のため（あるいは，国や公共団体の事務事業のため）に使われる公物である。このうち，公共用物の要素は限定的であり，実際には道路・河川・港湾・公園などに限られている。もっとも両者の区分は微妙であり，港湾は公共用物であるのに対して，空港は公用財産（事業用財産）と

されるなど，技巧的に分けられている面もある。公用物の典型例は，役所の建物（庁舎）である。

法律の規定のうえでは，以上の区分は，国有財産ないし公有財産の区分として現れる（国有財産法3条2項，自治法238条3項・4項）。つまり，実定法上の類型としては，行政財産と普通財産の区分をも

図3-10　公物と私物の種類……機能に着目した分類

```
┌ 公物（≒行政財産）┬ 公共用物（≒公共用財産）
│                  └ 公用物（≒公用財産）
└ 私物（≒普通財産）
```

図3-11　国公有財産の種類……所有権の所在に着目した分類

```
┌ 国有財産 ┬ 行政財産
│         └ 普通財産
└ 公有財産 ┬ 行政財産
          └ 普通財産
```

とに，行政財産がさらに **公共用財産** と **公用財産** に細分されている。行政財産は公物にほぼ対応するので，これらはそれぞれ公共用物と公用物に対応する。これまた大まかにいえば，《公共用物≒公共用財産》，《公用物≒公用財産》という図式が妥当する。以上の概念の相互関係をまとめると，次の図3-10・図3-11のようになる。

◇公物の使用関係

公物の使用関係については，次の4つの典型的場面をおさえておくべきであろう。多くは，類型Ⅳ₂に関する事例である。

- case 309　Aは，日常の生活のために，B市の市道を通行している。
- case 310　Aは，B市の市道に露店を出すために，B市から道路占用の許可を得た。
- case 311　Aガス会社は，B市の市道にガス管を埋設するために，B市から道路占用の許可を得た。
- case 312　Aは，市庁舎の一区画で職員食堂を営業するために，B市から使用許可を得た。

① 自由使用・許可使用・特許使用　これらの使用区分は，おもに公共用物を念頭においたものである。一般のドライバーや歩行者が道路を利用する場合が，**自由使用** の典型例である（case 309）。これとは別に，**許可使用**（case 310のほか，道路のデモ行進など）と **特許使用**（case 311など）がある。このうち許可使用と特許使用の区分は行政行為の分類論が反映されたもので，後者には前者と違って排他的な使用権が与えられるとされるが，特許と許可の区別が相

第4節　行政組織法・行政法各論・公物法

対化されているのに伴って（case 409 参照），特許使用と許可使用の区分にも疑問が向けられている（特許使用者の排他的権利を制限した判例として，最判昭和37・4・10〔百選20〕）。これに対して，自由使用の概念は，行政救済法において原告適格の判断などにあたって意味をもつ（後述）。

② 目的外使用　公物の 目的外使用 は，おもに公用物について問題になる。法令上は，行政財産の目的外使用について規定がおかれており（国有財産法18条3項，自治法238条の4第7項），その典型的な適用場面は，役所の建物にある売店や食堂である（case 312）。こうした目的外使用に対して，その他の公物利用の大多数は，いわば《目的内使用》というべきものである。たとえば道路の自由使用も，目的内使用である。

行政財産の目的外使用許可は，行政行為の撤回に対する補償などで，行政救済法でも頻繁に登場するほか（最判昭和49・2・5〔百選92〕; case 840），住民訴訟の対象になるか否かという論点もある（case 588）。最近では，学校施設の目的外使用許可の不許可処分について，裁量統制のあり方を問題にした最高裁判決も出されている（最判平成18・2・7〔重判18・39〕）。

◇公物の実体法的な特殊性

伝統的な行政法学は，公物に固有な性質として，公物の不融通性（取得時効や譲渡の対象にならないという性質）を掲げてきた。公物の公的側面が強調されてきたために，公物は取引の対象にならないと考えられ，《公物上に私権は設定できない》とか，《公物に時効の適用はない》などと説かれてきた。公物の前に「民法入るべからず」という看板が立てられていたようなものである。

case 313　AがB市の市道の一部を占拠して，20年以上が経過したが，その部分の道路の形状は維持されている。

ところが最高裁は，長期にわたって私人に占有されてきた公物が取得時効の対象となるか否かが問題となった事件で，公物の機能・形態，存在理由などが完全に消滅した場合には「黙示の公用廃止」が認められるとして，時効の成立を認めている（最判昭和51・12・24〔百選36〕）。この判決は，民法上の時効が適用されるためには，原則として公用廃止によって公物でなくなる必要がある，という前提をおいているから，公物の特殊性は維持されているが，例外的に，公物のままでも時効が適用される場合があるとしている点で，伝統的な学説が部分的に修正されている。case 313の場合には，道路の形状は維持されている

から，例外的な時効取得は認められないであろう。

いずれにしても，現在の判例は，公物の不融通性という特殊性を原則的に認めていることに注意が必要である。

case 314　case 313 で，もともとB市は道路の供用開始決定をしていなかった。

他方で，case 314 のように，道路の供用を開始する旨の決定（公用開始行為）がなければ，公物としての性質が認められないから，私物（私産）として時効が成立する。公用開始とは逆に，道路としての供用を廃止する決定は，公用廃止行為 である。

いずれの行為も明示的になされるのが原則であるが（道路法 18 条 2 項参照），先の case 313 は，公用廃止行為が明示的になされていない場合に，黙示的な公用廃止行為を認め，公用廃止行為を擬制した場面といえる。最高裁は，《公物を廃止する（私物にする）には公用廃止行為が必要である》という建前を維持していることになる。

case 315　case 313 で，道路用地はCの所有地であったが，B市はCとの間で賃貸借契約などを締結していなかった。

公用開始行為をするには，行政に何らかの権原（所有権・地上権・賃借権など）が必要である。まったく権原がなければ，公用開始行為は無効になる（最判昭和 44・12・4〔百選 61〕）。逆に，行政側の所有権がなくても，賃借権などに基づいて公物（私有公物）が誕生することもある（道路法 4 条参照）。

＊　PFI法による公物法理の修正　　PFI法 といわれる法律は，民間企業の資金によって公共施設を整備することを可能にしている。同法は 2001（平成 13）年に改正され，PFI（Private Finance Initiative）事業に用いられる行政財産（公物）について，case 310〜case 312 のような許可の形式ではなく，民間企業に貸付けをすることが可能となった（11 条の 2）。これまた伝統的な公物の不融通性の原理を修正するもので，《公的な性格をもつ公物は当然に特別な扱いをうける》という考え方に変更を迫っている。

◇**行政救済法との関係：抗告訴訟の原告適格**

公物の使用関係の一般理論は，救済法においても意味をもつ。特に問題とされるのは，公共用物の自由使用（一般使用）であり，取消訴訟などの原告適格との関係で論じられている。

第 4 節　行政組織法・行政法各論・公物法

(case 316)　B市は，ある市道を廃止する決定をしたが，その市道を利用しているAは，これに不満である。

伝統的には，道路の開設決定や廃止決定を争うために，周辺の住民が取消訴訟を提起しても，原告適格が認められないと解されてきた。なぜなら，公共用物の自由使用の利用者は，利用に関して反射的利益を有するにすぎないと考えられてきたからである。したがって，case 316のAは，道路廃止決定の取消訴訟を提起することができない。道路の利用を妨げる者に対して行政庁が規制権限（道路法71条）を発動することを求める義務付け訴訟なども，同様に否定される（case 821の説明も参照）。

ところが，最近では，道路の自由使用の利用者についても，例外的に原告適格が認められる可能性があるとされる。判例によると，里道（道路法によって規律されていない道路）について，原則として原告適格が否定されるが，生活に著しい障害が生ずるという「特段の事情」がある場合には原告適格が肯定される余地がある（最判昭和62・11・24；case 533）。この判決は，被害の重大性を考慮して伝統的学説の例外を認めたものであり，平成16年改正で創設された行訴法9条2項のモデルのひとつとなっている。

なお，このような道路廃止決定を住民訴訟で争えるかは，別途問題になる（case 586-2参照）。また，行政財産の使用許可に対して第三者が取消訴訟や住民訴訟を提起できるかという論点があり，それぞれの公物管理法令の趣旨に照らして個別に判断される必要がある。

＊ 公物法と行政救済法の関係（補足）　判例は，道路の自由使用をしている私人が他の私人によって通行を害された場合について，民事訴訟による救済の可能性を認めており（最判昭和39・1・16〔百選19〕），民法上は自由使用が法的に保護されている。

公物法と行政救済法との関連については，このほか，国賠法2条における自然公物と人工公物の区分を強調している判例（最判昭和59・1・26〔百選237〕；case 825），公用物の公共用物的使用に関する判例（最判平成5・3・30〔百選240〕；case 822の項目を参照），がある。また，普通財産の売却に不満な場合の救済方法（最判昭和35・7・12〔百選154〕），法律に許可制の明文がない場面での不許可処分（最判昭和28・12・23〔百選63〕）についても，重要な判例がある。

◇公物をみる視点

　公物の問題を整理するにあたって用いられる概念として，公物管理・財産管理・公物警察がある。

　①　公物管理と財産管理　　**公物管理** とは，公物の機能を維持増進する作用であるのに対して，**財産管理** とは，公物などの財産的価値の維持保全を目的とする作用である。国有財産法や地方自治法の公有財産に関する規定は，財産管理に関する規定であると考えられている。両者の区分は，救済法の領域では，住民訴訟の財務会計行為性の判断において意味をもつ（case 587-1・case 587-2）。

　②　公物管理と公物警察　　公物に関しては，その効能を維持・増進する作用のほかに，その秩序維持のための **公物警察** という作用もある。たとえば道路に関していえば，道路法が規律しているのは公物管理であり，道路交通法は主として公物警察（いわゆる交通ルールに関する事務など）を規律している。有名な徳島公安条例事件（最大判昭和50・9・10〔憲法百選235〕）も公物警察に関するものであり，道路交通法とは別に条例を制定して，デモ行進を規制できるかどうかが争われたものである（市民会館に関して，最判平成7・3・7〔憲法百選88〕の園部補足意見を参照）。したがって，正確にいえば，許可使用における許可には，《公物警察のための許可》と《公物管理のための許可》の2つがあることになる。たとえば，露天商が県道を占用するには，道路管理者である県の許可（道路法32条）のほかに，警察署長の許可（道交法77条）も必要になる。

第Ⅱ部 本　論

第4章　行政法総論のポイント

　はじめに述べた方針のもとで，行政法総論については要点だけを示すにとどめ，必要に応じて行政救済法の個所で補充することにする。行政法の三段階モデルとの対応関係は図4-1のとおりであるので，それぞれの説明項目が全体のなかでどこに位置づけられているかを意識しながら，読み進めてほしい。

図4-1　行政法総論の全体像

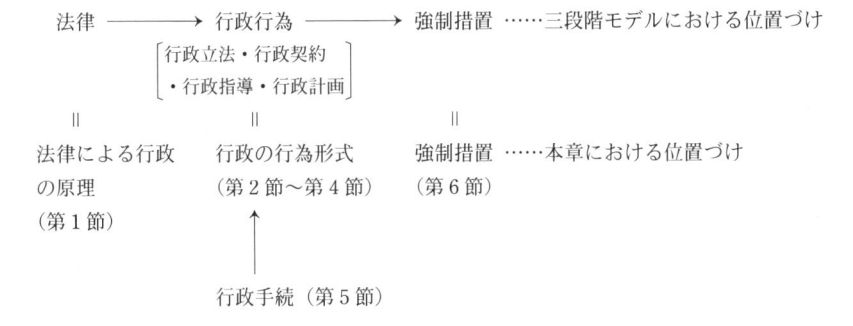

```
法律 ─────→ 行政行為 ─────→ 強制措置 ……三段階モデルにおける位置づけ
                [行政立法・行政契約
                 ・行政指導・行政計画]
 ‖              ‖                      ‖
法律による行政   行政の行為形式          強制措置    ……本章における位置づけ
の原理           (第2節～第4節)          (第6節)
(第1節)
                    ↑
                行政手続 (第5節)
```

第1節　法律と行政の関係

　本節で問題にするのは，三段階モデルのうち，主として法律（第1段階）と行政行為（第2段階）の関係である。これは，伝統的には法律による行政の原理として論ぜられてきたところである。その中核的要素としては，さしあたって法律の優位と法律の留保の2つをあげておけば足りるであろう。これに関連して，行政法の法源に触れておくが，特に，法律に直接的な根拠のない法の一般原則の扱いが重要である。
　内容的には，第3章で示したように，伝統的な行政法学が自由主義を基調としていたことの意義を，それぞれの項目で実際的に理解する必要がある。

＊関連する用語　法律による行政の原理の要素として，このほかに **法律の（専権的）法規創造力** の原理があるが，これは，法律のみが法規（＝私人の権利義務に関する規範）を創設できるという原理である。なお，法律による行政の原理は，**法治主義** と同義に用いられることが多いが，今日では，法律という形式のみならず，人権の保障など，法律の内容の適正さも重視されており（形式的法治主義に対する **実質的法治主義**），また，実体的なルールのみならず，手続的なルールも重視される傾向にある（**手続的法治主義**；本章第5節参照）。

1．法律の優位

法律の優位 は，《行政活動が法律に則ってなされなければならない》という原則である，と理解されることが多いが，もともとは《法律は命令（行政立法）を破る》という原理であり，大日本帝国憲法のもとでも認められていた（9条ただし書参照）。前者と後者のそれぞれを，広義の用法，狭義の用法と呼ぶことが許されよう。いずれの意味での法律の優位についても，現行憲法上は，国会が国権の最高機関であって唯一の立法機関であると定めた憲法41条に根拠が認められる。このうち，広義の法律の優位に関しては，法律と信義則が対立する場面がある（3．参照）。

2．法律の留保

法律による行政の原理のうち，学説上，最も盛んに議論されているのが，法律の留保の問題である。**法律の留保** とは，<u>一定の行政作用をするにあたって法律の根拠が求められること</u>を意味し，法律が求められる範囲をめぐって議論がなされている。

＊憲法における法律の留保　ここで，憲法上の用語法との相違に触れておこう。憲法上の法律の留保は，明治憲法第2章の諸規定において，「日本臣民ハ法律ノ範囲内ニ於テ○○ノ自由ヲ有スル」と規定されているところに対応する（22条，29条など）。この場合の法律の留保は，《法律があれば（行政が）何かをなしうる》という意味であるのに対して，行政法における法律の留保は，《法律がなければ（行政が）何かをなしえない》という意味である。もとより，理論的にも内容的にも，

両者は重なり合う。

◇侵害留保説の意義

　伝統的学説は，自由主義的な発想から，私人の自由と財産を侵害する行政作用についてのみ法律の根拠を要し，逆に自由と財産を侵害しない行政作用については法律の根拠を要しないという **侵害留保説** をとってきた。行政実務も，基本的にはこの立場である。これに対して，民主主義的な観点を重視すると，侵害作用のみならず，すべての行政作用について法律の根拠を要するという **全部留保説** が導かれる。このほかに，権力的作用についてのみ法律の根拠を求める権力留保説，侵害作用以外の重要事項についても法律の根拠を求める重要事項留保説などもあるが，学習の基本は侵害留保説であり，特に全部留保説と対比させながら理解するべきである。

> case 401　租税の賦課徴収に法律の根拠は必要か。また，補助金の交付についてはどうか。

　侵害留保説の立場によると，類型Ⅰの作用のうち，たとえば租税の賦課徴収は，私人の財産を強奪するという侵害作用であるので法律の根拠が必要であるが，類型Ⅲの作用のうち，たとえば補助金の交付は，侵害作用ではないので法律の根拠は必要ない。他方，全部留保説によると，租税と補助金のいずれについても法律の根拠が求められる（表4-1参照）。いずれの立場においても，法律の留保の根拠は憲法41条であるが，侵害留保説の立場からすると，憲法84条は，侵害作用の典型である租税の賦課徴収について法律の根拠が求められることを，確認的に規定したことになる。全部留保説からしても，憲法84条は同様に性格づけられる。

表4-1　侵害留保説と全部留保説の比較

	侵害作用 （ex. 租税の賦課徴収）	給付作用 （ex. 補助金の交付）
侵害留保説	法律必要	法律不要
全部留保説	法律必要	法律必要

◇組織規範・根拠規範・統制規範

　ここで，行政上の法規範の一般的な区分として，組織規範・根拠規範・統制規範の意義を理解しておく必要がある。まず **組織規範** は，行政組織の設置とその事務の範囲を定めるルールであり，各省の設置法（財務省設置法など）が

その典型例である。次に **根拠規範** とは，行政機関がある行政作用をなしうる根拠となるルール，つまり《その規範がなければ当該行為をなしえない》という意味での規範である。三段階モデルの第1段階に位置する法律は，この根拠規範である。
他方，**統制規範**（規制規範）は，行政組織が一定の行政作用をなしうることを前提として，その活動の仕方を統制するルールである。特に手続的な統制をするものが多く，その例として補助金適正化法や行政手続法があるが，国税通則法の規定の多くも統制規範である。統制規範は，いわば《横からの統制》をするルールである（図4-2参照）。

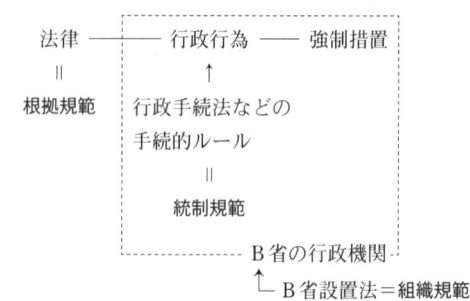

図4-2 三段階モデルと3つの規範の関係

```
法律 ──── 行政行為 ──── 強制措置
 ‖              ↑
根拠規範    行政手続法などの
            手続的ルール
                ‖
             統制規範
                         ┈┈ B省の行政機関
                    └ B省設置法＝組織規範
```

所得税の賦課徴収を例にとっていえば，組織規範として財務省設置法，根拠規範として所得税法，統制規範として国税通則法があるわけである。

法律の留保で問題になっているのは，あくまで根拠規範である。したがって，組織規範や統制規範があったとしても，法律の根拠が満たされたことにはならない。

⦅case 402⦆　財務省設置法に基づいて，ミネラルウォーター税を新たに創設することはできるか。

この場合，財務省設置法は組織規範にすぎないので，それに基づいて新たな租税を課すことはできない。あくまでも，根拠規範として新たな法律の制定が求められるわけである。

⦅case 403⦆　全部留保説に立った場合，補助金交付の手続を定めた補助金適正化法を制定すれば，補助金を交付できるか。

この点は議論があるところだが，補助金適正化法は，おもに補助金の交付の手続を定めた統制規範であって根拠規範ではないから，全部留保説によれば，同法があっても法律の留保の要請を満たしていないことになる。したがって，別途，「〇〇の事業に対して××大臣は補助金を交付することができる」という法律（根拠規範）が求められることになろう。これに対して侵害留保説によると，補助金に根拠規範は必要ないので，この種の法律は必要不可欠ではない。補助金適正化法という統制規範があれば，それに越したことはない，というこ

とになる。

＊**組織規範の実際的な意義**　組織規範のイメージを膨らませるために，インターネット（総務省の法令検索サイト）を用いて，どこかひとつの省庁の設置法を直接参照しておくことをお勧めする。たとえば，財務省設置法をみると，「内国税の賦課及び徴収に関すること」といった無味乾燥な規定が並んでいることに気付くだろうが，実務上，省庁間の《縄張り争い》において，それぞれの省が根拠とするのが各省設置法である。

このように組織規範は，行政機関内部で問題になることが多いが，組織規範に違反した行為は外部的に違法と評価される。たとえば，国土交通大臣が私人から所得税を徴収することは，もちろん許されない。このように，組織規範は，実際上は内部的な存在であるとはいっても，外部効果が認められるのであり，その意味で，通達のような行政規則（case 424 など）とは異なる。

なお，最高裁は，警察法2条1項を一斉検問の根拠規範として捉えているようにみえるが（最決昭和55・9・22〔百選110〕），同条は警察の組織規範にとどまるのではないか，という問題がある。裁判実務では，根拠規範と組織規範の区別が徹底されていないという見方もできよう。このほか，行政上の強制措置が法律の留保に反してなされたと解する余地のあるケースとして，ヨット係留杭の強制撤去事件（最判平成3・3・8〔百選103〕）がある。

3．行政法の法源

以上，法律と行政の関係について考察したが，行政に関する規範としては法律以外の法源もある。そのリストは図4-3のとおりである。ここでは，法律とか政令という《器の形式》に注目した分類である。このうちの命令の実質的な意味については，行政立法の問題として，別に説明することに

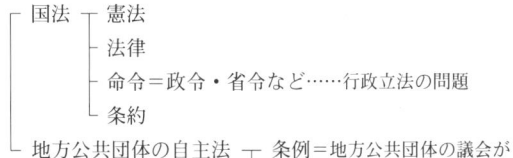

図4-3　行政法の法源
(a) 成文法源
　国法　┬ 憲法
　　　　├ 法律
　　　　├ 命令＝政令・省令など……行政立法の問題
　　　　└ 条約
　地方公共団体の自主法　┬ 条例＝地方公共団体の議会が定めるルール
　　　　　　　　　　　　└ 規則＝地方公共団体の長らが定めるルール

(b) 不文法源
　慣習法……民事法に比べて少ない　←　法律による行政の原理
　判例法……実務上は，最高裁判例があれば法律と同じ
　法の一般原則……民事法の場合以上に重要

第1節　法律と行政の関係

しよう（本章第3節）。

◇**法の一般原則**

行政法における **法の一般原則** としては，①信義誠実の原則，②権限濫用の禁止原則，③平等原則，④比例原則，⑤手続的正義の原則がある。

民事法との関係で分類すると，①信義誠実の原則や②権限濫用の禁止原則は，民法上の法理が行政法にも適用されたものである（民法1条2項・3項参照）。これに対して，③比例原則や④平等原則，⑤手続的正義の原則は，民事法にはみられない原則である。公法私法二元論に立つ伝統的学説も，前者（①・②）の私法規範を例外的に公法関係にも適用することを認めていたのであり，これに対して，後者（③～⑤）は公法関係に固有な規範であるとされてきた。後者の類型は，特に比例原則にみられるように，自由主義的な色彩が強いという特徴があり，ここにも伝統的な行政法学の問題意識が反映されている。それぞれの例を以下で検討することにしよう。

case 404　B市長は，Aの固定資産について長らく非課税の扱いをしていたが，あるとき法令解釈の間違いであることに気付き，過去に遡って，その資産に固定資産税を課すことにした。

これは，**信義誠実の原則**（信義則）が問題になる場面である（青色申告の承認に関する最判昭和62・10・30〔百選26〕を参照）。また，行政計画を信頼して支出をした私人に対して，信義則上，損害賠償がなされるべき場合がある（最判昭和56・1・27〔百選27〕；case 845）。公務員に対する行政の安全配慮義務も，信義則に基づくとされる（最判昭和50・2・25〔百選28〕）。なお，これらは行政側の信義則違反が問題になった例であるが，私人の側の行為が信義則違反とされることもありうる（最判昭和34・6・26〔百選133〕）。

case 405　Aがジャズ喫茶を営業するために，B県知事に食品衛生法上の許可を求めたところ，B県知事は，教育上好ましくないという理由で，これを拒否した。

これは，**権限濫用の禁止原則** が問題になる場面である。民法の世界では，主として自然人や法人の権利濫用が問題になるが，行政法の世界では，行政機関による権限の行使の評価が問題にされることが多いので，権限濫用という表現が用いられることが多い（表3-1の説明を思い出してほしい）。特に，行政行為が根拠法令の目的以外の目的でなされた場合（他事考慮と呼ばれる），この原則

によって，当該行政行為が違法と評価されることになる。case 405 についていえば，食品衛生法は食品の衛生・安全を保護することを目的とした法律であるので（同法1条参照），教育上の理由から同法の権限（この場合には同法52条の権限）を行使することはできないと解される。

なお，権限濫用は，判例上は《行政権の濫用》と表現されることがある（最判昭和53・5・26〔百選31〕，本章第2節の註〔98頁〕を参照）。行政裁量のところで出てくる《裁量権の濫用》も，権限濫用の一種である（case 612 の説明を参照）。

case 406　AがB市に水道の供給を求めたところ，AがB市の行政指導に従わなかったことを理由として，B市は水道供給を拒否した。

民法では契約自由の原則があるので，複数契約者の間での平等は当然には求められない。たとえば，私人が駐車場を貸すにあたっては，契約の相手を選ぶこともできるし，駐車場の使用料を借り手によって変えることもできなくはない。これに対して，行政に関しては，憲法14条から，法の一般原理として 平等原則 が導かれる。たとえば，市町村が経営する水道事業においては，市町村は原則として水道供給契約を拒むことはできないし（水道法15条），不当な差別も禁止されている（同法14条2項4号など）。

平等原則は，類型Ⅲ の水道供給や生活保護など，給付行政で問題になるが，類型Ⅰ₂ の租税行政でも，特定の納税者に対して租税を不当に高く課すことは違法と評価される（主として地方税法の解釈が問題になった事件ではあるが，東京高判平成15・1・30〔自治百選4〕，東京高判平成22・2・25 も参照）。

case 407　B県公安委員会は，ドライバーAが僅か10キロの速度違反をしたことを理由として，免許停止処分をした。

比例原則 とは，規制目的と手段の比例関係ないし均衡を求める原則である。多くの場合には，違反事実とそれに対する制裁との比例関係が問題になる。行政目的を達成する場合に必要な範囲でのみ行政権限を用いることが許される，という原則であり，市民に対して行政が過剰に侵害することを防止するルールである。たとえば，道路交通関係のルールに違反した者に対しては，免許の取消しや停止などが定められているが（道交法103条1項5号），わずか10キロオーバーのスピード違反と，酒気帯び運転のような重大な違反とを同列に扱うべきではないから，実際には，いわゆる点数制によって，違反の程度に応じた制裁が課されている（同法施行令別表第2）。これも，比例原則の表れであり，

第1節　法律と行政の関係

比例関係を無視した処分は違法になる。類型 I₃ で公務員に懲戒処分をするにあたっても，懲戒処分をするかどうか，また懲戒処分をする場合にも，免職・停職・減給・戒告のいずれをするか（あるいは，いずれもしないか）の判断にあたって，非難の対象となる行為の重大さに照らした選択が求められることになる（最判昭和 52・12・20〔百選 78〕；case 612 参照）。

比例原則は，もともと警察の領域で生まれた **警察比例の原則**，すなわち警察権の発動が必要最小限にとどめられるという原則（警察法 2 条 2 項，警察官職務執行法 1 条 2 項参照）に由来しており，警察行政をはじめとした規制行政に適用される。その意味で比例原則は，信義則や権限濫用原則と異なり，行政に固有の原則といえる。

 case 408　B 大臣が職員 A に対して懲戒処分を行うにあたって，A からまったく言い分を聴く機会をもたなかった。

手続的正義の原則 とは，行政作用にあたって適正な事前手続を求めるものであり，究極的には，憲法 31 条（ないし 13 条）の適正手続の原則に基づくと考えられる（case 430 参照）。この原則は，行政手続法の理論的な根拠になっているほか，形式的には行政手続法が適用されない場面でも，法の一般原則として意味をもつ場合がある。

たとえば，公務員の懲戒処分についていえば，人事院規則に一定の手続がおかれているほかは，行政手続法の適用はなく（同法 3 条 1 項 9 号），法令上，聴聞の手続（同法 13 条）が求められていない。しかし，理論的には，法の一般原則として手続的正義が要請されるので，case 408 のように，まったく聴聞的な手続を経ることなく処分がなされたときには，当該処分が違法と評価される可能性がある。

＊ **法の一般原則の重要性**　法の一般原則は，民法上の原則と共通する要素も多いので，《当たり前の原則》のようにみえるかもしれない。しかし，実際の裁判例では，法令の機械的な適用を修正し，妥当な結論を導くための原理として，法の一般原則が用いられることが少なくない。また，伝統的には，公法に固有な原理のなかに法の一般原則（警察比例の原則など）が含まれていたのに対して，公法私法二元論を否定する最近の学説では，行政上の法律関係の特殊性を表現するために，法の一般原則がいっそう重視されている（特に，比例原則と平等原則）。さらには，これらの法の一般原則の適用の場として，伝統的な公法関係の概念を実体法的な意味でも復活させるべきであると説く論者もいるほどである（第 3 章第 2 節 2. の註

〔43頁〕参照）。このように，法の一般原則は，公法と私法の区分という，行政法の本質的問題と切り離せない関係にあるのである。

なお，行政法に関しては，法律による行政の原理から，**慣習法**は認められにくい（ただし，官報による法令公布の慣習につき，最大判昭和32・12・28〔百選44〕）。その反面で，法令の不備がある場合もあることから，条文の文言に忠実な文理解釈だけではなく，条理解釈ないし目的論的解釈が求められる。その点，公法私法二元論は，公法の領域での**条理**（社会一般の正義感情に基づく規範）を重視していたが，今日では，法の一般原則を通じて解決するべき場面が多くなっている（case 408 など）。このほか，法律の**目的規定**（多くの法律には第1条に掲げられている）を通じて柔軟な解釈がなされることもある（最判平成元・2・17〔百選170〕，最判平成11・1・21〔百選96〕の原審である福岡高判平成7・7・19）。

◇法律と不文法源が対立する場面

前出の case 404 は，法律と法の一般原則が対立する場面である。法律のみならず，法の一般原則も同じく行政法の法源であるから，当然に法律が優先するわけではないが，最高裁は，租税法律主義の重

図4-4　case 404における対立の図式

法律を優先 ―――→ 課税すべき

↕ 対立関係 ⇒ 判例は，原則として法律を優先。ただし，「特別の事情」がある場合は別。

信義則を優先 ―――→ 課税すべきでない

要性を理由として，租税法令と信義則が対立する場面では，原則として法律が優先するとしている（最判昭和62・10・30〔百選26〕）。したがって，判例によれば，このケースでは原則として法律に基づいた課税が優先されることになる。ただし，最高裁は，「特別の事情」がある場合には，例外的に信義則が優先されうることを認めている。こうした「特別の事情」があるというためには，①行政庁による公的見解の表示，②その表示に基づいて納税者が行動したこと，③これによって納税者に経済的不利益がもたらされたこと，④納税者に帰責事由（落ち度）のないこと，という4つの必要条件があるとしている（図4-4参照）。もっとも，これはあくまで租税行政に関する判例であるから，他の行政作用で法律と信義則が対立する場面にも，上記の準則が当然に妥当するとはいえない。

なお，租税に関して信義則が問題になりうる場面として，このほか，パチンコ球遊器事件に関する case 424，最判平成6・12・20〔自治百選94〕などがある。

＊ **現代的な法の一般原則**　最近では，本文に掲げた古典的な原則のほかに，新しい一般原則が掲げられることがある。いずれも今日では重要な原則であるが，まだ判例として定着していないものが多いので，他の項目との関係で，必要に応じて参照すれば足りるであろう。

① **透明性の原則**　これは，行政活動の内容やプロセスが国民にとって明確にされるという原則である。透明性という文言を用いた法律の例としては，行政手続法1条がある（本章第7節1.）。同法の意義として，審査基準や行政指導指針の公表など，行政処分や行政指導の名宛人の権利利益の保護という自由主義的観点から透明性が語られてきたが，近時では行政全般について，《ガラス張りの行政》を理念とする民主主義的観点も重視されている。

② **説明責任（アカウンタビリティ）の原則**　これは，行政活動の内容・根拠などについて，適当な時期に国民に説明をすることが求められる原則である。憲法1条の国民主権原理から導かれるといわれるが，財政に関する憲法91条も根拠となりうる。情報公開制度も，この原理を具体化したものである（情報公開法1条参照）。

③ **効率性の原則**　これは，行政活動に経済的な効率性を要求する原則である（自治法2条14項，財政法9条2項，地方財政法4条1項参照）。効率性の基本的な尺度が財政にあることは言うまでもない。公共契約における入札制度（case 426参照）や政策評価の制度も，効率性ないし経済性の確保を目的のひとつとしている（最判平成18・10・26〔重判18-53〕）。

これらは，行政のみならず民間企業にも妥当する原則であり，その意味では行政が民間企業に接近している面がある。このことは，《ガバメントからガバナンスへ》という標語のもとで語られることが多い。ガバナンスは，伝統的な《統治》に相当する概念として用いられることもあるが，日常的な行政作用について，協働的で効率的な管理を志向する概念としても用いられ，企業経営と接点をもつ。その意味で，上記の諸原則はガバナンスの原則ともいえる。また，これらの原則の起源ないし中核的要素として，財政作用が重要な意味をもつ（木村・ガバナンス101頁以下）。

このほか，最近問題になっている原則として，補助金交付を限定するなどの機能をもつ **公益原則** がある（最判平成17・10・28〔重判17-53〕，木村・同前167頁などを参照）。

第2節　行政行為

行政行為は，三段階モデルの第2段階に位置し，伝統的な行政法学説のカナ

メをなす概念である。また，行政の行為形式の代表的存在である。

　行政行為論の意義を大まかに述べるとすれば，行政が私人に対していきなり実力行使するのではなく，書面による手続を踏むという要請から，行政行為というステップが要求された。また，行政救済法の観点からすると，違法な行政作用に対してブレーキをかけるための《節目》として，行政行為（≒行政処分）があるわけである。それゆえに，行政行為論は，主として自由主義的な観点から構築された理論であるといえる。

　行政行為の定義をするのは難しいが，ここでは，私人の権利義務を権力的・一方的に変動させる行政庁の行為，という程度にとどめておこう。民法でいえば法律行為に相当する行為であり，具体的には，類型Ⅰ₁ の農地買収処分，類型Ⅰ₂ の課税処分，類型Ⅰ₃ の公務員に対する懲戒処分，類型Ⅱ の許認可（ないしその拒否処分）や監督処分，類型Ⅳ₁ の事業認定や収用裁決があげられる。入門の段階では，正確な定義を覚えるよりも，具体的な例を連想できるようにしてほしい。

*　一般的な傾向として，伝統的な行政行為論は，個別法の解釈，あるいは行政救済法の問題に解消されつつある。そこで，行政行為に関する詳細は，取消訴訟の説明のなかで，特に行政処分の問題として説明することにしたいが，ここで伝統的な行政行為論の骨格部分を最低限，理解しておく必要がある。この段階では，《行政行為は行政処分と同じようなものだ》という認識で十分であろう（第5章第2節1.の註〔163頁〕をも参照）。したがって，行政行為は基本的に，後述の《処分性》を有することになる。

　なお，伝統的な行政行為論の要素のうち，行政裁量や違法性の承継については，行政訴訟の個所で説明する（case 612〜614, case 617〜619）。

1．行政行為の分類

　伝統的な行政行為の分類は，図4-5のとおりである。もっとも，今日の学説には，これらの区分を相対化して，法令の趣旨に即した個別的解釈に委ねる傾向がみられ，実際にも，伝統的なカタログを覚えていても，そのままでは使えないことが多いであろう。しかしながら，これらが一応の物差しになることもあるし，判例上は伝統的な分類論に依拠した説明もみられる。そこで，以下でひと通りの説明をしておこう。

①　法律行為的行政行為の 命令的行為 が，行政行為の典型中の典型という

図4-5 行政行為の種類

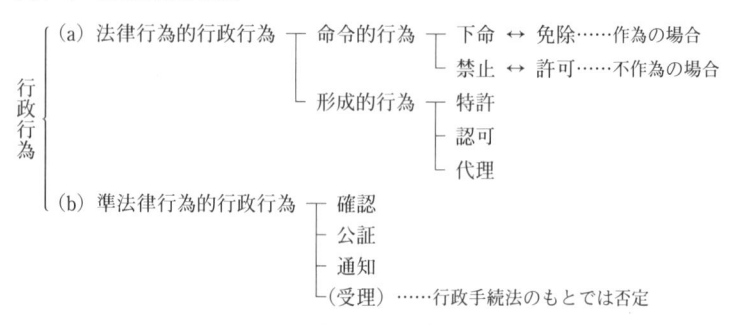

```
行政行為 ┬ (a) 法律行為的行政行為 ┬ 命令的行為 ┬ 下命 ↔ 免除……作為の場合
         │                        │            └ 禁止 ↔ 許可……不作為の場合
         │                        └ 形成的行為 ┬ 特許
         │                                     ├ 認可
         │                                     └ 代理
         └ (b) 準法律行為的行政行為 ┬ 確認
                                    ├ 公証
                                    ├ 通知
                                    └ (受理)……行政手続法のもとでは否定
```

べきものである。類型Ⅰ₂の課税処分は，納税者に「税金を納めろ」という作為義務を課すという意味で，下命の性質を有し，逆に，租税を減免する決定は，その作為義務を消滅させるものであるから，免除の例である。また，類型Ⅱ₁の違法建築物の使用禁止命令は禁止の性質をもち，逆に，運転免許や建築確認は許可の例である。これらの命令的行為は，総じて私人の権利・自由を制限する行為である。これに対して，形成的行為とは，私人に特殊な法的地位を付与する行為であり，特許や認可がその例である（許可と特許・認可の違いについては，case 409・case 410 で述べる）。

② 命令的行為と形成的行為は，**法律行為的行政行為**として包括される。これは，行政庁の意思表示によって成立する行政行為である（行政庁が意図した効果が発生する）。許可や認可がその代表例である。これに対して，**準法律行為的行政行為**は，行政庁の意思表示ではなく，行政庁の判断・認識の結果について，もっぱら法律の定めるところにより効果が発生する行為である（あくまで観念的にいえば，行政庁が意図した内容とは無関係に，法律の定めによって効果が発生する）。その例として，住民票の記載行為（公証行為）がある。両者の区分は，民法の法律行為（契約など）と準法律行為（催告など）の区分をモデルにしたものである。大まかにいえば，行政庁の判断的要素の度合に関する相違（法令の単純な執行であるか否か）といえる。

ここで注意を要するのは，これらの分類は法令上の用語とは区別された理論的な分類である，ということである。すなわち，法令上「許可」という語が用いられていても，分類でいえば特許にあたる場合がある。それゆえ，たとえば《公衆浴場法上の「経営許可」は許可であるか特許であるか》という形で議論されてきたのである。また，建築基準法上の「建築確認」は，一般に許可の性

質をもつといわれる。

◇許可と特許（分類のポイント・その1）

　このうち，しばしば問題になるのは，①許可と特許の区分と，②許可と認可の区分の2つである。いずれも 類型Ⅱ の許認可に含まれるものであるが，さまざまな論理が交錯しているので，行政裁量や取消訴訟の原告適格の学習をしたあとで，再度読み直してほしい。

　基本となるのは，①許可は私人の《自然の自由》を前提とし，②それがいったん全面的に禁止されたうえで，③個別に解除される，という論理構造である。運転免許でいえば，①車の運転は自然状態では自由であるが，②安全の見地から運転を国家がいったん全面的に禁止し，③運転の技能のある者に対して個別的に運転免許を与え，禁止を解除することになる。

　これに対して特許は，通常の私人がもともと自然の状態で有していない権利が，国家から特定の私人に特別に与えられたものである。沿革的にいえば，王様が特定の者に特別な権利（レガリアと呼ばれる独占的経営権）を付与するという意味であり，発明の特許と実質的な共通点がある。

　このように許可と特許は，《私人がもともと有している権利・自由であるか否か》という観点から区別される。また，許可は警察規制のためになされるので 警察許可 と呼ばれ，特許は公企業の配慮のもとでなされるので 公企業の特許 と呼ばれる（第3章第4節1.参照）。ここでは， 類型Ⅱ の例にあげた公衆浴場の営業「許可」（公衆浴場法2条の条文上は，経営許可）を念頭において，以上の具体的な帰結を考えてみよう。

　case 409　AとCが順に公衆浴場の営業許可を申請したところ，B県知事はCに許可を与え，Aの申請を拒否した。

　伝統的学説によると，許可と特許の区別が具体的に意味をもつ場面は，次の3つである。まず第1に，《自由裁量行為か否か》の区分である。許可は，それ自体は相手方に利益を与える行為であるが，私人が有する《自然の自由》をいったん全面的に禁止するという前提があるので，侵害的作用とみなされ，行政庁の裁量（司法審査の対象にならないという意味での自由裁量）が認められない。これに対して特許は，もっぱら授益的行為（特許権者にもっぱら利益をもたらす行為）であるので，行政庁の裁量が認められる，と解されてきた（case 612で述べる美濃部説の帰結である）。

第2節　行政行為

第2に,《先願主義が妥当するか否か（先に出願した者に対して優先的に許認可がなされるべきか）》の判断に際して意味をもつとされる。すなわち,許可の場合には,行政庁に裁量がなく,事業者を選択する余地はないから,先願主義が妥当する。これに対して特許については,行政庁に裁量が認められるので,先願主義が妥当しない。

　これら2つの問題は,case 409におけるAとBの関係に関わるものであるが,第3に,《別の競業者への許認可に対して,すでに許認可をうけている事業者が取消訴訟を提起する原告適格を有するか否か》という論点においても,許可と特許の区別が意味をもつと考えられてきた。case 409でいえば,AとCの関係に関する問題である。許可の場合には,《警察（＝社会の秩序維持）》という公益的配慮からなされるものであるのであるから,既存業者に原告適格は認められない。これに対して特許の場合は,既存業者に独占的な経営権が与えられるから,原告適格が肯定される（case 527参照）。

　図式的には以上のように整理できるが,現在の判例はこのような伝統的な図式に忠実ではない。すなわち,公衆浴場の経営許可についていえば,第1の自由裁量の有無に関しては,伝統的学説は裁量を認めてきたが,判例は裁量を否定している（最判昭和47・5・19〔百選62〕）。第2の先願主義については,伝統的学説は否定するが,判例は肯定している（同最判）。第3の原告適格については,伝統的学説と判例のいずれもが肯定している（最判昭和37・1・19〔百選18〕）。

　このように,判例上,許可と特許の区分は相対化しており,結局は個別法の解釈によることになる。しかも,特許の前提となっている《国家の独占的経営権》という考え方は,現行憲法上の営業の自由の原則（22条,29条）に反する,という批判があり,特許という概念自体に疑問が提起されている。しかしながら,伝統的な区分は否定されても,法令の解釈上,許可と特許の区分がひとつの手がかりになる場合がある。特に,第1の点に関連して,許認可に際しての考慮事項の違いが導かれうる。つまり,警察許可に近い制度であれば,社会の安全・秩序に反しない限り許認可が与えられるべきであるのに対して,特許に近い制度のもとでは,行政庁の広範な公益的配慮がなされるべきことになる。

◇許可と認可（分類のポイント・その2）
　命令的行為である許可は,私人の《自然の自由》を前提とするのに対して,形成的行為である認可は,特許と同様に,国家から特定の者に《特別の権利》

を与えるという考え方を基礎にしている。したがって，許可をうけないでなされた行為について，私人間の法律行為（契約などの取引）の効力が問題にされることはないのに対して，認可がなされていなければ，法令上，認可を必要とする法律行為には効力が生じないことになる。それゆえ，<u>許可制度のサンクション（無許可の行為に対する制裁）は罰則であり，認可制度のサンクションは法律行為の効力を否定することにある</u>と考えられてきた。

(case 410)　AとCが，B県知事の認可をうけないで農地の売買契約を締結した。この売買契約は有効か。

　ところが，実際の立法例をみると，許可と認可の仕組みが融合している例がみられる。農地法3条1項が農地の所有権移転に際して要求している「許可」についていえば，無許可の農地移転に対しては，罰則による制裁が予定されているとともに（同法92条1号），許可をうけずになされた所有権移転の効力も否定されている（同法3条4項）。前者は許可の性質に対応するのに対して，後者は認可の性質に対応する（最判昭和36・5・26〔百選15〕は，農地移転許可の取得を停止条件と解することを認めず，許可なき売買の効力を厳格に否定している）。それゆえ，農地法上の許可は，許可と認可の性質を併有しているといわれる。その他の事例においても，判例上，法律の趣旨を総合的に解釈して結論が導かれている（普通保険約款の認可につき，最判昭和45・12・24〔百選14〕）。

＊　行政行為の分類論の理論的背景　　伝統的学説における行政行為の分類論は，自由主義的な《国家と社会の二元論》に依拠している。たとえば，許可と特許の区分，さらには命令的行為と形成的行為の区分には，もともと《国家》と区別された《社会（市民社会）》に属する《自然の自由》がありうるという前提が存在していたのであり，その意味では自由主義的な観点に立った分類といえる。また，認可についても，もともと《社会》に存在しない特殊な権利能力であるから，それが有効に付与されていなければ，《社会》のなかで法的な効力（契約の効力など）を有しないことになる（《社会》に属しないレガリアの概念につき，木村・財政法理論148頁以下を参照）。

◇分類論に関するその他のポイント

　行政行為の分類に関して，補足的にコメントしておこう。
　①　法律行為的行政行為については，たいていは処分性（行政処分としての

性質）が認められるが，準法律行為的行政行為については，しばしば処分性が否定される。準法律行為的行政行為は，行政行為でありながら当然には行政処分にならない例である（case 522 の項目を参照）。また，準法律行為的行政行為は，行政庁の意思ではなく，法律の定めによって効果が発生するから，行政庁の自由裁量が認められないと解されてきた（第6章第1節2.）。同じ理由から，準法律行為的行政行為には，附款が付しえないと説かれてきた（4.参照）。

② 準法律行為的行政行為のうち，**受理** の概念は，行政手続法が否定している（case 433・case 436）。したがって，現行法上，申請や届出に対する《受理の拒否》といった行政行為は，原則として存在しないことになる（申請の到達時点について，受理の有無を基準とすべきでないことにつき，最判昭和47・5・19〔百選62〕）。

③ 許可と届出の中間的な制度として，**登録** がある。登録は，一定の資格要件のもとで行政庁に登録することを要件として事業が始められるとするものである。伝統的には公証の一種とされており，行政庁の自由裁量が否定されてきた（登録の拒否事由を制限する判例として，最判昭和56・2・26〔百選58〕，登録された事業の廃業届出の効力発生時期につき，最判昭和50・9・26〔百選132〕）。

＊ 法律行為的行政行為と準法律行為的行政行為の区分（補足）　法律行為的行政行為と準法律行為的行政行為の境界線は，必ずしも明確ではない。そのため，両者の区分は，今日では批判されている。もっとも，最高裁の判決のなかには，この区分に依拠して，準法律行為的行政行為の処分性を否定しているようにみえる判決もある（最判平成7・3・23〔百選162〕と最判昭和54・12・25〔百選165〕を比較してほしい）。なお，許可と確認の違いが《時の裁量》との関係で議論されることもある（最判昭和57・4・23〔百選128〕参照）。

2．行政行為の効力

伝統的な学説は，行政行為に特殊な効力として，公定力，不可争力，不可変更力，実質的確定力，自力執行力などを掲げてきた。これらはいずれも，民法の法律行為との比較をもとに考え出されてきた効力である。以下にみるように，その多くは，行政行為に瑕疵（違法性）がある場面で意味をもつ。

(case 411)　B県知事が地主Aの農地の買収処分を行い，それを小作人Cに売り渡

したが，その農地は農地買収の対象にならないものであった。

公定力の古典的な定義は，《行政行為の効力の承認を関係人に強要する力》である。平たくいえば，瑕疵があっても，取消訴訟によってしか争えないという効力である（正確には，職権取消しや不服申立てによる取消しという方法もある）。したがって，公定力の現行法上の根拠は，取消訴訟があるからだ，ということになる。case 411 でいえば，AがCに対して民事訴訟を提起しても救済されず，あくまで取消訴訟による救済を求めることになる。このように，公定力は，取消訴訟の排他性（排他的所管）に基づく効力である（第5章第2節1.）。

(case 412)　case 411 で，買収処分後，1年半が経過した。

不可争力（形式的確定力）とは，行政行為に瑕疵があっても，出訴期間や不服申立期間を過ぎると争えなくなる効力である。民法上の時効に近いが，訴訟制度の帰結であることに留意する必要がある。case 412 でいえば，出訴期間（現行法でいえば6ヵ月）を徒過したので，不可争力が発生し，取消訴訟によっても争えないことになる。ただし，行政庁の職権取消し（case 417）は，不可争力が生じた行政行為についても可能である。

(case 413)　case 411 で，買収処分をうけた地主Aが頑として立ち退かない。

自力執行力は，行政行為の内容を強制的に実現できる効力である。民事上の自力救済禁止の原則の例外をなす（第2章第3節2.）。case 413 でいえば，B県知事は，Aの農地にある耕作物等を強制的に除去するために，代執行の措置をとることができる（case 440 の説明もみよ）。

このほかの行政行為の効力として，不可変更力と実質的確定力があるとされてきた。**不可変更力**とは，行政庁が自ら行った行政行為の取消し（ないし変更）を制限する効力である（最判昭和29・1・21〔百選68〕）。他方，**実質的確定力**は，行政行為に実質的に抵触する行為を禁ずる効力である（最判昭和42・9・26〔百選69〕）。それぞれ，裁判所の判決における自縛力と既判力に相当する。

このうち，公定力と不可争力は，原則としてすべての行政行為に認められるが，これらは取消訴訟（および行政不服審査制度）が存在していることによる効力であるから，行政争訟法のところで説明するのが適当である（case 501-1 以下，case 542-1 以下）。また，不可変更力や実質的確定力は，すべての行政行為に認められるわけではなく，不服申立てに対する裁決・決定（裁判所の判決に近い行政行為）についてのみ肯定される余地があるから，不服申立ての個所

第2節　行政行為

で説明すべきであろう（case 728・case 729）。さらに、自力執行力については、伝統的な学説では行政行為に当然に認められる効力であると解されてきたが、近時の学説では、あくまで個別法によって初めて認められると考えられている（case 448）。こうしてみると、行政行為の効力について、行政法総論ないし実体法の問題として一般的に論ずることは、あまり意味がないといえそうである。

◇**行政行為の効力の例外：無効の瑕疵**

一般に、行政行為の瑕疵は、主体・内容・形式・手続のそれぞれについて生じうる。**主体に関する瑕疵**の例としては、税務署の職員以外の者が国税の課税処分を行う場合のように、権限のない行政庁が行政行為を行った場合がある。また、**形式に関する瑕疵**とは、書面によらない納税の督促（税通法37条1項）など、法令上要求される形式がみたされない場合である。さらに、**手続に関する瑕疵**とは、聴聞を欠く行政行為など、法令上要求される手続がとられていない場合である（本章第5節）。**内容に関する瑕疵**は、人違いでなされた農地買収処分や課税処分がその典型例である。以下では、特に内容に関する瑕疵を例にあげながら説明することにしよう。

(case 414) case 411の農地買収処分は、本来、別の地主Dになされるべきものであったが、処分後1年半が経過した。

行政行為の公定力や不可争力は、すべての行政行為に認められるのが原則であるが、例外的にこれらの効力が認められない場合がある。それは、行政行為が無効であるときである。**行政行為の無効**とは、要するに、あまりにもデタラメな行政行為については、通常の効力が認められないとするものである。無効であるか否かの基準は、行政行為の瑕疵が重大かつ明白な瑕疵であるか否かであると考えられている（最判昭和34・9・22〔百選80〕）。ただし、類型 I₂ の課税処分のように、行政と私人の二面関係のみが問題になる場合には、例外的に重大な瑕疵があるだけで無効と認められることもある（最判昭和48・4・26〔百選81〕）。

重大明白な瑕疵と認められる典型例としては、明らかに権限のない行政庁が行政行為をした場合、人違いの懲戒処分をした場合、宅地に対して農地買収処分をした場合などである。たとえば、case 411のAは、買収処分の取消訴訟を提起するべきであり、それが通常の争い方であるが、case 414のAは、買収処分が無効であることを前提とした救済を求めることになる（case 549参照）。

その場合には，出訴期間や不服申立期間が経過していても，問題はない（case 543-2 参照）。

3．行政行為の瑕疵に関する諸法理

行政行為の瑕疵論は，すでに述べた行政行為の無効を含めて，さまざまな要素を含んでおり，伝統的には行政行為の実体法的な特徴として盛んに論じられてきたが，今日では，その一般理論としての意義は後退しており，また訴訟法上の問題として論ぜられるものも多い。

* 行政行為の瑕疵論の実質的意義　行政行為の瑕疵論は，実体法の問題として論ずる意義は必ずしも大きくない。たとえば，①行政行為の無効は，公定力の例外として，取消訴訟を経ることなく行政行為の違法性を主張することを認めるための概念であるので，その範囲や救済方法を論ずるのは行政争訟法の問題といえる。②違法行為の転換や瑕疵の治癒は，かなり例外的な局面であるし，理由の差替えという訴訟法上の論点との共通点もある。③行政行為の職権取消しや撤回は，通常の法律行為にはみられず，行政法に特徴的な場面であるが，個別法の解釈によるところが多いし，職権取消しの制限は，違法な行政行為の効力が維持される結果をもたらすという意味で，事情判決（行訴法31条）と共通性もある。④行政行為の附款についても，同様に個別法の解釈による傾向がある。このほか，⑤違法性の承継が認められるかという問題（case 617～case 619）は，最近では《処分の相手方に争訟の機会が保障されているか否か》という観点から論ぜられることが多いので，その意味では行政救済法の問題といえる。以上のような事情から，学説も，行政行為の問題を行政処分の問題に置き換えてしまう傾向がある。

◇瑕疵があっても取り消されない場合

伝統的には，行政行為の瑕疵論の要素として，違法行為の転換や瑕疵の治癒があげられてきた。

(case 415)　B村農地委員会は，小作人Cの申請があったものとして，地主Aの農地について買収計画を定めたが，実際にはCの申請がないことが分かった。そこで，同委員会は，職権で買収計画を定めたものとして，買収処分を行った。

違法行為の転換とは，本来は違法な行政行為について，別の行政行為とみなし，適法な行政行為として扱うことである。判例は，case 415 の買収計画につ

いて,《小作人の申請に基づく買収計画》としては違法な行政行為であるが,《職権による買収計画》とみなせば適法な行政行為であるとして,後者とみなして買収計画の効力を維持している(最大判昭和29・7・19〔百選86〕)。民法でいえば,無効行為の転換(971条など)に近いものである。他方,公務員に対する懲戒処分を分限処分に転換することはできないとされる(仙台高判昭和36・2・25)。

case 416　case 415 で,農地買収計画の縦覧期間が法令の定めよりも1日短かったが,実際にはその期間に関係者全員が縦覧をすませていた。

瑕疵の治癒 とは,当初は行政行為の要件が欠けて違法であったが,その後の事情によって,欠けていた要件が実質的に充足された場合に,その行政行為を適法なものとして扱うことをいう。case 416 の農地買収計画には瑕疵があるが,その後の事情に照らしてみれば,あえて処分を取り消すほどではないとして,処分の効力が維持される(最判昭和36・5・4。類似の例として,最判昭和36・7・14〔百選84〕,否定例として,最判昭和47・12・5〔百選85〕)。

違法行為の転換と瑕疵の治癒は,いずれも,瑕疵ある処分(本来は取り消されるべき処分)の効力を維持するテクニックである。これらは,行政行為を取り消しても新たな行政行為がなされるだけであるので,無駄な手続を避けるという観点から認められる手法である。その一方で,行政手続の適正さを確保する観点からすると,これらの手法を安易に認めるべきではないことになる(case 609 でみる理由の差替えも,実質的に同じ機能を有する。類似の問題状況として,手続的瑕疵に関する case 437・case 438 を参照)。

◇**職権取消しと撤回**

行政行為の職権取消しと撤回は,行政庁が自ら行政行為の効力を消滅させる行為である。また,いずれも当初の行政行為とは別の行政行為であるので,法律の留保との関係で微妙な問題が生ずる。また,いずれも行政行為であるので取消訴訟の対象にもなる(行政行為の職権取消しの取消訴訟など)。ここでも具体例に即して考えてみよう。

case 417　B県知事は,Aに対して公衆浴場の営業許可を与えたが,後日,法令上の許可の基準がみたされていないことに気づいたので,Aの許可を取り消した。

行政行為の **職権取消し** とは,行政行為がなされた時点で瑕疵がある行政行

為（原始的瑕疵のある行政行為）を，行政行為をした行政庁自身が（または，その上級行政庁が）行為を取り消す行為である。不服申立てや訴訟による取消し（**争訟取消し**）と対置される。

　法令上は職権取消しの規定がないことが多いが，法律による行政の原理に違反した状態を是正するにすぎないから，法令の明文の根拠がなくても職権取消しが可能であると解されている。ただし，授益的な行政行為（私人に許認可を与えるなどの利益をもたらす行為）については，私人の信頼を保護する必要があるから，信頼保護を上回る公益上の理由が認められる場合に限って，職権取消しをなしうる，と解されている（最判昭和28・9・4〔百選89〕，最判昭和43・11・7〔百選90〕）。

　⎛case 418-1⎞　公衆浴場の営業許可をうけたAが，法令上の衛生基準をみたさないで営業しているので，B県知事はAの許可を取り消した。
　⎛case 418-2⎞　同じくAが，Cらの利用を理由なく拒否したので，B県知事はAの許可を取り消した。

　行政行為の**撤回**とは，行政行為がなされた時点では瑕疵がなかった行為について，その後の事情の変化によって行政行為の効力を消滅させる行為である。
　判例は，職権取消しの場合とほぼ同様に，行政行為の撤回を認める明文の規定がなくても，撤回をする公益上の必要があるときには，撤回を認める立場をとっている（最判昭和63・6・17〔百選91〕，最判平成7・6・23〔百選224〕。いずれの判決も，行政行為自体の根拠条文を撤回の根拠としているようにみえる）。ただし，法令で撤回の要件が定められているときには，法令に定められた撤回事由に当たらない理由によって撤回することは許されないと解される。たとえば，公衆浴場法は，営業許可の撤回事由として，法令上求められている衛生上の措置をとらないことをあげているので（7条1項），case 418-1 はともかく，case 418-2 では撤回は認められないであろう。このあたりも結局，個別法の解釈に行きつきそうである。また，case 418-1 についても，比例原則が適用されるので，営業停止命令のみがなしうる場面もあろう。

　なお，ここにいう撤回に当たる行為であっても，条文上は「取消し」と表現される例は多い。case 208 の運転免許の「取消し」が，その典型例であり（道交法103条），公衆浴場の許可の「取消し」も同様である。

　＊　**遡及効か将来効か**　　職権取消しは，行政行為の時点から存在している瑕疵に

第2節　行政行為　　　95

基づくものであるから，取消しがなされると，初めから行政行為がなかったものとして扱われる（遡及効がある）のに対して，撤回は，事後的な事由に基づくものであるから，撤回がなされた時点以降についてのみ，行政行為がなかったものとして扱われる（将来効のみが認められる），と考えられてきた。ただし，類型Ⅲ₁の生活保護決定が行政側のミスでなされた場合のように，職権取消しについて遡及効の原則を貫くと，相手方の私人に酷な場合がある。そこで，遡及効（ないし，遡及効に基づく不当利得の返還義務）が制限される例もある（高松高判昭和45・4・24など）。また，撤回についても，金銭的な補償がなされる場合がある（case 840・case 841 参照）。

なお，授益的な行政行為の職権取消しや撤回は，いずれも行政手続法上の不利益処分であり，事前に聴聞がなされる必要がある（13条1項1号イ；case 434 の説明を参照）。

4．行政行為の附款

行政行為の **附款** は，行政行為の主たる意思表示に付加された従たる意思表示である。附款の種類としては，①条件，②期限，③負担，④撤回権の留保，⑤法律効果の一部除外，の5つがある。民法における法律行為の附款にならった概念であり，このうち条件（将来の発生が不確実な事実によらしめること）や期限（将来の発生が確実な事実によらしめること）は民法上の概念に近いが，他の3つは行政行為に特徴的な類型である。**負担** は，行政行為にあたって相手方に特別の義務を課すもの（たとえば，運転免許に際しての眼鏡の使用を義務づけること）である。**撤回権の留保**（法令の文言上は，取消権の留保）は，将来の撤回の可能性を残す意思表示（たとえば，道路の占用許可を与えるに際して，公益上の必要が生じたときには許可を取り消す可能性を示すこと）である。**法律効果の一部除外** は，法令が一般に付している効果を一部発生させないという意思表示（たとえば，公務員の出張にあたって旅費を支給しないとすること）である。

条件付きの行政行為においては，条件がみたされることによって，当然に行政行為の効力が発生・消滅するのに対して，負担付きの行政行為において，私人が負担を履行しない場合にも，行政行為の効力は完全に発生し，行政行為の撤回や罰則の適用が可能になるにとどまる（case 447-1 参照）。法令上は，負担を含めた意味で「条件」と規定されることが多く（公衆浴場法2条4項など），両者の区分は実質的になされるべきである（公衆浴場営業許可に付された風呂釜の改造義務を負担とみなした例として，大阪高判昭和37・4・17）。

附款に関する論点としては，①附款を付けることが許されるかという問題と，②違法な附款に対する争訟方法の問題がある。後者は救済法の問題であり，前者についても，近時の学説・判例は個別法の解釈によると考える傾向にあるので（最判昭和38・4・2〔百選93〕，最大判昭和33・4・9〔百選94〕などを参照），ここでも実体法的な一般理論としての意義は乏しくなっている。

〔case 419〕　B税務署長がAの相続税の延納許可をするにあたって，「Aが相続した土地の一部を市民公園として開放すること」という条件を付すことはできるか。

まず附款が許容される範囲について，伝統的学説は，附款を付しうることを法令が明示している場合のほかは，法令がその行政行為に自由裁量を認めている場合に限られると解してきた。また，附款は主たる意思表示を前提としているから，準法律行為的行政行為には附款を付しえないと考えられてきた。こうした伝統的な立場は，附款の許容性を考えるうえで，一応の基準にはなりうるが，最近では，個別法の解釈によって，附款の許容範囲が決まってくると解されつつある。すなわち，行政行為の根拠となる法令の目的に反した附款を付すことはできないし，附款を付すことができる場合にも，比例原則や平等原則に反する附款は許されない。撤回権の留保も，撤回の一般原則によって撤回が認められない場合には，直接意味をもたない《例文》とされる可能性がある。

case 419 はあくまで教科書事例であるが，租税法令は租税の賦課徴収を目的としており，公園などの公共施設の整備とは直接関係がないから，このように，法が予定していない附款を付すことは許容されない。

〔case 420〕　AらがC国に抗議するために，C国大使館前を通るデモ行進の許可申請をしたところ，B県公安委員会は，「C国大使館を通らないルートで行うこと」という条件を付して許可を与えた。

他方，附款に対する争い方については，一般に，附款が行政行為の本体と切り離せる場合には，附款を独立させて取消訴訟の対象にすることができ，逆に附款が行政行為の本体と不可分な存在であれば，行政行為自体を取消訴訟の対象にするべきである，と考えられている。

case 420 のデモ行進は，C国大使館を通ることに目的があるのだから，ルートの設定は許可の本体であり，条件（前述の分類でいえば負担）を切り離して附款自体の取消訴訟の提起を認めることは常識的でないだろう。したがって，Aがこれに不満な場合，申請拒否処分の取消訴訟（あるいは，附款の変更を求める

図4-6　個室浴場事件における事実の経緯

① 公衆浴場の営業許可の申請（X→山形県知事）
[→住民の反対運動]

② 児童遊園の設置認可の申請（余目町→山形県知事）

③ 児童遊園の設置認可（②に対する認可）
[→個室浴場の営業が風営法違反となる状況に]

④ 公衆浴場の営業許可（①に対する認可）

義務付け訴訟）などを提起することになると思われる。

＊ **行政行為論から行政過程論へ**　以上で，ひとまず行政行為論の説明を終えるが，最近では，伝統的な行政行為論に代わる，さまざまな考え方が提唱されており，そのひとつに **行政過程論** がある。ここで，行政過程論の一端を示しておこう。

　行政過程の重要性が表面化した例として，個室浴場事件（最判昭和53・5・26〔百選31〕）をあげておこう。この事件では，余目町に事業者Xが個室浴場を建設・営業するという動きをうけて，住民の反対運動がなされた。そこで，余目町と山形県は，児童福祉施設の200メートル以内では風俗営業がなしえないという制度（現行の風営法28条1項）に注目し，急遽，児童遊園を設置する計画をたてた。時系列的には，①公衆浴場の営業許可の申請（Xから県知事へ）のあと，②児童遊園の設置認可の申請（余目町から山形県へ），③児童遊園の設置認可，④公衆浴場の営業許可，という経過をたどった（図4-6参照）。Xは，これによって営業ができなくなったとして，山形県を被告として，同県知事が違法に児童遊園設置認可（③の行為）をしたことによって被った損害について，国家賠償請求訴訟を提起した。

　この場合の児童遊園の設置認可自体は，適法な申請に基づいて，つまり地域の子供の福祉のためという正当な理由に基づいてなされているから，《②の申請と③の認可》というミクロの視点に立てば，何ら違法性はないといえるはずである。実際，第1審ではそのような主張が認められ，被告勝訴の判決が下された。ところが，第2審や最高裁は，住民の反対運動とそれに対する対応を含めたマクロの視点から，《①から④までのプロセス全体》をみて，③の設置認可処分は「行政権の著しい濫用」によるもので違法であると判断し，原告の損害賠償請求を認めた。常識的にみれば，後者が妥当な考え方であろう。

　以上の判決をひとつの契機として，学説上も行政過程論が盛んに提唱されるようになった。もっとも，行政過程論の意味するところは，論者によってかなりの違いがあるが，一般に，行政行為のみならず，行政立法・行政契約・行政指導・行政計

画を含めた行為形式を総合的に考察するという視点が提示されている（本章第3節および第4節）。また，行政上の強制措置については，行政行為の強制的実現の手段のみならず，行政上の義務履行確保のメニューを総合的に考察することが重視されている（本章第6節）。さらに，行政過程論は，原告適格などの訴訟要件の考え方にも影響を与えている（第5章第2節2.）。

第3節　行政立法

　行政立法は，**行政の行為形式**のひとつである。三段階モデルからすれば，行政行為と異なり，行政活動に必須の行為形式ではないが，実際には行政行為に並ぶ重要性を有している。行政立法は，内部関係と外部関係の区分をもとに，法規命令と行政規則に分けられる。最近では，これと異なる用語法もみられるが，ひとまず伝統的な概念を用いた説明をしておく。

＊　行政の行為形式論　　伝統的には，主として，行政法の三段階モデルの第2段階である行政行為に関心が向けられてきたが，最近では，行政過程論と銘打った立場か否かにかかわりなく，行政行為以外の行為形式が総合的に考察されている（前註の個室浴場事件でも，山形県から余目町に対して行政指導がなされている）。三段階モデルでいえば，行政行為の周辺的な行為（ないし行政行為を代替する行為）に関する問題である。そこで以下では，行政行為以外の行為形式を順に取り上げることにしよう。本節で説明するのは，行政立法である。

◇**行政立法の意義**
　三段階モデルの第1段階の法律は，国会が定める一般的なルールであり，第2段階の行政行為は，行政機関が定める個別的なルールである。これに対して，行政立法は，行政機関が定める一般的なルールである。したがって，行政立法の多くは，第1段階と第2段階の中間に位置することになる（図4-7で確認してほしい）。
　たとえば，租税に関していえば，法律は，国会が《すべての納税者は○○の納税義務を負う》と定めるものであり，行政行為たる課税処分は，税務署長が《あなたは××円の納税義務を負う》と定めるものである。その中間的な存在として，財務大臣や国税庁長官が《税額の算定は△△という計算方法による》というルールを定めた場合，それが行政立法にあたる。実際には，所得税法施

図 4-7　三段階モデルにおける行政立法の位置

①法律＝国会の定める一般的なルール
↓
⎡行政立法＝行政機関の定める一般的なルール
⎢　　　＝⎧法規命令………私人の権利義務に関わるもの
⎢　　　　⎨　　⎧委任命令……法律の委任に基づき，法律の内容を
⎢　　　　⎪　　⎨　　　　　　具体化
⎢　　　　⎪　　⎩執行命令……法律の執行のための形式的な手続など
⎣　　　　⎩行政規則………私人の権利義務に関わらないもの
↓
②行政行為＝行政機関の定める個別的なルール
↓
③強制措置＝個別的ルールの強制的実現

行令（政令）や所得税法施行規則（財務省令）が制定されている。これらの政令・省令などの行政立法の形式は，命令と総称される。

＊**命令の意義**　ここにいう**命令**は，行政機関が定める一般的なルール（特には，そのルールのための器の形式である，政令・省令など）であり，違法建築物の除却命令（case 212）など，行政機関が行う個別具体的な行為（＝行政行為）とは異なる。つまり，国会が定める一般的なルール（＝法律）に対置される概念として，命令があるわけである（前出の図 4-3 も参照）。

命令の形式としては，政令・省令・規則があり（国家行政組織法 12 条，13 条），法規命令は，基本的にはこれらの命令の形式が用いられるが（所得税法についていえば，所得税法施行令・同法施行規則など），次註に述べる告示によることも可能である。

なお，行政手続法の意見公募手続の対象となる「命令等」には，これらの命令のほか，審査基準などの行政規則を含んでいる（2 条 8 号；本章第 5 節 2.）。また，命令の公布については官報の形式がとられており，公布がなければ命令の効力は認められない（最大判昭和 32・12・28〔百選 44〕）。

＊＊**告示の多様性**　**告示**という形式は，さまざまな顔をもつ。告示は命令のカタログには含まれないが（国家行政組織法 14 条 1 項），政令・省令と同じく，命令の機能をもつ場合がある。すなわち，告示の第 1 の類型として，法規命令の内容をもつ告示がある（行政手続法 2 条 1 項かっこ書にいう「告示」も，この種の告示を意味している）。たとえば，告示によって定められた学習指導要領について，法規命令として法源性が認められている（最判平成 2・1・18〔百選 49〕）。このほか，

告示の第2の類型として，行政処分としての性質を有するものがある（たとえば，二項道路の告示につき，最判平成14・1・17〔百選163〕参照）。第3に，単に事実を公にするにすぎない告示もある（たとえば，事業認定がなされたという事実の告示〔収用法26条1項〕）。このように，告示は最も柔軟な使い方ができる器（形式）であり，その性質は個別に判別しなければならない。

なお，地方公共団体の <u>規則</u> は，地方公共団体の長らが定める，条例の補完的存在のルールである（長の定める規則につき自治法15条。委員会の定める規則につき自治法138条の4第2項）。行政規則の概念と混同しないでほしい。

◇法規命令に対する規律

<u>法規命令</u> は，最も簡単にいえば，<u>法規に関する命令</u>である。ここにいう <u>法規</u> は，行政法規を一般的に指す言葉ではなく，<u>私人の権利義務に関する一般的（ないし抽象的）な定め</u>を意味する概念である。私人の権利義務に関わるから，基本的には法律の委任が必要である。

法規命令に対する規律としては，①委任する法律の側の問題と，②委任された命令の側の問題がある。前者は，しばしば《白紙委任の禁止》という形で議論される。後者は，行政行為における《裁量権の踰越の法理》と共通する側面がある（case 612の項目を参照）。これら2つの問題を明確に区別する必要がある。

> case 421　所得税法として，「政令に定めるところによって所得税を課する」という1条だけの法律を制定して，所得税を賦課徴収することはできるか。
>
> case 422　小学校の教科書について，学校教育法34条1項は「文部科学大臣の検定を経た教科用図書又は文部科学省が著作の名義を有する教科用図書を使用しなければならない」と規定し，その詳細は政省令に委ねているが（同法142条），このような扱いに問題はないか。

はじめに，①に関する具体的な問題をみていこう。まずcase 421については，明らかな白紙委任であり，憲法41条（法律の専権的法規創造力）に反するので，当該政令は違憲無効であると解されよう。同様に，case 422の学校教育法の規定も白紙委任ではないかという疑問が生ずるが，最高裁は，関係規定（同法21条1項）から一定の制約があることを根拠として，これを合憲としている（最判平成5・3・16〔百選75〕）。また，公務員の政治活動の制限に関して，国家公務員法（102条1項）が人事院規則（14-7第5項1号）に委任していることについても，同様に合憲とされている（最判昭和33・5・1〔憲法百選232〕）。

第3節　行政立法

詳しくは，憲法の教科書で勉強してほしい。

(case 423) case 422 の省令で，戦前のような国定教科書を優先させる原則を定めたときはどうか。

以上に述べたのは，委任する法律の側の問題であるが，②の問題として，委任をうけた行政立法の側の問題が別途存在する。たとえば case 423 の省令は，学校教育法の委任の趣旨を逸脱したものとして，違法であると解される（同様の問題に関する判例として，最大判昭和 46・1・20〔百選 46〕，最判平成 2・2・1〔百選 47〕，最判平成 3・7・9〔百選 48〕，最判平成 21・11・18）。

＊ **委任命令と執行命令** 法規命令は，委任命令と執行命令に細分される。本文に述べた法規命令は，法律の委任に基づく **委任命令** である。これに対して，許認可の申請書の書式のように，法律の執行のための形式的な要素については，特に法律の委任がなくても，行政立法の形で私人に対するルールが定められると考えられている。これを **執行命令** という。実務上は両者が区分されているが（国家行政組織法 12 条 1 項参照），両者についてまとめて委任する法律もある（情報公開法 27 条など）。

◇**行政規則の意義**

行政規則 は，基本的には行政立法のうち法規でないものである。しばしば，通達・訓令・要綱といった形式がとられる。内容的には，解釈基準（case 424 の通達や所得税基本通達など），裁量基準（case 432 などにおける審査基準や case 434 などにおける処分基準など），給付規則（case 214 の申請に備えて定められる補助金交付基準など），指導要綱（case 429 の要綱など）に分けられる。

行政規則は法規でないから，私人の権利義務に関わらず，行政内部（内部関係）のルールにとどまる。したがって，外部にいる私人や裁判官にとっては，《無》の存在である。より実際的にいうと，①行政規則の実体法理に関しては，外部にいる私人や裁判官にとっては，行政規則は法規範としての意味をもたない（役所の中の紙きれにすぎない）ことになる。②行政規則に不満な私人に対する救済法理としては，行政規則に対する取消訴訟は提起できないことになる。

このうち①の考え方を示した判例が，パチンコ球遊器事件（最判昭和 33・3・28〔百選 51〕）である。この事件を簡略化したものを掲げておこう。

(case 424) 旧物品税法は「遊戯具」を課税対象にしていたが，パチンコ球遊器に

ついては長らく課税がなされてこなかった。その後，国税庁長官から，パチンコ球遊器は「遊戯具」にあたるという通達が発せられたので，B税務署長は，製造業者Aに対して物品税の課税処分を行った。

この場合のAは，(a) 本件課税処分が課税要件をみたさないこと，(b) 本件課税処分が実質的に《通達による課税》であること（租税法律主義に反すること）を主張するであろう。これに対して，裁判所がAの敗訴判決を下すのであれば，(a′) 本件課税処分が法律上の課税要件をみたすこと，(b′) 通達は課税処分の適法性を判断するにあたって意味をもたないこと，という判示をすることになる（このうち，(a′) は旧物品税法の解釈の問題なので，深入りする必要はないが，《(b′) であるがゆえに (a′) が決め手になる》という論理の筋道を理解してほしい。逆に，(a) の解釈をとれば，通達の内容が正しいかどうかに関わらず，Aが勝訴する）。

＊ 行政規則の外部化　このほか，Aは本件課税処分が信義則違反であることを主張することも考えられる。その場合には，租税法律主義と信義則の対立関係，つまり法律と信義則のいずれを重視するかが問題になる（最判昭和62・10・30〔百選26〕；前出の図4-4を参照）。この問題について最高裁は，極めて例外的にではあるが，信義則が法律に優先される場面があることを認めているので，case 424でも，信義則の実質的な根拠となる行政規則にも，事実上の外部効果が認められる可能性がありうることになる。

さらに，行政手続法は，外部に向けた意見公募手続の対象となる「命令等」に，行政規則の一部も含めているので（2条8号），《行政規則は行政内部のルールである》という前提は，修正される余地がある。

なお，行政規則である裁量基準から逸脱した行政行為も，外部的には当然に違法になるわけではないが（最大判昭和53・10・4〔百選73〕），裁量基準に合理性がある場合には，これに適合した行政行為は原則として適法であるとされる（最判平成10・7・16〔百選76〕）。

＊＊ 行政立法に関する救済方法　case 424における救済方法（本文中の②の問題）については，行政訴訟の個所で述べることにするが（case 517参照），基本的には後続の課税処分の場で争われることになる。つまり，Aは，課税処分の取消訴訟において，(a) の解釈が正しいことを主張するわけである。また，法規命令に関するcase 421やcase 423などでも，同様に，後続処分の取消訴訟で争われる。このように，行政立法全般について，（行政立法の段階ではなく）後続の個別的処分の段階で争うことが基本になる（他の救済方法として，case 573・case 810・case 811を参照）。

第3節　行政立法

第4節　行政契約・行政指導・行政計画

本節では、行政の行為形式として行政契約を取り上げるが、それに先立って、行政契約・行政指導・行政計画の一般的な特徴を述べておこう。

1. 概　観

行政契約・行政指導・行政計画は、行政行為や行政立法と並ぶ、行政の行為形式であり、行政行為とは異なり、三段階モデルにはおさまらない要素である。総じて、比較的新しい行為形式であり、行政過程論のもとで注目が高まってきた行為形式である。このうち前2者は、《非権力的な行為形式》として総称され、権力的な行政行為と対置される。

このように、これらの行為形式の重要性は高まっているが、行政法総論として語るべきことがらは、それほど多くはない。通常の行政法総論の教科書では、これらの行為形式について、実体的統制、手続的統制、裁判的統制に分けて論じられるのが通例であるが、最後の裁判的統制は救済法の問題であるし、実体的統制や手続的統制の一般理論は乏しいのが現実である。この点について、補足的に説明しておこう。

①　まず実体的統制については、法律の留保、法律の優位との関係が議論される（本章第1節）。それ以外の実体法理については、個別法によるところが多いが、一般理論は未成熟な段階にある。

②　手続的統制として、行政指導に関しては行政手続法に基本的な規律があるので（32条～36条）、その解釈をすれば足りることが多い。行政契約に関しては、会計法や地方自治法などにおいて特別なルール（入札の強制など）が設定されているが、基本的には民法の原理が当てはまる。行政計画については、都市計画法などの個別法によるところが大きい。

③　裁判的統制については、行政契約・行政指導・行政計画が取消訴訟の対象になるか否かが議論されるが、判例は否定的である（case 508・case 509・case 519 など）。また、行政契約については、住民訴訟による統制が重要になる（case 581・case 586-2 など）。このほか、特に行政指導と行政計画については、国家補償による金銭的救済の可能性が議論される（case 803・case 845 など）。

結局、これらの行為形式については、行政法総論の枠組みで述べるよりは、

むしろ救済法的な観点から考察することが求められる。少なくとも初学者の段階では，あまり実体法的な問題に深入りする必要はないであろう。そこで以下でも，総論的な説明は最小限にして，第5章以下で詳しく述べることにしたい。

2．行政契約

　ここでは，行政に関するもろもろの契約を，**行政契約**と呼ぶことにしよう。民法では契約が花形役者であるが，行政法においては行政行為の陰に隠れた存在である。それゆえに，行政契約に固有の法理はほとんど形成されていないといってよい。基本的には民事法と同じ規律に服するので，行政法に特徴的なのはどの部分か（民法上の契約自由の原則がどのように修正されているか，など）に注意しながら学習していけばよいであろう。

＊　行政契約か公法契約か　　伝統的な公法私法二元論のもとでは，《公法契約》という枠組みで，限られた問題だけが議論されていた。これに対して近時では，公法私法二元論が批判されたことにより，より広く《行政契約》ないし《行政における契約》という問題関心のもとで論じられている。また，学習上の重要性の程度とは裏腹に，実務上は，契約がますます重要になっている（木村・ガバナンス101頁以下，同・港湾法理論176頁以下）。なお，形式的には行政との契約締結には至らないが，それに近い関係に入った私人の信頼を保護すべき場面として，case 845がある。

◇行政契約の種類
　行政契約は，次の3つに区別される。これらは，給付行政・規制行政・調達行政という行政作用の3分類（第2章第1節）に対応している。
　①　**給付契約**　　給付契約の典型例としては，水道の供給・利用に関する契約をあげることができる（類型III$_2$）。給付契約であれば，法律の根拠なしに契約が締結できるはずだが，契約締結が強制されるなどの特別なルールが存在する場合がある（case 429の項目を参照）。なお，水道の利用関係は，伝統的には公法関係とされてきたが（第3章第2節1．），判例は，水道料金の債権を私法上の債権とみなしている（最決平成15・10・10参照）。
　②　**規制契約**　　規制行政は主として行政行為によってなされるので，契約の手法が用いられることは稀であるが，例外的に規制行政において契約が用い

られる場面として，公害防止協定や建築協定（建基法69条以下）などがある。その場合には，法律の留保との関係が議論される。

③　調達契約　　調達契約の典型例として，役所が文房具等を購入する契約がある。類型Ⅳ₁の公用収用に代えて，道路用地を任意買収する場合の契約も，調達契約である。これらは，性質上は売買契約であり，基本的には民法の規定によるが，会計法や地方自治法などの特則（統制規範）がある。

このうち給付契約については，行政指導との関係で水道契約に触れることにして（3.参照），以下では規制契約と調達契約について説明することにしよう。

＊　行政組織上の契約　　これら3つの契約類型は，いずれも行政と私人の間の契約（行政作用上の契約）であるが，このほかに，行政組織に関する契約（行政組織上の契約）もあり，行政主体が相互に契約を締結する場合が，その例である（公の施設の利用に関する協議〔自治法244条の3〕など）。

また，行政主体が他の公共的団体や民間企業に対して行政上の事務を委託する場合もある。近年では，特に民間委託が重視されており，民間委託の許容範囲のほか，委託によって第三者に損害が生じた場合の賠償責任などについて議論されている（損害賠償の問題につき，最判平成19・1・25〔重判19-56〕，木村・ガバナンス232頁以下）。

◇規制契約の諸問題

はじめに取り上げるのは，規制契約である。

case 425　B県はA社との合意により，法令に基づかずに，A社の工場から出される有害物質の排出規制をすることにした。

規制契約については，《契約締結にあたって法律の根拠が必要か》という問題が，特にcase 425の公害防止協定をめぐって議論されている。ここで法律の留保の説明を思い出してほしい。侵害留保説からすると，侵害的作用であるから法律の根拠は必要であり，法律の根拠がないときには効力が否定されることになりかねない（紳士協定説）。全部留保説による場合も，すべての行政作用に法律の根拠が求められるので，契約の効力が否定されよう。これに対して，権力留保説からすると，契約という非権力的な行為形式には法律の根拠は不要とされるので，法律の根拠がない規制契約の効力は否定されない（契約説）。

このように，権力留保説からすると規制契約の効力が認められやすく，これ

が権力留保説の実際的な意義
として語られることもある。
しかし，侵害留保説に立って
も，同意に基づく侵害はそも
そも《侵害》には当たらない，

図4-8　規制的行政契約と法律の留保

全部留保説　──→　法律必要　──→　紳士協定説
侵害留保説　──→　法律必要　──→　紳士協定説
権力留保説　──→　法律不要　──→　契約説

と解することも可能である（規制的な行政指導に近い）。さらに，侵害留保説の前提をなす自由主義的観点を重視すると，契約の相手方である私人の権利を保護するためには，法律がない場合にも契約の効力を認めたうえで，裁判所が契約の解釈などを通じて一定の救済を図れば足りるともいえる。この点は，規制的行政指導と同じように考えることができよう。そうだとすれば，両説の相違は相対的になる（図4-8参照。契約説的な判例として，最判平成21・7・10）。

◇調達契約の諸問題

　調達契約においては，契約の締結手続として，行政がモノを購入するにあたって公的な支出を最小化するために（あるいは，行政がモノを売却するにあたって収入を最大化するために），原則として入札が求められることに特徴がある（会計法29条の3，自治法234条）。入札によらない随意契約は，例外的な場面でのみ認められる（道路用地を任意買収する場合など）。判例によれば，こうした入札の強制は，機会均等，公正性，透明性，経済性（公金の保護）を確保する目的によるものである（最判平成18・10・26〔重判18-53〕）。

　case 426　B市は，法令上求められた入札手続によることなく，随意契約によってC社との契約を締結した。

　入札に関する論点は多いが，最も基本的な論点として，《法令上，入札によるべきなのに入札をせずに契約が締結された場合に，契約としての効力が認められるか》という問題がある。これは，手続規定に違反した契約の効力の問題であり，判例は原則として契約の効力を認めている（最判昭和62・5・19〔百選97〕）。その理由としては，契約の相手方（case 426のC社）の信頼保護があげられている。

　なお，この場合の訴訟方法としては，取消訴訟などの抗告訴訟によることは難しいので（case 509参照），住民訴訟が用いられることになる（case 581・case 586-2など）。

＊　case 426では，《契約手続に関する会計法や地方自治法の規定のような財政法上

のルールは，行政内部のルールにとどまるか》という本質的な問題が含まれている（木村・ガバナンス124頁）。同じく財務上の行為に関する類似の問題状況につき，最判昭和34・7・14〔百選10〕をも参照。

◇**三段階モデルとの関係**

ここで三段階モデルとの関係に触れておこう。行政契約という手法は，行政作用をするにあたって行政法の三段階モデルを用いず，全面的に民事法のモデルを用いる場面である。役所の納品契約について，民間企業への納品と区別する理由はないから，民事法のモデルがほぼそのまま適用されるわけである（図4-9参照）。

もっとも，官公庁の契約については，会計法（29条以下）や地方自治法（234条以下）の規定があり，一見すると民法の規定が排斥されているようにみえるが，会計法などの諸規定は，もっぱら手続的な観点から民法の原理を部分的に修正

図4-9　三段階モデルに代わる民事法モデル

$$
\begin{array}{ccc}
法律 & \!\!\!-\!\!\! 行政行為 \!\!\!-\!\!\! & 強制措置 \\
\downarrow & \downarrow & \downarrow \\
\emptyset & \!\!\!-\!\!\! 法律行為 \!\!\!-\!\!\! & 民事執行 \\
& (契約) & \\
& \Uparrow & \\
& 特別な手続的規範（会計法や地方自治法など）\\
& \| & \\
& 統制規範 &
\end{array}
$$

したにとどまるというべきである。つまり，会計法などの規定は，租税法令のように，《それがなければ契約等の行為がなしえない》という意味でのルール（＝根拠規範）ではなく，当事者の合意を前提としたうえで，それを一定の範囲で修正するルールであり，いわば当事者の合意によって発生する契約を《横から規制》するルール（＝統制規範）である。したがって，官公庁の契約は，基本的には民事法のモデルに依拠していることになる。

◇**法律の趣旨に反する契約**

規制契約や調達契約の区分を問わず，関係する法律の趣旨に反する契約は許されない。いくつかの例をあげておこう。

(case 427)　国土交通大臣は，国営空港の建設にあたって反対運動を和らげるために，地主との間で，「国の機関は収用権限を発動しない」という契約を締結した。

これは，《行政法の世界で，法令上，三段階モデルが存在している場合に，

特定の私人との間で，それを一切使わないという約束をすることはできるか》という問題である。伝統的には，《公権の不融通性》という性質から否定されてきたところであるが，最近では法令の解釈によるとされる。case 427 の場合には，収用権限は《伝家の宝刀》であり，刀を使わないこと（任意買収によること）はできるが，刀を捨てることは土地収用法の趣旨（家訓？）に反するから許されない。

case 428　地主AとB市の間で，「B市は，Aの土地を賃料相場額の半額の賃料で借りる代わりに，Aの固定資産税を半額にする」という契約を締結した。

このような契約は，租税法律主義に反し，租税法令の一般的な趣旨に反して認められないと思われる（類似の問題状況として，最判平成 6・12・20〔自治百選 94〕）。これらについて，法律の優位という言葉を広い意味で用いるならば，《法律の優位の原理から，関係する法律に反する契約は効力を有しない》という説明ができるであろう。

3．行政指導

行政手続法上の **行政指導** は，一般にいわれる行政指導よりも狭い意味であり，特定の者に対して「一定の作為又は不作為を求める」行為である（2条6号）。行政作用の分類に即していうと，規制的な行政指導の意味で用いられている。したがって，たとえば，租税の申告の方法などに関する税務相談をうけて税務署職員が回答することは，いわば私人に対する情報提供にすぎず，行政手続法上の行政指導には含まれない。

◇行政指導の担保手段

実務上は，本来的には法的な拘束力がない行政指導に対して，その実効性を高める手段が考えられてきた。その典型的な問題状況は，次のようなものである（類型Ⅱ₁ や 類型Ⅲ₂ を参照）。

case 429　Aが大型マンションを建設しようとしているので，B市は宅地開発指導要綱に基づいて，近隣住民の同意をとるように行政指導をしたが，Aはこれに従わないでいる。B市は，Aに対してどのような措置をとることができるか。

地方公共団体においては，要綱 に基づいて行政指導がなされることが多く，特に宅地開発指導要綱に基づく行政指導が問題とされてきた。こうした要綱は，

いわば行政内部のマニュアル的存在であり，行政規則にとどまるが，法令の不備を補う手法として，実務上重視されてきた。したがって，要綱に基づく行政指導には法的拘束力はないが，行政実務では，その事実上の拘束力を高める知恵が生み出されてきた。

① ひとつには，Aに対して **建築確認の留保** をするという手法がある。つまり，本来すぐになされるべき建築確認をペンディングにするという方法である。しかしながら，これに対しては，行政指導が相手方の任意の協力によって実現されるものであること（行手法32条1項，33条），あるいは《時の裁量》が否定されるべきことからして（case 614の説明を参照），原則として違法と評価される（最判昭和60・7・16〔百選129〕）。

② もうひとつの方法として，Aに対する **給水拒否**，つまり水道の供給をしないという手段が考えられる。ところが，水道法上は，「正当の理由」がなければ水道供給を拒否できないという制約がある（15条1項）。契約締結強制と呼ばれる。同法にいう「正当の理由」とは，水不足が生ずることを避ける必要があるなど，水道供給上の事情に基づく事情と解するのが自然である（最判平成11・1・21〔百選96〕）。したがって，水道事業と直接関係のない理由による給水拒否は，原則として違法になる（最決平成元・11・8〔百選95〕）。

③ 行政指導の実効性を確保するための手段として，このほかに，事業者名を **公表** するという手法もあるが，これも当然に許容されるわけではない（case 447-2）。

＊ 行政指導違反に対するサンクションが認められる場合　①や②のように，行政庁の法令上の権限が不十分なときに，（法令が本来予定していない形で）他の法令の権限を結び付けるという手法は，一般に **権限の連結** と呼ばれる（前出の個室浴場事件〔最判昭和53・5・26〕も，権限の連結の例である）。①と②の措置も，原則的には違法であるが，最高裁は例外的に適法とする余地を残していることに留意が必要である。たとえば，宅地開発指導要綱に基づく給水拒否について，最高裁は，給水することが「公序良俗違反を助長することとなるような事情」があれば，適法とする可能性があるとしている（前掲最決平成元・11・8）。建築確認の留保についても，「公益上の必要性と〔の〕比較衡量」が求められている（前掲最判昭和60・7・16）。このように最高裁は，行政指導の実際的な必要性を考慮して，法理論と調和させている（類似の問題状況に関する判例として，最判平成5・2・18〔百選100〕をも参照）。

◇行政手続法によるルール

　行政指導は，case 429 のように，私人の行為を規制する内容であっても，拘束力がない非権力的な行為であるから，法律の根拠を要しないと考えられている。それゆえに，行政行為に比べて柔軟性があり，実務的にも活用されるわけである。

　行政指導の原則については，行政手続法第4章（32条〜36条）に規定がある。行政指導の一般原則として，組織規範に適合しなければならないこと（言い換えれば，根拠規範は不要である），「相手方の任意の協力」によってのみ実現されることが定められている（32条1項）。後者は，行政指導が非権力的な行政作用であるという本質から導かれる当然のルールである。また，行政指導に従わないことを理由として不利益な取扱いをすることは許されないとされる（32条2項；case 435）。さらに，しばしば許認可等の申請に際して強力な行政指導がなされてきたという経緯があったことを踏まえて，申請に関連する行政指導を規制している（33条）。この規定は，建築確認の留保に関する判例（前掲最判昭和60・7・16）がモデルになっている。

　これらの行政手続法の規定は，行政指導の範囲や手続を制限するための一般的な統制規範といえるが，個別法において行政指導が定められているときには，その法律の定める範囲・手続で行政指導がなしうる（case 446 における入院勧告につき，感染症予防法19条1項）。この場合の個別法も，統制規範である。

4．行政計画

　行政活動をするに先立って，具体的な目標などを設定することは，行政計画と総称される。行政計画にはさまざまなものがあるが，多くの場合には，行政法の三段階モデルにおいて，第1段階の法律と第2段階の行政行為の中間に位置する（それゆえに，行政計画は，前出の図4-7の行政立法と同じ位置におかれることが多い）。

◇行政計画の類型

　行政計画の分類の仕方に関する議論も多い。行政計画は，法定の計画か法定外の計画かという観点から区別されるが，行政救済法との関係で重要なのは，完結型と非完結型の区分である。完結型の例は，都市計画のゾーニング（地区割り）であり（case 519），用途地域の指定（都市計画法8条1項）などによって

一応の完結をみる（最判昭和57・4・22〔百選161〕参照）。これに対して，土地区画整理事業計画などは非完結型の例であり，事業計画の策定後，換地処分などの個別の処分が予定されている（土地区画整理法16条など）。後者の非完結型においては，通常，法律→事業計画（＝行政計画）→個別処分（＝行政行為）という手続が定められる（case 520・case 521）。

上述の《法律と行政行為の中間的存在》というイメージを当てはめやすいのは非完結型であるが，完結型においても，用途地域の規制に反する建築確認が申請された場合に，建築確認の拒否処分という行政行為がなされる。

* 類型Ⅰ₁では，農地買収処分に先立って農地買収計画というステップがあるが，行政行為である農地買収処分と連動した手続であり，判例上も行政処分としての性質が認められている。他方，複数の行政計画の間での調整が問題になる場面もある（都市計画と公害防止計画の関係につき，最判平成11・11・25〔百選53〕）。

◇行政計画の法的統制

行政計画に関する実体的な統制については，一般法理が十分に確立していない。法律の留保との関係では，私人の権利義務に大きな影響を及ぼす行政計画については法律の根拠を要するとする見解が有力であるが，厳格な侵害留保説をとると，行政計画は私人の権利義務には直接関わらないので，法律の根拠は不要となる。

手続的統制については，行政手続法に公聴会の開催等に関する規定があるが，公聴会を開催するように「努めなければならない」という努力規定にすぎない（10条）。個別法においても，散発的に規定されているにとどまる（本章第5節2.の註〔122頁〕を参照）。

他方，行政計画は，行政救済法との関係で議論されることが多い。まず，行政訴訟による救済の問題として，土地区画整理事業計画のような行政計画が行政処分に該当するかどうかが問題になる（case 519〜case 521）。また，行政計画が変更されたときに，当初の計画を信頼した私人がいかなる救済を求めることができるかが，計画担保責任の問題として論じられる（case 845・case 846）。

第5節　行政手続

行政手続とは，行政行為などの行為形式（ないし行政の意思決定）に関する

手続の問題である。つまり，三段階モデルの第 2 段階の行政行為などをするにあたって，《横から規制する》ルールの問題であり，その中核をなす行政手続法は統制規範に相当する（図 4-1 と図 4-2 を再度参照してほしい）。なお，行政手続という場合，行政作用がなされる前の<u>事前手続</u>と，行政作用がなされたあとの<u>事後手続</u>が考えられるが，ここで述べる行政手続は事前手続についてのものであり，事後手続の中核をなす不服申立てについては第 7 章で説明する。

学習にあたっては，行政手続法の各条文の内容を理解することが重要である。この法律は最近制定されたものなので，比較的読みやすい文体になっている。そこで本節では，条文を読むための手がかりになるような内容を，いくつか指摘するにとどめることにしたい。

同法の全般的な特徴として，<u>自由主義的な観点が重視</u>されており，民主主義的な配慮に乏しいことを，常に意識する必要がある。もっとも近時では，行政手続法以外の個別法において，<u>民主主義的な観点</u>から住民参加などの手続が定められる場面が増えている。

行政手続の理解にあたっては，特に 類型Ⅱ₁ の許認可行政が重要であり，行政手続法上は《申請に対する処分》として表現される。本節では，特に古物営業法に基づく古着屋の営業許可を素材とすることにしよう。

1．行政手続法の意義と背景

はじめに，行政手続法の基本的な考え方について，述べておこう。

◇行政手続はなぜ重要か

行政の活動は，法律にのっとって行わなければならない（本章第 1 節で述べた，法律による行政の原理）。法律を遵守することで，私人の権利や自由が守られる。もっとも，法律に違反した行政活動が行われてしまうこともあるが，伝統的には，行政訴訟や行政上の不服申立てによって事後的に救済すれば足りると考えられ，<u>実体的な適法性</u>（特に内容的に適法な行政行為であること）の確保に重点がおかれてきた。

しかし，いったん不利益を受けてしまうと，事後的な救済では不十分な場合もある。そこで，<u>行政行為などがなされる前のプロセス</u>に配慮することが重要になってくる。行政手続に関する一般的なルールを導入するために制定されたのが **行政手続法** であるが，その制定は 1993（平成 5）年であり，100 年以上に

わたる近代的な行政法の展開のなかでは、ごく最近のことであるといえよう。

◇**行政手続と憲法の関係**

　ここで、行政手続と憲法との関係に触れておこう。適正手続を保障する憲法31条は、直接的には刑事手続を念頭においた規定であるが、行政手続にも適用（ないし準用）されると考えるのが通説的な見解である。同条の具体的な意義として、刑事罰を科す場合には、あらかじめ相手方にその内容を知らせて言い分を聴くという、**告知・聴聞**の手続が求められるが、同じ手続が行政手続においても要求されることがある（case 434などを参照）。それでは、すべての行政活動に事前手続が要求されるだろうか。

　case 430　成田空港の周辺において、国土交通大臣が告知・聴聞の手続を経ることなく、過激派の活動用の小屋の使用禁止命令を発することは、憲法31条に違反するか。

　最高裁は、憲法31条が行政手続にも適用されうることを認めつつも、公益性や緊急性などを考慮して、告知・聴聞をせずに行政処分をすることができると述べており、結論として、case 430の成田新法（昭和53年法律42号）による使用禁止命令は、憲法に違反しないと判断している（最大判平成4・7・1〔百選121〕）。もっとも、判例のいうように、行政手続に憲法的な根拠が認められるとすれば、理論的には、憲法を投影させた《法の一般原則》として、行政手続法の適用がなくても手続的正義の原則が適用される余地が生ずる（本章第1節3。なお、case 430の使用禁止命令が守られない場合の強制措置につき、case 443を参照）。

◇**行政手続法の目的**

　行政手続法は、行政運営における「公正の確保」と「透明性の向上」を図り、それによって「国民の権利利益の保護」に資することを目的としている（1条1項）。ここで、私人の権利利益の保護が目的とされていることからも、行政手続法は自由主義的な考え方を主眼とする法律だと説明される。その反面で、国民の参加を促す民主主義的な要素は乏しいといわれる。

　行政手続法は、まさに自由主義的な観点から、私人の権利・自由を制限する行政行為に対するルールを中心にしており、その章立てからも分かるように、①処分（申請に対する処分・不利益処分）、②行政指導、③届出、を主たる規律

の対象にしている。その反面で，行政計画，行政契約，行政調査，即時強制などは適用対象とされていない（表4-2参照）。

＊ 行政手続法における民主主義的要素？　行政手続法のなかで民主主義的な要素を含みうる条文として，公聴会開催などの努力義務を課した規

表4-2　行政手続法の適用対象と構成

行政の行為形式		対応する行手法の規定
処分	申請に対する処分	第2章
	不利益処分＊	第3章
行政指導		第4章
届出		第5章
命令等（意見公募手続）		第6章

＊ 適用除外として，類型Ⅰ₂の課税処分，類型Ⅰ₃の公務員に対する懲戒処分など。

定（10条）や，命令等の制定における意見公募手続がある（38条～45条）。しかし，前者は，基本的には利害関係人からの情報収集を目的としたものである。ある事業者への許認可に際して競業者や利用者の意見を求める場面（case 526・case 532）が，その典型的な問題状況である。また，後者の意見公募手続も，直接的には，関係する私人の権利利益を保護することを目的としている（後述）。したがって，これらが民主主義的な規定であるとは解しにくい。

◇**行政手続法の適用範囲**

　行政手続法は，これらの処分等の手続に関する一般法という体裁を保ちつつも，その適用が除外ないし制限されることを予定している（たとえば，公務員に対する処分につき行手法3条1項9号，租税手続につき税通法74条の2）。

　さらに，地方公共団体の手続に関しては，行政手続法3条3項において，同法が適用されない場面が明示されている。まず，処分・届出については，それらが条例や規則を根拠とする場合には，行政手続法の適用対象から除外されている。反対に，国の法令を根拠とする処分・届出の場合には，行政手続法が適用されるわけである。また，行政指導と命令等を定める行為については，すべて行政手続法の適用対象から外されている。もっとも実際には，たいていの地方公共団体では，行政手続について**行政手続条例**が制定されており，国の場合の行政手続法とほぼ同様の規定がおかれている。

　case 431　古着屋を営もうとしているAが，B県公安委員会に古物営業許可の申請をした。この場合に，行政手続法は適用されるか。

　申請の根拠は，行政手続法以外の個別の法律によって与えられる。たとえば

第5節　行政手続

古着を販売するには，古物営業法により，「古物商」としての営業許可が必要となる。古物商の営業許可申請は，所在地の警察署（警察署長）を通じて，都道府県の公安委員会に申請することになる（同法5条）。都道府県公安委員会は地方公共団体の機関（いわゆる行政委員会）だから，公安委員会の許認可手続は，行政手続法3条3項により，その適用対象から外れるように思うかもしれない。しかし，行政手続法の適用除外となるのは，地方公共団体の機関の処分が条例や規則を根拠とする場合であり，古物商の営業許可は古物営業法という法律を根拠としているので，その処分の手続には行政手続法が適用されることになる。

2．行政手続法の諸規定

以下では，行政手続法の章立てに即して，その規定の内容を概観しておこう。

◇**申請に対する処分の手続**

行政手続法では，処分を「行政庁の処分その他公権力の行使に当たる行為」と定義しており（2条2号），行政行為（ないし行政処分）に相当すると考えてよいであろう（本章第2節参照）。行政手続法は，処分に関する手続として **申請に対する処分** と **不利益処分** の手続を定めている。以下では，まず前者について説明しよう。

case 432　case 431で，Aの申請をうけたB県公安委員会は，どのような対応をすべきか。

私人が許可や認可などを求めてきたときに，役所がこれに応答しなければならないという仕組みになっている場合，かかる私人の申し出を **申請** という（2条3号）。たとえば，古着屋の営業許可を役所に求める行為も申請であり，行政手続法の規定が適用されることになる。申請に対する行政側の応答としては，許認可を与える処分のほか，申請拒否処分（不許可）がありうる。一般に，類型Ⅱ₁の場面で問題になる。

申請に対する処分に関する具体的な手続として，行政手続法は，行政庁が許認可をするかどうかの **審査基準** を定め，特別な支障がない限り，これを公にしておくことを要求している（5条）。これは，同法制定以前に，審査基準の設定を求めた最高裁判決（最判昭和46・10・28〔百選122〕）をモデルとした規

定であるといわれる。

　さらに、行政手続法によれば、申請に対する **標準処理期間** を定めるよう努めなくてはならず、標準処理期間を定めた場合は、これを公にしておかなくてはならない（6条）。標準処理期間は必ず定めなくてはならないものではなく、役所が「定めるよう努める」ことが求められているにすぎない（この種の規定を努力規定という）。

　古着屋の例でいえば、古着屋（古物商）の営業許可の審査基準は、概略的なものながら、各都道府県の警察署や公安委員会のホームページに載っていることが多いし、標準処理期間についても同様である。入学試験にたとえれば、もちろん試験問題を事前に知ることはできないが、各科目の配点や合格発表の予定日ぐらいは知ることができるわけである。行政手続法が制定される以前は、こういった情報さえオープンにされていなかったようなものである。

◇**申請に対する処分の手続（つづき）**

　行政手続法によると、申請が到着したときは、行政庁は「遅滞なく」審査を開始しなければならない（7条前段）。これは、申請が到着した時点で、行政側に申請の審査義務が生じるということである。

> (case 433)　case 431 で、B県公安委員会は、Aの申請の受理を拒否することができるか。また、応答を留保することはできるか。

　行政手続法が制定される以前には、申請の到達後に、役所側が申請を **受理** するか否かというステップがあり、受理が決まった後に初めて審査が行われるという運用が広く行われていた。この結果、申請を受理しないで、審査前に申請が握りつぶされたり、申請書が戻されたり（申請書の返戻）、申請を取り下げるように行政指導がなされる、というような事態がしばしば生じていた（case 429 参照）。その場合の申請者は、特に法令上の根拠がないのに不利益を被ることになる。そこで、行政手続法は、申請の到着時点で行政側の審査義務が生じることとして、受理という概念を否定したのである。

　そこで、行政手続法のもとでは、申請書の記載事項の不備とか、添付書類がないとか、申請に形式的なミスがあった場合には、相当の期間を定めて **補正**（訂正）させるか、許認可を拒否しなければならない。これらは、「速やかに」行わなければならない（7条後段）。前出の「遅滞なく」よりも、早く処理すべきだというニュアンスがこめられている。

第5節　行政手続

役所が申請に対する許認可等を拒否する処分をする場合には，処分と同時にその理由を示さなければならないのが原則である。また，拒否処分が書面によるときは，理由も書面で示さなければな

図4-10　許認可に対する申請と行政庁の対応

【私人】　　　　【行政】　　　　　　　　【私人】
申請　→　許認可
　　　　　（or 条件付き許認可）
　　　→　拒否処分・却下処分
　　　→　補正の請求　　　　　→　補正，再度の申請など
　　　→　不受理・返戻??

＊ 訴訟との関係については，図2-5を参照してほしい。

らない（8条）。いわゆる **理由付記** が求められるわけである。以上のような行政側の対応のバリエーションをまとめたのが，図4-10である。

こうしたルールがあるので，古着屋の営業許可の申請に関しても，審査基準を調べたうえで必要書類を用意し，安心して役所に出向くことができるわけである。

◇**不利益処分の手続**

行政手続法にいう **不利益処分** は，特定の者を名宛人として，直接的に義務を課したり，権利を制限したりする処分である（2条4号）。たとえば，建築物の使用禁止処分は義務を課す処分であるし，許認可の取消し・撤回は権利を制限する処分にあたる。古着屋の営業停止命令も同様である。類型Ⅰのほか，類型Ⅱ₁で，めでたく申請に対する許認可がなされた場合に問題となる。

　case 434　許可を得て古着屋を営んでいるAが法令違反をしたので，B県公安委員会は，Aに対する営業停止処分をしようとしている。どのような手続が求められるか。

行政庁が不利益処分をするに際しては，**処分基準** を定め，なおかつ，これを公にしておくよう努めなければならない（12条）。不利益処分をする場合には，不利益処分の名宛人に対し，処分と同時にその理由を示さなければならないのが原則である。また，不利益処分を書面でするときは，理由は書面で示さなければならない（14条）。

申請手続を調べたときと似たような条文が並んでいるが，申請に対する審査基準と違って，処分基準を定めて公にするのは努力義務にとどまっている（12条）。さらに重要な相違として，処分をうける側の言い分を聴く手続がある（13条以下）。この点を，次に述べることにしよう。

* 許認可を求める申請を拒否する処分は，一見すると不利益処分にみえるが，ここでの不利益処分からは除外されている（2条4号ロ）。なぜなら，この種の拒否処分は，先にみたように申請に対する処分手続の問題だからである。さらに，事実上の行為も不利益処分から除外されているから（同号イ），行政上の強制執行，即時強制，行政調査なども，ここにいう不利益処分ではない。

◇**不利益処分の手続（つづき）**

不利益処分を行う場合には，処分をするに先立って，不利益処分の名宛人となるべき者のために，意見陳述のための手続をとらなくてはならない。意見陳述のための手続に

図4-11　不利益処分の流れ

```
【私人】           【事前手続】          【行政行為など】
           ┌→ 告知・聴聞     → 許認可の取消し・撤回
違反行為など ┤→ 告知・弁明の   → 監督処分
           │   機会の付与       （営業停止命令など）
           └→ ［刑事手続］   → 行政罰
```

は2種類あり，許認可を取り消す処分（case 417の職権取消しなど），資格や地位を直接剝奪する処分をする場合などには聴聞の手続を行う（13条1項1号）。聴聞をする場合にあたらなければ，弁明の機会の付与という手続をとらなくてはならない（同項2号）。ただし，公益上緊急に不利益処分をする必要がある場合などは，例外が許容されている（13条2項）。以上の原則をまとめると，図4-11のようになる。

さきのcase 434では，営業許可の取消しではなく営業停止処分だから，「弁明の機会の付与」を与える場合になりそうだが，古物営業法では行政手続法の特例として，営業停止命令を発するときには聴聞をすることになっている（25条）。なお，行政手続法上，聴聞の手続を経てなされた不利益処分については，異議申立てをすることはできないとされているので（27条2項），case 434で営業停止命令をうけたAは，直接，取消訴訟を提起することになる。

聴聞をするにあたっては，不利益処分の内容と理由，聴聞の期日・場所等が，不利益処分の名宛人となるべき者に通知される（15条）。聴聞は，基本的には行政庁が指名する職員が主宰する（19条）。聴聞主宰者は，行政庁の職員に不利益処分の内容等を説明させ，これをうけて当事者（不利益処分の名宛人）は意見を述べたり，行政庁の職員に質問したりすることができる（20条，21条）。当事者には文書等の閲覧請求権が認められており，手続が終結するまでの間，

第5節　行政手続

調書や証拠資料の閲覧を求めることができる（18条）。これによって当事者は，あらかじめ情報を収集し，聴聞の手続のなかで適切な主張・立証をすることが可能になる。

聴聞が終わると，行政庁が不利益処分の決定をすることになる。このとき，聴聞手続の調書の内容や報告書の意見を十分に考慮しなければならない（26条）。

以上のように，聴聞については<u>慎重な口頭手続</u>が用意されている（当事者のほか，不利益処分によって自己の利益を害される参加人〔18条1項〕にも，同じ手続が認められている）。これに対して，弁明の機会の付与は，原則として弁明書の提出によって行う<u>書面手続</u>であり，いわば《<u>聴聞手続の簡略版</u>》である（29条1項）。また，文書等の閲覧請求権が認められていないなどの相違点がある（31条は18条を準用していない）。

◇**行政指導に関する手続**

行政手続法は，行政指導について規定している（32条～36条）。教科書事例をひとつあげておこう。

> case 435　古着屋を営んでいるAのもとに，B町長から，まちおこしのために古物市を開催する通知が届き，「ぜひとも参加してほしい」というメッセージが添付されていた。B町長は政治家や役人とつながりも深く，これに参加しないと，Aは今後，行政から嫌がらせをうけるおそれが出てくるだろうか。

おそらく，この点は心配するには及ばないだろう。さきに述べたように，この場合のB町長の行政指導には行政手続法は直接適用されないが（3条3項），同じような行政手続条例が制定されている可能性が高いし，そうでなくても，法の一般原則（case 408参照）としての《手続的正義の原則》からして，行政手続法が適用される場合に準じて，行政指導に従わなかったことによって不利益を課されるような事態は避けられるはずである（とりわけ同法32条2項）。役所にしてみれば，「江戸の敵を長崎で」という対応は許されないのである（行政指導についてはcase 429もみよ）。

◇**届出に関する手続**

行政手続法にいう**届出**は，法令に基づき私人が行政庁に対し一定の事項の通知をする行為である（2条7号）。役所側の審査や応答が予定されておらず，

市民の側から一方的な通知がなされれば手続が完結してしまう点で，許認可などの申請と異なる。届出の例として，古物営業法における「変更の届出」がある（7条）。

届出について行政手続法は，届出が提出先の機関の事務所に到達したときに，届出をする側の義務は尽くされたことになる，と規定している（37条）。つまり，case 433のような申請の場合と同様に，役所が届出を「受理する」とか「受理しない」とかいう余地はないのである。古着屋の例でいえば，さきの町長の行政指導に従わないからといって，「変更の届出」を握りつぶされて，役所から「受理がなかった」などといわれる筋合いはないのである（図4-12参照）。

図4-12　届出の仕組み
【私人】　　　【行政】
届出 → { ∅（＝応答不要） / 受理・不受理・返戻?? }

case 436　有料老人ホームを設置しようとしている事業者Aが，B県知事に対し，その届出をしたが，B県知事は，Aが行政指導に従わなかったことから，届出を受理しないでいる。

これは，老人福祉法29条に関する例であるが，この場合，Aが届出をした時点で手続は完了しているので，Aは確認訴訟などによって救済を求めることができる（case 572）。

＊　行政手続法上の「届出」でない「届出」　個々の法律で「届出」という言葉が使われている場合でも，その条文の仕組みからみて，申請と扱われるべきことがある。戸籍法上の出生届や婚姻届が，その例である（外国での代理出産による出生届の受理拒否につき，最決平成19・3・23〔重判19-95〕）。

◇**政省令などの意見公募手続**

2005（平成17）年の行政手続法の改正によって，命令（政令・省令等の行政立法）などを定める場合に，あらかじめ広く一般の意見を聞く **意見公募手続** が定められた。これは，いわゆる **パブリック・コメント**（しばしばパブコメと略される）の手続を部分的に法制化したものである。各省大臣等の行政機関が命令等を定めようとするときには，その案と関連資料をあらかじめ公示し，広く一般の意見を求めなければならない（39条1項）。ここにいう「命令等」には，法律に基づく命令のほか，審査基準や処分基準，行政指導指針（case 429の要綱など）が含まれる（2条8号）。行政手続法は，あわせて命令等を定める場合

の一般原則を示している（38条）。

　この命令制定手続の条文を追加した法改正は，それまでの行政手続法の諸規定と異なり，民主主義的要素が多分に含まれるが，立法者の説明としては，この改正は民主主義に基づくものではなく，私人の権利利益の保護のために公正性・透明性を高める趣旨であるとされ，あくまでも自由主義的な観点が維持されている。

＊**個別法における参加手続**　行政計画は行政手続法の適用除外であるが，行政分野によっては，行政計画を策定するに際して，事前に情報を公表し，計画づくりに住民の声を反映させる機会（公衆の縦覧や公聴会の開催など）が設けられている。こういった制度は，**パブリック・インボルブメント**と呼ばれている（都市計画法16条1項，17条1項，18条の2第2項，類型Ⅳ₁の事業認定に関する収用法23条など）。さらに，多くの地方公共団体においては，パブリック・コメント手続が条例や要綱などによって定められている。その対象としては，条例案や基本的な政策案にまで及んでいるのが一般的である。自治体行政の基本原則を定めた**自治基本条例**においても，こうした参加の原則が掲げられることがある（木村・ガバナンス 104-105 頁，同・千葉大学法学論集 17 巻 1 号 17 頁以下）。

3．手続的瑕疵の効果

　このように行政手続法は，《結果》に至る《プロセス》を重要視して，そのルール化を図っている。それでは，《結果は適法であるけれども，プロセスが違法である》という場合には，どのように評価されるだろうか。より正確にいえば，《行政手続のルール（行政手続法など）に反した行政行為がなされたが，実体法的には適法な行為（内容的には正しい行為）である場合，取消訴訟を通じて，裁判所にその行政行為を取り消してもらうことができるか》，という問題である。具体的には，次の2つの問題をあげることができる。

- **case 437**　B税務署長はAに対し，法令上要求される理由付記をしないで，内容的には正しい課税処分をした。Aは，裁判所を通じて，当該処分の取消しを求めることができるか。
- **case 438**　A社のバス事業の免許申請をうけたB地方運輸局長は，法令上要求される公聴会を開催しないで拒否処分をした。A社は，裁判所を通じて，当該処分の取消しを求めることができるか。

　プロセスを重視する立場からすれば，その行政行為は当然に取り消されてし

かるべきであり，行政行為がなかったものとして最初からやり直すべきだ，といえそうであるが，他方で，結果が正しいのなら，やり直しをするのは非効率だ，ともいえる。平たくいえば，《結果オーライ》か《プロセス重視》かの考え方の違いである。

　これは微妙な判断を要する問題で，最高裁も，case 437のような理由付記がなされなかった場面で，プロセスの違法に基づく処分の取消し，すなわち処分のやり直しを命じており（最判昭和38・5・31〔百選124〕，最判昭和60・1・22〔百選125〕），後日，不服申立ての裁決において理由が付記されたとしても，瑕疵の治癒は認められない，つまり適法にはならないとしている（最判昭和47・12・5〔百選85〕）。その反面で，case 438のような諮問手続の場面では，公聴会のプロセスの違法があっても当然には処分が取り消されない（正しい手続をふめば異なる結果に至る可能性がある場合に限って，取り消される），という判例もみられる（最判昭和46・10・28〔百選122〕，最判昭和50・5・29〔百選123〕）。学説上は，プロセス重視の立場から，case 437とcase 438を区別せずに，プロセスの違法はすべて処分の取消事由になる（プロセスの違法を理由に処分のやり直しが求められる）とする立場が有力である。

第6節　行政上の強制措置

　行政上の強制措置は，行政法の三段階モデルでいえば，最終段階に関する措置である。その構成要素は，図4-13のとおりである。多くの似通った用語が出てくるので，出発点としては，それらを区別することが重要である。

＊**包括する概念選びの難しさ**　今日では行政行為に続く強制的な措置が多様化しており，学説上はさまざまな概念を用いて論じられるが，いずれの概念も関連する制度全体を覆いつくすことはできない。たとえば，《行政強制》という概念は，《行政上の強制執行》

図4-13　行政上の強制措置の類型
(a) 行政上の強制執行 ─┬─ 行政代執行
　　　　　　　　　　　├─ 行政上の強制徴収
　　　　　　　　　　　├─ 執行罰
　　　　　　　　　　　└─ 直接強制
(b) 行政罰 ─┬─ 行政刑罰…………刑罰によるサンクション
　　　　　　└─ 行政上の秩序罰……(刑罰でない) 過料によるサンクション
(c) その他の義務履行確保の手段 ─┬─ 違反事実の公表
　　　　　　　　　　　　　　　　├─ 給水拒否
　　　　　　　　　　　　　　　　└─ 行政行為の撤回など
(d) 即時強制

のほかに即時強制を含めることはできるが，義務違反者の企業名・違反事実の公表のように，強制的な要素が伴われない制度は漏れ落ちる。他方，《行政上の義務履行確保》には，違反事実の公表などを含めることができるが，即時強制のように，事前の義務の設定を伴わない制度は欠落するし，行政指導に従わない者に対する給水拒否も含められない。そこで，これらを広く含めるために《行政の実効性確保》という枠組みが提唱されることもあるが，即時強制はこの概念にも納まりにくい面がある。

　このように，どの概念をとっても一長一短という問題がある。そこで本書では，あまり正確な概念設定にはこだわらず，三段階モデルの3段階目とその周辺的な制度を広く指す言葉として，《行政上の強制措置》という言葉を用いることにする。

◇行政上の強制措置の諸類型（大分類）

　行政上の強制措置の中核をなすのは，**行政上の強制執行** と **行政罰** の2つに大別される。このうち行政上の強制執行は，自力救済禁止原則の例外であり，私人の義務の内容を行政が実力によって実現することにある。これに対して，行政罰は刑罰等の制裁を科す仕組みである。このほかの強制措置として**即時強制**があり，行政行為による義務の設定がない点で，行政上の強制執行や行政罰と異なる（case 308 の図式を思い出してほしい）。

　伝統的学説においては，行政行為の三段階モデルのもとで，行政上の強制執行に重点がおかれていた。かつては行政執行法が行政上の強制執行全体をカバーしていたが，現行法上の強制措置は，行政代執行法などの個別の法令の定めるところに委ねられており，結果として，相対的に行政罰の重要性が高まっている。

　さらに近時では，伝統的な強制措置以外にも，行政行為の撤回，法令（あるいは行政指導）を遵守しない者に対する給水拒否，違反者の企業名・違反事実の公表など，さまざまなサンクションが用いられている。これらは，現代的な強制的措置というべきものである。

◇行政上の強制執行の4つの類型

　大分類の筆頭に掲げた，行政上の強制執行は，**行政代執行，行政上の強制徴収，直接強制，執行罰** の4つに細分される。これらのなかでは，現行法上，代執行と行政上の強制徴収の2つが中心になっている。すなわち，代執行については行政代執行法が，強制徴収については国税徴収法（およびその準用法令）が，

行政全般に適用されるルールを定めている。それに対して，直接強制や執行罰の立法例は限られている。

以下では，行政上の強制執行の4つの諸要素について，具体例とともに概観しておこう。それぞれが理論的に適用可能な範囲を含めて，理解してほしい。

- case 439　B市長はAに対し，違法建築物の除却命令を発したが，Aはこれを除去しないでいる。
- case 440　B市の道路用地を確保するために，Aの土地に対して収用裁決（明渡裁決）がなされたにもかかわらず，Aはその土地を明け渡さないでいる。

まず第1の 行政代執行 は，他人が代わって行うことのできる義務（代替的作為義務）の強制手段である（代執行法2条参照）。行政庁（ないし行政庁の指定する第三者）が義務者に代わって，義務者のなすべき行為を実行することをいう。代執行が用いられる典型例として，case 439 や case 440 があり，農地買収処分の場合も同様である（case 413 参照）。代執行の手続としては，戒告・通知という多段階的な手続がおかれており（同法3条），これらに対する取消訴訟の提起も可能である。代執行に要した費用は，義務者本人から徴収される（同法5条）。

- case 441　B市長がAに対して固定資産税の課税処分をしたが，Aは租税を納付しないでいる。
- case 442　case 439 で，代執行がなされたにもかかわらず，Aはその費用を納付しないでいる。

第2の 行政上の強制徴収 は，行政上の金銭債権を強制的に実現する手段である。類型Ⅰ₂の租税の場合のように，もっぱら金銭債権について問題になる。国税徴収法において滞納処分の手続が定められており（case 205 の説明を参照），地方税など国税以外の債権にも同法が準用される（地方税法373条7項，道路法73条3項など）。case 439 のように，代執行の費用を納付しない場面についても，租税の場合と同様に強制徴収が可能である（代執行法6条1項）。

- case 443　case 430 で，過激派が建物の使用禁止命令に従わないので，国土交通大臣は，その建物を封鎖する措置をとった。

第3の 直接強制 とは，義務者が義務を履行しない場合に，行政が直接，義務者の身体・財産に実力を加え，義務の内容を実現する手段である。直接強制は，理論的には，金銭給付義務を除くすべての行政上の義務について適用されうる。特に不作為義務については，代執行はできないが，直接強制は理論的に

第6節　行政上の強制措置

は可能である。しかし，身体・財産に対する実力行使であるから，人権侵害の可能性が高いので，実際の法令においては，直接強制が許容される範囲は限られている。case 443 のような成田空港の周辺の場合には，直接強制を認めた特殊な法律がある（case 430 であげた成田新法 3 条 6 項）。これに対して，case 210 のような場面で，違法建築物の使用禁止命令が守られない場合には，建物封鎖の直接強制はなしえず，除却命令の代執行や行政罰によることになる。

> case 444　Aは砂防指定地区で砂利を採取しているので，B県知事は採取禁止命令を発した。Aがそれに従わないので，B県知事はAに対し，1ヵ月ごとに1万円の過料を科すことにした。

第 4 の 執行罰 は，他人が代わって行うことのできない義務（非代替的作為義務や不作為義務）の強制手段である。義務の不履行がある場合に，一定の期間を区切って義務者に義務の履行を促し，それまでに義務が履行されないときには，一定額の過料を科すものである。義務者に心理的圧力を加えて間接的に義務を履行させるので，間接強制とも呼ばれる。現行法上は，case 444 に関する砂防法の規定（36 条）だけが存在しているが，実際には用いられていない。

◇行政罰の 2 つの類型

行政罰は，過去の行政上の義務違反に対する制裁として科せられる罰である。行政罰は，行政刑罰 と 行政上の秩序罰 に分けられる。

> case 445-1　Aが建築確認申請をしないで建築物を建てたので，Aに罰金が科された。

行政罰のうち 行政刑罰 は，刑法上の刑名がある罰（懲役，禁錮，罰金など）を科すものである（建基法 99 条 1 項など）。このため，その手続については刑事訴訟法が適用され，実体的なルールとしては刑法総則が適用される。case 445-1 のほか，道路交通法の違反行為に対する罰則も同様であるが，後者については警察機関による反則金の通告という特殊な納付手続が用意されている（125 条以下，通告の性質につき最判昭和 57・7・15〔百選 168〕）。

> case 445-2　古着屋を営んでいたAの死後，Aの遺族が許可証を返納しないでいるので，遺族に過料が科された。

行政上の秩序罰 は，行政罰として，過料という，刑法上の罰でない制裁が科されるものである。このため刑法や刑事訴訟法の適用をうけず，非訟事件手続法の簡略な手続で処理される。case 445-2 のような，軽微な形式的違反行為に

対して科されることが多い（古物営業法39条など）。いずれにしても，法律の根拠は必要である。

* **加算税や課徴金の性質**　租税法上の加算税（税通法65条以下）が刑罰であるか否か，という論点がある。刑罰であるとすれば，租税犯として刑罰が科された場合に二重処罰の禁止原則（憲法39条）に反することになるが，最高裁は加算税が刑罰ではないとして，租税犯による行政刑罰と併科することが許されるとしている（最大判昭和33・4・30〔百選116〕）。独禁法上の課徴金についても，同様の判断が示されている（最判平成10・10・13〔百選117〕）。

◇即時強制

即時強制は，第2段階の行政行為を介さず，法律に基づいて直接物理的な強制力を発動する場面である。行政行為に基づいて義務が課されることがない点で，行政上の強制執行や行政罰と相違する。

case 446　Aが新型インフルエンザに感染したので，そのまん延を防止するために，B県知事はAを強制入院させた。

このcase 446では，感染症予防法という法律に基づいて，行政行為が介在することなく，強制入院という強制措置がとられる場面であり（19条，26条），即時強制の代表例である（このほかの即時強制の例として，case 308）。

◇諸概念の相互関係

以上の用語のなかで，まぎらわしい概念を比較しながら整理しておこう。まず，行政上の強制執行と行政罰は，基本的には将来に向けた視点か過去に向けた視点かという観点の違いによって区別される。

同様に，行政罰と執行罰の異同も説明できる。すなわち，執行罰は将来の履行を確保する措置であるのに対して，行政罰は過去の義務違反に対する制裁である。具体的な違いとして，執行罰は過去の行為に対する制裁ではないので，行政罰と異なり，何度でも科すことができる。もっとも，行政罰にも将来の義務違反を予防する効果はあるので，両者の機能は共通している。

次に，行政上の強制執行と即時強制は，私人の義務の存在を前提とするかどうかで区別される。この帰結として，直接強制と即時強制の異同も説明できる。つまり，case 446では，case 443の使用禁止命令のようなステップが存在して

よい。もっとも，実質的にみると，両者の違いは必ずしも大きくない。たとえばcase 446では，強制入院に先立って都道府県知事が患者に書面で《勧告》するという手続があるので（感染症予防法19条1項），行政行為に基づく直接強制に近い側面がある。つまり，勧告が行政行為に類する存在であると考えると，case 443とcase 446の違いは相対化することになる。とはいえ，初学者としては，基本的な区分を理解しておいてほしい。

◇**その他の強制的な措置**

　行政上の義務履行確保（ないし，行政の実効性確保）の手段としては，以上の伝統的なカタログ以外にも，さまざまなものが存在する。

　case 447-1　Aは砂防指定地区における砂利採取の許可をうけたが，その条件に違反して砂利採取をしているので，B県知事はその許可を撤回した。

　まず，**行政行為の撤回**は，体系的には，行政行為の瑕疵に対する措置として説明されるが（case 418-1 など），実質的には，行政上の義務履行確保の機能を有する。case 447-1 は，附款としての条件（講学上の負担）に違反したことを理由にした撤回であり（砂防法29条），case 444 と類似の状況で機能することが理解できよう。

　case 447-2　case 429 で，B市長は，宅地開発指導要綱に従わないAの名前を公表しようとしている。

　また，**給水拒否**や**違反事実の公表**も，行政指導の担保手段としての機能を有しており，その許容範囲が議論されている（給水拒否につき，case 429 の説明を参照）。公表については，単に市民に情報提供する目的でなされるとき（危険な建物の存在を周知するなど）のように，制裁的要素がない場合には，法律の根拠を要しないとする立場が有力である（東京高判平成15・5・21〔重判15-44〕）。この立場によると，case 447-2 で，B市がAの名前を公表するためには，法律ないし条例の根拠が必要であることになろう。

　総じて，行政上の強制執行などの伝統的な強制措置には，法律上の直接の根拠が必要であるとされるのに対して（case 448 参照），ここにあげた撤回や公表などについては，法律の根拠が当然には要求されないので，臨機応変の対応をするために，実務上重視されている。

◇主な論点

行政上の強制措置に関する論点として，最も基本的な4つの問題をあげておこう。

case 448 仮に国税徴収法の滞納処分の規定が存在しないとして，税務署長Bは，所得税の課税処分に従わないAに対し，所得税法を根拠にして，強制徴収をなしうるか。

まず第1に，《行政行為について根拠法律があれば，当然に行政上の強制執行が可能であるか》という古典的な論点がある。case 448は架空の問題状況であるが，伝統的には行政行為の自力執行力の帰結として，強制執行を認める法律の規定がなくても，当然に強制執行が可能であるとされていた（case 413の説明を参照）。これに対して，今日の学説は，行政行為の法律の根拠とは別に，強制執行についても法律の根拠を要することで一致している。

case 449 行政代執行の手続を一般的に簡略化するために，地方公共団体が独自に条例を制定することはできるか。

第2の論点は，《行政上の義務履行確保の手段を条例で定められるか》という問題である。行政代執行法では，緊急の場合等には戒告・通知の手続を省略することができると定めているが（3条3項），たとえば，この例外的手続を一般化することができるか，という問題がcase 449である。これは，条文の解釈としては，《代執行法1条の「法律」のなかに条例が含まれるか》という問題である。一般には，同法2条の「法律」のなかに条例が明示的に含まれていることとの比較からして，条例によるルール化は否定されている。

なお，行政代執行法1条は，「行政上の義務の履行確保」全般について，法律の定めによるとしているから，直接強制や執行罰についても条例で定めることはできない，と解されている。これに対して，即時強制（case 446）や給水拒否，違反事実の公表（case 447-2）などは，条例によって規律できることになる。

case 450 B市は，国の法令に定めのない建築制限を条例で定めた。その条例に基づく除却命令に従わない事業者Aに対し，B市長は，行政代執行法の手続をとることができるか。

これは，第2の論点とは区別されるべき問題であり，《地方公共団体が自主的に制定した条例に基づく義務は代執行法の適用対象になるか》，という問題である。言い換えれば，《代執行法2条の「法律」のなかに，法律に基づく条

第6節　行政上の強制措置

例のほかに，法律に基づかない条例，いわゆる自主条例が含まれるか》という問題である。この点は，代執行が地方公共団体の義務履行確保に関する基本的な制度であることに鑑みて，肯定されている。

<u>case 451</u>　AがB市の固定資産税を納付しないでいるとき，B市長は，裁判所にAの財産の差押えを求めることができるか。

もうひとつの論点として，《行政上の義務履行確保は裁判所を通じてなしうるか》という問題がある。図式的にいえば，行政法の三段階モデルによって行政行為までなされたにもかかわらず，最後の段階で，行政が裁判所

図4-14　行政上の義務の民事執行
法律 ── 行政行為 ── 強制措置
　　　　　　　　　　　　↓
∅　── 法律行為 ── 民事執行

の力を借りることはできるか，という問題である（図4-14）。判例は，これを否定している（最大判昭和41・2・23〔百選111〕，最判平成14・7・9〔百選112〕）。したがって，租税の滞納に関するcase 451でも，裁判上の救済が求められないことになろう。これに対して，行政が民法上の契約の履行（たとえば，納品契約の履行）を求めるには，裁判所に申し立てるほかない。この問題は，一般的にいえば，一般道路とバイパスの理解に関する問題であり，<u>三段階モデルというバイパスから民事法モデルの一般道路に降りることが禁止される場面</u>である（第3章第2節2.〔45頁〕参照）。

第7節　行政情報の取得・管理

行政に関する情報の取得・管理は，行政法総論の問題として扱われることもあるし，行政組織法の問題として扱われることもあり，その体系上の位置づけは定まっていない。本書では，《情報》という共通性に着目して，**行政情報**の収集に関する行政調査の問題と，収集された情報の管理に関する問題を，まとめて説明することにしよう。

＊　行政情報の体系的な位置づけ　　行政調査は，行政行為を介しないという点で即時強制と共通点があるので，伝統的には，即時強制の延長として行政調査が論じられてきたが，行政調査には強制の要素がないものもある（質問・検査など）。他方，情報公開や個人情報保護には，行政調査とともに《情報》という共通点がある。もっとも，広く《情報法》といわれる問題には，民間企業が有する情報の管理（さらには，それに対する行政の規制）の問題があり，それに関して「個人情報の保護

に関する法律（**個人情報保護法**）」が制定されている。同法は，行政機関が保有する個人情報を含めて，個人情報の保護についての基本法としての性格も有しているが，本節では同法には言及しない。

1．行政調査

行政調査は，行政上必要な情報を収集する作用であり，その典型的な問題状況は次のとおりである。

- case 452　B国税局査察部の査察官は，納税者Aの巨額脱税事件の調査のために，Aの抵抗を排して書類を押収した。
- case 453　B税務署の調査官は，所得税を少なく申告した疑いのある納税者Aに対し，質問検査をした。
- case 454　警察官Bが，覚醒剤を所持している疑いがあるAに対して職務質問をした。

行政調査は，強制的な調査と任意的な調査に分けられる。強制調査には，case 452 の収税官吏のように，私人の抵抗を実力で排してなされる調査（国税犯則取締法2条）のほかに，case 453 のように，調査に応じないと罰則が科されるものとがある（所得税法234条，242条9号）。後者は間接強制調査とも呼ばれる。これに対して，case 454 は任意調査である（警察官職務執行法2条1項）。

- case 455　case 454 で，警察官Bが職務質問に際して，Aの承諾なしに所持品検査を行った。

法律の留保（case 401 参照）の帰結として，強制的な行政調査には法律の根拠（根拠規範）が必要であると解されている。他方，任意調査については法律の根拠が不要であるとされるが，どこまでが任意調査にあたるかについて議論が生ずることも少なくない。最高裁は，case 455 の所持品検査について，それを認める法令の明文がないにもかかわらず，一定の条件のもとでその適法性を認めている（最判昭和53・9・7〔百選109〕）。自動車の一斉検問も適法とされるが（最決昭和55・9・22〔百選110〕），それらが適法かどうかについては議論がある（本章第1節2.の註〔79頁〕を参照）。

　こうした法律の根拠とは別に，行政調査にあたっては客観的な必要性が存在することが求められる（最決昭和48・7・10〔百選107〕）。これは，法の一般原則である比例原則の表れともいえる。

case 456 case 453 で，質問検査されようとしている納税者Aは，裁判所の令状がないことを理由に，調査を拒否している。

行政調査に関する手続的統制として，憲法35条2項の令状主義が適用されるか，という問題がある。case 452 の査察については裁判所の令状が求められているが（国税犯則取締法2条1項），case 453 のような通常の租税調査では，身分証明書の携帯・提示が求められるにとどまる（所得税法236条）。最高裁は，行政調査に令状主義が適用される余地を認めつつも，所得税法上の質問検査については，令状主義が及ばないとしている（最大判昭和47・11・22〔百選106〕）。なお，事前の告知についても，一律に要求されるわけではないとされる（前掲最決昭和48・7・10）。

case 457 D国税局査察部の査察官は，納税者Aに対してB税務署職員が行った税務調査の結果を，国税犯則調査に利用した。

行政調査の結果を他目的に使うことは禁止される（所得税法234条2項など）。これは，《目的外利用の禁止原則》と呼ぶべき原則である（行政機関個人情報保護法8条をも参照）。ただし判例は，税務調査の結果を後の犯則事件の証拠として利用する余地を認めている（最決平成16・1・20〔百選108〕）。逆に，犯則調査によって取得された資料を課税処分の根拠として用いることも，許容されている（最判昭和63・3・31）。

case 458 Aに対する税務調査の結果をもとにして，B税務署長が課税処分をした。Aは，課税処分の取消訴訟において，調査職員が身分証明書を提示しなかったことの違法性を主張しようと考えている。

行政調査の違法が行政行為の違法事由になるか，という問題がある。行政手続の瑕疵に関する問題（case 437・case 438）と同じように，微妙な判断が求められるが，まだ最高裁の判断は示されていない。裁判例のなかには，行政調査に重大な違法がある場合には，行政行為が違法と評価されうるとした判決がある（大阪地判平成2・4・11）。

2．情報公開と個人情報保護

行政調査などによって収集された行政情報の管理に関する制度としては，特に **情報公開制度** と **個人情報保護制度** の2つが重要である。国の場合には，それぞれについて，「行政機関の保有する情報の公開に関する法律（情報公開法）」

と「行政機関の保有する個人情報の保護に関する法律(行政機関個人情報保護法)」が制定されている。地方公共団体においては、それぞれに対応する条例が制定されており、内容的には、国の場合の2つの法律とほぼ同様の規定がおかれることが多い。国から独立して公的な事務を行う独立行政法人などについても、同様に、国の行政機関に準じた法律(独立行政法人等情報公開法、独立行政法人等個人情報保護法)が制定されている。

こうした情報公開制度と個人情報保護制度は、いずれも私人との関係での行政管理に関する法律であるが、2009(平成21)年には、行政内部の文書管理に関する一般的な制度を整備するために、「公文書等の管理に関する法律(公文書管理法)」が制定されている。それに前後して、地方公共団体でも、文書管理に関する条例の整備が進んでいる。しかしながら、初学者にとっては、とりわけ情報公開制度と個人情報保護制度が重要であるので、以下ではもっぱら、これら2つの制度について説明することにしたい。

◇情報公開制度と個人情報保護制度の比較

情報公開制度と個人情報保護制度の原理的な相違点として、ごく大まかにいえば、情報公開制度は民主主義(より正確にいえば、国民主権原理)に、個人情報保護制度は自由主義に、それぞれ対応している(最判平成13・12・18〔百選41〕参照)。つまり情報公開制度は、行政機関が有する情報を国民に開示することによって、民主的な意思形成を可能にする機能をもつのに対して、個人情報保護制度は、個々人の情報が行政によって適切に管理されることを求めるもので、私人の権利利益を保護する制度である(情報公開法1条と行政機関個人情報保護法1条を参照)。

なお、民主主義の原理を充実させるためには、行政機関が情報開示請求に基づいて受動的に情報開示するだけではなく、積極的・能動的に情報提供することも重要である(情報公開法24条参照)。

◇情報公開の原則とその制限

情報公開法は、「何人も」行政文書の開示請求ができるとして、一般的な開示請求権を認めており(3条)、行政機関の長は、開示請求があった場合に原則的な開示義務があるとしている(5条)。開示対象になるのは、行政機関で組織的に使われる文書(組織供用文書)であり、職員の個人的なメモなどは含まれない(2条2項)。

他方，例外的に開示が制限される場合について，個人や法人の利益を考慮して，情報公開法には詳細な規定がおかれており（5条1号～6号），それに関する判例（および情報公開審査会等の答申例）が蓄積されている。以下では，**不開示情報**の類型について，簡単にコメントしておこう。

① 不開示情報の第1の類型は，個人に関する情報のうち，特定の個人が識別される情報である。これは，個人のプライバシーを保護するための制限である（同条1号）。ただし，公務員の職務に関する情報は，個人識別情報であっても開示の対象になると規定されており，それが個人識別情報であることを理由として不開示にすることは許されない（最判平成15・11・11〔百選42〕）。

② 第2の類型は，法人等の情報のうち，開示によって法人（法人以外の団体を含む）の競争上の不利益をもたらすような情報である（同条2号）。法人等に属する個人に関する情報については，「法人等を代表する者」の職務に関連する情報に限って，この類型の開示制限にかかり，それ以外の個人情報は第1の類型の制限によることになる（前掲最判平成15・11・11）。

③ 第3の類型は，行政機関等の審議・検討・協議に関する情報であり，開示によって率直な意見交換等が害されることになる情報である（同条5号）。これは，**意思形成過程情報**と呼ばれる。ダム建設の協議に関する情報について，未成熟な情報で国民に混乱を与えることを理由に開示すべきでないとした判決があるが（最判平成6・3・25〔百選40〕），問題となっている協議等が終了したあとには開示義務が生ずる可能性がある（最判平成16・6・29）。

④ 第4の類型として，行政機関等の検査・取締り・交渉等に関する事務・事業に関する情報があり，**事務事業情報**と呼ばれる（同条6号）。知事交際費の支出に関する文書で，交際の相手方が識別できる情報についても，交渉上の事務であることを理由として不開示にされる可能性がある（最判平成6・1・27〔百選39〕）。

⑤ このほか，国の安全等に関する情報（同条3号），公共の安全等に関する情報（同条4号）も，不開示情報である。

ただし，これらの不開示情報が記録されていても，公益上特に必要があるときには，行政機関の長の裁量によって開示することができる（7条）。これは，**公益上の裁量的開示**と呼ばれる。また，行政文書の一部のみに不開示情報が含まれているときには，全部不開示の決定ではなく，**部分開示**の決定をしなければならない（6条）。

◇情報公開に関する争訟

　情報公開や自己情報開示の手続としては,《私人の開示請求→行政機関の決定（開示決定・不開示決定など）》という流れになる。したがって,《申請→決定》という許認可行政に関する 類型Ⅱ₁ に近く,時には第三者を巻き込んだ 類型Ⅱ₂ の紛争形態になる。その意味で,許認可の事例とともに,行政救済法の素材を提供している。

　私人の開示請求に対して行政機関の長は,開示決定をするのが原則であるが,先の不開示事由に該当する場合には,不開示決定をする。不開示決定に対する理由付記については,行政手続法8条1項の適用がある（その場合の理由付記の程度につき,最判平成4・12・10〔百選126〕。念のため述べると,私人が開示請求するにあたって,《開示請求する理由》は示さなくてもよい）。こうした不開示決定や開示決定に関する典型的な紛争パターンは,次の2つである。

　case 459　AはB大臣に対し,C社がB省からうけた補助金に関する情報公開を請求したが,B大臣は,C社に不利益をもたらす情報であるという理由で,不開示決定をした。

　情報公開請求に対する不開示決定（ないし部分開示決定）に不満な私人は,当該行政機関の長に対して不服申立てをすることもできるし,不服申立てを経ずに直接,不開示決定等の取消訴訟を提起することもできる。つまり,不服申立前置は採用されていないのである（case 546と同じ）。

　ただし,通常の行政上の不服申立てと違って,不服申立てをうけた行政機関の長は 情報公開・個人情報保護審査会 に諮問しなければならない（18条）。つまり,不服申立ての手続において《寄り道》が予定されているのである（第3章第2節の註〔45頁〕）。なお,この情報公開・個人情報保護審査会においては,裁判所の審理と異なり,委員が対象文書を直接見て審理することができる（情報公開・個人情報保護審査会設置法9条）。これをインカメラ審理という（不開示決定の取消訴訟において,裁判所のインカメラ審理が否定されることにつき,最決平成21・1・15）。

　case 460　case 459で,逆にB大臣が開示決定をしたことに対して,C社が不満である。

　このケースでC社は,B大臣の開示決定に対して取消訴訟を提起することになる（最判平成13・11・27〔重判13-44〕など）。この場合のC社のように,開示請求者以外の第三者の情報が記録されている文書を開示する場合には,開示

決定に先立って，行政機関の長は当該第三者に意見書の提出を求めることができる（13条1項）。

これに関連して，地方公共団体の長が，国の防衛施設に関して保有する情報について開示決定をしたときに，開示決定に対して不満な国が，建物の所有者として取消訴訟を提起することが否定された例がある（最判平成13・7・13〔自治百選96〕）。

なお，最高裁の判例によると，公文書等の開示請求権は「請求権者の一身に専属する権利」であって相続の対象となるものではないから，開示請求者が死亡すると開示請求をめぐる訴訟は当然に終了する（最判平成16・2・24）。住民訴訟の原告が死亡した場合（case 584）と同様である。

◇自己情報の開示請求

行政機関個人情報保護法においても，行政機関が有する情報に関する自己コントロールの権利を認めるために，情報公開手続と同じように，自己情報（戸籍・住民票や公立学校での学習記録など，自分に関する情報）の開示請求の手続が用意されている（12条以下）。開示請求をうけた行政機関の長に原則的に開示義務があるとしつつ，情報公開とほぼ同じように不開示事由の類型が掲げられている（14条）。

ただし，行政機関個人情報保護法においては，当該個人は自分の情報を知ることができるという前提に立っているので，情報公開法にいう個人識別情報であることから当然に不開示になるわけではない（同条2号は，情報公開法5条1号と異なり，「開示請求者以外の」個人情報について，原則不開示としている）。この点を具体的に考えてみよう。

case 461-1　AはB市長に対し，B市が保有するAの個人情報について，個人情報保護制度によって自己情報の開示請求をした。

case 461-2　同じくAは，自己情報について，情報公開制度によって開示請求をした。

自己情報については，case 461-1のように，個人情報保護制度を用いて開示請求すれば開示されるが，case 461-2のように，情報公開制度を用いて開示請求すると，個人情報（1号情報）として不開示決定がなされる。情報公開の対象となる情報は，いわば《民主主義のための共有財産》であり，「何人も（＝誰でも）」請求できることになるので，この場合の個人情報がその対象にされ

るべきではないのである。もっとも，個人情報保護制度が導入される以前に，やむなく case 461-2 のような情報公開請求がなされた事件で，最高裁は，両制度の趣旨の相違（前述）を指摘しながらも，柔軟に開示を認めている（前掲最判平成 13・12・18）。

　自己情報に間違いがある場合には，その情報の訂正を求めることができ（27条），違法に取得・利用されている自己情報については，その情報の利用停止を求めることができる（36条）。自己情報の開示請求は，それらの前段階の手続としても利用される。なお，自己情報開示に関する争訟の形態は，情報開示請求の場合とほぼ同様である。

第5章　行政訴訟その1：基本類型と訴訟要件

　本章では，行政救済法の中心的要素である行政訴訟を取り上げる。はじめに行政訴訟に関する概括的な説明をしたうえで，行政訴訟の類型ごとに，訴訟要件を中心に述べることにしたい。

> **学習のアドバイス**
>
> 　行政訴訟の中心的存在は取消訴訟であり，取消訴訟の理解が行訴法全般のイメージづくりに直結する。それゆえ，本章のなかで特に重要なのは，取消訴訟の意義・機能に関わる第2節であり，その部分を十分に学習してほしい。
> 　また，本章全体を通じてのキーワードは，行為訴訟と権利訴訟である。それぞれの場面で，《権利訴訟と行為訴訟のどちらが優先されるか》という視点から大局的に理解することが，学習の第一歩である。
> 　なお，通常の教科書・概説書では，取消訴訟の説明として，訴訟要件から審理・判決までを網羅的に記したあとで，その他の訴訟類型を説明するのが一般的である。しかしながら，初学者の学習の方法としては，訴訟要件の段階で取消訴訟と他の訴訟を比較しておく方が，取消訴訟のイメージをより鮮明にするであろう。そこで本章では，行政訴訟全般の訴訟要件をまとめて記し，取消訴訟の審理・判決等については次章（第6章）で扱うことにしたい。

第1節　行政訴訟の全体像

　取消訴訟に関する説明に先立って，行政訴訟の訴訟要件を学ぶ際の前提となることがらについて，ごく簡単にまとめておこう。行政訴訟の基本的な枠組みを理解したうえで，行政訴訟の類型について大きな見取り図と，取消訴訟の実際的イメージがえられるようにしてほしい。

1. 行政訴訟の基礎的な前提

はじめに，行政訴訟の位置づけとその沿革を示しておくことにしよう。

◇**行政救済法の概観**

行政訴訟を含めた行政救済法全体の体系については，すでに第1章で触れたが，ここで再度確認しておこう。

図5-1　行政救済法の諸要素

```
          ┌ 行政争訟法 ┌ 行政訴訟…………行政事件訴訟法
          │           └ 行政不服審査……行政不服審査法
          └ 国家補償法 ┌ 国家賠償…………国家賠償法（←憲法17条）
                      └ 損失補償…………憲法29条3項など
```

行政救済法は，行政作用に対する私人の救済を図る制度であるが，大きく分けて，行政争訟と国家補償という2つの要素によって構成される。

一方の **行政争訟法** は，行政上の紛争の解決を目的として，違法状態の除去・予防などを図る仕組みであり，行政訴訟と行政不服審査に細分される。このうち行政訴訟は，裁判所による紛争解決の仕組みであり，行政不服審査は行政機関による紛争解決の仕組みである。他方，**国家補償法** は，行政作用によって私人に生じた損失・損害について，金銭的な救済を図る手段であり，国家賠償と損失補償に細分される（図5-1参照）。

◇**行政訴訟制度の沿革**

比較法的にみると，通常の司法裁判所（現在の日本でいえば，最高裁判所を頂点とする裁判所）の系列とは別に，行政事件を審理するための行政裁判所を設けているか否かによって，行政国家と司法国家が区別される。**行政国家** は，行政裁判所を有する国家体制であり，**司法国家** とは，行政裁判所を有さず，司法裁判所が（民事事件・刑事事件のみならず）行政事件をも審理する国家体制である。総じて，ドイツやフランスなどの大陸系の諸国は，行政国家であるのに対して，英米系の諸国は司法国家である。

日本では，大日本帝国憲法の制定をうけて，1891（明治23）年に行政裁判法が制定され，ドイツにならって行政裁判所が設置された。行政国家の仕組みが採用されたわけである。行政裁判所は，法律や勅令によって訴訟の提起が許された行政事件の審理を行うこととされ，公法私法二元論の基礎が築かれた（第3章第2節1.）。それ以後，わが国の行政に関する法制度や行政法学は，ドイツを中心とした大陸法諸国の影響をうけて発展していくことになる。

第1節　行政訴訟の全体像

第二次大戦後，アメリカ合衆国の影響をうけた日本国憲法が制定され，行政裁判所は廃止された（憲法76条，裁判所法3条1項，附則2条）。この結果，行政事件も民事事件や刑事事件と同じように，司法裁判所が審理することになり，行政国家から司法国家に移行した。司法裁判所における行政訴訟の手続については，1948（昭和23）年に行政事件訴訟特例法が制定され，その後1962（昭和37）年には，同法に代わって行政事件訴訟法が制定されている。
　行訴法は長らく大きな改正がなされてこなかったが，2004（平成16）年に大幅な改正がなされて現在に至っている。そこで，平成16年改正の意義と，それに伴う判例の展開が，学習上の大きなテーマになる。

＊ **行訴法誕生の経緯と平成16年改正**　日本国憲法とともに1947（昭和22）年に施行された裁判所法のもとで，司法裁判所が「法律上の争訟」として行政事件をも審理できることになり，司法国家体制が確立したが，その審理手続はほぼ全面的に民事訴訟の手続に依拠していた。その後，1948（昭和23）年2月の**平野事件**を契機として，行政事件訴訟特例法が制定された（法律事件百選34頁）。平野事件とは，公職追放をうけた元国務大臣・平野力三氏に対して，東京地裁が地位保全の仮処分を認める決定を下した事件であり，そこでGHQがあわてて行特法の制定を指示したのであった（行政国家と司法国家の理論的意義につき，木村・財政法理論218頁以下）。
　他方，平成16年の行訴法改正のポイントは，①従来の取消訴訟中心の訴訟制度から，訴訟類型を多様化し，《救済のメニュー》を増やすこと（義務付け訴訟，差止訴訟，確認訴訟の明文化；case 561-1 以下），②訴訟類型相互の《垣根》を下げて，訴えの変更等を容易にすること（とりわけ抗告訴訟と当事者訴訟の関係につき，case 544-1・case 544-2 を参照），③原告適格に関する訴訟要件を緩和して，訴訟の《間口》を広げること（case 529以下），である。このほか，仮の救済の拡充，出訴期間の延長，教示制度の新設，管轄裁判所の拡張，裁判所の釈明処分の特則など，多岐にわたる改正がなされている。

◇**法律上の争訟の意義**
　司法裁判所の権限については，裁判所法3条1項に定められており，「**法律上の争訟**」の裁判が基本とされている。この「法律上の争訟」は，行政訴訟を含むものであるが，その範囲に関する判例の定式は，①当事者間の具体的な権利義務ないし法律関係の存否に関する紛争であって，かつ，②それが法令を適用することによって終局的に解決できるもの，である（最判昭和29・2・11，

最判昭和56・4・7〔憲法百選203〕)。

　したがって，①の要素から，具体的事件を離れて，一般的に法令の違法性等を審査することはできない（最大判昭和27・10・8〔百選146〕，最判平成3・4・19〔百選147〕)。この点では，処分性の有無に関する判断（case 517以下）と重複するところがある。たとえば，条例の有効・無効の問題につき，法律上の争訟の問題として処理した例（東京地判昭和51・1・29）と，処分性の問題として処理した例（最判平成18・7・14〔重判18-47〕）があり，私人の具体的な権利義務に関わるかどうかで区分される。なお，行政上の義務の履行に関する争訟も，法律上の争訟に当たらないとされるが（最判平成14・7・9〔百選112〕；case 441)，これも，判例の定式の①から導かれると考えられる。

　また，②の要素から，専門技術的な問題や政治的な問題などは，法律上の争訟にならない（政治的判断につき，最大判昭和34・12・16〔百選148〕，最大判昭和35・6・8〔百選152〕，専門技術的判断につき，最判昭和41・2・8〔百選149〕，団体の内部規律によるべき問題につき，最大判昭和35・10・19〔百選150〕，最判昭和52・3・15〔百選151〕)。ここには，《裁判官という法律家はすべての紛争に口出しするべきではない》という感覚が反映されているといえるわけであり，行政裁量に関する基本的な考え方と共通している（case 613の項目を参照）。

　次の項目で述べる，行訴法のカタログとの対応関係としては，<u>裁判所法3条1項の「法律上の争訟」は主観訴訟（抗告訴訟・当事者訴訟）</u>であり，客観訴訟（民衆訴訟・機関訴訟）は，同項のいう「その他法律において特に定める権限」に基づいて審理される例外的な訴訟である。

2．行政訴訟の種類

　いよいよ行政訴訟の本丸に近付いていく。ここでは，行政訴訟（行訴法の条文上は，行政事件訴訟）の諸類型，それらと民事訴訟との関係などについて整理しておこう。あくまで形式的な説明であるので，本章第2節以下の実質的な説明を読んだ後で，振り返って学習することをお勧めしたい。

◇行政訴訟の諸類型

　ここで行政訴訟の構成要素について，整理しておこう。行訴法の定義規定（2条〜6条）と対応させながら理解してほしい（図5-2も参照）。

図5-2　行政訴訟の類型

Ⅰ．主観訴訟〔＝法律上の争訟〕
　　A．抗告訴訟〔＝行為訴訟〕①取消訴訟　処分取消訴訟……主役的な存在
　　　　　　　　　　　　　　　　　　　　裁決取消訴訟
　　　　　　　　　　　　　②無効等確認訴訟
　　　　　　　　　　　　　③不作為違法確認訴訟
　　　　　　　　　　　　　④義務付け訴訟
　　　　　　　　　　　　　⑤差止訴訟
　　　　　　　　　　　　　⑥法定外抗告訴訟（無名抗告訴訟）
　　　　　　　　　　　　　　　　……現行法では実用的でない
　　B．当事者訴訟〔＝権利訴訟〕………通常の民事訴訟（給付訴訟・確認訴訟）に
　　　　　　　　　　　　　　　　　　　相当する訴訟
Ⅱ．客観訴訟〔＝法律上の争訟以外〕
　　A．機関訴訟………役所どうしの訴訟
　　B．民衆訴訟………選挙訴訟，住民訴訟など

参考　民事訴訟〔＝主観訴訟〕
　　　給付訴訟　〔＝権利訴訟〕………場合によっては，争点訴訟
　　　確認訴訟　　　　　　　　　　　（行訴法45条）の性質
　　　形成訴訟　〔＝多くは行為訴訟〕………取消訴訟に近い性質

　このうち，中心的な存在は抗告訴訟であり，特にその一類型である取消訴訟が最も重要である。取消訴訟の性質については，さまざまな議論があるが，その基本的な機能は，行政庁によってなされた処分が違法である場合に，《処分をなかったことにする》ための訴訟である。

◇**行政訴訟における基本的な区分**
　行政訴訟の類型を理解するにあたってカギとなるのは，次の2つの対概念（対立する概念）である。
　①　まず，主観訴訟と客観訴訟の区分がある。**主観訴訟** は，原告個人の権利・利益に関する訴訟であるのに対して，**客観訴訟** は，原告個人の権利・利益を超えた，客観的な法秩序の維持ないし公益の保護を目的とした訴訟である。民事訴訟は基本的に主観訴訟であり，行政訴訟の大多数も同様であるが，例外的に客観訴訟という類型が存在している。読者が多く接する訴訟は，取消訴訟をはじめとした抗告訴訟や当事者訴訟などの主観訴訟であろうから，基本的には民事訴訟と同様の考え方が妥当する。こうした取消訴訟をはじめとした主観

図5-3　行政処分（行為）と権利義務（法律関係）

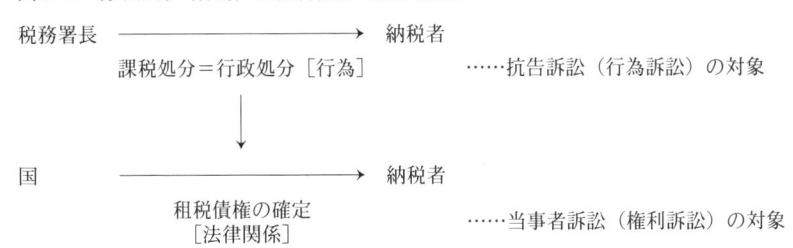

```
税務署長 ─────────────────→ 納税者
      課税処分＝行政処分［行為］     ……抗告訴訟（行為訴訟）の対象
              │
              ↓
国    ─────────────────→ 納税者
         租税債権の確定
         ［法律関係］           ……当事者訴訟（権利訴訟）の対象
```

訴訟においては，解釈論として，原告適格などの訴えの利益が問題になる（case 506以下，case 523以下）。これに対して，客観訴訟においては，原告適格が法定されているので，その解釈が問題になることは少ない（たとえば，case 582以下を参照）。

②　次いで，主観訴訟のなかで，行為訴訟と権利訴訟（法律関係訴訟）が区分される。この点こそが，民事訴訟と行政訴訟，とりわけ取消訴訟をはじめとした抗告訴訟との大きな相違であると同時に，抗告訴訟と当事者訴訟の相違でもある。

行為訴訟と権利訴訟の区分の前提として，行為と法律関係の区分がある。一般に，行為によって法律関係（権利義務）が発生ないし変動する。民法の世界で，法律行為（契約など）によって私人間の権利義務（債権債務）が発生するのと同じように，行政法の世界では，行政行為ないし行政処分によって法律関係が発生（ないし変動）する。税務署長の課税処分についていえば，課税処分によって租税法律関係，つまり国と納税者の間の債権債務関係が確定する。

以上の区分をもとに，行為をターゲットにするのが行為訴訟であり，行為によって発生・変動した法律関係をターゲットにするのが権利訴訟である。つまり，権利訴訟では，権利義務そのもの（民法でいえば債権債務）が主題にされるのに対して，行為訴訟では，権利義務の変動の原因となった行為が主題にされるわけである（取消訴訟の訴訟物については，case 608以下を参照）。

取消訴訟をはじめとした抗告訴訟は，《公権力の行使（＝行為）に対する訴訟》という行為訴訟であり，これが行政法の中核部分を占めている。これに対して当事者訴訟は，通常の民事訴訟と同じく権利訴訟である。もともと当事者訴訟という名称は，権利が帰属する主体（自然人や法人），すなわち《当事者》に注目した概念であり，当事者の権利義務を問題にする訴訟（権利訴訟）を意味している。こうした行為訴訟と権利訴訟の区分は，行政組織法にいう行

第1節　行政訴訟の全体像

政機関と行政主体の区分に対応している（前出の図3-8を，図5-3として再び掲げておく）。

　以上の区分は，取消訴訟の本質を理解するうえで重要であるのみならず，無効確認訴訟や当事者訴訟が用いられる範囲を画するうえでも不可欠な視点である。頭が混乱してきたら，必ずここに戻って考えなおしてほしい。

◇**抗告訴訟の種類**

　すでに述べたように，取消訴訟をはじめとする抗告訴訟は行為訴訟である。ちなみに，民事・刑事の紛争における抗告は，判決以外の裁判所の決定・命令等に対する上訴であり，もともと《抗告》という言葉には，《おかみの決定（ないし行為）に対する申立て》という意味合いが含まれている。

　ところが，同じく行為を問題にするといっても，すでに行政庁によってなされた行為の取消しなどを求めるか（取消訴訟・無効等確認訴訟），なされるべき行為がなされていないことの違法を確認するか（不作為違法確認訴訟），これからなされるべき行為の義務付けや差止めを求めるか（義務付け訴訟・差止訴訟），といった観点から，抗告訴訟の種類が分かれることになる。

　抗告訴訟の種類として，行訴法が明示しているのは，取消訴訟，無効確認訴訟，不作為違法確認訴訟，義務付け訴訟，差止訴訟の5つである。これらは**法定抗告訴訟**と呼ばれ，行訴法3条のカタログに掲げられている。このほかに，**法定外抗告訴訟**（無名抗告訴訟）と呼ばれるものがある。両者の関係は，民法における典型契約と非典型契約の関係のようなものであり，民法の契約のカタログ（549条以下）に掲げられた贈与，売買，賃貸借のほかに，宿泊契約などのカタログ外の契約がありうるのと同じである。

　条文の体裁をみると，行訴法3条1項では，抗告訴訟は「行政庁の公権力の行使に関する不服の訴訟」であるという，一般的な定義が掲げられているだけである。そのうえで行訴法は，同条2項以下で取消訴訟などの抗告訴訟の諸類型を掲げているのであるから，理論的には，同条2項以下に掲げられた抗告訴訟以外にも，抗告訴訟の種類がありうることになる（行訴法2条が行政訴訟の類型を限定列挙しているのと比較してほしい）。したがって，条文の体裁としては，抗告訴訟のカタログは民法の契約のカタログに近いことになる。

　実際，平成16年の改正前は，取消訴訟などの機能的な限界が指摘され，法定外抗告訴訟として，義務付け訴訟や差止訴訟の可能性が議論されていた。ところが，平成16年の改正によって，新たに義務付け訴訟と差止訴訟が明示的

に追加されたことから，現行法上は法定外抗告訴訟が機能する場面はほとんどなくなっている。したがって，本章では無名抗告訴訟には特に触れないでおく。

◇行政訴訟と民事訴訟の関係（その１）

　行政訴訟を学習するにあたっては，民事訴訟の学習を並行させることが好ましいが，民事訴訟に先立って行政訴訟を学習する読者のために，簡単な比較をしておくことにしよう。もとより，こうした比較の仕方についても議論があるところであるが，大まかに整理すると，以下のようになる。

　民事訴訟は，**給付訴訟・確認訴訟・形成訴訟**の３つに大別される。まず，**給付訴訟** の典型例は，ＡがＢから借りたお金を返さないときに，ＢがＡに対して《お金を返せ》という訴えである。このほか，物の引渡しを求める訴訟，迷惑な事業の差止めを求める訴訟などもある。これに対して **確認訴訟** とは，同じ事例でいえば，Ａから提起する訴訟として，ＡがＢの《債務者でないことの確認》を求める訴えがある。また，所有権を有することの確認を求める訴訟などもある。こうした給付訴訟と確認訴訟が民事訴訟の基本類型であるが，このほかに例外的な類型として **形成訴訟** がある。形成訴訟は，判決によって新しい法律関係が形成される訴訟であり，その例としては，株主総会決議取消訴訟（会社法831条）などの会社関係の訴訟，婚姻の取消しや子の認知（民法743条，787条，人事訴訟法2条）などの人事訴訟が多い。これらのうち，給付訴訟と確認訴訟が民事訴訟の基本的な類型であり，形成訴訟は，個別法に規定がある場合に限って認められる。

　抗告訴訟が民事訴訟のどの類型に対応するかは議論があるところであるが，一般に，抗告訴訟のうち取消訴訟は，形成訴訟であるといわれる。それは，公定力を伴って出現した行政処分の効力を裁判所が否定して，新しい法律関係が形成されるという意味である（より実際的にいえば，形成訴訟の多くは，取消訴訟と同じく行為訴訟であるという共通点もある）。これに対して，無効確認訴訟は，その名称からしても確認訴訟の一種といわれることがあり，義務付け訴訟や差止訴訟は，給付訴訟の実質を有する。これらの対応関係は，表5-1のように整理で

表5-1　行政訴訟と民事訴訟の対応関係

民事訴訟	行政訴訟
給付訴訟	当事者訴訟のうち確認訴訟以外 ［＋義務付け訴訟・差止訴訟］
確認訴訟	当事者訴訟としての確認訴訟 ［＋無効確認訴訟・不作為違法確認訴訟］
形成訴訟	抗告訴訟のうち取消訴訟

第１節　行政訴訟の全体像

きよう。

　＊ 訴訟類型ごとの性格づけの難しさ　もっとも、抗告訴訟の諸類型の性質については議論が多い。まず取消訴訟については、形成訴訟ではなく確認訴訟とみる立場も有力である。また、無効確認訴訟は確認訴訟の性質をもつといわれるが、《取消訴訟の亜種》としての性質もあるので、形成訴訟に近い面もある。さらに、義務付け訴訟や差止訴訟は、実質的には給付訴訟であるが、取消訴訟と同じく形成訴訟であるという説明もなされる。なお、当事者訴訟の種類として、民事訴訟と同じく、給付訴訟と確認訴訟の区別があることは後述する（case 570 以下）。

◇行政訴訟と民事訴訟の関係（その２）

　続いて、抗告訴訟と民事訴訟の役割分担（正確には、所管配分などという）について述べておこう（あわせて図5-4 も参照）。行訴法の規定上、抗告訴訟は公権力的行為に対する訴訟であるから（３条１項）、民事訴訟との役割分担の基準は **公権力性** の有無である。したがって、原則として、公権力性を有する行為について

図5-4　行政訴訟と民事訴訟の役割分担
①行為訴訟と権利訴訟の関係：
　抗告訴訟か民事訴訟・当事者訴訟か
　……… 公権力性の有無（行訴法３条１項）
　　⇒ 公権力性があれば、民事訴訟は原則排除
②権利訴訟どうしの関係：
　当事者訴訟か民事訴訟か
　……… 公法関係（権力関係）か私法関係か
　　（行訴法４条）

ては抗告訴訟の対象となり、民事訴訟などの権利訴訟の対象にはならない。
　ここにいう公権力性は、公法私法二元論にいう権力関係にほぼ相当するが、必ずしも一致するわけではない（公権力と権力関係は、同じでないことに注意してほしい）。大まかにいえば、《公権力性＝権力関係＋α》という図式が妥当するが、単純には割り切れない面も多い（後出 158 頁の註などを参照）。
　いずれにしても、この公権力性の実質は **公定力** である。つまり、行政法総論で述べた公定力は、一定の訴訟を一般道路からバイパスに奪い上げる力であるから、民事訴訟と抗告訴訟の役割分担の基準である公権力性に相当するわけである（第３章第２節2.の註〔44 頁〕；case 411 の説明を参照）。
　なお、公権力性は行政訴訟全般について問題となるが、特に取消訴訟における処分性の一要素として論じられるので、そこで詳しく説明することにしよう（case 506 以下）。

＊民訴法による行訴法の補充　行訴法は行政訴訟について自己完結的な規定をおいているわけではなく、その性質に反しない限りにおいて、民訴法の規定が準用される（行訴法7条）。準用される民訴法の規定として実際上重要な意味をもつものに、補助参加や主張制限の規定などがある（第6章参照）。

他方、処分性や原告適格などは、通常の民事訴訟では問題にならない要素であり、行政訴訟に固有な要素として、議論の対象になるわけである。

3．取消訴訟のイントロダクション

ここでは、行政訴訟のなかで最も重要な訴訟類型である取消訴訟について、その基本的なイメージを提供しておこう。なお、取消訴訟には、処分取消訴訟（行訴法3条2項）と裁決取消訴訟（同条3項）があるが、以下で述べるのは、主として処分取消訴訟である（裁決取消訴訟については、case 548-1～case 548-3、case 720以下の項目などを参照）。

◇取消訴訟の典型的な適用場面

概念的な説明に入る前に、取消訴訟の実際的な機能を考えてみよう。以下に掲げる3つのグループにおいて、前半に掲げたcase 501-1・case 502-1・case 503-1が民事上の事例であり、いずれも民事訴訟によって解決がなされる。これに対して、各グループの後半に掲げたcase 501-2・case 502-2・case 503-2が、取消訴訟の典型的な活用場面である。後者は、それぞれ、本書冒頭に掲げた 類型I₁ ～ 類型I₃ に対応するものであり、いずれにおいても、Aは裁判所に取消訴訟を提起して救済を求めることになる。

(case 501-1)　AがBに売り渡した土地を、BはさらにCに売り渡した。その後Aは、Bとの契約が詐欺に基づくものだと考えるようになった。

(case 501-2)　B県知事から農地買収処分をうけた地主Aは、やむなく処分に従い、農地は小作人Cに売り渡された。ところがAは、その農地が買収処分の対象にならないと考えている。

このうちcase 501-1では、AはCに対して民事訴訟を提起することになるが、通常は、土地返還請求（Cの所有権登記の抹消請求）など、法律関係に注目した権利訴訟が提起され、契約という行為に着目した行為訴訟（契約の取消訴訟など）が用いられることはない。これに対して、case 501-2では、地主が農

地買収処分（=行為）の取消訴訟を提起することになる。

- case 502-1　Bから「貸した100万円を返してほしい」といわれたAは，強引な取り立てをうけたので，やむなく支払ったが，実際にBにお金を借りた覚えはない。
- case 502-2　B税務署長から100万円の課税処分をうけたAは，やむなく100万円を納付したが，課税されるべき事実はなかったと考えている。

また，case 502-1 では，Bに対する不当利得返還請求訴訟ないし債務不存在確認訴訟が提起されるのに対して，case 502-2 では，国を被告として課税処分の取消訴訟が提起されることになる。

- case 503-1　民間企業B社に勤務しているAは，懲戒解雇されたが，懲戒事由に当たる事実はなかったと考えている。
- case 503-2　B大臣から懲戒免職処分をうけたAは，懲戒事由に当たる事実はなかったと考えている。

同様に，私人間の紛争である case 503-1 では，解雇無効確認訴訟といった訴訟も許容されているが，基本的には地位確認訴訟が提起されるべきであり，case 503-2 において，懲戒免職処分という行為をたたく訴訟が原則とされるのと対照的である。

もっとも，理論的にいえば，case 501-2・case 502-2・case 503-2 においても，民事訴訟によって解決できないわけではない。したがって，制度の設計の仕方によっては，取消訴訟は紛争解決のための必須の訴訟ではないことになる。しかし，現行法のもとでは，上記の場合には取消訴訟でなければ争えない，つまり民事訴訟では争えないとされている。これが，**取消訴訟の排他性**（排他的所管）と呼ばれることがである。

◇**取消訴訟の実際的な機能**

このうち，case 501-2 で農地買収処分がなされた場合を例にとって，取消訴訟がどのような機能をもつかを考えてみよう。

この場合の農地の所有権は，地主→国→小作人 のように移転する。そこで case 501-1 のような民法上の転々譲渡と類似しているから，地主Aから小作人Cに対して土地の返還請求訴訟を提起することが考えられなくはない。ところが，現行法上は，地主Aが農地買収処分の取消訴訟を提起することが基本的な救済方法である。

この場合に，取消訴訟の提起を認める実際上のメリットとして，まず第１に，行政を被告として矢面に立たせられることがあげられる。case 501-2 の場合，地主ＡはＢ県知事の行為に不満なのであって，小作人Ｃの行為に直接不満なわけではない。したがって，小作人ＣではなくＢ県を被告とすることには合理性がある（被告適格については，case 544-1 を参照）。

　取消訴訟の第２の機能として，簡易迅速な救済が図れるというメリットがある。再び case 501-2 を用いて述べると，Ａの訴訟提起をうけた裁判所は，農地買収処分の要件・手続がみたされているかどうかという観点から審査すれば足りるので，民事訴訟において所有権の有無・移転等々を審理する場合よりも，簡便に紛争を解決することができる。実際，買収処分にひとつでも瑕疵があれば，Ａの勝訴判決がえられるのである。Ａが勝訴して買収処分の取消判決がえられると，ＡはＣに対して土地の返還等を求めることができる（取消訴訟に簡易迅速な救済機能があることを前提とした判決として，浦和地判昭和 55・10・1 のほか，最判平成 17・4・14〔重判 17-39〕も参照）。

　以上は，私人（農地買収でいえば，地主Ａ）にとってのメリットであるがこのほか，行政（あるいは社会全体）にとってのメリットとして，取消訴訟には法律関係を早期に安定させるという利点がある。つまり，取消訴訟には原則として６ヵ月の出訴期間の制限があるので（行訴法 14 条），６ヵ月の間に法律関係が確定することになる（case 412, case 542-1 以下）。しかしながら，時間的な制限をするのであれば，時効や除斥期間などによる実体法的な制限もありうるので，必ずしも取消訴訟に本質的な要素とはいえない。

＊　取消訴訟のデメリットとその修正　　もっとも，case 501-1 において民事訴訟による解決がなされる場合でも，Ｂの補助参加が認められる可能性はあるが，端的に《行政を矢面に立たせられる》という意味では，取消訴訟にメリットが認められる。逆に，取消訴訟のデメリットとして，case 501-2 の場合の小作人のような私人が《蚊帳の外に置かれる》という問題がある。そこで，この点に対する手当てとして，第三者の訴訟参加（行訴法 22 条）のような手続的な保障がなされている（case 605）。

◇取消訴訟の特色（その１）：行為訴訟
　取消訴訟の特色ないし性質については，古くから色々な理論的分析がなされてきたが，初学者のレベルではこうした理論に深入りする必要はないであろう。

取消訴訟のイメージを確かなものにするために，取消訴訟の特色として，以下の3つをあげておく。ここでも，基本的には伝統的学説に依拠しながら述べることにしよう。

まず第1に，取消訴訟は行為訴訟という特色をもつ。行為訴訟と権利訴訟の区別はすでに抗告訴訟全般の特徴として述べたところであるが，取消訴訟に即して繰り返し説明しておこう。

取消訴訟は，行政庁の公権力の行使に対する行為訴訟のうち，行政庁の処分（行政処分）の取消しを求める訴訟である。case 502-2 でいえば，Aは裁判所に「課税処分を取り消す」という判決を求めることになる。

通常の民事訴訟では，当事者間の法律関係（権利義務の関係）が全般的に審理される。これに対して取消訴訟では，法律関係の変動の原因となる行為（行政処分）を切り離して，その行為だけを審理する訴訟である。そこで，民事訴訟が基本的に権利訴訟であるのに対して，取消訴訟は行為訴訟であるといわれるわけである。これは，行為をした行政庁を訴訟の矢面に立たせるという，先の第1のメリットに対応する。

もっとも，以上に述べた民事訴訟は，いわゆる給付訴訟と確認訴訟であり，これが民事訴訟における原則的な訴訟形態であるが，民事訴訟のなかでも例外的に，行為に注目する形成訴訟（婚姻の取消しを求める訴訟など）もあり，取消訴訟も形成訴訟に類似した性質が認められる（前出の表5-1も参照）。

◇取消訴訟の特色（その2）：民事訴訟のバイパス

取消訴訟では行為だけを取り上げて審理するので，審理が迅速になされる。民事訴訟を一般道路とすれば，取消訴訟はそのバイパスである。case 501-2 の農地買収処分の例でいえば，買収処分にひとつでも違法事由があれば，それだけで処分が取り消されるので，民事訴訟に比べて簡易・迅速な救済ルートが設定されることになる。これは，先にあげた取消訴訟の第2のメリットに対応する（第3章第2節・第3節をも参照）。

もっとも，通常の一般道路とバイパスの関係は，どちらを使うのもドライバーの自由であるはずだが，民事訴訟と取消訴訟の関係では，取消訴訟というバイパスに乗れるときには，一般道路を使うことはできない。使わなければならないバイパスである。これは，先述の《取消訴訟の排他性（排他的所管）》の考え方である。

そのうえで，伝統的学説は，取消訴訟は公定力を排除するための訴訟である

と解してきた。公定力と取消訴訟が表裏一体の関係にあると考えられてきたのである。公定力の根拠として，《取消訴訟の排他的所管》があげられてきたことも，この文脈で理解できる（第4章第2節2.）。したがって，公定力を排除する実益がある場合にのみ，取消訴訟の提起が認められるのである。

ところで，伝統的学説によると，公定力は「行政行為が効力を有することの承認を関係人に強要する力」と定義されてきた。つまり，行政行為が仮に違法であっても，関係人はその効力を認めざるをえない。この場合の「関係人」として最も重要なのは，民事訴訟の裁判官である。裁判官であっても，民事訴訟の枠内では行政行為の効力を否定できない。したがって，訴訟当事者たる私人（あるいは訴訟外の私人）も，行政行為の効力を認めなければならず，かかる制約を排除するために取消訴訟を提起しなければならないわけである。

＊ 刑事訴訟における公定力　公定力が問題になるのは主として民事訴訟であるが，刑事訴訟の裁判官との関係では，《行政処分に違反したことを理由として起訴された場合に，刑事訴訟のなかで行政処分の違法性を争えるか》という問題がある。つまり，①行政行為（営業停止命令など）→②行政行為に違反する行為（営業停止命令に反した営業活動など）→③違反行為に関する刑事手続，と推移した場合に，《③の刑事訴訟において被告（違反行為者）が①の行政行為の違法性を主張できるか》という形で問題になる。これは，刑事訴訟における**違法の抗弁**の可否の問題として論ぜられるが，この場合についても伝統的学説は公定力を広く認め，違法の抗弁を極力否定してきた。もっとも，最高裁は，個室浴場事件（第4章第2節の註〔98頁〕）において，公衆浴場法の営業停止命令に違反したことを理由に刑事罰が課された場合，その刑事訴訟のなかで児童遊園の設置認可処分の違法・無効を主張することを認めている（最判昭和53・6・16〔百選67〕）。

◇取消訴訟の特色（その3）：抗告訴訟における中心的存在

取消訴訟は抗告訴訟の中心的な存在である。この点は，義務付け訴訟や差止訴訟との比較で理解する必要がある。

行政訴訟では行為訴訟が基本であり，あくまで行為に着目するにしても，理論的には，裁判所が《行為の取消し》をするにとどめるのでなく，《行為のやり直し》，あるいは《新しい行為をすることを命ずる》という仕組みも考えられるし，《これからなされる行為の予防をする》という仕組みも考えられる。ところが，先述のように，伝統的な行政法学説は，私人の自由・財産を行政の侵害から保護するという自由主義的発想を基調としてきた。その発想は，私人

が行政から侵害的な行為をされたことをうけて，訴訟（正確には判決）によって手続の進行を止める機能，すなわち行政に対して《ブレーキをかける》機能を重視する考え方につながり，それが取消訴訟の基本的な機能として期待されてきた。このことを具体的に考えてみよう。

(case 504-1) B市長がAの建築物の除却命令を発したが，Aはこれに不満である。

(case 504-2) Cが違法建築物を建てたのに，B市長がその除却命令を発しないので，近隣住民Aがこれに不満である。

たとえば，case 504-1 において，Aが違法な除却命令による手続の進行を抑えるために取消訴訟を提起することは，異論なく認められてきた。これに対して，case 504-2 で，違法建築物の除却命令がまだ発せられていない状況において，市長が除却命令を発動することを義務付ける訴訟は，否定的に解されてきた。つまり，行政に対して《アクセルをふかす》救済方法については，伝統的学説は冷淡であったのである。この点は，申請に対する処分についても同様である（case 559 の説明をみよ）。

(case 505-1) B大臣は職員Aに対する懲戒免職処分を行ったが，Aは懲戒事由に該当する事実がなかったと考えている。

(case 505-2) B大臣から不当な職務上の指示をうけた職員Aは，その指示に従わなかった場合に懲戒処分がなされることを恐れている。

さらに，まだ行政庁の行為がなされていないときに，これからなされる行為に対する《予防的なブレーキ》を求めることも，考えられなくはない。たとえば，case 505-2 においては，公務員Aは，将来なされる可能性のある懲戒処分の差止訴訟を提起することが考えられる。ところが，伝統的な理論は，こうした差止訴訟にも否定的であり，case 505-1 と同様に，ブレーキをかける対象となる行為（処分）が実際になされて初めて，訴訟が提起できると解されてきた。

このように，伝統的な学説は，取消訴訟中心主義の名のもとに，義務付け訴訟や差止訴訟のいずれについても冷淡な立場を示してきた。その理論的な根拠は，行政庁の第一次判断権を尊重することにあるとされた。つまり，裁判所の判断は，行政庁がすでに行った行為（第一次判断の結果）の取消しにとどまるのであって，まだなされていない行為を義務付けたり，事前に差し止めたりすることは否定的に考えられていたのである。伝統的には，この行政庁の第一次判断権の尊重という法理は憲法上の原理であるとされ，その法理をもとに取消訴訟を中心とする救済制度が構築されてきたのである。

もっとも，こうした取消訴訟中心主義は，今日では強く批判されており，平成16年の改正では，義務付け訴訟や差止訴訟という類型を明示的に認めるなど，その修正が図られているが，現在でも取消訴訟が最も重要な役割を担っていることは否定できない。

第2節　取消訴訟の訴訟要件

　取消訴訟については数多くの論点があるが，これまでの判例・学説においては，訴訟要件に関する議論が重視されてきた。平成16年の行訴法改正においては，従来の裁判実務において訴訟要件が厳格に捉えられすぎたという反省のもとで，訴訟要件を緩和する方向性が示され，あわせて他の訴訟類型も整備された。そこで，初学者としては，改正前後で訴訟要件にいかなる変化が生じたのかを含めて，訴訟要件に重点をおいた学習が求められる。
　取消訴訟の訴訟要件として重要なのは，①処分性，②原告適格，③訴えの利益の事後消滅，の3つである。②と③（さらには①）をあわせて《訴えの利益》の問題と呼ばれるが，このうち③は，《狭義の訴えの利益》の問題である。これらは相互に関連する論点であるが，以下ではこの順序で説明していこう。

1．取消訴訟の対象になる処分（処分性）

　取消訴訟を提起するためには，取消しの対象として「行政庁の処分」，すなわち行政処分をつかまえなければならない（行訴法3条2項）。行政処分であるか否かを判定する問題が，**処分性** の論点である。

　＊ 行訴法3条2項の諸要素　　行訴法3条2項の条文上は，「行政庁の処分」のほか，「その他公権力の行使に当たる行為」も取消訴訟の対象になり，後者は **権力的事実行為** を指すといわれるが，いわゆる行政処分はこれらを含めた広義の処分である（同項かっこ書参照）。権力的事実行為の例としては，人の収容や物の留置がある（行審法2条1項，第7章第3節1.を参照）。また，法律に基づく処分のみならず，条例に基づく処分も含まれる。いずれも行審法の場合と同様である。

◇判例の定式からみると…
　判例によると，行政処分とは「公権力の主体たる国または公共団体が行う行

為のうち，その行為によって，直接国民の権利義務を形成しまたはその範囲を確定することが法律上認められているもの」である（最判昭和39・10・29〔百選156〕）。この判例の定式ついては，さまざまな理解の仕方があるが，一番分かりやすい説明は，この定式を《公権力性》と《紛争の成熟性》に分解する方法である。定式の冒頭をみれば，公権力という要素があることは容易に認識できようが，紛争の成熟性とは，定式の後段全体（「直接国民の権利義務を……」の部分）に関わる要素である。

① **公権力性** は，総論で使った言葉でいえば公定力の意味であり，とりわけ民事訴訟との境界を画する概念である。公権力性（＝公定力）がなければ，基本的には民事訴訟で争うべきことになる。このように，伝統的には，公定力と処分性は連続的に捉えられてきた。つまり，公定力は《取消訴訟でなければ効力を争えない》という力であり，処分性は《取消訴訟で争える》という概念であって，両者の範囲は原則として一致するものと考えられてきたのである。

② **紛争の成熟性** は，民事訴訟における確認の利益のうち，即時確定の利益の考え方に近いものである。紛争の成熟性がなければ，原告はあとの段階で争うべきことになり，多くの場合，後続処分の取消訴訟が基本的な救済方法になる。

* 公権力性に関する最近の議論動向　　近時では，《公権力性＝公定力》という伝統的な定式を修正する考え方が有力に主張されており，その立場によると，公定力の有無にかかわらず公権力性が認められることになる。言い換えれば，公定力がない行為，すなわち民事訴訟で争える行為であっても，公権力性が認められて取消訴訟で争えるということになる。それに親和的な判例も出現しているが（取消訴訟と不当利得返還請求訴訟の双方を認めた，最判平成17・4・14〔重判17-39〕など），あくまで個別法の解釈によっていると考えられる。

◇処分性の実際的な判別方法

実際の紛争において処分性の有無を判断するにあたっては，判例の定式を機械的に当てはめようとしても，なかなか結論にたどり着かないことが多い。なぜなら，裁判官らが実際に処分性の有無を判断するにあたっては，《他の救済方法が何であるか》を考え，他の救済方法との比較の観点から結論が導き出されることが多いからである。

実際的な観点に立つと，公権力性がなければ民事訴訟で争うべきであるし，

図5-5 処分性の判別の手がかり

$\left\{\begin{array}{l}① \quad 公権力性あり ← 他の救済方法として，民事訴訟による救済\\ \qquad\qquad\qquad\qquad なし\\ ② \quad 紛争の成熟性あり ← 他の訴訟方法として，後続処分の取消\\ \qquad\qquad\qquad\qquad 訴訟などによる救済の可能性なし\end{array}\right\} ⇒ 処分性あり$

* この図は，あくまで頭の整理の手段として捉えてほしい。実際の処分性の判断においては，公権力性と紛争の成熟性が一体的に判断されるなど，微妙な問題が生ずる。また，①の公権力性（＝公定力）の実質は《取消訴訟の排他性》であり，個別法によって《取消訴訟の提起の可能性》と《民事訴訟の排除》が同時に認められることを意味するから，論理的にいえば，民事訴訟による救済がないことは公権力性の認定に先行するわけではない。

紛争の成熟性がなければ後の段階で争うべきことになる。したがって，《他に適切な救済方法があれば処分性を否定しても差し支えない》といえるのに対して，《他に適切な救済方法がなければ処分性を認めるべきだ》ということになろう。こうした実質的な判断が，処分性を判断するに際しての考慮要素になっているのであり，処分性を否定した多くの判例においては，他の救済方法の存在がその結論を裏から支えている。

そこで，実際の処分性の判断にあたっては，判例の定義をもとにしながらも，公権力性と紛争の成熟性のいずれの問題であるかを見極めたうえで，《取消訴訟以外の救済方法がありえないか》を考えてみるのが有効であろう。他の救済方法として，公権力性が問題になる場面では，民事訴訟が考えられるし，紛争の成熟性が問題になる場面では，後続行為に対する訴訟（多くは，後続処分に対する取消訴訟）が考えられよう。以上の思考過程をまとめると，図5-5のようになる。

以下では，こうした判別方法をもとに，処分性の有無を具体的に考えてみることにしよう。

* 処分性の判別方法に関する留意点　取消訴訟以外の《他の救済方法》としては，国家賠償請求訴訟や確認訴訟（当事者訴訟）を除外して考えるのが基本である。まず，国賠訴訟が除外されるのは，処分の取消しによる救済と金銭的な救済は別個のものである，という前提があることによる。少し理論的にいえば，判例上，国家賠償請求には行政処分の公定力は及ばないから，国賠訴訟と取消訴訟は別個に提起できることになる（最判昭和36・4・21〔百選233〕；case 806）。

他方，当事者訴訟としての確認訴訟が除外されることについては，平成16年の行訴法改正の経緯からも説明できる。すなわち，同改正では，行政訴訟の審理にあ

たる裁判官が民事訴訟に慣れていることをも考慮して，取消訴訟などの抗告訴訟による救済を補完する意味で確認訴訟が明文化されたという経緯がある。言い換えれば，従来の支配的な学説によれば，通常の紛争においては，確認訴訟は必要不可欠な存在ではないと考えられてきたのである。もっとも，取消訴訟と確認訴訟の《実質的な重複》がどの範囲で認められるかは，今の段階では明らかでない。しかし，少なくとも，《他の救済方法として，（問題となっている取消訴訟から目的やタイミング等をずらした）確認訴訟があるから取消訴訟は提起できない》という思考方法は，説得的ではないであろう。そもそも，民事訴訟の場合を含めて，確認訴訟は補充的な訴訟方法であり，他の適切な救済方法が存在しないときに限って認められることからしても，確認訴訟の可否によって取消訴訟の提起可能性を決めるのは，論理が逆転している。

なお，例外的に，取消訴訟以外に適切な救済方法が認められにくい場面で，判例上，処分性が否定されている例として，公務員の採用内定（最判昭和57・5・27〔重判57-49〕），都市計画法上の開発許可にかかる公共施設管理者の同意拒否などがある（最判平成7・3・23〔百選162〕）。前者は，公務員の勤務関係が法律に規定されること（勤務条件法定主義），後者は，そもそも開発事業者に申請権が認められていないこと，によると考えられる。ただし，平成16年の行訴法改正後は，これらについても確認訴訟による救済の可能性があるといわれる。

◇**典型的な行政処分**

典型的な行政処分としては，先に取消訴訟の典型例のなかで示したように，case 501-2 の農地買収処分，case 502-2 の課税処分，case 503-2 の公務員の懲戒免職処分がある。また，case 504-1 の建築物の除却命令も同様である。このほかに，いくつかの例を追加しておこう。

> case 506　B市の市道を新設するためにAの土地が必要になったので，P県知事の事業認定とP県収用委員会の収用裁決がなされた。
> case 507　Aが建築確認申請をしたところ，B市の建築主事はこれを拒否した。

このうち case 506 においては，事業認定と収用裁決のいずれもが行政処分として認められる。また，case 507 のように，建築申請をはじめとした許認可行政において，許認可の申請に対してネガティブな決定がなされた場合，その拒否処分が取消訴訟の対象となることについても異論がない。

これらは，典型的な行政処分として，異論なく認められている。総じて，伝統的な公法関係（権力関係）に属し，命令・強制を伴う行為には処分性が認め

られており，定型的に行政処分と判断される。

◇公権力性の外延

　このように，規制行政において命令・強制を伴う行為には公権力性が認められるが，非権力的な行政作用（類型Ⅲ）においても，公権力性（処分性）が認められることがある。段階を追って整理していこう。

　case 508　Aが建築確認申請をしたところ，B市の担当者から，「宅地開発指導要綱に抵触するので建築しないでほしい」という指導をうけた。

　case 509　Aが建物を新築した後，B市に対して水道供給の申込みをしたところ，Aが建築に際して行政指導に従わなかったことから，B市はこれを拒否した。

　先のcase 501-2における農地買収処分やcase 502-2における課税処分のように，他人の財産を一方的に奪い上げる行為は，通常の私人間では生じえないから，民事訴訟とは別の訴訟，つまり取消訴訟で争わせることになる。

　これに対して，case 508の行政指導は，非権力的な行為形式であり，私人の服従が強制されるわけではないので（case 429参照），公権力性を有しない。また，case 509の水道供給の拒否も，公権力性を有しないから，民事訴訟で争われることになる。常識的にみても，水道供給というサービスの拒否は，通常の私人間でもありうる紛争状況である。たとえば，アパートを借りる口約束のもとで，入居予定者が正式に賃貸借の申込みをしたのに，貸主がそれを拒んだ場合と同じように考えることができる。したがって，私人間の紛争と同じく民事訴訟で争わせるのが適当である。実際には，水道供給される地位の確認を求める訴えなどが提起されることになろう。

　case 510　Aが生活保護の申請をしたところ，B市の福祉事務所長はこれを拒否した。

　ところが，逆に，権力関係でなければ処分性（公権力性）が認められないわけではない。case 510は，生活保護という非権力行政（類型Ⅲ₁）に関するものであるが，case 507の建築確認の拒否処分と同じように，生活保護の拒否決定についても，処分性が認められる。

　case 511-1　AとBの間で締結された贈与契約に基づいて，AがBに100万円の贈与を求めたところ，Bはこれを拒否した。

　case 511-2　AがB大臣に対し，100万円の補助金の申請をしたところ，B大臣はこれを拒否した。

第2節　取消訴訟の訴訟要件

これらはいずれも，広い意味での贈与に関わる例である。民法上の贈与に関するcase 511-1 では，民事訴訟において100万円の支払を求める訴訟などを提起することになる。case 511-2 も，同じように処理することができそうにみえる。ところが，補助金のうち，少なくとも国の補助金については，補助金適正化法において《私人からの申請→行政庁の補助金交付決定》という手続が予定されていることから（6条〜8条），処分性が認められる（東京高判昭和55・7・28〔自治百選98〕。類似の最高裁判決として，最判平成7・11・7〔百選65〕，最判平成15・9・4〔百選166〕）。

このように，公権力性は，しばしば権力関係よりも広い範囲で認められる。一般的にいえば，《申請→決定》の手続が用意されている場合には，民法でいえば，《申込み→承諾》に類似するものの，行政庁の一方的判断による決定というプロセスが法令上予定されているので，処分性が認められることになる。

(case 512-1) Aが友人Bに預けていた100万円を返してもらおうとしたところ，Bはこれを拒否した。

(case 512-2) Aが法務局に供託していた100万円の取戻しを求めたところ，供託官Bは，消滅時効を理由として，これを拒否した。

これらの例は，民法上の寄託に関するものである。供託金については，寄託物の返還請求に基づく民事訴訟もありえなくはないが（民法662条），判例は，不服申立ての規定（供託法1条の4）が存在していることを理由として，公権力性（さらには処分性）を肯定している（最大判昭和45・7・15〔百選155〕）。つまり，取消訴訟のようなバイパスそのものではないが，《バイパスの導入線》が用意されているので，処分性が肯定されるわけである。

* 判例を詳しくみると…　行政指導に関するcase 508 では，建築確認の拒否処分がなされた時点で，その取消訴訟を求めることになる。つまり，この場合に処分性が否定されるのは，実質的には紛争の成熟性がないためである。このように，行政指導の場面では，公権力性と紛争の成熟性が一体的に評価されることが多い（医療法30条の7に基づく病院開設中止勧告について，行政指導でありながら例外的に処分性を認めた最判平成17・7・15〔百選167〕を参照）。なお，当事者訴訟として，建築確認をうける地位にあることの確認訴訟（または，行政指導が違法であることの確認訴訟）を提起する方法も考えられる（case 572以下の説明をみよ）。

水道利用に関するcase 509 では，提起されるべき訴訟が民事訴訟なのか当事者訴訟なのかという問題はあるが（本章第4節1.），最高裁は水道の利用関係を私法

関係であると解しているので（最決平成 15・10・10），民事訴訟が提起されるべきであると思われる。

　供託金に関する case 512-2 の考え方を一般化すると，不服申立ての手続が用意されていれば，処分性は肯定されることになる（最判昭和 49・7・19〔百選 6〕，最判昭和 61・2・13 など）。逆に，不服申立て規定がないことが処分性を否定する理由とされることもある（最大判昭和 46・1・20〔百選 46〕など）。

◇公権力性の外延（つづき）：公共工事の処分性
　公権力性に関しては，特に公共工事との関係で微妙な問題がある。

case 513　Aは，隣地にあるBの工場の騒音に悩まされており，工場の操業をやめさせたいと考えている。

case 514　Aは，近隣でB市がゴミ処理場を建設しようとしていることに不満である。

case 515　AはB市の市道の騒音に悩まされており，道路の供用をやめさせたいと考えている。

　いずれの事例でも，Aは近隣の迷惑行為ないし迷惑施設に不満であり，これらを防止するための訴訟を提起することになる。まず，民間の工場に関する case 513 では，民事訴訟として差止訴訟（操業差止めなどを求める訴訟）が提起できる。これと同様に，ごみ処理場設置行為に関する case 514 においても，民事の差止訴訟による救済が可能であり，逆にいえば，ごみ処理場の設置行為には公権力性が認められない（最判昭和 39・10・29〔百選 156〕）。この事件では，東京都がごみ処理場を設置しようとしたところ，近隣の住民が設置に反対し，設置行為の取消訴訟を提起したものであるが，最高裁は，設置行為の処分性を否定している。道路に関する case 515 でも，民事訴訟による救済が求められる（最判平成 7・7・7〔旧百選 165〕）。

case 516　Aは国営空港の騒音に悩まされており，空港の供用をやめさせたいと考えている。

　さて，国営空港に関する case 516 でも，工場や道路などの迷惑施設と同様に考えることができそうである。ところが，最高裁は，航空行政権（事業者に対する監督権など）と営造物管理権（施設の適正な管理を行う権限）を区別したうえで，前者と違って後者は公権力性が存在しないとしつつも，航空法上，両者が「不可分一体」であることから，両者について一体的に公権力性が認めら

れるとして，民事訴訟による救済を否定している（最大判昭和56・12・16〔百選157〕）。この結果，住民としては，航空機騒音障害防止法などの規制権限の発動を求める義務付け訴訟を提起したり，個々の航空便の事業免許に着目して，その取消訴訟を提起するなどの対応が求められることになる（後掲の最判平成元・2・17〔百選170〕を参照）。自衛隊基地の航空機離発着についても，同様の判断が示されている（最判平成5・2・25〔百選158〕）。

　＊　公権力性の判別では，他の救済方法として，とりわけ民事訴訟との関係が問題となる。民事訴訟で争えることを理由に処分性を否定した例として，海難原因解明裁決に関する判例がある（最大判昭和36・3・15〔百選164〕）。もっとも，刑事訴訟で争えることが処分性を否定する理由とされている場合もある。その例として，交通反則金の納付通告があげられる（最判昭和57・7・15〔百選168〕）。

◇紛争の成熟性の有無を具体的にみると…
　以上は公権力性に関する問題状況であるが，処分性のいまひとつの要素である紛争の成熟性とは，《どのタイミングで訴訟の提起を認めるか》という観点である。紛争の成熟性が否定される例をみてみよう。

　case 517　パチンコ球遊器が課税対象になるという通達が出され，製造業者Aはこれに不満である。

　これは，case 204 や case 424 で学んだ，有名なパチンコ球遊器事件（最判昭和33・3・28〔百選51〕）の事例であるが，通達については，通達自体の取消訴訟を認めなくても，通達に基づく後続処分の取消訴訟で争えば足りる。この場合にも，通達に基づく課税処分の取消訴訟を提起すればよいので，通達の処分性は否定される（最判昭和43・12・24〔百選52〕）。通達と同じく，立法行為という性格をもつ条例についても，処分性が否定されることが多い（最判平成18・7・14〔重判18-47〕）。ただし，私人の地位を直接的に変動させる条例については，例外的に処分性が認められる場合がある（最判平成21・11・26）。

　case 518　Aの建築確認申請に対し，消防長が同意を拒んだために，Aは建築確認が得られていない。

　消防長の同意は，建築確認をするための事前手続（行政内部の手続）として必要なものであり，消防長の同意がなければ建築確認がなされない（建基法93条1項，消防法7条）。そこで，消防長の同意（拒否）の処分性が問題になるが，

原告としては後続処分である建築確認の拒否処分を争えば足りるので、前者の処分性は否定される（最判昭和34・1・29〔百選23〕）。

また、運輸大臣から鉄道建設公団（特殊法人）に対する認可について、両者が行政機関相互の関係であるとして、処分性を否定した判例があるが（最判昭和53・12・8〔百選2〕）、これもその後の収用裁決の取消訴訟（あるいは、建設工事に対する民事の差止訴訟）で争う可能性を考慮して、紛争の成熟性を否定した事例であるとみることができる。これらは、広い意味での内部手続であるという意味では、行政規則に関するcase 517の場面に近いといえる。これに対して次の事例は、行政計画に関するものである。

case 519　Aの所有地を含む地区について、B県知事は都市計画法上の工業地区に指定した。Aは病院を建築できなくなるので、これに不満である。

都市計画法上の用途地域の指定については、後続の建築制限（建築確認の拒否処分など）で争いうるから、紛争の成熟性が否定され、ひいては処分性が否定されている（最判昭和57・4・22〔百選161〕）。つまり、工業地域の指定のあと、Aが病院を新築するために建築確認を求めた場合、拒否処分をうけることになる。その段階で、拒否処分の取消訴訟を提起すれば足りるというのである。図式的にいえば、多くの行政計画は、行政立法と同様に、法律と行政行為の中間に位置するので、case 517の行政立法の場合と同じような考え方が妥当する（図4-7および第4章第4節4.を参照）。

case 520　Aの所有地を含む地区について、B市長は第2種市街地再開発事業の事業計画を決定したが、Aはこれに不満である。

case 521　Aの所有地を含む地区について、B市長は土地区画整理事業の事業計画を定めたが、Aはこれに不満である。

もっとも、紛争の成熟性の判断は微妙である。たとえば、case 520の第2種市街地再開発事業の事業計画については、自己の所有地等が「収用されるべき地位に立たされる」こととなるという理由から、処分性が認められている（最判平成4・11・26〔百選160〕）。つまり、土地収用における事業認定後の状況（case 506）と同じであると解されるのである。

他方、case 521の土地区画整理事業の事業計画については、従来の判例では処分性が否定されていたが（最大判昭和41・2・23〔百選159〕）、近時の最高裁判決によって判例変更され、「換地処分を受けるべき地位に立たされる」という理由から、処分性が肯定されている（最大判平成20・9・10〔重判20-52〕）。

第2節　取消訴訟の訴訟要件　　　161

これは，土地区画整理事業の事業計画を第2種市街地再開発事業計画に近付けて捉えたものといえる。ただし，これはあくまで非完結型の行政計画（第4章第4節4.）に関する判例変更であり，case 519のような完結型の行政計画に関する判例には影響しないと思われる。非完結型の場合には，後続する処分（換地処分など）の段階で訴訟が提起されて認容判決（原告勝訴の判決）が下されると，事業全体に著しい影響が生ずることが考慮されている。

最近の判例は，全体的に，紛争の成熟性を柔軟に解する傾向にあり，後続処分に対する取消訴訟が認められても，先行処分の処分性が認められる場面が増えている。後続処分の可能性の高さや利益状況を個別に判断せざるをえない（二項道路の告示に関する最判平成14・1・17〔百選163〕，病院開設中止勧告に関する最判平成17・7・15〔百選167〕など）。その場合，判例上は，「相当程度の確実さをもって○○という結果をもたらす」とか「××を受ける地位に立たされる」という表現が用いられる（類型Ⅰ₂の滞納処分に先立つ督促について処分性を認めた，最判平成5・10・8をも参照）。

* 紛争の成熟性の多義性　　判例の処分性の定式をめぐっては，さまざまな整理の仕方が提唱されており，特に《紛争の成熟性》の概念は，人によって異なった意味で用いられることが多い。たとえば，もっぱら行政計画の処分性について《紛争の成熟性》の語を用い，通達の処分性などは《内部行為》の問題として扱われることも少なくない。しかし，内部行為の場合も，処分性が否定されるロジックは行政計画の場合と本質的に同じであるといえるので，本書では，いわば広義の意味で《紛争の成熟性》の言葉を用いている。

◇準法律行為的行政行為との関係

確認・公証・通知のような準法律行為的行政行為の処分性が問題になる（第4章第2節1.）。もし《行政行為は行政処分に等しい》という前提に立てば，準法律行為的行政行為は行政行為に違いないから，当然に処分性が認められることになる。ところが，判例はそのような扱いをしていない。たとえば，住民票への続柄の記載という公証行為について処分性を否定した例がある（最判平成11・1・21〔百選60〕）。これは，民事訴訟によって記載訂正などを求められることが実質的な理由になっていると考えられる。もっとも，税関長による輸入禁制品該当の通知について処分性を認めた例があるが（最判昭和54・12・25〔百選165〕），この場合の通知には，許可という法律行為的行政行為に近い実質

があることが理由になっている（類例として，最判平成16・4・26〔重判16-44〕）。総じて，準法律行為的行政行為には行政庁の判断的要素が少ないので，判例上，準法律行為的行政行為の処分性を否定することが多いが（最判平成7・3・23〔百選162〕をも参照），あくまで個別法の解釈によっていると考えられる。

(case 522) 有料老人ホームを設置しようとしている事業者Aは，B県知事に対し，その届出をしたところ，B県知事は届出の受理を拒否した。

他方，準法律行為的行政行為とされていた要素のうち，**受理**については，行政手続法がその意義を否定しているので（7条，37条），受理の拒否などに処分性を認める必要はない。case 522におけるAは，取消訴訟ではなく，有料老人ホームの運営がなしうる地位にあることの確認訴訟（当事者訴訟）などを提起することになる。

* 行政行為と行政処分　　行政行為の分類論との関係に関連して，そもそも《行政行為と行政処分の違いは何か》が問題になる。難しい概念的な問題なので，初学者は深入りしなくてもよいと思われるが，ごく簡単に説明しておこう。

すなわち，①概念的にいえば，行政行為は，民法の法律行為と同じく，実体法上の概念であるのに対して，行政処分は訴訟法上の概念である。②内容的にみると，行政処分には，行政行為でないものもある。たとえば，類型I$_2$における滞納処分は，行政法の三段階モデルにおいて行政行為とは区別された存在であるが，行政処分であることについて異論はない。このほか，権力的事実行為も，行政処分として認められている（行審法2条1項参照）。③逆に，行政行為のなかにも，準法律行為的行政行為のように，行政処分といえないものもあるのである。

したがって，行政行為と行政処分の範囲は必ずしも一致しないが，実際的には，行政行為の実体的な特殊性（条文の解釈を離れた一般理論としての特殊性）が少なくなっているので，行政行為よりも行政処分の範囲を画する作業の方が重要になっている。総じて，第1章で述べたように，行政行為の重要性は行政処分に取って代わられつつあるのである（行手法2条2号も，もっぱら「処分」の語を用いており，行訴法と同じ意味であると解される）。

2．原告適格

原告適格 とは，取消訴訟を裁判所に提起する資格であり，人的ないし主観的

な訴えの利益の問題である。行訴法9条1項において，取消訴訟は「当該処分又は裁決の取消しを求めるにつき法律上の利益を有する者……に限り，提起することができる」と定められており，ここにいう「法律上の利益」の意義をめぐって議論がなされている。

◇原告適格が問題となる状況
　一般に原告適格は，処分の相手方以外について問題となる。典型的な行政作用でいえば，類型Ⅱ₂のような三面関係において問題となる。行訴法9条2項の文言上，「処分又は裁決の相手方以外の者について……法律上の利益の有無を判断するに当たつて」の考慮事項が掲げられていることからも，それが示唆される。したがって，case 503-2 で懲戒免職処分をうけた公務員が取消訴訟を提起する場合のように，類型Ⅰ・類型Ⅱ₁をはじめとした二面関係においては，不利益処分の相手方の原告適格は問題にならないのが通常である。たとえば，次の2つのケースでは，原告適格を論ずる意味はない。

　case 523　B税務署長の課税処分をうけたAは，これに不満である。
　case 524　Aが建築確認を申請したところ，B市の建築主事はこれを拒否した。

　それでは，なぜ処分の相手方には原告適格が問題にならないのか。最も簡単な答えは，処分の相手方は処分の根拠法規に登場するからである。通常は，法令に相手方（となりうる者）が示されていなければ，処分はなしえない。平たくいえば，処分の名宛人は《処分の根拠法令にかまってもらえている存在》なのである。それゆえに，処分の名宛人は法律に保護されている，といえるわけである。

　逆に，処分の名宛人以外は，当然には処分の根拠法令に登場しない。そこで，原告適格を判別するにあたっては，《その人がどれだけ根拠法令にかまってもらえているか》がカギとなる。そこで，実際上の作業としては，その人が根拠法令にどれだけ登場しているか，をシラミ潰しに調べることから始めればよい。そのうえで，判例の考え方に照らして，原告適格が判別されるわけである。名宛人がない処分（たとえば，道路廃止決定に関する case 533）についても，同様に考えることができる。

　行政処分をするための根拠規定は，主として処分の相手方を念頭においているから，概して第三者が根拠条文に登場する場面は少ない。それでも，たとえば，競業者が原告になる場合（後出のパターン1）については，距離制限規定

があるときには原告適格が認められやすいし（最判昭和37・1・19〔百選18〕），住民が原告となる場合（同じくパターン２）については，住民の意見を聴く手続が定められていたり，住民らに不服申立てを認める規定が存在していることは，原告適格を認める手がかりになる（最大判平成17・12・7〔百選176〕，最判昭和57・9・9〔百選180〕参照）。

＊ 処分の名宛人に対する「法律上の利益」の否定例　　もっとも，処分がその名宛人に不利益をもたらさないという理由で，法律上の利益が否定されることはある。たとえば，申請で求めた許可よりも短い在留期間の許可が与えられた場合について，訴えの利益が否定されている（最判平成8・2・22）。この要件は，次項に述べる判例の定式の前半部分に示されている（いわゆる不利益要件）。逆に，運転免許更新処分に際して一般運転者として扱われ，優良運転者である旨の記載がない免許証を交付されて更新処分を受けた者は，処分の取消しを求める利益を有する（最判平成21・2・27）。両判決の違いは，一定の処分をうけることが法律上の地位として保障されているか否かによる。

◇原告適格の判断基準

　原告適格，すなわち行訴法９条の「法律上の利益」に関する判例の定式は，「当該処分により自己の権利若しくは法律上保護された利益を侵害され又は必然的に侵害されるおそれのある者をいうのであり，当該処分を定めた行政法規が，不特定多数者の具体的利益を専ら一般的公益の中に吸収解消させるにとどめず，それが帰属する個々人の個別的利益としてもこれを保護すべきものとする趣旨を含むと解される場合には，かかる利益も右にいう法律上保護された利益に当た」るというものである（最判平成4・9・22〔百選173〕。同旨，最判昭和53・3・14〔百選138〕）。これを図示したのが，図5-6 である。

　この判例の定式の前半部分においては原告に不利益が生じていることを要求しているが，より重要なのは後半部分である。ここでキーワードとなるのは，《公益》と《個別的利益》である。公益を保護しているにすぎない場合には，関係人に何らかの利益がもたらされることになるとしても（処分によってその

図5-6　原告適格の判断の枠組み
①法律が一般的公益のみを保護　→　私人は反射的利益のみ　→　私人に原告適格なし
②法律が個別的利益をも保護　→　私人は法律上の利益あり　→　私人に原告適格あり

利益が害されるとしても），その利益は《反射的利益》にとどまるとされ，原告適格が基礎づけられない。いわば，国民の総体に対する《公益》と特定の私人に対する《個別的利益》とが区分されるわけである。極端な例で考えてみよう。

> case 525　B市長がCに対して固定資産税を減免する決定をしたが，B市の住民Aはこれに不満である。

　これは，今日では議論されることはない教科書事例である。一般に，ある納税者に対する処分によって他の納税者がうける利益・不利益は，反射的なものにすぎない。もっとも，実際的にいえば，case 525でCの課税を免除したことによってB市の行政サービスが低下する可能性があるし，さらには将来Aらに増税が強いられる可能性もある。しかし，そうした結果が生じないようにする利益は間接的なものであり，かかる利益は反射的利益にすぎない。少し理屈っぽくいえば，租税法令は，それぞれの納税者の財産権を保護している（それぞれの納税者が違法に課税されないことを保護している）にとどまるのであって，住民が自治体に対して有する財政的な利益を保護しているわけではない。また，仮に租税法令が後者の利益をも保護しているにしても，それは住民全体の公益であり，個々の住民の財産的利益は保護されていない，と解されるのである。

* もっとも，case 525のAは，住民訴訟として，減免決定の取消しを求める訴え（または，課税しないことの不作為の違法を確認する訴え）を提起することは可能である（case 579・case 585-2）。このように，住民訴訟は取消訴訟（ないし抗告訴訟）の補充的な機能を有する。

◇原告適格が問題になるパターン（その1）

　原告適格が問題となる典型的なパターンは，①原告が競業者である場合，②原告が一般住民ないし一般利用者である場合，の2つである。前者は古典的な問題状況であるのに対して，後者は現代的な問題状況である。

図5-7　公衆浴場をめぐる紛争の状況

行政（県知事）
許可②↓　　↘許可①
新規事業者 ←→ 既存事業者（許可②に不満）
　　　　ライバル関係

　まず第1のパターンをみてみよう。これは，既存の事業者に許認可が与えられていたところで，新たな事業者に許認可が与えられ，既存業者が新規事業者

に対する許認可処分の取消しを求める場面である。いわば、既存業者が《縄張りが荒らされた》ことに不満で、競業者（ライバル会社）に対する許認可の取消しを求める場面である（例として、図5-7を参照）。

- case 526　B県知事がCに対して質屋営業の許可を与えたが、すでに近隣で質屋営業をしているAは、これに不満である。
- case 527　B県知事がCに対して公衆浴場の営業許可を与えたが、すでに近隣で浴場営業をしているAは、これに不満である。

　伝統的には、警察許可と公企業特許の本質に関わる問題であると考えられてきた。すなわち、警察許可を含めた警察規制は、社会公共の秩序維持を目的とするので、既存事業者Aの地位は法的に保護されていないので、Aの原告適格は認められない。これに対して公企業の特許の場合には、既存事業者Aに法律上の独占的地位が与えられるから、Aの原告適格が認められる、と考えられてきた。ここでは、《警察＝社会公共の秩序維持》、《公企業特許＝独占的地位の付与》という図式を思い出してほしい（case 409 など）。

　判例は、case 526 では、Aの原告適格は否定されるのに対して（最判昭和34・8・18）、case 527 では、Aの原告適格を認めている（最判昭和37・1・19〔百選18〕）。いずれも同じような警察許可にみえるが、公衆浴場の営業許可については、最高裁は公企業の特許に近い説明をしている（最判平成元・1・20をも参照）。より実質的な理由としては、case 527 の許可について、公衆浴場法が浴場の適正配置を求めており（2条2項）、同法施行条例には距離制限（既存業者から一定の距離をおくこと）が定められていることが、case 526 との大きな違いである。このように、法令上、適正配置基準や距離制限規定のような《縄張り》が認められる場合には、その範囲で既存業者が法律上保護されているといえるわけである。

- case 528　総務大臣による唯一の免許の枠を求めて、A社とC社が申請をしてC社が免許をうけたが、A社はこれに不満である。

　このケースでも、A社はC社に対する許可の取消訴訟を提起することができる（最判昭和43・12・24〔百選178〕）。C社の免許処分が取り消されれば、行政庁は改めてA社とC社の申請を比較し、いずれに縄張りを与えるかについて審査をしなければならないことが理由とされている。

◇**原告適格が問題になるパターン（その２）**

より現代的な問題状況として，一般住民ないし一般利用者が原告になる場合があり，今日では，このパターンに関する判例が蓄積されつつある（例として，図5-8を参照）。この場合，基本的には根拠法令の趣旨・目的に照らして判断されるが，原告にとっての被害の重大性も重視される。後述の行訴法9条2項が意味をもつのも，この場面である。判例上，結論的に原告適格が肯定されている場面の例としては，次のものがあげられる。その多くは，パターン1と同様に，許認可行政における三面関係（類型Ⅱ₂）である。

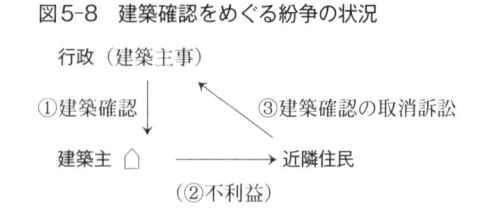

図5-8　建築確認をめぐる紛争の状況

行政（建築主事）
①建築確認 ↓　↖③建築確認の取消訴訟
建築主 □ ──────→ 近隣住民
　　　　（②不利益）

- case 529　B市の建築主事がCに対して建築確認をしたが，近隣住民Aはこれに不満である。
- case 530　C電力会社に対して経済産業大臣の原子炉設置許可が与えられたが，近隣住民Aはこれに不満である。

これに対して，最高裁が原告適格を否定しているのは，次のような場面である。

- case 531　B県公安委員長がCに対してパチンコ店の営業許可を与えたが，近隣住民Aはこれに不満である。
- case 532　B地方運輸局長はC鉄道会社の特急料金の値上げを認可したが，C社の利用者Aはこれに不満である。
- case 533　B市の市道廃止決定に対して，その市道を利用しているAは不満である。

これらの場合には微妙な判断が求められることが多く，特にその場面を念頭において学説上の議論が展開され，平成16年の法改正につながった。

＊　原告適格のパターン（その２）に関する判例　　原告適格を肯定した判例として，case 529につき東京高判昭和59・4・16，東京地判平成20・4・18（最判平成21・12・17の第1審判決），case 530につき最判平成4・9・22〔百選173〕（もんじゅ訴訟），原告適格を否定した判例としては，case 531につき最判平成10・12・17〔百選175〕，case 532につき最判平成元・4・13〔百選171〕（近鉄特急訴訟），case 533につき最判昭和62・11・24がある。

以下の説明でも、これらの判決を中心に述べるが、case 529 の建築確認の例外的な制度として総合設計許可があり、最高裁は近隣住民にその取消訴訟の原告適格を認めている（最判平成 14・1・22〔百選177〕、最判平成14・3・28〔重判14-34〕）。また、建築確認の前になされることが多い開発許可について、近隣住民が不満である場合にも、原告適格が肯定されている（最判平成 9・1・28〔旧百選203〕）。

　このほかの重要判例としては、最判平成元・2・17〔百選170〕（新潟空港訴訟）がある。この事件では、同空港を利用する航空会社に対して定期航空運送事業免許が与えられた場面で、近隣住民がその取消訴訟を提起することが認められている。最判昭和60・12・17〔百選169〕（伊達火力発電所訴訟）は、海面の埋立免許に対して近隣住民等がその取消しを求めた事件であり、この場合には原告適格が否定されている（case 643 も参照）。いずれも、類型Ⅱ の許認可制度をめぐる紛争である（第2章第2節 4.の註〔27頁〕を参照）。

◇学説の状況

　学説上は、《法律上保護された利益説》と《法律上保護に値する利益説》が対置されてきた。本書の説明はもっぱら前者に依拠しており、法律の保護した範囲でのみ原告適格が認められるというものである。これに対して後者は、法が直接保護していなくても、事実上の利益を広く原告適格の考慮要素にしていこうという立場である。

　このうち《法律上保護に値する利益説》は、もともとの根拠法律の出来が悪ければ争いようがないのは不合理である（しかも、その法律を実質的に作っているのは、被告である役所側である）、という市民感覚に依拠しているといえる。こうした感覚は、現代的な行政過程論のひとつの現れともいえる（第4章第2節 4.の註〔98頁〕）。

　しかし、この対立は、実際上あまり意味をもたなくなりつつある。すなわち、判例は前者に依拠しつつ、その判断を柔軟化する傾向にあるし、平成16年改正によって行訴法9条2項が創設された結果、実質的に前者に立っても後者に近い解決が得られるようになっている。そこで次に、行訴法9条2項について、検討していくことにしよう。

＊　平成16年改正と学説・判例の関係　　この論点は、平成16年の行訴法改正後も決着がついていないが、学習の基本は《法律上保護された利益説》であり、この立場をもとに判例を理解するべきであろう。また、改正法が改正前の判例の《よい

部分》を定式化したという経緯からしても、現行法を理解するにあたって改正前の判例も意味をもっていることに注意を要する。

◇行訴法9条2項の読み方

行訴法9条2項は、「裁判所は、処分又は裁決の相手方以外の者について前項に規定する法律上の利益の有無を判断するに当たつては、[⑦]当該処分又は裁決の根拠となる法令の規定の文言のみによることなく、[④]当該法令の趣旨及び目的並びに[⑨]当該処分において考慮されるべき利益の内容及び性質を考慮するものとする。この場合において、[㊀]当該法令の趣旨及び目的を考慮するに当たつては、当該法令と目的を共通にする関係法令があるときはその趣旨及び目的をも参酌するものとし、[㊉]当該利益の内容及び性質を考慮するに当たつては、当該処分又は裁決がその根拠となる法令に違反してされた場合に害されることとなる利益の内容及び性質並びにこれが害される態様及び程度をも勘案するものとする」と規定している。

少々長い条文であるが、分解して考えると、<u>冒頭で一般的な解釈基準（⑦）を掲げたうえで、4つの考慮要素（④〜㊉）を掲げている</u>ことになる（**表5-2**参照）。

これらは、過去の最高裁判決において示

表5-2 行訴法9条2項の構成

全体的解釈方針
⑦ 根拠法令の文言のみによることなく
必要的考慮事項
④ 当該法令の趣旨・目的
⑨ 当該処分において考慮されるべき利益の内容・性質
㊀ 目的を共通にする関係法令の趣旨・目的……④に対応
㊉ 害されることとなる利益の内容・性質、害される態様・程度（被害の重大性）……⑨に対応

されていた基準を明示的に表現されたものである。とりわけ、case 530のもんじゅ訴訟における最高裁判決は、④にいう「行政法規の趣旨・目的」のほか、⑨にいう「当該行政法規が当該処分を通して保護しようとしている利益の内容・性質等」を考慮しており、行訴法9条2項の内容に大きな影響を与えている（前掲最判平成4・9・22）。このほか、伊達火力発電所訴訟における判決（前掲最判昭和60・12・17）は、明文のみでなく「法律の合理的解釈」をすることを求めているという点で、[⑦]のモデルをなしており、新潟空港訴訟の最高裁判決（前掲最判平成元・2・17）は、「当該行政法規及びそれと目的を共通する関連法規」を考慮すべきであると述べている点で、[㊀]のモデルとなっている。

このように，行訴法9条2項は従来の最高裁判決の《優良事例》を参考にしながら，原告適格に関する判例の《底上げ》を図ったものといえる。したがって，新しい条文であるとはいっても，その実際的な解釈を考えるうえでは，以前の判例が意味をもっているのである。

＊ 学説の対立からみた行訴法9条2項　　行訴法9条2項が，㋔の要素として《被害の重大性》を掲げていることは，一見すると《法律上保護に値する利益説》に親和的であるようにみえるが，前記の学説の対立を解消させる意義をもつわけではない。実際，《法律上保護された利益説》にたつ最高裁のもんじゅ判決においても，「被害の程度」や「深刻な災害」という要素があげられており，被害の重大性が考慮されている。これは，法律の趣旨解釈のなかで，被害の重大性が考慮されたものといえる（類似の考え方は，前掲最判昭和62・11・24にもみられる）。

◇判例の傾向

　行訴法9条2項が創設される以前から，判例は，害されることとなる利益の内容・性質（㋔の要素）を考慮してきたことから，利益の類型ごとに一般的な傾向が認められる。

　①　生命・身体の利益　　判例は，生命・身体の危険が問題になる場面では，積極的に原告適格を認める傾向にある。たとえば，case 530 のもんじゅ訴訟の最高裁判決（前掲最判平成4・9・22）のほか，開発許可に関する判決（前掲最判平成9・1・28）がある。建築確認に関する case 529 も，日照の被害のみならず火災の危険等にも関わるから，この類型に相当する（前掲東京高判昭和59・4・16）。総合設計許可に関する判例も，同様の考慮をしている（前掲最判平成14・1・22）。

　②　住環境上の利益　　判例上，住環境の利益が問題になる場面では，風営法や墓地埋葬法などに関して，否定される傾向がある。その例として，case 531 のパチンコ店の営業許可に対して住民の原告適格を否定した判決（前掲最判平成10・12・17，距離制限規定があるときの例外につき，最判平成6・9・27），墓地経営の許可に関して住民の原告適格を否定した判決（最判平成12・3・17〔重判12-32〕）がある。

　その一方で，航空機の運航によって騒音の被害をうける者については，原告適格が認められている（前掲最判平成元・2・17）。さらに最近では，都市計画決定に関する小田急高架訴訟の最高裁判決は，従来の判例（最判平成11・11・

25〔百選53〕）を変更して，健康上の利益と生活環境上の利益の双方について，積極的な立場が示されている（最大判平成17・12・7〔百選176〕）。

③　財産上の利益　　最高裁は，財産上の利益を原告適格の根拠にすることには消極的である（最判平成13・3・13〔百選174〕，前掲最判平成9・1・28）。総合設計許可に関して，近隣住民に訴えの利益を認めた判例でも，彼らの生命・身体の利益をあわせて考慮しており，財産上の利益を独立させた理由にしていない（前掲最判平成14・1・22）。このほかの否定例として，特急料金の値上げ認可に関するcase 532の最高裁判決があるが（前掲最判平成元・4・13），平成16年の改正後は肯定される可能性があるといわれる。

④　文化的な利益　　文化的な権利利益が侵害される場合には，原告適格が認められないことが多い。その例として，学術研究者らによって史跡指定取消処分が争われた伊場遺跡訴訟がある（最判平成元・6・20〔百選172〕）。また，町名変更決定の取消訴訟について住民の原告適格が否定された例がある（最判昭和48・1・19）。

　以上はあくまで，<u>利益の内容・性質</u>に照らした一般的な傾向であり，問題状況（ないし根拠規定）に応じて相違するので，<u>処分の根拠法令・関係法令の趣旨・目的</u>や<u>被害の重大性</u>をも考慮しつつ，個別的な判断が求められる。多くの場合，「このケースの生命・身体の安全という利益は〇〇法によって保護されているから，その利益を害されるおそれのある者は，同法に基づく処分について，取消訴訟の原告適格を有する」といった説明になるであろう。

◇原告適格が認められる境界線

　実際の原告適格の判断にあたっては，《処分の第三者に取消訴訟の原告適格が認められるとして，その範囲がどのように画されるか》が重要な考慮要素となる。すなわち，原告適格の範囲が画しやすければ原告適格が認められやすいし，逆に，原告適格の範囲が画しにくければ原告適格が認められにくい。なぜなら，適切な範囲が画せないと，取消訴訟が実質的に客観訴訟になってしまう危険性があり，取消訴訟が主観訴訟という前提に反することになるからである。

　原告適格の範囲が画しやすい典型的場面は，公衆浴場の営業許可に関するcase 527のように，距離制限規定がある場合である。また，建築確認に関するcase 529では，日照権の侵害が生ずる範囲（あるいは，火災の危険が生ずる範囲）による。なお，case 530の原発訴訟では，《社会通念上の著しい被害が生じうる範囲》といった基準が設定できなくはない。空港訴訟に関する判例（前

掲最判平成元・2・17)も，類似の基準によって，原告適格が認められる範囲を画している。

これに対して，住環境に関する case 531 では，一定の広がりをもった地域に影響が生ずるから，原告適格の範囲が画しにくい。一般道路の廃止決定に関する case 533 でも，道路は全国津々浦々までつながっているから，どの道路をどの範囲の住民が利用しているか，という範囲を画することは難しいので，利用者の利益は反射的利益とされやすい。

* **境界線の線引きに関する微妙な場面**　やや微妙なのは，①特急料金の値上げ認可に関する case 532 である。平成 16 年改正前の最高裁判決は，利用者の原告適格を否定しているが（前掲最判平成元・4・13），不特定多数の一般利用者はともかく，定期券利用者であれば原告適格を認めてもよいのではないか，といった議論がなされている。②また，case 531 のパチンコ店についても，病院等との間で距離制限の規定がおかれている場合には，病院経営者に原告適格が認められるが（前掲最判平成 6・9・27），距離制限の定め方によっては個別的な判断が求められる（最判平成 21・10・15 参照）。③さらに，一定地域の病床数を定めた医療計画が策定されている場合にも，既存の病院の経営者が他の病院の開設許可の取消訴訟を提起することはできないとされる（最判平成 19・10・19〔重判 19-50〕）。

なお，case 533 の結論は，公物法の一般理論からも説明できる（case 316 参照）。もっとも，最近では，道路の自由使用についても，判例上，生活に著しい支障が生ずるという「特段の事情」がある場合には，例外的に原告適格が肯定される可能性があるとされており，従来よりも柔軟な立場が示されている（前掲最判昭和 62・11・24）。これは，現行法上は，行訴法 9 条 2 項の㋓の要素に基づく判決といえる。

いずれにしても，本文に述べたのは，あくまで判例の一般的な傾向にすぎない。たとえば，生命・身体に関する利益について，社会通念を基準に（いわば強引に）線引きがなされているように，境界線が不明確でも原告適格が肯定される場合はあるわけである。

3．訴えの利益の事後消滅

以上にみた原告適格は，原告の人的な位置づけを問題にするという意味で，《人》に着目した概念であり，訴訟要件（訴えの利益）のうち主観的な要素であるが，これに対して，客観的にみて，その人に救済される利益があるかどうか（特に，利益が消滅していないかどうか）という問題が別に存在する。これは，

《狭義の訴えの利益》の問題とも呼ばれ，民事訴訟（特に形成訴訟）においても問題になる論点である。

いずれも，行訴法9条1項の「法律上の利益」の解釈に関わる問題であるが，訴えの利益の事後消滅の問題は，同項かっこ書に関わることが少なくない。すなわち，行訴法9条1項は，「法律上の利益を有する者」のかっこ書として，「処分又は裁決の効果が期間の経過その他の理由によりなくなった後においてもなお処分又は裁決の取消しによって回復すべき法律上の利益を有する者を含む」と規定しており，このかっこ書の意義が問題にされるわけである。

訴えの利益の事後消滅に関する問題状況も，ある程度のパターンに分けることができる。以下では，①行政処分の期間が満了した場合，②行政処分に基づく事業が完了した場合，③取消訴訟を提起した原告が死亡した場合，の3つに分けて，判例を概観しておこう。

◇期間満了の場合

まず第1のパターンは，処分に期間的な要素が認められる場合である。

(case 534-1) B県公安委員会から運転免許の停止処分をうけたAは，その取消訴訟を提起したが，処分後，無事故・無違反のまま1年間が経過した。

(case 534-2) 運転免許の取消処分をうけたAは，その取消訴訟を提起したが，訴訟係属中に免許期間が満了した。

このうちcase 534-1は，訴えの利益が事後消滅する典型的な場面である。免許停止処分後，無事故・無違反で1年を経過すると，前歴がないものと扱われる。免許証に処分が記載されつづけるという不利益（名誉・感情などの不利益）は，事実上の不利益であり，法的な保護に値しないとされるわけである（最判昭和55・11・25〔百選179〕）。

もっとも，取消訴訟の係属中に形式的には免許期間が終了した場合にも，《実質的な更新》の考え方を取り入れることによって，訴えの利益が存続するとされる場合がある。競願関係に関するcase 528のほか（最判昭和43・12・24〔百選178〕），運転免許に関するcase 534-2でも，同様の扱いがなされている（最判昭和40・8・2）。

(case 535-1) B大臣から懲戒処分として停職処分をうけたAは，その取消訴訟を提起したが，訴訟係属中に停職処分の期間が終了した。

(case 535-2) B大臣から懲戒免職処分をうけたAは，その取消訴訟を提起したが，訴訟係属中にAが市議会議員に立候補した。

これらは，行訴法9条1項かっこ書によって訴えの利益が存続する場面である。すなわち，case 535-2 について，懲戒免職処分のあと当該公務員が選挙に立候補して当選しても，訴えの利益は消滅しない（最大判昭和40・4・28）。もっとも，公職選挙に立候補すると公務員の身分は回復しえないので（公職選挙法90条），訴えを続ける意味がなくなるようにみえるが，停職処分が取り消されると俸給請求権が復活することから，訴えの利益が存続すると解されている。停職処分に関する case 535-1 についても，同様に考えられる。なお，弁護士の業務停止処分に関する判例は，懲戒処分に近い事例であるが，財産権ではなく，日弁連会長の被選挙権が残ることを理由に訴えの利益の存続を認めている（最判昭和58・4・5）。

◇事業完了の場合

　訴えの利益の事後消滅が問題になる第2のパターンは，処分に基づく事業が完了した場合である。

- case 536　B市の建築主事がCに対する建築確認をしたところ，近隣住民Aはその取消訴訟を提起した。訴訟係属中に建築物が完成し，検査済証の交付がなされた。
- case 537　B市長がCの建築物の除却命令を発したところ，Cはその取消訴訟を提起した。訴訟係属中に除却命令の代執行が完了して，更地になった。
- case 538　B市の土地区画整理事業に不満なAは，事業計画の取消訴訟を提起したが，訴訟係属中に事業が完了した。

　事業完了による訴えの利益の事後消滅は，いわば《覆水盆に返らず》の法理であり，case 536 および case 537 が事後消滅する典型例である（それぞれ，最判昭和59・10・26〔百選181〕，最判昭和48・3・6）。都市計画法上の開発許可の場合も同様である（最判平成5・9・10〔重判5-60〕）。

　ところが，case 538 は，例外的に訴えの利益が存続する場面である。case 537 と case 538 を比較すると，case 537 は，原状回復が物理的に不可能なケースであり，訴えの利益が消滅する。これに対して，case 538 は，原状回復が社会通念上不可能であるにすぎないとして，訴えの利益が肯定されている（最判平成4・1・24〔百選182〕）。原状回復ができないことは，事情判決（行訴法31条）をするにあたって考慮されるべきであるとされる（case 630 参照）。もちろん，物理的にも社会通念上も原状回復が容易なときには，訴えの利益は残ることになる（代執行によって，単に違反物件を移動させたにすぎない場合につき，名

第2節　取消訴訟の訴訟要件

古屋高判平成 8・7・18）。

このほか，代替施設の設置によって訴えの利益が事後消滅することがある，という最高裁判決がある（最判昭和 57・9・9〔百選 180〕）。

◇原告死亡の場合

第 3 のパターンは，取消訴訟を提起した原告が訴訟係属中に死亡した場合である。その場合に訴えの利益が消滅するか否かについて，具体的に考えてみよう。

case 539　運転免許の取消処分をうけた A は，その取消訴訟を提起したが，訴訟係属中に A が死亡した。
case 540　B 市の建築主事が，C に建築確認をしたので，近隣住民 A はその取消訴訟を提起したが，訴訟係属中に A が死亡した。
case 541　B 大臣から懲戒免職処分をうけた A は，その取消訴訟を提起したが，訴訟係属中に A が死亡した。

原告の死亡の場合に訴訟が終了するか否かは，処分の性質によって区別される。生活保護に関する不利益処分について，判例は，生活保護受給権の一身専属性を理由に訴訟を終了させている（最大判昭和 42・5・24〔百選 17〕）。運転免許に関する case 539 も同様に解されよう。case 540 の建築確認の取消訴訟においても，生命・身体が保護法益であることから，原告死亡によって訴訟が終了するとされる（最判平成 21・12・17，開発許可に関して最判平成 9・1・28〔旧百選 203〕）。他方，case 541 の公務員の懲戒処分については，遺族が俸給請求権を相続するので，訴訟は終了しない（最判昭和 49・12・10〔百選 120〕参照）。期間満了に関する case 535-1 や case 535-2 と同じロジックである。

4．その他の訴訟要件

取消訴訟のその他の訴訟要件については，ごく簡単に述べておくことにしよう。

◇出訴期間

行訴法 14 条は，取消訴訟の **出訴期間** について定めている。これは，取消訴訟を提起するための時間制限である。行政処分をめぐる法的安定性を確保するという，取消訴訟の機能と結びついた制度である。出訴期間が経過すると行政

処分に **不可争力** が生じ，原則として行政処分の効力を争えなくなる（case 412 参照）。なお，多くの場面では訴訟に先立って不服申立てが強制されるので，出訴期間とともに不服申立期間（行審法14条など）が問題となる。

その意義を具体的にみてみよう。次のそれぞれの場合に，Aは取消訴訟を提起することができるだろうか。

(case 542-1)　Aは国の補助金の交付をうけて事業を行っていたが，B大臣から補助金の返還命令をうけた。ところが，Aは何かの間違いであると思って，通知を受け取った後，7ヵ月間，これを放置した。

(case 542-2)　case 542-1 で，Aは海外出張で5ヵ月不在にしていたので，その間は通知の存在を知らなかった。

取消訴訟は，原則として「処分があつたことを知つた日」から6ヵ月以内に提起しなければならない（行訴法14条1項）。これは，原告の知・不知という，主観的な事情に着目した出訴期間であり，**主観的出訴期間** といわれる。平成16年の改正前は3ヵ月であったが，改正によって延長された。その起算日について，判例は「処分の存在を現実に知った日」であって，「抽象的な知り得べかりし日」を意味するものではないとしている（最判昭和27・11・20〔百選186〕）。したがって，case 542-1 のAは取消訴訟を提起できないが，case 542-2 では提起する余地がある。ただし判例は，「社会通念上処分のあったことを当事者の知り得べき状態に置かれたとき」も，原則として出訴期間の起算日になるとしている。

これとは別に，**客観的出訴期間** として，1年間の期間制限があり，原告の知・不知を問わずに争えなくなる（同条2項）。したがって，case 542-2 でも，処分後1年間が経過すると出訴できない可能性が生ずる。

いずれについても，「正当な理由」がある場合は，例外的に救済の可能性が認められる（同条1項・2項のただし書を参照）。ここにいう「正当な理由」は，行審法14条1項ただし書にいう「天災その他審査請求をしなかったことについてやむをえない理由」があるときよりも広い範囲で認められ，海外に居住していたことなどの事情は含まれるが，出張や病気は含まれないと解されている。

(case 543-1)　B税務署長から課税処分をうけたAは，何かの間違いだと思って，4ヵ月間，これを放置していた。

行訴法は，不服申立てをせずに直接訴訟を提起することを認めているが，個別法によって不服申立てが義務付けられることがある（後述の不服申立前置主

第2節　取消訴訟の訴訟要件

義)。この場合には，不服申立期間内に不服申立てをすることが必要になり，不服申立期間が出訴期間の問題に取って代わることになる。つまり，不服申立期間が過ぎると不可争力が生じ，行政処分は争えなくなる（課税処分に対する不服申立期間は，税通法77条1項の定める2ヵ月である）。case 543-1 がその場面である。なお，不服申立てに対する裁決・決定をうけたあとで取消訴訟を提起する場合には，原則として，裁決・決定があったことを知った日から6ヵ月以内に訴訟提起する必要がある（行訴法14条3項）。

(case 543-2) case 543-1 で，課税処分が人違いでなされたという事実が判明した。

このように，出訴期間や不服申立期間を経過したあとでは，行政処分が争えなくなるが，例外的な救済方法として，case 543-2 のように行政処分が無効であれば，出訴期間を経過したあとでも訴訟による救済が可能になる。なお，この場合には，不服申立前置の要件もみたす必要がないと解されている。その条文上の根拠としては，行訴法38条が無効確認訴訟について同法8条を準用していないことがあげられる（ただし，実際に無効確認訴訟が認められるか否かについては，case 551・case 555 を参照してほしい）。

◇被告適格

　被告適格 とは，誰を被告にして取消訴訟を提起するべきかという問題である。

(case 544-1) B税務署長の課税処分に応じて納税したAは，処分に納得できないので，課税処分の取消訴訟を提起しようとしている。

取消訴訟は行政庁の《行為》を争う訴訟であるから，処分をした行政庁を被告にするのが筋である。実際，かつては行政庁が被告とされていた（旧行訴法11条1項）。ところが，平成16年の改正により，法人である行政主体（国や地方公共団体など）を被告とすることに改められている（同項1号）。たとえばcase 544-1 でいえば，改正前は税務署長が被告であったが，現在は国である。同様に，地方税の場合には，市町村長や都道府県知事ではなく，市町村や都道府県といった地方公共団体が被告となる。この改正は原告の便宜を図った措置であり，その実際的意義を理解するために，次の事例を考えてみよう。

(case 544-2) case 544-1 で，Aは，課税処分が無効であることを前提として，納付した税額分の不当利得返還請求訴訟を提起しようとしている。

この場合の訴訟は，納めた税金の返還を求める当事者訴訟，すなわち権利訴

訟であるから（case 551 参照），国を被告にすべきことになる。このように，実際の紛争においては，取消訴訟などの抗告訴訟のほかに，権利訴訟として当事者訴訟や民事訴訟が提起される可能性があり，訴訟提起の段階では，どちらが適当か分からない場合もある。そこで，被告適格を同じにすることによって，抗告訴訟から当事者訴訟への訴えの変更や併合などを容易にする，という改正がなされたのである。たとえば，取消訴訟を当事者訴訟に変更する場合，被告の変更の必要がなくなり，より簡便な扱いが可能になった。これは，技術的な改正ではあるが，抗告訴訟と当事者訴訟の《垣根を下げる》という立法者趣旨の表れであり，平成16年改正の眼目のひとつである。

◇管轄裁判所

ついで，行政処分に不満のある原告がどの裁判所に取消訴訟を提起するべきかが問題になる。民事訴訟においては，被告の住所地の裁判所に訴訟を提起するのが原則である（民訴法4条1項）。取消訴訟においても，基本的な考え方は同じであるが（行訴法12条1項），例外的な規定もおかれている。

case 545　大分県に居住するAは，B大臣に補助金交付を申請したが，B大臣はこれを拒否した。

地方公共団体に対する取消訴訟では，その所在地の地方裁判所に提起するべきであるが，国に関する行政訴訟の場合には，やっかいな問題がある。というのは，国を被告とする訴訟の 管轄裁判所 は，国を代表する官庁の所在地によって決まり（民訴法4条6項），国を当事者とする訴訟については法務大臣が国を代表するから（法務大臣権限法1条），法務大臣の所在地にある東京地裁の管轄となる。ところが，こうした原則は，case 545のように，地方に居住する原告にとっては地理的に大きな負担となる。

そこで，平成16年の行訴法改正によって，国を被告とする取消訴訟については，原告の所在地を管轄する高等裁判所（全国主要都市の8カ所）の所在地を管轄する地方裁判所にも提起できるようになった（12条4項）。この場合の地方裁判所を，特定管轄裁判所 という。case 545 では，改正前には東京地裁に提訴すべきであったが，改正後は，東京地裁のほか，福岡高裁の所在する地方裁判所，すなわち福岡地裁に提訴できることになる。

なお，取消訴訟は「事務の処理に当たつた下級行政機関」の所在地の裁判所に提起することも可能であり（12条3項），その判別にあたっては，事務処理

第2節　取消訴訟の訴訟要件

に実質的に関与した機関であるか否かが基準となる（最決平成13・2・27〔重判13-34〕）。

◇**取消訴訟と不服申立ての関係（その1）**
　取消訴訟と不服申立ての関係をめぐっては、大きく分けて2つの問題がある。まず第1に、《処分がなされたあと、取消訴訟と不服申立てのいずれを選択するべきか》が問題となる。この問題について規定しているのが、行訴法8条である。

　 case 546 　AがB大臣に補助金交付を申請したところ、B大臣はこれを拒否した。
　 case 547-1 　公務員Aは、B大臣から懲戒免職処分をうけた。

　同条は、最初に不服申立てをしてもよいし、直ちに訴訟を提起してもよい、という原則を採用している（同条1項本文）。これは、**自由選択主義**と呼ばれる。したがって、case 546 では、拒否処分に対する取消訴訟と不服申立て（B大臣に対する異議申立て）のいずれも可能である。情報公開の不開示決定についても同様である（case 459）。

　ただし、例外的に、個別法によって不服申立てが義務付けられることがあり、その場合には訴訟に先立って不服申立てをすることが義務付けられる（同条1項ただし書）。これは、**不服申立前置主義**（条文上は審査請求前置主義）と呼ばれる。たとえば、case 547-1 では、取消訴訟に先立って人事院に対する審査請求が先行されなければならない（国公法92条の2）。

　このように、行訴法の建前上は自由選択主義が原則であるが、実際には、例外的な不服申立前置の制度が極めて多い。実際、本書冒頭に掲げた典型的な行政作用の大多数は、不服申立前置の制度を採用している（農地買収に関する 類型I₁、課税処分に関する 類型I₂、公務員の不利益処分に関する 類型I₃ のほか、類型III₁ の生活保護決定など）。とりわけ、大量・反復的になされる処分や専門技術的な処分に多くみられる。

　例外の不服申立前置主義の場面について、補充的な救済手段として、不服申立てに対する行政庁の応答がないときなどには、不服申立てに対する答えを待たずに、取消訴訟を提起できると規定されている（同条2項）。また、原則の自由選択主義の場面について、取消訴訟と審査請求の間での手続の調整に関する規定がおかれている。すなわち、取消訴訟と不服申立ての双方が提起されたときには、不服申立ての処理がなされるまで、取消訴訟の訴訟手続が中止され

る（同条3項）。

(case 547-2) case 547-1 で，Aは人事院に対して審査請求をしたが，不服申立期間が徒過していたので，審査請求が却下された。

(case 547-3) case 547-1 で，Aは人事院に対して不服申立期間内に審査請求をしたが，不服申立期間を徒過しているとして却下された。

行訴法8条1項ただし書の例外の場合，つまり法令によって不服申立前置（審査請求前置）が求められている場合には，《適法な不服申立て》がなされる必要がある。case 547-2 のように，不服申立てが不適法として却下された場合は，不服申立前置の要件を満たさず，取消訴訟の提起はできない。ただし，適法な不服申立てに対して行政庁が誤って却下したときは，不服申立てがあったものとみなすのが判例である（最判昭和36・7・21〔百選189〕）。したがって，case 547-3 では，却下裁決の後に懲戒免職処分の取消訴訟が提起できる。

◇取消訴訟と不服申立ての関係（その2）

取消訴訟と不服申立ての関係に関する第2の問題は，《処分に対する不服申立ての結果（裁決）に不満な私人は，処分と裁決のいずれを取消訴訟の対象にするか》という問題である。より詳しく述べると，行政処分（甲）がなされ，それに不満なAが不服申立てをして，裁決（乙）がなされたが，Aは裁決にも不満であるとき，最初の行政処分（甲）と裁決（乙）のいずれを取消訴訟の対象にするか，つまり処分の取消訴訟と裁決の取消訴訟のいずれを提起するべきか，という問題である（行審法上の不服申立てに対する結果としては，裁決と決定の2種類があるが，行訴法はこれらを「裁決」と総称している〔3条3項かっこ書〕）。

この問題の解決方法は，行訴法10条2項で示されている。同項によると，不服申立ての結果に不満のある私人は，最初の処分（原処分）を取消訴訟の対象にするのが原則となる。これを 原処分主義 という。例外的に，裁決に固有の瑕疵が争われる場合には，裁決の取消訴訟を提起することになる。行訴法は，処分取消訴訟とは別に，裁決取消訴訟 という類型を掲げているのであるが（3条3項），裁決取消訴訟が活用される範囲は限られることになる。原処分主義の具体的な意義を，次の例をもとに考えてみよう。

(case 548-1) B大臣から懲戒免職処分をうけたAは，人事院に審査請求をしたが，Aの請求は棄却された。

第2節　取消訴訟の訴訟要件

(case 548-2) case 548-1 で，Aは，人事院が口頭審理の手続をしなかったことに不満である。

これらの場合，審査請求の結果に不満な公務員は，懲戒免職処分と棄却裁決のどちらを取消訴訟の対象にするべきか。正解としては，原処分の取消訴訟を提起するのが基本である。ただし，審査請求の手続に違法がある場合は，それを《裁決固有の瑕疵》として，裁決の取消訴訟で争うことになる。したがって，case 548-1 では懲戒免職処分を，case 548-2 では裁決を，それぞれ取消訴訟の対象にすることになる。

念のために述べると，原処分主義の問題は，不服申立てに対する<u>裁決・決定</u>がなされた後の問題である。これに対して，<u>処分直後の時点で</u>，訴訟に先立って不服申立てをすること自体（つまり裁決・決定を求めること）が原告に義務付けられるか，という問題が，先の自由選択主義か不服申立前置主義かの問題である。自由選択主義の問題（8条の問題）は原処分主義の問題（10条2項の問題）よりも早いタイミングで出てくることに注意してほしい。

(case 548-3) case 548-1 で，Aの審査請求をうけた人事院は，免職処分を減給処分に変更する裁決をした。

それでは，case 548-3 のように，当初の懲戒処分が裁決によって変更された場合はどうか。停職処分（原処分）から減給処分（裁決）に変更された場合に，新しい処分である裁決を争うべきかどうかという問題である。最高裁は原処分の取消訴訟を提起するべきであるとしている（最判昭和62・4・21〔百選143〕；case 725）。

* **原処分主義の例外としての裁決主義**　個別法においては，原処分主義を排して，裁決の取消訴訟のみを認めている場合もある。その例として，case 706 の固定資産評価審査委員会の決定の場面がある（地方税法434条）。これは，**裁決主義**と呼ばれる。この場合には，原処分の瑕疵を含めて，もっぱら裁決取消訴訟で争われることになる。

◇**教示制度**

このように，取消訴訟を提起するためには，さまざまな訴訟要件がみたされなければならない。そこで平成16年の行訴法改正では，行政訴訟に不慣れな私人が多いことを考慮して，新たに**教示制度**を採用した。すなわち，行政庁

が取消訴訟を提起することができる処分を書面でする場合には，その相手方に対して，被告とするべき者，出訴期間，不服申立前置の有無について，書面で教示しなければならないことになった（46条）。この教示制度については，不服申立てにおける教示制度（行審法57条，58条）との比較で，理解する必要がある。総じて，行審法よりも行訴法の方が私人の救済に乏しく，行訴法においては《教示による情報提供》にとどまっている（第7章第6節2.）。

＊ 取消訴訟以外の抗告訴訟については，事前の処分が存在しないので教示制度はおかれていないが，実質的に処分が問題になる形式的当事者訴訟（case 575）については，取消訴訟の場合に近い教示制度が採用されている（行訴法46条3項）。

第3節　取消訴訟以外の抗告訴訟

本節以下では，取消訴訟以外の抗告訴訟について説明することにしよう。いずれの訴訟類型についても，体系的な位置づけ（本章第1節）に留意しながら，取消訴訟との違い（あるいは，取消訴訟による救済の限界）に注意しながら理解する必要がある。

1．無効確認訴訟

はじめに **無効確認訴訟** について述べるが，行政処分の無効を前提とする訴訟としては，無効確認訴訟のほかに，当事者訴訟や争点訴訟もあるので，これらの相互関係にも触れることにしよう。無効確認訴訟を取消訴訟とまったくパラレルに考えると，大きな落とし穴に陥るので注意してほしい。

＊ **無効確認訴訟以外の無効等確認訴訟**　行訴法3条4項は「無効等確認の訴え」という文言を用いており，無効確認訴訟のほかに，処分不存在確認訴訟や処分有効確認訴訟なども含まれるが（処分不存在確認訴訟の例として，最判平成14・1・17〔百選163〕），最も重要なのは無効確認訴訟であるので，以下では無効確認訴訟に絞って説明する。

◇**無効確認訴訟は極めて例外的**

　無効確認訴訟は，抗告訴訟のひとつであり，基本的には《取消訴訟の亜種》

というべき訴訟類型である。したがって，基本的には，行政行為に取消しうべき瑕疵（通常の瑕疵）がある場合について取消訴訟があるのと同じように，無効の瑕疵（例外的な重大明白な瑕疵）について無効確認訴訟があることになる。ところが，行政行為が無効であれば公定力が働かないのであるから，無効確認訴訟という特別な訴訟を持ち出す必要もなく，通常の民事訴訟など（権利訴訟）で争えば足りるはずである。したがって，全体としては，無効確認訴訟が活用される範囲は相当に限られてくることになる。以下の例で具体的に考えてみよう。

　case 549　B県知事は，地主Aの農地の買収処分をして，それを小作人Cに売り渡した。買収処分後1年半が経過して，Aは，買収処分が人違いでなされたことに気づいた。

　case 550　公務員Bは，A大臣からまったく根拠のない懲戒免職処分をうけて，1年半が経過した。

　case 551　B税務署長から課税処分をうけたAは，租税を納付したが，処分後1年半が経過して，課税処分が人違いでなされたことに気づいた。

　まず，case 549において買収処分が無効であったら，地主はどのような救済が求められるか。通常の瑕疵であれば，買収処分の取消訴訟が唯一の救済方法である。それと同じように，重大明白な瑕疵であれば買収処分の無効確認訴訟が提起できる，と言いたくなるかもしれない。ところが，この場合には，買収処分に公定力が生ずることはなく，地主Aは小作人Cに対する民事訴訟（当該農地の所有権確認訴訟ないし返還請求訴訟）によって救済されうるから，無効確認訴訟を認める必要はない。

　また，case 550において，公務員に対する懲戒処分が無効であるときも同様であり，その場合には，懲戒処分の無効確認訴訟を提起するまでもなく，公務員の地位の確認を求める訴え，公務員としての俸給を求める訴えなどによって，救済が図られる。この場合の訴訟は，公法上の当事者訴訟である。case 551でも同じように，すでに納めた租税について，不当利得返還請求訴訟が提起できるので，無効確認訴訟を認める必要はない。

　先に述べた基本的な訴訟類型との関係でいえば，権利訴訟と行為訴訟の優劣関係という，一般的問題の表れである。通常の瑕疵の場合には行為訴訟（取消訴訟）が原則であるが，無効の瑕疵については権利訴訟（民事訴訟ないし当事者訴訟）が原則になるわけである。つまり，無効の場合には原則と例外がひっくり返ることになる。

＊ **行訴法36条に関する判例・学説の動向**　もともと行訴法36条は，このような原則・例外の関係を徹底させた規定であるが，解釈論として，学説・判例は無効確認訴訟が提起できる場面を広げる努力をしている。後出の二元説（あるいは，それに親和的な判例）がその表れであり，理論的には権利訴訟を提起することが可能な場合についても，判例は無効確認訴訟の可能性を認めている。さらに，無効の場合の権利訴訟と行為訴訟の区分をいっそう相対化させる有力説もある（次註参照）。

　しかも，通常の瑕疵（取り消しうべき瑕疵）と重大明白な瑕疵（無効の瑕疵）の区分は相対的であるから，無効の場合にも，取り消しうべき場合に準じて，無効確認訴訟（＝行為訴訟）を広く認めるべきであるという考え方が出ても不自然ではないし，行特法時代の判例においても，農地買収処分の無効確認訴訟が比較的広く認められていた（最判昭和42・3・14〔百選206〕）。さらに，行訴法45条の争点訴訟の規定も，両者の相違を相対化させる技術であるといえる（**case 574**の項目を参照）。

◇無効確認訴訟の典型的な適用例

　無効確認訴訟が典型的に用いられる場面は，次のようなケースである。

　case 552　Ａが喫茶店の営業許可申請をしたところ，Ｂ県知事から拒否処分をうけた。その後1年半が経過して，Ａは，拒否処分が無効であると考えるようになった。

　このように，許認可に関する 類型Ⅱ₁ において，申請に対してなされた拒否処分が無効であるとき，いったんなされた許可の撤回が無効であるときなどが，無効確認訴訟が異論なく使える場面である。一般的な理解によれば，このような許認可の相手方については，行政との間に法律関係が観念しにくく，権利訴訟として構成することは困難であるからである。

◇条文に即してみると…

　以上の話を行訴法36条に即していえば，無効確認訴訟は，「現在の法律関係に関する訴え（＝権利訴訟）」によって目的を達することができないものに限って，提起することができる。つまり，権利訴訟が無効確認訴訟（行為訴訟）よりも優先されているのである。

　ここで基本に戻って整理すると，もともと無効な行政処分には公定力がないから，裁判所に行政処分の無効の認定を求めなくても，その権利義務関係を権

利訴訟（民事訴訟や当事者訴訟）でも争うことができる。さらに，行訴法36条によって，権利訴訟でしか争えないことになる。

◇「現在の法律関係に関する訴え」の意義

　行訴法36条に関する一般的な問題として，「〔当該処分……の存否又はその効力の有無を前提とする〕現在の法律関係に関する訴え」の意義の問題がある。やや難しいが，当事者訴訟との関係で，重要な点であるので，後回しでもよいから理解してほしい。

　case 553　C電力会社に対して国土交通大臣の原子炉設置許可がなされて1年半が経過したが，近隣住民Aは，同大臣には許可の権限がないと考えている。
　case 554　B市の職員PがCに対して建築確認を行い，1年半が経過したが，近隣住民Aは，Pには建築確認を行う権限がなかったと考えている。

　ここで争点訴訟に関する行訴法45条と比較してみると，行訴法36条との間で「処分……の存否又はその効力の有無」という文言が共通していることからしても，行訴法36条にいう「現在の法律関係に関する訴え」に争点訴訟が含まれることは自然な理解であろう。たとえば 類型Ⅰ₁ で，地主が小作人に対して農地の返還を求める民事訴訟が，それにあたる。このような民事訴訟においては，農地買収処分が無効であるか否かという，処分の効力の問題が先決問題（＝紛争解決の前提となる争点）となっているわけである。

　さらに，争点訴訟は《私法上》の法律関係に関する訴えであるから，その《公法版》というべき当事者訴訟も，行訴法36条の法律関係訴訟に当然に含まれることになる。たとえば case 550 で，公務員に対する懲戒免職処分が無効であるとして，公務員であったAが公務員たる地位の確認を求める訴訟が，それにあたる。case 551 における不当利得返還請求訴訟も，同様である。

　したがって，基本的には，争点訴訟と当事者訴訟が行訴法36条のいう「現在の法律関係に関する訴え」にあたり，これらが無効確認訴訟に優先することになる。逆に，それ以外の訴訟は含まれないというのが，判例の立場であると解される（図5-9参照）。

　たとえば，case 553 では，住民Aは電力会社に対し，操業差止めを求める民事訴訟を提起できるが，民事の差止訴訟は同条の「現在の法律関係に関する訴え」には該当しないので，Aが無効確認訴訟を提起することは妨げられない（最判平成4・9・22〔百選185〕）。case 554 でも，AはCを被告にして日照権

侵害などに基づく民事の差止訴訟を提起できるが，別途，B市に対して無効確認訴訟を提起することは可能である。結局，このような三面関係においては，民事訴訟と無効確認訴訟の2つが並列しうることになる。

＊ 行訴法36条に関する有力説　たとえば，case 550における権利訴訟（公務員の地位確認訴訟など）は，《形のうえでは当事者訴訟であるが，その実体は懲戒免職処分の効力に関する抗告訴訟である》という理解をもとに，権利訴訟とは別に無効確認訴訟を認める立場も有力である。これは，取り消すべき瑕疵と無効の瑕疵の違いを相対化させる考え方（後述203頁の註）でもあるが，伝統的な理解とは異なるので，ここでは紹介にとどめる。

図5-9　行政処分の無効を前提とする訴訟の類型
(a) 行訴法36条後段の「現在の法律関係に関する訴え」＝権利訴訟
＝ ①当事者訴訟（公法上の法律関係の場合）…case 550・case 551など
②争点訴訟（私法上の法律関係の場合）……case 549など
(b) 無効確認訴訟＝行為訴訟
(a)の訴訟によっては適切な救済がなされない場合にのみ認められる……case 552～case 555

◇判例の立場
　このように，無効の瑕疵がある場合には，基本的には無効確認訴訟か権利訴訟の二者択一の構造になっている。もっとも，何らかの権利訴訟が認められれば，いっさい無効確認訴訟が否定されるというのは，実際的でない。判例は，そこで二者択一の仕組みを修正している。判例の一般的な定式としては，処分の性質や紛争の実質に即して，「より直截的で適切な争訟形態」であれば無効確認訴訟が提起できる，というものである。つまり行為訴訟と権利訴訟の間で厳格な二者択一を求めるのではなく，両者いずれもが提起される可能性が認められている。このように，権利訴訟によっては「目的を達することができない」という要件（行訴法36条後段）の解釈について，判例は柔軟な立場を示していることになる。この《直截・適切》の判断基準は，民事訴訟の確認訴訟における《確認の利益》の判断基準と類似している（詳しくは，民事訴訟の講義で学んでほしい）。
　その基準を当てはめた例として，最判昭和62・4・17〔百選184〕がある。これは，地権者である原告に対して土地改良事業に基づく換地処分がなされたが，その換地処分が照応原則に反しているという理由で，換地処分の無効確認訴訟を提起した事件である。この場合，理論的には，「現在の法律関係に関す

第3節　取消訴訟以外の抗告訴訟

る訴え」として，原告は従前の土地の所有権確認の訴えなどの民事訴訟を提起することも可能である。ところが，判例は，このような他の訴訟（権利訴訟）の可能性を前提にしつつも，無効確認訴訟の提起を認めている。

　この最高裁判決では，換地処分の性質と紛争の実態の2つが理由として挙げられているが，前者の処分の性質については，農地買収の場面との比較が念頭におかれていると考えられる。つまり，農地買収処分に関するcase 549においては，それぞれの買収処分はそれぞれの農地の地主・小作人のみに関わるのに対して，土地改良事業の換地処分においては，「土地所有者等多数の権利者に対して行われる換地処分は相互に連鎖している」という特徴があるのである。したがって，個々の所有権に注目するよりも，換地処分をやり直した方が効率的であることになる。

　このように，昭和62年最判では，類型I₁の農地買収処分に関するcase 549の考え方が基礎にあって，それとの比較から結論を導く，という発想が読み取れるであろう。これも，典型事例の重要性を物語っている。その後，case 553に関する前掲最判平成4・9・22も，同様に《直截・適切》の基準を掲げており，判例の一般的な基準として確立している。

◇もうひとつの無効確認訴訟

　次の場面は，これまでに述べた無効確認訴訟の場面とは，やや性格を異にする。

　case 555　B税務署長から課税処分をうけたAは，人違いであると考えて租税を納付せず，1年半が経過したが，滞納処分がなされることを恐れている。

　このケースでは，無効確認訴訟が提起可能である（最判昭和51・4・27）。滞納処分を防止するための無効確認訴訟であり，**予防的無効確認訴訟**と呼ばれる。ここで，無効確認訴訟が否定されるcase 551と比較してほしい。すでに租税が納付されたcase 551では，もはや滞納処分の可能性がないから無効確認訴訟が認められないのである。

　このcase 555のような予防的無効確認訴訟に対して，さきのcase 552〜case 554は**補充的無効確認訴訟**と呼ばれる。これは，権利訴訟（当事者訴訟や争点訴訟）の補充的な訴訟という意味である。

　結論をまとめると，case 549〜case 551では，無効確認訴訟は提起できない。これに対してcase 552〜case 554およびcase 555は，無効確認訴訟の提起が

図5-10　二元説の構成

無効確認訴訟 ①行訴法36条前段 → 予防的無効確認訴訟……case 555
　　　　　　②行訴法36条後段 → 補充的無効確認訴訟……case 552〜case 554
　　　　　　　　　　　　　　　　（＝権利訴訟の補充的存在）

可能であり，それぞれ補充的無効確認訴訟，予防的無効確認訴訟である。条文としては，それぞれ行訴法36条後段，同条前段によって認められる（これは，次項で述べる二元説を前提とした整理であり，図5-10をあわせて参照してほしい）。

◇一元説と二元説†
　やや細かい話であるが，行訴法36条の文言をめぐっては，一元説と二元説の対立がある。同条は，次の3つの要素に分けられる。
　①「当該処分又は裁決に続く処分により損害を受けるおそれのある者」
　②「（その他）当該処分又は裁決の無効等の確認を求めるにつき法律上の利益を有する者（で,）」
　③「当該処分若しくは裁決の存否又はその効力の有無を前提とする現在の法律関係に関する訴えによって目的を達することができないもの」
　これら3つの要件の関係について，①と②を連続的に読む一元説と，①と②以下を断絶して読む二元説が対立している。つまり，一元説によれば，《（① or ②）and ③》と読むのに対し，二元説は《① or（② and ③）》と読むことになる。先に，行訴法36条の「前段」と「後段」と述べたのは，それぞれ①と《② and ③》であり，二元説を前提にしている。
　日本語としては，①と②を連続的に捉える一元説の読み方が自然である（直接条文を参照してほしい）が，その一方で実質的観点からすると，①の場合を独立させると，問題となっている処分に続く後行処分を予防するための訴訟，つまり予防的無効確認訴訟が認められるというメリットがある。その場合には，日本語の読み方として，①のあとに読点を付け加えることになる。つまり二元説は，「条文に読点の付け忘れがある」と割り切って考えるわけである。
　たとえば，case 555において無効な課税処分がなされ，将来，滞納処分がなされる可能性がある場合について，一元説の立場からすれば，③のいう法律関係訴訟として，租税債務の不存在確認訴訟（＝当事者訴訟）がありうるから，無効確認訴訟は提起できないことになる可能性がある。しかし，二元説からすれば，①の類型を独立して取り上げ，予防的無効確認訴訟が提起できる。判例

第3節　取消訴訟以外の抗告訴訟

はこの場合に無効確認訴訟を認めており，学説上も，その結論を支持するために二元説が有力になっている。

　＊　**一元説と二元説の相対化**　　もっとも，③の要件にある「目的」を緩やかに解すれば，一元説にたっても二元説と同じ結論に達することも多い。たとえば，case 555 の例でいえば，他の訴訟では予防的な救済という「目的」を容易に達することができないと考えれば，一元説を前提にしても無効確認訴訟を肯定することになろう。したがって，一元説と二元説の対立はそれほど大きな意味をもつわけではないともいえるのである。

◇**無効確認訴訟の実際的な意義**
　このように，原子力発電所の設置に不満な住民は，設置許可の取消訴訟や無効確認訴訟を提起できるし，土地改良事業の換地処分に不満な土地所有者も同様である。実際的な観点からすると，行政行為が無効である場合には不可争力が生じないから（case 414 参照），取消訴訟の場合と違って無効確認訴訟には出訴期間の制限はない。そこで，無効確認訴訟は《定時のバスに乗り遅れた原告に対する例外的な救済方法》である，といわれるわけである。つまり，通常の原告は，重大明白な瑕疵（無効原因となる瑕疵）があるから無効確認訴訟を提起するのではなく，出訴期間（ないし不服申立期間）を徒過したから無効確認訴訟をやむなく提起するのである。
　それでは，取消訴訟が提起できるのに無効確認訴訟を提起した場合はどうか。頭の体操として考えてみよう。

　(case 556)　Ａが重大明白ではない瑕疵をおびた補助金返還命令をうけ，処分の2ヵ月後に無効確認訴訟を提起した場合，裁判所はどのように審理すべきか。重大明白な瑕疵がある場合はどうか。

　この case 556 では，本来，取消訴訟を提起するべき場面である。そこで，形式的にみれば，無効確認訴訟と取消訴訟は訴訟物（訴訟の対象）が違うから，裁判官は取消訴訟と扱うべきではなく，訴えを却下するべきであるともいえる。しかし，実質的に考えると，無効確認訴訟は《取消訴訟の亜種》であること，原告にとって無効原因か取消原因かの区別は明らかでないこと，原告が出訴期間を遵守していることから法的安定性の要請は損なわれないことからして，裁判所は取消訴訟として審理し，取消判決を下すべきであろう。

行政処分に無効の瑕疵が認められる場合も，同様である。いわば《大は小を兼ねる》から，行政処分が無効と判断される場合でも，裁判所は取消判決を下すことができる。もちろん，実際には，裁判官の訴訟指揮に委ねられるところが大きいであろう。

2．不作為違法確認訴訟

行訴法3条5項が定める**不作為違法確認訴訟**は，申請に対する行政庁の不作為に対して不満な申請者が提起する訴訟である。平成16年の改正前から認められていた訴訟類型であり，伝統的学説と実際的な権利救済との間での《妥協の産物》といった性格を有しているが，同改正によって明示された義務付け訴訟によって，その存在意義が修正されている。

◇不作為違法確認訴訟の典型的な適用場面

不作為違法確認訴訟が提起できる典型的な場面は，次のような場合である。

case 557　Aが建築確認の申請をしたところ，B市の建築主事は，Aが行政指導に従っていないことから，応答を留保している。

この場合のAは，B市の建築主事が応答しないという不作為（＝行為）をつかまえて，不作為違法確認訴訟という抗告訴訟（＝行為訴訟）が提起できるわけである。この場合の不作為には，不服申立てに対する不作為も含まれる。また，申請に対する受理の拒否の場面（case 433）でも，同様に不作為違法確認訴訟が提起できる。しかしながら，不作為違法確認訴訟には，その機能と活用範囲の両面にわたって限界がある。

case 558　Aが生活保護の申請をしたが，B市の福祉事務所長は応答しないでいる。

このcase 558では，私人の申請後，30日が経過したときには，申請を却下したものとみなすという規定がある（生活保護法24条4項）。このような，**みなし却下**の規定がある場合には，不作為違法確認訴訟ではなく，却下処分の取消訴訟を提起することになる（case 559と同じ）。逆に，**みなし許可**の例として，相続税の物納許可の手続があり（相続税法42条28項），この場合には，申請後，一定期間が経過すると，許可があったものとして扱われるので，不作為の問題は生じない。

第3節　取消訴訟以外の抗告訴訟

＊ 不作為違法確認訴訟において，行政庁の不作為が違法と評価されるのは，不作為が「相当の期間」続いている場合であるが（行訴法3条5項），この場合の「相当の期間」は行政手続法上の標準処理期間（6条）とは同一でなく，標準処理期間を徒過したことについて特段の事情があれば違法性は否定される。

◇**不作為違法確認訴訟の機能的な限界**

不作為違法確認訴訟によって勝訴判決が得られても，判決では《行政庁の不作為が違法である》という宣言がなされるにとどまるから，申請に対する応答に向けて，直接アクセルをふかせる機能は存在しない。この点は，行政庁の第一次判断権を尊重するという伝統的な考え方を踏まえたものであり，直接的なアクセルの代替手段として，不作為違法確認訴訟が認められてきたわけである。したがって，勝訴して不作為違法確認判決がえられても，申請に対する積極的な措置（許認可や生活保護など）が当然に得られるわけではない。判決とは名ばかりで，仮の救済（民事訴訟でいえば仮処分）に近い性格をもつにとどまるといえよう。

こうした機能的限界は，平成16年改正で手直しされ，義務付け訴訟を拡充する形がとられた（3. 参照）。

◇**不作為違法確認訴訟の活用範囲の限界**

さらに，不作為違法確認訴訟には《申請に対する不作為》という限定があることから，次のような場面では不作為違法確認訴訟を提起することができない。この点は，次に述べる義務付け訴訟との相違として，銘記しておくべきである。

case 559　Aが建築確認の申請をしたところ，B市の建築主事はこれを拒否した。
case 560　Cが違法建築物を建てたが，B市長はその除却命令を発しないので，近隣住民Aが不満である。

たとえば case 559 では，拒否処分という作為（何らかの応答）があるから，不作為違法確認訴訟が提起される余地はない。原告は，拒否処分の取消訴訟を提起するべきである。ところが，拒否処分の取消訴訟で勝訴判決を得ても，不作為違法確認判決と同様に，建築確認が当然に認められる結果にはつながらないので，救済の方法としては間接的である。

また，case 560 では行政庁の不作為が問題になってはいるが，第三者たる住

民による《申請》は予定されていないので、不作為違法確認訴訟は使えない（行訴法37条参照）。たしかに法令上、建築確認申請という手続はあるが、この申請をするのはあくまで建築主であって、近隣住民ではないのである（不作為違法確認訴訟が認められるのは、case 557 のように原告に **申請権** がある場合だけであり、case 560 の近隣住民には申請権がないので、不作為違法確認訴訟は認められない）。結局、不作為違法確認訴訟が認められるのは、類型II₁ や 類型III₁ で《申請→決定》の手続が予定されている場合であり、類型II₂ では不作為違法確認訴訟が機能しないことになる。

これに対して、次に述べる義務付け訴訟は、case 559 と case 560 のいずれにおいても提起することができる。そして、かかる訴訟を認めたことが、平成16年改正の眼目のひとつである。

3．義務付け訴訟

義務付け訴訟 は、平成16年の行訴法改正によって明文化された訴訟類型であり（行訴法3条6項）、従来のような取消訴訟中心の制度の限界をうめるものである。

◇義務付け訴訟の2つの類型

義務付け訴訟には、**直接型義務付け訴訟**（行訴法3条6項1号）と**申請型義務付け訴訟**（同項2号）の2種類がある。この2つは、case 557 と case 560 について述べたように、申請権の有無（法令上、原告の申請が予定されているかどうか）で区別される。より実際的にいえば、申請型義務付け訴訟は二面関係（類型II₁ など）で用いられるのに対して、直接型義務付け訴訟は三面関係（類型II₂ など）で用いられる。

義務付け訴訟を理解するには、伝統的な訴訟類型である不作為違法確認訴訟（さらには拒否処分の取消訴訟）との関係も理解しておく必要がある。そこで、条文の順序とは逆であるが、先に述べた不作為違法確認訴訟とのつながりから、申請型義務付け訴訟を先に説明しておこう。

◇申請型義務付け訴訟（義務付け訴訟その1）

不作為違法確認訴訟で使った例を繰り返すことになるが、申請型義務付け訴訟が認められる典型的場面は、次のとおりである。

(case 561-1) Aが建築確認の申請をしたところ，B市の建築主事は，Aが行政指導に従わないので，応答を留保している。
(case 561-2) Aが建築確認の申請をしたところ，B市の建築主事はこれを拒否した。
(case 562-1) Aが生活保護の申請をしたところ，B市の福祉事務所長は応答しない。
(case 562-2) Aが生活保護の申請をしたところ，B市の福祉事務所長はこれを拒否した。

このように，不作為違法確認訴訟と同じく，類型Ⅱ₁の許認可申請の場面のほか，類型Ⅲ₁で申請・決定の手続が予定されている場合が，申請型義務付け訴訟の典型的な適用場面である。行政と申請者との二面関係であり，給付受給請求権が問題になることが多い（原告Aが行政に対して申請権を有する場合である）。申請の結果に満足しなかった申請者が原告になる。

この場合の原告は，義務付けの対象となる処分の名宛人（拒否処分ないし不作為に代えて，ポジティブな処分がなされるべき相手方）である。このように，申請型義務付け訴訟においては，原告は処分の名宛人であるから，原告適格は問題にならない。この点が，次の直接型の義務付け訴訟の場合と異なる。

平成16年改正の前後での相違に注意する必要がある。すなわち，改正前は，これらのケースでは不作為違法確認訴訟や拒否処分取消訴訟のみが可能であった。たとえば，case 561-1 では不作為違法確認訴訟が，case 561-2 では拒否処分の取消訴訟が，それぞれ提起できるにとどまっていた。case 562-1 と case 562-2 についても同様である。このうち，伝統的な不作為違法確認訴訟は，いわば仮処分的な救済方法であり，取消訴訟の補充的機能を有するにとどまっていた。いずれにしても，改正前の救済方法としてアクセル機能がなく，そのため給付受給請求権などが十分に確保されなかった。これに対して改正後は，それぞれ義務付け訴訟が認められ，アクセルをふかす判決が求められるようになった。

ただし，申請型義務付け訴訟には，併合提起の要件がある。たとえば，case 561-1 では不作為違法確認訴訟を，case 561-2 では拒否処分の取消訴訟を，それぞれあわせて提起しなければならない。このように，新しく導入された申請型義務付け訴訟は，改正前の伝統的な訴訟方法と併用することが求められるわけである。

◇**直接型義務付け訴訟（義務付け訴訟その２）**

いまひとつの義務付け訴訟に移ることにしよう。法令上，原告の申請が予定されていない場合に用いられる訴訟類型である。

(case 563) Cが違法建築物を建てたが，B市長はその除却命令を発しないので，近隣住民Aが不満である。

(case 564) 過大な所得申告をして過大に所得税が課される状態にあるAは，B税務署長が減額更正処分をすることを求めたい。

case 563 の原告Aは，義務付けの対象となる処分の名宛人ではないので，三面関係が問題になる場面である（言い換えれば，Aが行政に対して申請権を有しない場面である）。類型Ⅱ₂ の許認可で，申請者以外の第三者が原告になることが多い。この種の義務付け訴訟によって，私人は，一定の範囲で行政介入（行政庁の規制権限の発動）を求めることが可能になる（例として 図5-11 を参照）。

図5-11　違法建築物をめぐる紛争の状況（類型Ⅱ₂）

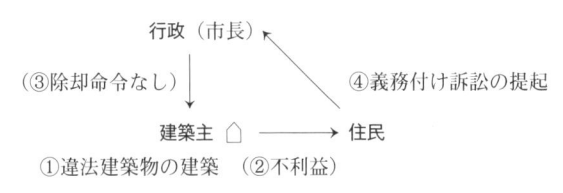

行政（市長）
（③除却命令なし）↓　　　　④義務付け訴訟の提起
建築主 ○ ──────→ 住民
①違法建築物の建築　（②不利益）

義務付け訴訟は，司法権と行政権の役割分担について，後述の《行政庁の第一次判断権》の原理を緩和したものである。すなわち，すべての場面で義務付け訴訟が認められるわけではなく，限定された要件のもとで司法権の介入が認められるようになったのである。条文上は，①「一定の処分がされないことにより重大な損害が生ずるおそれ」があること，②「その損害を避けるために他に適当な方法がない」こと，すなわち重大性と補充性が要件とされている（行訴法37条の2第1項）。

このうち②の「他に適当な方法」とは，基本的には，法令上，特別に求められている救済ルートを意味するとされる。たとえば，case 564 の場合には，申告の誤りを訂正するために《更正の請求》という制度が用意されているので（税通法23条），減額更正処分の義務付け訴訟は提起できない。他方，直接型義務付け訴訟が問題になるのは三面関係であることからすると，case 563 において，AはCに対して民事の差止訴訟（Cの建築物の排除を求める訴えなど）をすることは可能だが，かかる民事訴訟は「他に適当な方法」には含まれないとされる。つまり，民事上の救済方法が存在することは，義務付け訴訟を否定す

る理由にならないのである。

さらに，直接型義務付け訴訟には，③原告適格の要件があり，「法律上の利益」を有する者に限って訴訟提起が認められるので，誰でも訴訟提起できるわけではない（行訴法37条の2第3項）。この「法律上の利益」の範囲は，取消訴訟の場合と同様の基準で画される（同条4項）。再び極端な例で考えてみよう。

> case 565　B市長は，固定資産税を納税すべきCに対し，固定資産税を減免する決定をしたが，B市の住民Aはこれに不満である。

このケースでは，前出の case 525 で取消訴訟が提起できないのと同様に，Aは，Cに対する課税処分の義務付けを求める訴訟はなしえないことになる。

＊　平成16年改正のモデルとなった裁判例　　直接型義務付け訴訟の要件は，改正前の学説や裁判例をうけたもので，とりわけ国立マンション判決（東京地判平成13・12・4）がモデルになっているといわれる。同判決では，①一義的明白性（行政権を行使すべきことが一義的に明白であること），②重大な損害，③補充性，の3つが要件とされており，それらが行訴法37条の2第1項（②および③）と同条第5項（①）において採用されたことになる。

なお，義務付け訴訟においては，義務付けの対象となる「一定の処分」を特定しなければならない。その場合の特定は，裁判所の判断を可能にする程度になされていればよいと考えられているが，case 563 において，除却命令の対象となる建物の特定は不可欠であろう。

◇義務付け訴訟はなぜ認められにくいのか

義務付け訴訟が否定的に捉えられてきたことには，**行政庁の第一次判断権**の考え方がある。裁判所は，行政庁の判断（第一次的な判断）を先取りする形で，アクセルをふかすことはできない，と考えられてきたのである。言い換えれば，裁判所は行政庁の示した判断をレビューする機能（行政庁の判断を取り消し，そのやり直しを求める機能）しかないと考えられていたのである。

たとえば，case 561-1 のような申請拒否処分について，裁判所は拒否というネガティブな判断の取消しをすることはできるが，許認可というポジティブな判断を先取りすることは許されない，と言われてきた。そのような妥協の産物として，不作為違法確認訴訟が考え出されたわけである。さらに，case 563 に

おける除却命令の義務付けについては，行政庁が除却命令について何ら判断をしていないのに，裁判所がその先取りをして，行政庁に除却命令を強制することはできないと考えられてきた。

　これに対して，現行法のもとでは，行政庁の第一次判断権の考え方は緩和されているが，それでも義務付け訴訟が認められる場面は限定されており，伝統的な考え方が色濃く残っているといえよう。

◇**義務付け訴訟の性質**

　義務付け訴訟の性質については，給付訴訟であるか形成訴訟であるかについて議論はあるが，実質的には民事訴訟にいう給付訴訟であるといえる。その反面で，形式的にみると，民事の形成訴訟に近い側面もある。

　すなわち，給付訴訟の勝訴判決は，《被告は原告に対して〇〇円を支払え》という形になるわけで，これは被告が原告に一定の金銭の支払が《義務付けられる》ことにほかならない。このような訴訟や判決は民事の世界では極めてオーソドックスな訴訟であり，特に目新しいものではない。民事では当たり前のものが，平成16年の法改正によって，限られた範囲で，やっと認められたわけである。

　ところが，実質が同じ民事の給付訴訟では，訴訟提起するための要件が明示されていないのに対して，行訴法の義務付け訴訟は，実質的な給付訴訟でありながら，訴訟要件が明確に定められ，その適用範囲が限定されている。その意味では，義務付け訴訟は形成訴訟に近い側面がある。

4．差止訴訟

　差止訴訟は，義務付け訴訟とともに，平成16年の法改正で明示的に掲げられた訴訟類型である。基本的な前提として，民事訴訟の差止訴訟とは別の類型であることに注意する必要がある。

◇**差止訴訟の類型と性質**

　差止訴訟に関しては，義務付け訴訟の場合と異なり，条文上，特に類型的な区分がなされていないが，実質的には，二面関係の場合の差止訴訟と，三面関係の場合の差止訴訟の2種類がある。つまり，類型Ⅰや類型Ⅱ₁のような二面関係のみならず，類型Ⅱ₂のような三面関係においても，差止訴訟が用いら

第3節　取消訴訟以外の抗告訴訟

れるわけである。

なお，差止訴訟の性質については，義務付け訴訟の場合と同じく，実質的には民事の差止訴訟と同じく，給付訴訟であるといえるが，訴訟要件が限定されている点で，民事の給付訴訟と異なっている。

◆**二面関係における差止訴訟**
はじめに二面関係について，考えてみよう。類型Ⅰ・類型Ⅱ₁と類型Ⅲ₁の場面を思い出してほしい。

> case 566　公務員Aは，B大臣から職務上の不当な指示をうけ，「指示に従わないと懲戒処分をする」といわれて困惑している。
> case 567　Aは，共同で事業を行っている夫Pに代わって所得税を納めなければならないところ，これを滞納したので，B税務署長が滞納処分としてAの財産を差し押さえた。Aは，その財産が公売されるのを阻止したい。
> case 568　B市の福祉事務所長はAの生活保護の決定をしたが，その後，同所長は，これを撤回しようとしている。

差止訴訟の要件としては，直接型義務付け訴訟の場合とほぼ同様に，①「一定の処分又は裁決がされることにより重大な損害を生ずるおそれがある」ことと，②「その損害を避けるため他に適当な方法」がないことという要件，つまり重大性と補充性の要件がある（行訴法37条の4第1項）。このうちの「一定の処分」の意義や，本案勝訴要件である一義的明白性（同条第5項）については，義務付け訴訟の場合とほぼ同様である。

差止訴訟の可否を判断するにあたっても，他の救済方法との比較が重要になる。たとえば上記の二面関係の事例の場合には，他の救済方法として，後続処分の取消訴訟が考えられる。類型Ⅰ₂のcase 566に即していえば，懲戒免職処分がなされるのを待って，その取消訴訟を提起すれば足りるともいえる。そこで改正前の最高裁判決のなかには，かかる取消訴訟が原則的な救済方法であるとしていた例がある（最判昭和47・11・30〔百選208〕。同旨，最判平成元・7・4判時1336号86頁〔重判1-46〕）。この判決によると，「回復しがたい重大な損害」が認められる場合に限り，例外的に差止訴訟が認められることになる。これに対して現行法のもとでは，①の要件にいう「重大な損害」があれば，差止訴訟の提起が可能になった。不利益な処分がなされる前の救済の可能性が，より広く認められることになったわけである。

他方，②の要件にいう「他に適当な方法」が存在する場合とは，義務付け訴

訟の要件と同様，基本的には，法令上，特別の救済ルートが用意されていること，すなわち先行処分の取消訴訟を提起すれば後続処分（＝差止めの対象）がなしえないことになっている場合であるとされる。たとえば case 567 は，他人の税金（この場合は夫Pの税金）を納めなければならないという，第二次納税義務（税徴法37条）に関する場面であるが，滞納処分の取消訴訟が提起されたときには換価（公売）ができないという規定があるので（税徴法90条3項），その救済ルートによるべきであり，換価処分の差止訴訟は提起できない（その他の例として，国公法108条の3第8項参照）。

以上は，規制行政・侵害作用における差止訴訟の例であるが，差止訴訟は類型Ⅲ₁ の給付行政でも用いることができる。たとえば case 568 では，将来の撤回処分に対する取消訴訟との比較の観点から，重大性の有無が判断される。

＊ 差止訴訟と確認訴訟の関係　他の救済方法として，当事者訴訟としての確認訴訟との関係が問題になることもある。たとえば，河川区域であることが争われている私人の土地について，河川管理者（都道府県知事）から盛土の除却命令がなされるおそれがある場合には，当該土地が河川区域でないことの確認を求める訴え（当事者訴訟）が可能であるので，除却命令の差止訴訟は認められにくいことになる（前掲最判平成元・7・4の原審判決である高松高判昭和63・3・23）。

◇三面関係における差止訴訟

三面関係における差止訴訟については，類型Ⅱ₂ の場面を思い出してほしい。

(case 569)　B市の建築主事がCに対して建築確認をしようとしているが，近隣住民Aはこれに不満である。

これは三面関係における差止訴訟である。訴訟要件は二面関係の差止訴訟の場合と特に区別されていないが，三面関係の場合に原告適格が必要であることは，取消訴訟や直接型義務付け訴訟の場合と同様である（行訴法37条の4第3項，第4項）。これに対して，二面関係の差止訴訟では，原告適格は問題にならない。

直接型義務付け訴訟の場合と同様に，民事訴訟の提起が可能であることは，差止訴訟を否定する理由にはならない。case 569 についていえば，AはCに対して，日照権侵害を理由として，建築工事の差止めを求める民事訴訟を提起することができるが，義務付け訴訟に関する case 563 と同様，民事訴訟による

救済が可能であることを理由にして，抗告訴訟（差止訴訟）による救済が排除されることはない。

第4節　当事者訴訟

　当事者訴訟について，行訴法4条は，「当事者間の法律関係を確認し又は形成する処分又は裁決に関する訴訟で法令の規定によりその法律関係の当事者の一方を被告とするもの及び公法上の法律関係に関する確認の訴えその他の公法上の法律関係に関する訴訟」と定義している。このうち，同条前段，すなわち「及び」の前に書かれた訴訟として，「当事者間の法律関係を確認し又は形成する処分又は裁決に関する訴訟で法令の規定によりその法律関係の当事者の一方を被告とするもの」があり，これが**形式的当事者訴訟**と呼ばれる。これに対して，後段の「公法上の法律関係に関する確認の訴えその他の公法上の法律関係に関する訴訟」は，**実質的当事者訴訟**と呼ばれるものである。

　実際上は，特に無効確認訴訟との関係が問題になるので，無効確認訴訟について述べたところ（case 549 以下）も参照しながら，学習してほしい。

1．実質的当事者訴訟

　はじめに，実質的当事者訴訟について述べておこう。実質的当事者訴訟は，通常の民事訴訟と同じように，権利訴訟の性質を有することが，議論の出発点になる（本章第1節参照）。

◇給付訴訟としての当事者訴訟

　実質的当事者訴訟が用いられる古典的な問題状況は，次のような場面である。

(case 570)　B大臣が職員Aに対して懲戒免職処分を行ったが，Aは懲戒処分が無効であると考え，未払い分の給与を請求しようとしている。

(case 571)　B税務署長から人違いの課税処分をうけたAは，いったん処分に従って租税を納付したが，納めた税金を取り戻したいと考えている。

　公務員の懲戒免職処分が問題になる case 570 では俸給請求訴訟が提起されるし，租税に関する case 571 では，租税納付額分の不当利得返還請求をする訴訟が提起される。いずれも実質的当事者訴訟であり，公務員の勤務関係や租

税の賦課徴収の関係が公法関係であることから，当事者訴訟という性格が与えられるが，実質的には民事訴訟と異ならない（case 570 に近い例として，最判平成11・7・15〔百選55〕，case 571 に近い例として，最判昭和49・3・8〔百選37〕）。これらは，給付訴訟としての当事者訴訟といえる。いずれも，<u>行政処分が無効の瑕疵の場合</u>（ないし，無効に準ずる場合）であり，取り消すべき瑕疵の場合ではない。

◇確認訴訟としての当事者訴訟

　平成16年の行訴法改正において，当事者訴訟の一類型として **確認訴訟** が明記された。すなわち，行訴法4条後段は，かつては「公法上の法律関係に関する訴訟」とされるにとどまっていたが，改正によって「公法上の法律関係に関する確認の訴えその他の〔公法上の法律関係に関する訴訟〕」という文言が追加された。つまり，「公法上の法律関係に関する確認の訴え」が実質的当事者訴訟の一要素となることが明示されたのである（以上の分類につき，図5-12 も参照）。確認訴訟が考えられる場面として，次のケースがある。

　case 572　有料老人ホームを設置しようとしている事業者Aは，B県知事に対し，その届出をしたが，B県知事は届出の受理を拒否した。
　case 573　旧物品税法に関する国税局長の通達が改められ，製造業者Aは課税処分をうけるおそれがある。

　同じ当事者訴訟ではあるが，さきの case 570 と case 571 は給付訴訟であるのに対して，case 572 や case 573 は確認訴訟である。

　平成16年の行訴法改正後に，最高裁が当事者訴訟としての確認訴訟を認めた例として，国外に居住する日本人が国政選挙（衆議院議員選挙）の選挙権を有することの確認が求められた訴訟がある（最大判平成17・9・14〔百選209〕）。これは，行政処分といえるものがなく，取消訴訟などの抗告訴訟が機能しない場面に関する判例である。また，国籍法上，日本国籍を有することの確認を求める訴えを認めた最高裁判決がある（最大判平成20・6・4〔重判20-58〕）。

　平成16年の改正前の裁判例として，高速道路の通行料金の債務不存在確認訴訟を認めた裁判例（東京地判平成4・8・27）があり，租税に関する <u>類型Ⅰ₂</u> のように課税処分が存在しないことが考慮されていると思われる。このほか，市のゴミ収集義務の存在確認を求める訴訟を認めた裁判例もあり（東京地判平成6・9・9），実質的には，住民が要綱に基づく行政指導に従う義務のないこ

図5-12　当事者訴訟と争点訴訟

```
          ┌ 当事者訴訟 ┌ 実質的当事者訴訟 ┌ 給付訴訟……case 570・case 571………①
          │            │                  └ 確認訴訟……case 572・case 573………②
          │            └ 形式的当事者訴訟 ……………………case 575………………③
          └ 争点訴訟                      ……………………case 574………………④
```

＊　①＋②：公法上の法律関係に関する訴訟 vs ④：私法上の法律関係に関する訴訟
　①＋②＋④：無効確認訴訟（＝行為訴訟）を原則的に排除する権利訴訟（図5-9参照）
　③：個別法の規定による例外的な訴訟類型（図5-13参照）。実質的には，取消訴訟の代替的存在（権利訴訟か行為訴訟かについては議論あり）

との確認を求めた訴訟であるといえる。同様に，違法な行政立法に従う義務のないことの確認を求める訴訟などが認められる可能性があると考えられている。建築確認の行政指導に関する前出 case 508 でも，当事者訴訟が認められる可能性がある。このほか，case 572 のように，届出に対する受理の拒否や返戻についても，受理拒否処分の取消訴訟ではなく，不作為違法確認訴訟や当事者訴訟で争われることになろう（case 436 の説明も参照）。

　一般に，取消訴訟によっては十分な救済がなされない場面，特に行政立法・行政指導・行政計画のように，行政行為以外の行為類型が用いられる場面について，確認訴訟の活用が期待されている。ただし，case 573 については，行政立法に関する事例ではあるが，他の訴訟方法として，課税処分をうけた段階で課税処分の取消訴訟を提起する途があるので，実際の判例で認められるかどうかは，まだ明らかでない。

　確認訴訟の訴訟要件として，《確認の利益》が求められるが，最高裁は確認の利益の判断にあたって，訴訟の方法・対象の選択が有効・適切であるか否かという，民事訴訟における確認の利益と同じ基準を掲げている（前掲最判平成17・9・14）。民事訴訟の考え方を応用すれば，給付訴訟や形成訴訟（取消訴訟を含む）によっては適切な救済がなされない場合に限って，確認訴訟が認められることになる（民事訴訟でいう，方法選択の適否の問題である）。

　いずれにしても，この当事者訴訟としての確認訴訟は，民事訴訟としての確認訴訟とは異なる。その区分は，公法関係であるか私法関係であるかにかかっているが，訴訟手続上の規定としても，抗告訴訟の規定が部分的に準用されるにとどまっており（行訴法41条），ほとんど民事訴訟と同じように扱われることになる。他方，当事者訴訟には，取消訴訟のような第三者効（行訴法32条；case 625）が認められず，また仮の救済が明示されていないこと（case 640）

などの難点もある。

◇争点訴訟

　当事者訴訟との比較の意味で，**争点訴訟**（行訴法44条）に触れておこう。争点訴訟は行訴法上の訴訟類型ではなく，民事訴訟のカテゴリーであるが，行訴法が例外的に《民事訴訟の手続について口出し》をしているので，それを特別な類型として掲げているわけである。典型的な場面は，すでにおなじみの次の事例である。

　case 574　農地買収処分に不満なＡは，処分が無効であると考え，小作人Ｃを被告として，農地の返還請求訴訟（民事訴訟）を提起した。

　先の case 570 や case 571 と比較すれば明らかなように，ここでの紛争の形態は実質的に当事者訴訟と同じであり，争点訴訟は《当事者訴訟の私法版》であるといえる。このほかの争点訴訟の例として，類型Ⅳ₁において，収用裁決の無効を前提とした土地返還請求訴訟などがある。こうした争点訴訟は，当事者訴訟と同じく権利訴訟である。行訴法36条の「現在の法律関係に関する訴訟」として，当事者訴訟と争点訴訟の２つがあるといわれるのも（case 553・case 554 の項目を参照），以上の観点から理解できよう。

　争点訴訟の手続として，行政庁に通知し，行政庁の訴訟参加を可能にするなど，取消訴訟に近づける規定がおかれている（行訴法45条）。その紛争の実質は無効確認訴訟と異ならないことから，抗告訴訟に近い扱いがなされているわけである。

＊　**無効と取消しの区分は絶対的か**　繰り返し述べると，case 570 の公務員の懲戒免職処分の場合には，原則として取消訴訟（＝行為訴訟）を提起するべきであるが，例外的に処分が無効であれば当事者訴訟（＝権利訴訟）を提起することになる。case 574 の農地買収処分の場合も同様に，それぞれ取消訴訟（＝行為訴訟）と争点訴訟（＝権利訴訟）が救済方法となる。これが行訴法の立法関係者の理解である。
　ところが，取り消すべき瑕疵と無効の瑕疵の区分は，教科書的には重大明白な瑕疵かどうかで区別されるが，実際的にみると相対的な区分であり，裁判所の判決が下されなければ明らかにならない。そこで，無効の場合にも，取り消すべき場合に準じて，無効確認訴訟（＝行為訴訟）を広く認めるべきであるという考え方が出ても不自然ではない（本章第３節１.の註〔187頁〕）。さらに，行訴法45条の争点訴訟の規定も，両者の相違を相対化させる技術であるという見方が可能である。

第４節　当事者訴訟

たとえば，行政庁を訴訟に引っ張り出すという，取消訴訟に特徴的な措置が認められることになる（本章第1節3．〔149頁〕）。このように行訴法は，無効の場合の権利訴訟を通常の瑕疵の場合の行為訴訟に近い扱いにすることを定めているわけである。

2．形式的当事者訴訟

以上にみた実質的当事者訴訟に対して，次の事例は**形式的当事者訴訟**が用いられる場面である。

> case 575　Aの土地がC市の市道を新設するにあたって収用の対象になり，B県収用委員会の収用裁決がなされた。Aは，収用されるのはやむをえないとしても，補償額が少なすぎると考えている。

この場合の収用裁決は行政処分であるから，それに不満な私人に対する原則的な救済方法は，収用裁決の取消訴訟であり，収用委員会の所属するB県が訴訟の被告になるはずである。ところが，土地収用法は，収用委員会の裁決のうち損失補償に関する訴えは「これを提起した者が起業者であるときは土地所有者又は関係人を，土地所有者又は関係人であるときは起業者を，それぞれ被告としなければならない」と定めている（133条3項）。これは，形式的当事者訴訟の典型例である（図5-13）。すなわち，本来，B県を被告とした取消訴訟で争うべきところ，補償の金額については，便宜上，実際の当事者である地主AとC市の間で争わせることにしたものである。その代わり，訴訟をうけた裁判所はB県に通知することが定められている（行訴法39条）。なお，C市が補償額に不満である場合も同様であるし，起業者が民間企業（鉄道会社など）である場合にも，同じような訴訟形態になる。

図5-13　土地収用法上の補償をめぐる訴訟

収用委員会
②収用裁決の取消訴訟 ／　↓①収用裁決
地主　──→　起業者
②補償額をめぐる訴訟
＝形式的当事者訴訟

> case 576　case 575で，Aは，そもそも自分の土地が収用の対象にはなりえないと考えている。

念のために，形式的当事者訴訟の適用範囲について確認しておこう。土地収用法上の形式的当事者訴訟は，あくまで補償に関する紛争の解決方法であるか

ら，case 576 の場合には当事者訴訟は提起できず，原則に戻って，B県を被告として収用裁決の取消訴訟を提起することになる。

＊ 形式的当事者訴訟に関する論点　土地収用法上の形式的当事者訴訟の性質について，形成訴訟（収用裁決のうち，補償額の決定部分の取消しを求める行為訴訟）であるか給付訴訟（収用裁決による補償金額に代えて，補償額の増減を求める権利訴訟）であるかの対立がある。この問題に関する最高裁の立場は，まだ明らかにされていないが，形成訴訟であるといっても，裁判所が補償額について判断するので（収用法96条6項参照），実際的にみれば，両説の間での実際上の違いは大きくないといえる。

　また，国賠訴訟に損失補償訴訟を追加的に併合することの可能性について，最高裁は，両者の実質的な共通性から，民訴法上の訴えの追加的併合（143条）に準じて，これを肯定したうえで，控訴審で併合する場合には，被告の同意の要件を課している（最判平成5・7・20〔百選211〕）。この条件は，関連請求の追加的併合に準じたものである（行訴法16条2項参照）。

　なお，形式的当事者訴訟は，土地収用の収用裁決のほか，許認可行政（類型Ⅱ₂）において損失補償が取り入れられているもののなかにも，予定される例がある（公有水面埋立法6条，44条）。

> 学習のアドバイス
> 　行政訴訟のうち，主観訴訟の訴訟類型の話は，以上でひと段落するが，いろいろな訴訟類型が出てきたので，初学者であれば頭が混乱してくるのは自然なことである。そこで，本章を冒頭から読み直してほしいが，その際，取消訴訟（＝行為訴訟）が基本であることを念頭において，《取消訴訟の機能的な限界は何か》という観点から，他の訴訟類型を復習してほしい。

第5節　民衆訴訟・機関訴訟（特に住民訴訟）

　すでに述べたように，民衆訴訟と機関訴訟は，原告の個人的な権利利益と無関係に提起することが認められる訴訟であり，**客観訴訟**と総称され，取消訴訟のような主観訴訟と対比される。本節では，客観訴訟について概観する。

1．客観訴訟の概観

　行訴法は，客観訴訟として**民衆訴訟**と**機関訴訟**を掲げているが（5条，6条），これらはいずれも，行訴法以外の法律において定めがある場合に限って，訴訟提起が認められており，その訴訟要件なども，基本的にはそれぞれの法律の定めるところによる（42条，43条）。したがって，行訴法が民衆訴訟や機関訴訟というカタログを掲げているとはいっても，行政訴訟に関する一般法という体裁を保っているにすぎず，多くは個別法に定めるところに委ねられている。

　そこで以下では，客観訴訟のうち，民衆訴訟の中心的存在である住民訴訟だけを取り上げることにする。それは，住民訴訟の活用範囲は極めて広く，抗告訴訟の代替的機能を有することが少なくないからであり，実際にも数多くの住民訴訟が提起されている。

* **客観訴訟に関する判例**　客観訴訟のうち，機関訴訟の例としては，地方議会の議決に対する首長の訴え（自治法176条7項）があり，民衆訴訟の例としては，選挙の効力等を争う選挙訴訟（公職選挙法203条以下）や住民訴訟（自治法242条の2）がある。
　なお，最高裁は，明文以外の客観訴訟を認めることに否定的な傾向があるが（機関訴訟につき最判昭和28・6・12〔百選212〕，民衆訴訟につき最判昭和32・3・19〔百選213〕），選挙訴訟として議員定数訴訟を許容した判例のように，柔軟な対応によって憲法判例の展開につなげている場面もある（最大判昭和51・4・14〔百選214〕）。他方，いわゆる在外邦人選挙権訴訟（最大判平成17・9・14〔百選209〕）は，民衆訴訟としての選挙訴訟では争えない選挙人の地位をめぐる争いを，当事者訴訟としての確認訴訟によって解決したものである（本章第4節1．）。

2．住民訴訟の概観

　住民訴訟は，地方公共団体の住民が当該地方公共団体の違法な財務会計行為をただす訴訟であるが，実際的には，取消訴訟などの訴訟類型を補完する意義を有している。その意味を理解するには，財政の意義にまで遡って考える必要があろう。

◇現代行政における財政の重要性

　財政はすべての行政作用に関連している。あらゆる行政活動は，財政（お

金）なくしては機能しない。そこで，行政法を考察するうえでは，財政法という観点が重要になっている。《財政は国家の鏡である》というフランスの公法学者の表現は，古今東西を問わずに妥当している。このように，《行政のいたるところに財政がある》とすれば，財政統制を目的とする住民訴訟も，行政のいたるところで問題になりうる。

そこで，財務会計行為に関する住民訴訟が活用される範囲は広範に及ぶことになるので，その範囲をいかに画するかが課題となる。さらに，他の行政訴訟（取消訴訟など）が提起できる場合にも，別途住民訴訟を提起しうる場面が多いことから，両者の関係をいかに捉えるかが重要な問題になる。

> **学習のアドバイス**
>
> 　以上の認識をもとにすると，住民訴訟に関する論点として最も重要なのは，①財務会計行為の意義と，②違法性の承継の２つである。実務上は，住民訴訟の間口をいかに設定するか（いかに限定するか）が重要な関心事であり，抗告訴訟の機能分担を考えるうえでも，この２つの論点がカギになるからである。つまり，他の行政訴訟と違って，住民訴訟は住民であれば容易に提起できることから，一定の歯止めが求められる。そこで，大まかにいえば，公金支出の場合には違法性の承継，公金以外の財産管理の場合には財務会計行為が，それぞれ重要な論点になってくるのである。
>
> 　また，住民訴訟を他の行政訴訟と比較しながら学習していくことが重要になる。たとえば，抗告訴訟と形式的に共通するのは住民訴訟の１号請求（差止訴訟）であり，同号について平成14年の法改正の意義を理解する必要がある。さらに，違法性の承継については，取消訴訟における違法性の承継との異同もポイントになる。
>
> 　全般に，住民訴訟については技術的な要素が多いので，通常の学習としては，細かな判例等を知る必要はないであろう。その一方で，行政法の基礎理論との関係を理解しておくべきである。たとえば，財務会計行為は公物法との関係で理解される必要があるし，違法性の承継は，取消訴訟における違法性の承継との異同という観点から理解する必要がある。このように住民訴訟は，さまざまな理論が交差する場面であるといえる。

◇住民訴訟の典型的な活用場面

　住民訴訟の実際的なイメージを提供する意味をこめて，最初に住民訴訟の訴訟類型について説明しておこう。

地方自治法は，住民訴訟の請求類型として，違法な財務会計行為の差止請求（1号請求），取消請求・無効確認請求（2号請求），怠る事実の違法確認請求（3号請求），違法行為を行った職員または相手方に対する損害賠償等を求める請求（4号請求），の4つを掲げている（242条の2第1項）。たとえば，次の4つの事例においてB市の住民Aが提起する訴訟が，それぞれ上記4つの請求類型に対応する。

case 577　B市長は，公務員でないCに対し，B市の給与を支出しようとしている〔1号請求〕。

case 578　B市長は，近親者Cに対する補助金交付決定を行い，まったく公益性のない補助金を交付しようとしている〔2号請求〕。

case 579　Cが納付すべき固定資産税について，B市長は課税処分をしようとしない〔3号請求〕。

case 580　case 577 や case 578 で，実際にB市長がCに公金の支出をした〔4号請求〕。

このうち4号請求はやや分かりにくいが，損害賠償請求訴訟（ないし不当利得返還請求）そのものではなく，一種の《義務付け訴訟》である。つまり，地方公共団体の執行機関（通常は当該地方公共団体の長）をして，誰かに対する損害賠償等を請求させるための訴訟である。たとえば，case 580 の住民Aは，B市長を被告として，「Cに対して（またはB本人に対して）損害賠償請求をすることを義務付けること」を求めることになる。この点は，平成14年の改正で変更された点である。

したがって，case 580 の住民Aは，まず第1段階として，住民訴訟4号請求を提起して，B市長を被告として損害賠償請求の義務付けを求める。そこでAが勝訴した場合には，第2段階として，B市からCに対する損害賠償請求訴訟が提起される（自治法242条の3）。もちろん，第1段階の判決がなされたあとに，Cから自発的に支払いがなされた場合には，それで紛争は決着する。いずれにしても，最終的に損害賠償をうけるのは，住民AではなくB市である。

住民訴訟の典型的な活用場面が違法な公金支出の場面であるとすれば，どの類型が重要であるかは，おのずから明らかになろう。実際上よく用いられているのは，1号請求と4号請求である。それぞれ，公金支出がなされようとしている場合（事前統制），公金支出がなされた場合（事後統制）であり，後者の4号請求によることが最も多い。

なお，2号請求は，抗告訴訟としての取消訴訟に近いので住民訴訟の中心的

な存在になりそうであるが，公金支出の場合には処分が観念しにくいので，補助金交付決定などを除くと，活用できる範囲は限られている。また，3号請求は，租税徴収や財産管理の不作為の場面で用いられるが，公金支出に関しては，1号請求や4号請求に置き換えることが容易であるので，実際に用いられる例は少ない。違法な契約の締結については，1号請求と4号請求の双方が可能である（最判昭和62・5・19〔百選97〕と最判昭和62・2・20〔百選135〕を比較してほしい）。

* **平成14年改正の意義**　実際に提起される住民訴訟としては，政治的目的で首長を被告とした4号後段請求（職員個人に対する損害賠償請求）が圧倒的に多かった。そこで，首長の個人責任や訴訟負担を緩和するために，2002（平成14）年に自治法の改正がなされた。すなわち，4号前段請求の被告が職員個人から執行機関等に変更された。あわせて，訴訟形式が，損害賠償等の給付訴訟から一種の義務付け訴訟に変更された。

　また，同改正では，1号請求（差止訴訟）の要件が緩和され，「回復しがたい損害を生ずるおそれがあるとき」の要件が削除された。

◇**住民訴訟の機能**

　実際的な観点からすると，住民訴訟には次の機能が認められる。

　①　**憲法訴訟としての機能**　わが国には，形式的には，《憲法訴訟》という訴訟類型が存在しない。そこで，刑事訴訟を除くと，憲法訴訟の形式としては，国家賠償訴訟とともに，住民訴訟が多く用いられる。津地鎮祭訴訟や靖国参拝違憲訴訟が，その例である（case 589；最大判平成9・4・2〔自治百選76〕など）。

　②　**抗告訴訟の代替的機能**　抗告訴訟で救済ができない場合に，その代替的な機能をもつ（case 585-2・case 586-2 など）。とりわけ，これまでの裁判実務においては，抗告訴訟の訴訟要件が厳格に解されてきたことから，住民訴訟に頼る傾向が強かった。

　③　**政治的機能？**　さらに実際には，特定の選挙人団が首長を攻撃するために住民訴訟（特に旧4号請求）を提起するという，政治的な目論見がしばしば垣間見られるところである。この種の政治的関心が絡むために，住民訴訟は新聞紙上をにぎわすことが少なくない。

＊**住民訴訟が行政判例の形成に果たす役割**　行政法の基本判例で住民訴訟が用いられた例としては，自治体が第三セクターなどの外郭団体に職員を派遣し，その職員に自治体が給与を支払った場合に関する事件がある（最判平成10・4・24〔百選4〕）。これは，先のcase 577に近い問題状況である（関連して，最判平成16・7・13〔百選5〕も参照）。このほか，有名なボート杭撤去事件（最判平成3・3・8〔百選103〕）も，住民訴訟が用いられた例である。これによって，行政法総論に関する重要判例が形成されている。

◇客観訴訟としての住民訴訟

繰り返し述べるならば，住民訴訟は，地方公共団体の財務会計行為の違法をただす訴訟であるから，実質的には，納税者の経済的権利を保障する手段である。つまり，納税者は自分が納めた租税の使われ方等に関心をもつのは当然であり，違法に公金等が使用されることに対する歯止めが住民訴訟であるといえる。実際，外国では，住民訴訟に相当する訴訟が，主観訴訟として，取消訴訟などの枠内で処理されることもある（木村・財政法理論359頁以下）。

ところが最高裁は，こうした実質的な趣旨を認めつつも，住民訴訟の訴権を「法律によって特別に認められた参政権の一種」と位置づけている（最判昭和53・3・30〔百選216，自治百選75〕）。それゆえに，住民訴訟は，原告の個人的な権利・利益とは無関係に提起できる。その意味で，行訴法のカタログでいえば，住民訴訟は民衆訴訟（行訴法5条）のひとつであり，講学上は客観訴訟として位置づけられる（前出の図5-2を参照）。

3．住民訴訟の訴訟要件（その1）

以下では，住民訴訟のおもな要件について述べることにするが，最も重要な訴訟要件である財務会計行為については，次の項目で詳述する。

◇事前手続としての住民監査請求

住民訴訟を提起するには，それに先立って監査委員に対する**住民監査請求**（自治法242条）がなされなければならない。監査委員は外部委員によって構成されるが，行政機関であることに変わりはないので，監査請求前置は取消訴訟における不服申立前置のようなものである。住民監査請求の結果に不満である場合に初めて，住民訴訟が提起できることになる。監査請求の要件として，条文上示されていないが重要なものとして，一事不再理がある。典型的な場面は，

次の事例である。

- case 581　Aは，B市が違法な契約を締結したことについて住民監査請求をしたが，その結果に不満なので，同じ契約に基づく支出命令や支出について住民監査請求をしようとしている。

　契約の締結は財務会計行為として，住民監査請求や住民訴訟の対象になるが（4.参照），判例は，同一の住民が同一の行為（または怠る事実）について監査請求をすることはできないとしているので（最判昭和62・2・20〔百選135〕），case 581の場合にも再度の住民監査請求はできない（**一事不再理**）。したがって，住民訴訟においても，同一の住民が同一の違法事由について再度争うことは許されない（支出手続については，218頁の註を参照）。

◇住民訴訟の原告適格

　住民訴訟は「住民」であれば，つまり当該地方公共団体に住所を有するものであれば誰でも提起できる（自治法10条1項参照）。

- case 582　B市長の公金支出について，D市に住所をもちながらB市に固定資産税を納付しているAが不満である。
- case 583　B市長の公金支出について，B市に居住するAが住民訴訟を提起したが，訴訟係属中にAはD市に転出した。
- case 584　B市長の公金支出について，B市に居住するAが住民訴訟を提起したが，訴訟係属中にAは死亡した。

　ここにいう「住民」は「納税者」とは異なるから，納税していない住民でも訴訟提起ができる。逆に，納税していても住民でなければ，住民訴訟は提起できない。case 582がその場面であり，Aの経済的権利は，住民訴訟を通じては保護されないことになる。

　さらに，case 583のように，原告が他の市町村に転居した場合や，case 584のように，原告が死亡した場合に関しても，訴訟が終了するとされている（後者につき，最判昭和55・2・22〔重判55-56〕，最判昭和57・7・13〔自治百選92〕）。これは，情報公開に関する判例と同様である（case 459・case 460の説明を参照）。住民訴訟が，住民の財産権でなく参政権の保護を目的にしているという判例（前掲最判昭和53・3・30）からすれば，やむをえないところであろう。

◇抗告訴訟との比較

　住民訴訟は客観訴訟であり，地方公共団体の住民であれば誰でも訴訟を提起

できるので，原告の「法律上の利益」（法律上保護された個人的利益）は問題にならない。その結果，取消訴訟で拾えない問題が住民訴訟で争えることがある。具体例をみながら，抗告訴訟との違いを考えてみよう。

- case 585-1　Cに対して課税されるべき固定資産税について，B市長が減免する決定をしたので，これに不満なB市の住民Aは，減免決定の取消訴訟（抗告訴訟）を提起した。
- case 585-2　case 585-1で，Aは，減免決定の取消訴訟（住民訴訟2号請求）を提起した。
- case 586-1　B市長が，Aの使っている市道の廃止決定をして，その用地を売却しようとしているので，Aは，市道廃止決定の取消訴訟（抗告訴訟）を提起した。
- case 586-2　case 586-1で，Aは，道路用地を売却する契約の差止訴訟（住民訴訟1号請求）を提起した。

　抗告訴訟としての取消訴訟に関するcase 585-1やcase 586-1では，Aに原告適格が認められないとして却下されるが（case 525の説明を参照），住民訴訟の形式をとるcase 585-2やcase 586-2は，いずれも適法な訴訟として審理される。ただし，case 586-2では，道路廃止決定自体は財務会計行為ではないので（4.参照），旧道路用地の売却行為などを財務会計行為とみて住民訴訟を提起することになるが，その場合には，違法性の承継の問題が障害になる（case 592参照）。

◇住民訴訟の被告適格

　抗告訴訟などの主観訴訟の説明にならっていえば，現行の住民訴訟の4つの訴訟類型は，すべて行為訴訟であって権利訴訟ではない。このため，被告は財務会計行為を行う執行機関（地方公共団体の長や，その委任をうけた財政課長など）であって，職員個人（長本人や財政課長本人など）ではないと解されている。

　住民訴訟の1号請求・2号請求・3号請求では，財務会計行為そのものが問題とされるから，財務会計行為を行う行政機関が被告となるのは自然なことである。これに対して，4号請求については，損害賠償請求などが問題となるから，国家賠償請求と同じように権利訴訟といえなくもないが，この点は平成14年改正によって，行政機関を被告とすることに改められた。すなわち，改正前の4号請求は，財務会計行為を行った職員（またはその相手方）を被告として，損害賠償責任を求める権利訴訟であったのに対して，改正後は，その職員らに対して損害賠償請求等を行う執行機関を被告として，行為訴訟（義務付

け訴訟）が提起されることになる。

＊ 委任・専決に関する判例　法令上は，地方公共団体の長が多くの権限を有しているが，長が直接権限を行使することは稀であり，他の職員に委ねることが多い。その場合に用いられる手法は，委任や専決である（第3章第4節1．）。そこで平成14年改正前は，委任・専決がなされた場合に，誰が4号請求の被告になるか，という問題が盛んに議論されてきた（専決につき最判平成3・12・20〔百選25〕，委任につき最判平成5・2・16〔自治百選84〕）。これに対して，現行法のもとでは，仮に最終的な損害賠償請求の相手方を間違ったとしても，被告（財務会計行為の執行機関）を間違えない限りは，大きな問題は生じない。このため，平成14年の改正によって，かつての4号請求の被告適格の議論はあまり意味をもたなくなったと考えられる。

　もっとも，最終的な損害賠償責任の所在は，別途問題になる。判例によると，原則的には，実際の財務会計行為を行った職員（長から委任ないし専決を受けた者）の責任が生ずるが，本来の権限保持者（委任者たる長など）が指揮監督上の義務を怠った場合には，その者にも責任が生ずる（上記の2つの最高裁判決を参照）。

4．住民訴訟の要件（その2）：財務会計行為の範囲

　住民訴訟の対象は，**財務会計行為** である。条文上は，住民監査請求の要件として掲げられており，具体的には，公金の支出や財産の管理，契約の締結などがある（自治法242条1項）。これに対して，道路開設決定や公務員の免職処分などは，財務会計行為には当たらないとされる。そこで，財務会計行為の範囲について考えてみよう。

◇**判例の準則**

　財務会計行為に関する判例の準則を示しているのは，最判平成2・4・12である。同判決によると，財務会計行為とは，当該財産の「財産的価値に着目し，その価値の維持，保全を図る財務的処理を直接の目的とする財務会計上の財産管理行為」である。

　もっとも，この平成2年最判は財産管理のみに関する定式を示したにすぎないのではないか，という疑問をもつ読者もいることだろう。しかし，公金に関する行為（公金支出など）は，当然に財務会計行為になると考えられているので，実際上，公金に関して財務会計行為性を論ずる意味はないのである。し

がって，実際上の財務会計行為性の判断にあたって先例として引用されるのは，もっぱら同判決である（ただし，財務会計行為の具体的な範囲に関しては，裁判実務上も流動的なところがあることにつき，たとえば最判平成13・12・13〔自治百選87〕の町田反対意見を参照）。

◇道路に関する事例で考えると…
　財務会計行為の定式化にあたっては，類型Ⅳ$_2$の道路に関する判例・裁判例が重要な意味をもっており，平成2年最判も道路に関する事件である。判例の定式では，《財産的価値に関する目的》という視点がポイントになっており，他の行政目的と対置される。道路でいえば，道路用地の資産価値を維持・保全するという目的であり，道路としての行政的機能を高めるという目的とは区別される。次の事例で考えてみよう。

　case 587-1　B市長は，市道の管理を怠り，Cに占拠された状態にしている。
　case 587-2　B市長は，市道の管理を怠って，通行が困難な状態にしている。

　ここで，平成2年最判の先駆的なモデルとして挙げられるのが，東京地判昭和44・12・4である。同判決では，case 587-1では，B市の所有権という財産価値が損なわれた場面であるので財務会計行為性が肯定されるのに対して，case 587-2では，道路の機能が害された場面であるので，財務会計行為性が否定されている。

　＊　公物法理論との関係　こうしたcase 587-1とcase 587-2の区分は，理論的には，財産管理と公物管理の区分（第3章第4節3.）に対応している。つまり，前者は地方公共団体の財産権（特に民法上の所有権）の維持・保全にかかわるものであるのに対し，後者は公物の機能を維持増進させるという行政目的（道路法などの個別法に基づくもの）に関するものであるから，財産管理的作用については財務会計行為性が肯定され，公物管理的作用については否定されることになる。とはいえ，公物管理と財産管理の区分は，なかなか感覚的になじみにくいところがあると思うので，入門の段階ではcase 587-1とcase 587-2を記憶しておいて，他の場面に類推していくのが賢明であろう。

◇行政財産の目的外使用
　応用問題といえるのが，行政財産の目的外使用である（第3章第4節3.）。目

的外使用許可の財務会計行為性については，最高裁判例はなく，学説・裁判例が分かれた状況にある。基本的な事例は，次のとおりである。

case 588　B市長は，事業者Cに対し，市庁舎の一部をレストランとして使用する許可を与えたが，B市の住民Aは，こうした使用方法に公共上の必要性がないと考えている。

　この場合の目的外使用許可が財務会計行為であるか否かについて，肯定説と否定説が対立しているが，それぞれの根拠は，基本的には平成2年最判の定式から導かれる。まず，否定説は，《行政財産》という要素に注目する。すなわち，行政財産の目的外使用は，行政財産を財産的価値とは別の行政目的のためになされるから，その管理行為は財務会計行為でないと説かれる（千葉地判昭和53・6・16など）。これに対して肯定説は，《目的外》という要素に着目する。つまり，形式的には行政財産に関する措置ではあるが，行政財産の本来の目的から外れている以上，普通財産の貸付けと同じく，実質的に財産的価値に関係しており，財務会計行為にあたると説明される（浦和地判昭和61・3・31）。もっとも，後者の立場をとる場合であっても，他の行政目的を伴う目的外使用の場合には例外的に扱うなど，個別的判断を重視する立場もある（東京地判平成5・3・22，大阪地判平成10・2・12）。

　この行政財産の目的外使用あたりが，財務会計行為のボーダーラインということになろう。したがって，たとえば，都市公園内に公園施設を設置・管理するための管理許可（都市公園法5条1項）は，いわば《目的内》の使用許可であるから，最高裁の準則からすれば財務会計行為性が否定されるであろう。

5．住民訴訟における違法性の承継

　住民訴訟の活用範囲という観点からみて，いまひとつの重要な論点は，違法性の承継である（形式的にいえば訴訟要件の問題ではないが，これまでにあげた訴訟要件とともに，住民訴訟の重要な機能的限界を画する要素であるので，便宜的にここで述べておく）。

　住民訴訟における**違法性の承継**は，一般的にいえば，《先行行為（甲）に基づいて，財務会計行為（乙）がなされたとき，乙に対する住民訴訟において甲の違法性が主張できるか》という問題である。先にみたように，道路開設決定や免職処分は財務会計行為ではないが，これらをめぐる争いも，違法性の承継

の捉え方によっては，それに続く財務会計行為に対する住民訴訟で争うことができるわけである。

◇**違法性の承継を論ずる意義**

住民訴訟における違法性の承継の問題は，取消訴訟における違法性の承継（case 617〜619）と比較しながら理解されるべきである。すなわち，取消訴訟の場合に違法性の承継を限定する意義は，出訴期間を限定する行訴法の趣旨を実質化し，法的安定性を確保することにある。これに対して，住民訴訟の場合には，監査請求期間（自治法242条3項）を限定する意義もあるが，それ以上に重要なのは，住民訴訟で争われる紛争を財務会計行為（ないしその周辺的事項）に限定する意義である。つまり住民訴訟では，《先行する非財務会計行為（甲）に基づいて財務会計行為（乙）がなされたとき，乙に対する住民訴訟で甲の違法性が主張できるか》という形で問題になることが多く（図5-14参照），自治法が住民訴訟の対象を財務会計行為に限定した趣旨からして，一定の限界があるべきことになる。

図5-14　住民訴訟における違法性の承継の典型的場面

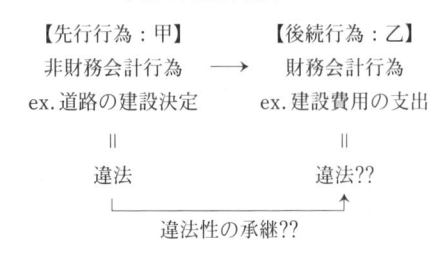

【先行行為：甲】　　　　　【後続行為：乙】
非財務会計行為　　→　　財務会計行為
ex. 道路の建設決定　　　　ex. 建設費用の支出
　　　‖　　　　　　　　　　　　‖
　　　違法　　　　　　　　　　違法??
　　　└──────違法性の承継??──────┘

先に述べたように，現代行政のほとんどは公金の支出が伴われるから（2. 参照），かりに違法性の承継を無制限に認めると，住民訴訟ですべての行政作用が争えることになり，他の行政訴訟の存在意義（あるいは，それぞれの訴訟要件を設定している意義）がなくなってしまうであろう（この点に触れる裁判例として，松山地判昭和63・11・2）。

◇**判例の準則**

最高裁によると，「原因行為を前提としてされた当該職員の行為自体が財務会計法規上の義務に違反する違法なものであるとき」に限られる（最判平成4・12・15〔自治百選89〕）。ここにいう《財務会計法規上の義務》は，狭義の財務会計法令に限られず，当該職員が職務上負担する行為義務一般である。あくまで，後続行為に注目した違法性であり，言い換えれば，最高裁は大多数の学説と異なり，《違法性の承継》という概念すら用いていないのである。

もっとも，この準則が実際に適用されたのは，先行行為の主体に自律性がある場合だけである（平成4年最判は教育委員会が先行行為を行った事例であり，同判決を踏襲した最判平成15・1・17〔重判15-38〕も議会の行為に関する場面であって，いずれも首長から独立した地位を有する機関である）。しかし，最高裁の判旨は一般論として書かれていることに注意を要する（自律性が問題にならない場面への適用例として，最判平成20・1・18〔重判20-64〕）。

◇**具体的な当てはめ**
　これまで最高裁において問題になったのは，次の4つのケースである。これらはすべて，平成4年最判の準則から説明できる。
　case 589　B市が公民館の新築にあたって地鎮祭を行い，そのために公金を支出したが，B市の住民Aは，地鎮祭が憲法上の政教分離の原則に反すると考えている。
　case 590　B市長は，懲戒免職処分をすべき職員Cに対して分限免職処分を行い，Cに対して違法に退職金を支給した。
　case 591　第三セクターに派遣されたB市の職員に対し，B市から違法に給与が支払われた。
　case 592　B市は，新しい市道の建設を違法に決定し，道路用地を買収した。

　まずcase 589は，有名な津地鎮祭判決であり，住民訴訟が憲法訴訟の機能をもつことを認めた判決として注目をあびた（最大判昭和52・7・13〔憲法百選47〕）。最高裁は，「公金の支出が違法となるのは単にその支出自体が憲法89条に違反する場合だけではなく，その支出の原因となる行為が憲法20条3項に違反し許されない場合の支出もまた，違法となる」と述べており，違法性の承継を広範に認めているようにみえる。しかしながら，この事件は，宗教法人との準委任契約に基づいて長が支出命令をした事例であり，訴訟では財務会計行為として支出命令が取り上げられている。つまり，契約締結（＝支出負担行為）―支出命令 という手続である。いずれも財務会計行為の場合であり，比較的問題は少ない場面であったといえよう。
　平成4年最判の準則を当てはめると，当該契約は憲法20条および民法90条に違反して無効であり，長には，無効な契約に基づいて公金の支出（支出命令）をしてはならない義務が，《財務会計法規上の義務》として認められる。このように理解すると，判例は変更されていないことになる。つまり，地鎮祭判決において広範に認められたかにみえる違法性の承継が，平成4年最判にお

いて一定の範囲に限定されたにすぎないのである。

次の case 590 の公務員の退職金の場合については，分限処分―退職金の支出決定（＝支出負担行為）の間で，違法性の承継が認められている（最判昭和60・9・12〔自治百選70〕）。なぜなら，この場合のB市長には違法な分限処分の取消義務があり，これが職務の誠実執行義務のひとつ（自治法138の2），すなわち財務会計法規上の義務として認められるからである。

さらに，case 591 の自治体職員派遣の場合については，第三セクターへの職員派遣―給与の支出決定（＝支出負担行為）の間で，違法性の承継が認められている。なぜなら，給与支出決定が，給与条例主義（地方公務員法25条1項）のもとでの給与関係規定に違反しており，これが財務会計法規上の義務違反といえるからである（最判昭和58・7・15〔旧自治百選75〕）。なお同判決では，違法性の承継を肯定する理由として，前者は後者の「直接の原因」であるから，前者の違法性が後者に承継される，と述べているが，この理由づけは平成4年最判で変更されたと考えられる。

他方，case 592 は，違法な手続でなされた道路開設に基づいて，用地買収と公金支出がなされた場合である。つまり，道路開設決定―用地買収（＝支出負担行為）という流れである。この場合には，違法性の承継が否定されている（最判昭和59・11・6）。この場合の道路開設決定は，用地買収（支出負担行為）に対する動機にすぎないと説明される。もっとも，case 590 と同じように，B市長に職権取消しの義務が生ずるのではないか，という疑問が生ずるが，道路開設決定がなくとも将来のための用地取得は可能であるという説明は可能であり，同判決でも，道路法上の手続は「当該道路開設のためにその用地に対する権限を任意に取得するについての要件をなすものではない」と述べられている。

＊ 地方公共団体における支出会計手続　住民訴訟の判例を理解するにあたっては，地方公共団体の支出会計手続の基本的な仕組みを知っている必要がある。
　① 支出負担行為（契約や補助金交付決定など。原則として長の権限）……自治法232条の3
　② 支出命令（長から会計管理者に発せられる命令）……同法232条の4
　③ 支出（会計管理者）……同法232条の5
　なお，本文に引用した事件において問題になった先行行為は，case 589 以外では，支出負担行為に先立つ行為（職員派遣，分限処分，道路開設決定）である。

第6章　行政訴訟その2：審理・判決・仮の救済

　行訴法は，前章でみた訴訟要件と同様，審理・判決についても，取消訴訟に関する規定を中心にしており，それを他の行政訴訟の諸類型に準用するという構成をとっている（38条，41条，43条参照）。そこで本章でも，特に取消訴訟を念頭において，審理・判決・仮の救済の順に整理することにしよう。なお，網羅的な説明でなく，最高裁判例が出されている問題を中心に述べることにしたい。

> 学習のアドバイス
>
> 　行政訴訟の審理・判決等に関する重要論点は多いが，訴訟要件に比べて判例の蓄積が少ない。これは，従来の裁判実務上，訴訟要件（処分性や原告適格など）が満たされないとして原告の訴えが却下（門前払い）されることが多く，なかなか本案の審理・判決の論点にまでたどりつけなかった，という事情を反映している。そこで，初学者としては，基本的な考え方とともに重要条文を理解しておけば足りるであろう。現段階では，訴訟要件の問題に比べると，学習量は少なくてよいと思われる。
>
> 　全体を通じて，民事訴訟の審理・判決と比較する視点が重要である。また，行政上の不服申立て（第7章）を学習した後には，取消訴訟と不服審査制度の比較もしてほしい。

第1節　行政訴訟の審理

　本節では，便宜上，取消訴訟の審理に関する諸原則とその帰結（1.），違法性の評価に関する諸問題（2.）に分けて説明することにしよう。なお，後者のなかには，行政裁量や違法性の承継など，伝統的に行政行為論として論じられてきた問題の一部を含んでいる。

1. 審理に関する諸原則

ここでも、取消訴訟と民事訴訟の手続を全般的に比較することから始めることにしよう。民事訴訟における諸原則の立て方については、必ずしも見解が一致していないが、表6-1の整理をもとに、オーソドックスな説明をしておく。

◇**当事者主義と職権主義**

裁判所と当事者の役割分担については、当事者により多くの権能を与える**当事者主義**と、裁判所に多くの権能を与える**職権主義**という、2つの考え方がある。当事者主義は、訴訟の開始・終了、訴訟の範囲（訴訟物）の特定に関する**処分権主義**、事実や証拠の収集に関する**弁論主義**が含まれる。なお、民事訴訟では、このほか、書面審理主義（書面主義）に対する意味での**口頭審理主義**（口頭主義）が原則とされており（87条1項）、手続の進行については職権進行主義が採用されているが（93条、148条など）、これらは取消訴訟においても同様である（表6-1参照）。

表6-1　民事訴訟の諸原則との関係

当事者主義	⟷ 職権主義
処分権主義	
弁論主義	⟷ 職権審理主義（→職権探知）
口頭審理主義	⟷ 書面審理主義

総じて、民事訴訟においては、当事者主義が採用され、職権主義は極めて例外的であるのに対して、取消訴訟では、公益的な配慮から職権主義的要素が多く採り入れられている。特に、民事訴訟における当事者主義が修正され、職権探知主義が多く採用されていることに、取消訴訟の特徴がある。当事者主義のうち処分権主義については、判決との関係で説明することにして（本章第2節3.）、ここでは弁論主義の問題を中心に述べることにしよう。

弁論主義のもとでは、当事者の弁論に現れた事実と証拠に基づいて判決が下される。これに対して、**職権探知主義**のもとでは、事実と証拠の収集が裁判所の権限とされる。後者の職権探知には、裁判官がみずから証拠の収集をする**職権証拠調べ**が含まれる（職権探知を広く認める例として、人事訴訟法20条）。

行訴法24条は、取消訴訟で裁判所が職権証拠調べをすることを認めているが、判例上、職権証拠調べは裁判所の義務ではないとされる（最判昭和28・12・24〔百選197〕）。さらに《取消訴訟において職権探知までが認められるか

否か》については，行訴法24条と人事訴訟法20条の文言の違いからして，通説は否定している。以上の点を，類型Ⅰ₃の公務員の懲戒免職に即して，具体的にみてみよう。

  case 601　B大臣は，職員Aが1月中に職務を怠ったことを理由として，懲戒免職処分をした。その取消訴訟において，裁判所は，1月中の怠業が事実であるか否かについて，自ら証拠調べできるか。

  case 602　case 601 で，2月中の怠業の有無について，裁判所は自ら探索できるか。

通説的見解によれば，case 601 のような職権証拠調べは，行訴法24条によって可能であるが，case 602 のように，職権証拠調べを越えて，当事者の主張していない事実を裁判所が探知すること（職権探知）は否定されることになる。なお，職権証拠調べ以外の職権探知ができないことは，行政上の不服申立ての場合との相違である（第7章第4節3.）。以上の比較の結果を，表6-2にまとめておこう。

表6-2　職権主義が認められる範囲の比較

	民事訴訟	取消訴訟	不服申立て
職権証拠調べ	×	○	○
職権探知〔職権証拠調べ以外〕	×	×	○

＊ 民事訴訟においても職権証拠調べが認められる場合があり（民訴法186条，228条3項など），本表に示したのは，あくまで原則の比較である。

◇釈明処分の特則

　民事訴訟においては，弁論主義のもとで，事実の解明は当事者の弁論に期待されることになるが，紛争の内容を明確にさせながら当事者に十分な弁論を促すために，民訴法は，当事者に働きかけをする権限を裁判所に認めている（149条）。この権限が**釈明権**であり，釈明権の内容としては，当事者に質問することが中心であるが，このほかに，必要な資料の提出などを求める**釈明処分**をする権限がある（151条）。こうした釈明権・釈明処分は，弁論主義を補完するものとして位置づけられる。

　取消訴訟でも裁判所の釈明権が認められるが，一般に行政上の紛争においては，行政と私人の間で情報のアンバランスがあるのが通常であることから，裁判所がより積極的に釈明権を行使することが求められる。そこで，行訴法は**釈明処分の特則**を設け，問題となっている行政庁のほか，関係する他の行政庁

第1節　行政訴訟の審理　　　221

にも資料の送付を求められるようにした（23条の2）。問題となっている行政庁が資料を所持しているかどうかを問わず，また当事者の引用も不要である点で，民事訴訟の釈明処分よりも広い（民訴法151条1項3号と比較してほしい）。この規定は，平成16年の行訴法改正で追加されたものであり，行政訴訟における説明責任（第4章第1節3.の註〔84頁〕）の表れといわれる。

なお，取消訴訟でも，民訴法上の文書提出命令の制度（220条以下）を用いることができる。

◇関連請求

行訴法は，取消訴訟と関連する訴訟の間の調整のために，関連請求の概念を採用し（13条），関連請求について訴訟の移送や併合を可能にしている（16条～20条）。それぞれの典型的な場面を掲げておこう。

case 603　B県知事が地主Aに対して農地買収処分をしたので，Aは，買収処分の取消訴訟とともに，小作人に対する農地返還請求訴訟を提起した。裁判所は，後者を前者の係属する裁判所に移送できるか。

case 604　B税務署長の課税処分をうけて納税したAは，課税処分の取消訴訟と，納付した税額の不当利得返還請求訴訟を，併合して提起できるか。

まず，類型Ⅰ₁の農地買収関係では，農地買収処分の取消訴訟の関連請求として，その取消しを前提として提起された，小作人に対する登記抹消請求訴訟がある（13条1号）。農地買収計画の取消訴訟と農地買収処分の取消訴訟も，相互に関連請求である（同条2号）。また，租税に関する類型Ⅰ₂の場面では，税務署長に対する課税処分取消訴訟の関連請求として，国に対する不当利得返還請求訴訟（同条6号）のほか，国税不服審判所長に対する裁決取消訴訟（3号）がある。

したがって，case 603とcase 604では，いずれも移送・併合が認められることになる。なお，最高裁は，行訴法13条6号の関連請求（同条1号～5号の関連請求以外で認められるもの）について，各請求の基礎となる社会的事実の《密接な関連性》をもとに柔軟に解する立場をとっているので（最判平成17・3・29〔重判17-37〕），移送・併合が広範に認められる可能性が高い。

関連請求は，あくまで取消訴訟を中心に立てられた概念であることに注意を要する。たとえば，case 603で移送がなされる場合，取消訴訟の係属する裁判所に関連請求（この場合には民事訴訟）を移送できるのであって，逆に関連請

求の係属する裁判所に取消訴訟を移送することはできない。要するに，取消訴訟の方が関連請求よりも《偉い》のである。

◇訴訟参加

取消訴訟において認められる訴訟参加には，いくつかの種類がある。

(case 605) 農地買収処分に不満な地主Aは，その取消訴訟を提起した。小作人Cは訴訟参加できるか。

まず第1に，行訴法は **第三者の訴訟参加** について規定をおいており（22条），その典型的な適用場面は case 605 である。その範囲は，取消判決の第三者効（32条）や拘束力（33条）によって不利益をうける第三者であるとされる（最判平成8・11・1）。その意味で，判決効の問題と関連するので，詳しくは後述することにしよう（case 625・case 628）。

(case 606) Aは，B市の建築主事が近隣のCに建築確認をしたことに不満であり，その取消訴訟を提起した。別の近隣住民Dは，その訴訟に補助参加できるか。

第2に，こうした行訴法上の訴訟参加とは別に，**民訴法上の補助参加**（42条以下）も可能であると考えられている。そこで，補助参加できる者の範囲が問題になる。判例は，補助参加が認められる基準について，原告適格の判断基準と同一の考え方を採用している（最決平成15・1・24〔百選192〕）。したがって，case 606 では，当該取消訴訟の原告適格が認められる範囲で，他の近隣住民は補助参加することができる。

(case 607) Aの建築確認申請についてD消防長の同意が得られなかったので，B市の建築主事は拒否処分をした。Aが提起した取消訴訟に，D消防長は訴訟参加できるか。

以上の2つの制度は，おもに原告側の訴訟参加で問題になる規定であるが，行政側の訴訟参加の制度として，第3に，**行政庁の訴訟参加** の制度が存在している（行訴法23条）。これは，行政庁を訴訟に参加させることによって訴訟資料を豊富にし，適正な裁判を可能にする趣旨である。訴訟参加が可能な行政庁の例として，case 607 におけるD消防長があげられる。この場合の訴訟参加の可否については，裁判所の裁量に委ねられる。

◇取消訴訟の訴訟物

取消訴訟の訴訟物は，《処分の違法性一般》であると解されている。それゆ

第1節　行政訴訟の審理

えに，取消判決の既判力は，処分の違法性全般に及ぶ。

そこで，請求棄却判決（原告敗訴の判決）が下されたときには，最初の取消訴訟でひとつの違法事由（甲$_1$）だけが主張されていたとしても，後の訴訟で，他の違法事由（乙$_1$・丙$_1$……）も主張できないことになる。言い換えれば，最初の取消訴訟において，原告はあらゆる違法事由を主張できるし，主張しておくべきことになる。原告にしてみれば，《下手な鉄砲，数打ちゃ当たる》という感覚で，訴訟に臨む必要がある。例外的に，原告の違法主張が制限されるのは，時機に後れた攻撃防御方法（民訴法 157 条）に当たる場合や，違法事由の主張制限（行訴法 10 条 1 項）による制約がある場合である。以上について，具体的にみてみよう（違法事由の主張制限については，case 615・case 616 を参照）。

case 608　税務署長 B から課税処分（青色申告に対する更正処分）をうけた A は，税額の計算方法が間違っていると考え，不服申立を経て取消訴訟を提起するに至った。その訴訟において A は，課税処分に理由付記がなかったことを，新たに主張できるか。

一般に，行政処分の瑕疵は，主体・内容・形式・手続のそれぞれについて生じうるが（第 4 章第 2 節 2.），上記の通説的立場によれば，たとえば内容に関する瑕疵（甲$_1$）のみならず，形式に関する瑕疵（乙$_1$）もあわせて主張できることになる。したがって，case 608 でも，A は追加的な主張ができる。

なお，違法事由が複数主張された場合に，裁判所はいずれの違法事由を優先して審理するべきかという問題がある。実体的瑕疵を優先する立場と，手続的瑕疵を優先する立場の 2 つがあり，行政行為に対する裁量統制のあり方（2. 参照）と絡んで議論される。

◇理由の差替え（その 1）：不利益処分の場合

以上は，違法事由が複数ある場合，つまり原告（私人の側）にとって有利な事由が複数存在する場合の問題である。

これに対して，処分の根拠となりうる事由が複数ある場合，つまり被告（行政の側）にとって有利な事由が複数ある場合はどうか。取消訴訟の訴訟物が《処分の違法性全般》であるとすれば，違法事由が複数ある場合と対照的に考えて，その場面と同じ解決がなされるのが自然であろう。つまり，行政庁は《処分を維持する理由》を何でも主張できるし，主張しなければ，請求認容判決（原告勝訴の判決）のあとで主張できなくなるはずである。そこで，取消訴

訟においては，処分時に主張した理由（甲₂）のみならず，他の処分理由（乙₂・丙₂……）をも主張できることになる。これが **理由の差替え** の問題であり，原則として，行政庁による理由の差替えは可能であると解される。

> (case 609) B税務署長は，AがD社との取引で100万円の収入を得ていたことを理由として，Aに対する更正処分をした。Aの提起した取消訴訟において，B税務署長は，E社からAが同額の収入を得ていたことを主張して，処分を維持できるか。

判例は，この種の場面において，行政庁による理由の差替えを認めている（最判昭和56・7・14〔百選193〕）。ただし，学説上は，原告たる私人にとって不意打ちにならないようにするために，つまり，処分時に示された理由（甲₂）とは別の理由（乙₂）が，訴訟の段階で突然行政側から主張されて，原告が面食らうことがないようにするために，このような理由の差替えは無制限に認められず，《処分理由の同一性》という要件をみたす必要があると考えられている。最高裁も「いかなる事実をも主張することができると解すべきかどうかはともかく」という留保をおいていることから，一定の制限を付す立場であると思われる。たとえば，case 609 で，Aが過大な寄付金控除をしていることを被告が新たに主張する場合には，微妙な判断が求められよう。他方，白色申告に対する更正処分については，法令上，理由付記が求められていないことから，最高裁は理由の差替えを広範に認める立場をとっているようにみえる（最判平成4・2・18〔重判4-62〕）。これに関連して，次の事例が問題になる。

> (case 610) B大臣は，職員Aが飲酒運転で交通事故を起こしたことを理由として，懲戒免職処分を行った。その取消訴訟においてB大臣は，Aが秘密漏洩をしたことを理由として，処分を維持できるか。

公務員の懲戒処分は非違行為ごとに独立したものと観念されるので，甲₃という非違行為を理由とした懲戒処分と，乙₃という非違行為を理由とした懲戒処分は，別々の処分であると考えられる。したがって，case 610 の場合には，そもそも《処分の同一性》がないので，別の処分の理由によって当初の処分を維持することはできないと解される。厳密にいえば，これは理由の差替えの問題ではないことになる。

◇理由の差替え（その2）：申請に対する処分の場合

以上の説明は，課税処分や懲戒処分のような不利益処分（侵害作用）に関す

第1節　行政訴訟の審理

るものであるが（類型I₂・類型I₃），申請に対する拒否処分（類型II₁）では事情を異にする。運転免許の例で考えてみよう（道交法90条参照）。

case 611　Aの運転免許の交付申請をうけたB県公安委員会は，Aがアルコール中毒者であることを理由として，拒否処分をした。その取消訴訟において同委員会は，Aが過去に重大な法令違反行為をしたことを理由として，処分を維持できるか。

先のcase 610のような不利益処分の場合には，原告はもともと一定の有利な地位（たとえば，課税されない地位）を有していたのに対して，case 611のような《申請に対する拒否処分》の場合には，申請時の原告は《もともと無》の状態にあるから，当該許認可に関するすべての要件を審理して，紛争を一挙的に解決しても不都合はない（情報公開の不開示決定につき最判平成11・11・19〔百選194〕，許認可の拒否処分につき最判昭和53・9・19）。

総じて，理由の差替えの論点においては，訴訟物の範囲といった理論的観点とは別に，実際的観点として，一方では紛争の一挙的解決の要請があり，他方では原告に対する不意打ちを防止することが求められており，両者のバランスをいかに保つかが重要になっている。ごく大まかにいえば，不利益処分においては後者が，申請に対する処分においては前者が，それぞれ重視される傾向にあるといえよう。

念のために述べると，処分に理由付記が求められている場合に，理由の差替えが当然に禁じられるわけではない。理由付記の目的は，あくまで処分の段階で，行政庁の慎重性を確保して，相手方に不服申立ての便宜を与えることにとどまるからである（前掲最判平成11・11・19）。なお，理由の差替えは，違法行為の転換と類似の機能を有する（case 415参照）。

＊　申請却下処分の取消訴訟における申請拒否理由の追加　　case 611と異なり，申請の形式的要件が満たされていないことを理由として，行政庁が申請の実体的な内容を審査しないで申請を拒否（却下）した場合に，その取消訴訟において，行政庁が申請の中身に関する実質的な拒否理由を追加的に主張することは許されない（最判平成5・2・16〔重判5-231〕）。最高裁は，この場合には申請の中身について《行政庁の第一次判断権》が行使されていないことを理由にしているようにみえるが，行政庁の追加的主張が《処分理由の同一性》を超えるという説明も可能である。

図6-1　行政行為の裁量の有無

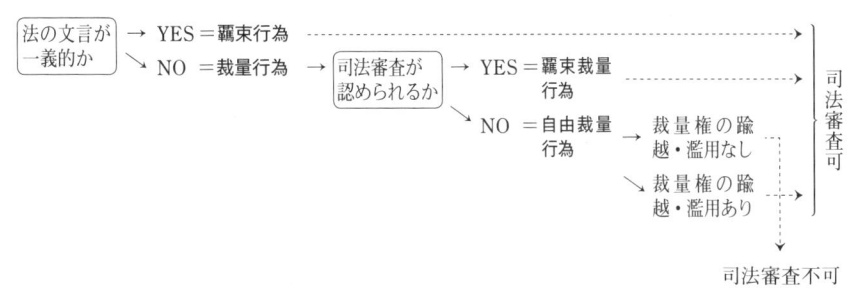

```
法の文言が ┬→ YES ＝覊束行為 ─────────────────────────→ ┐
一義的か   └→ NO  ＝裁量行為 →司法審査が→ YES ＝覊束裁量  ─→ │ 司法
                              認められるか        行為       │ 審査
                                        └→ NO ＝自由裁量 →裁量権の踰 → │ 可
                                                  行為    越・濫用なし  │
                                                        ↘裁量権の踰 → ┘
                                                          越・濫用あり
                                                        司法審査不可
```

2．違法性の評価に関する諸問題

　以下では，違法性の評価に関する諸問題として，行政裁量，違法事由の主張制限，違法性の承継，違法判断の基準時，主張・立証責任について，順に説明していこう。

◇行政裁量（その1）：基本的な枠組み

　行政裁量の問題は，伝統的には，行政法総論の行政行為論のひとつとして論じられてきたが，本書では行政争訟法の問題として説明する。

　裁量という要素は，通常の民法上の法律行為ではほとんど問題にならないので，行政行為（行政処分）に特徴的な要素であるといえる。これは，行政行為の瑕疵（違法事由）の成立を制限する考え方であり，《法律による行政の原理》の限界ともいわれる。

　図式的にいえば，行政行為は，法の文言が一義的であるか否かによって，**覊束行為** と **裁量行為** に分けられ，そのうち裁量行為は，司法審査が及ぶか否かによって，**覊束裁量行為** と **自由裁量行為** に細分される。自由裁量行為には原則として司法審査が及ばない。ただし，例外として，裁量権が踰越または濫用された場合には，司法審査が及ぶ（図6-1参照）。このうち，**裁量権の踰越** は，行政庁が客観的な法の枠を逸脱した場合であるのに対して，**裁量権の濫用** は，行政庁の主観的な目的・動機が法の趣旨を逸脱した場合である（ただし，後述のように，判例は両者を一体化して判断している）。

　このように概念的に複雑な問題であるが，最も重要な問題は，《裁判所の審理に服さない自由裁量行為であるか否か》である。つまり，もともと行政裁量の問題は，《法律が行政行為をどれだけ規律しているか》という問題である

第1節　行政訴訟の審理

（それゆえに，前述のように，《法律による行政の原理》の例外の問題であるとされる）が，より実際的な観点からすると，《裁判所が行政庁の判断を尊重しなければならない範囲はどこまでか》という問題である。したがって，自由裁量行為であるか否かという意味で，《裁量がある》とか《裁量がない》とか表現することもある。また，このように考えると，行政裁量の実質は行政救済法の問題であるといえる。現に，裁量審理に関する基本原則は行訴法で規定されている（30条）。

◇行政裁量（その2）：伝統的学説のポイント
　行政裁量を考えるうえでは，美濃部達吉の学説が出発点となる。美濃部説の対極をなすのが，佐々木説であった。
　①　美濃部説は，行政行為の性質に着目して，裁量の有無（自由裁量行為か否か）を判断する（性質説）。すなわち，私人の権利・自由を制限する行為には裁量を認めないのに対して，私人の権利・自由を制限しない行為には裁量を認める。これに対して佐々木説は，法律の文言を重視して，裁量の有無を判断する（文言説）。
　②　法律の規定は要件と効果に分けられるが，美濃部説は効果に裁量を認める（効果裁量説）。後述の行政便宜主義も，ここから導かれる。これに対して，佐々木説は，要件に裁量を認める立場であり，法律が行政行為の要件をまったく定めていない場合や「公益上の必要があるとき」といった要件を定めているにとどまる場合に，裁量を認める立場である（要件裁量説）。
　このうち学説・判例に強い影響力をもったのは，とりわけ美濃部の立場であった。美濃部説のポイントは，侵害作用における比例原則の適用について裁量を否定することにあり，その意味で<u>自由主義的観点を重視する立場である</u>といえる（第3章第1節）。そこで次に，<u>美濃部説の具体的な当てはめ方</u>をみてみることにしよう。

◇行政裁量（その3）：古典的な問題状況
　行政裁量に関する古典的な問題状況としては，類型Ⅰ₃ の公務員の懲戒免職処分があげられる。

　　case 612　B大臣は，職員Aが飲酒運転で事故を起こしたので，Aに対する懲戒免職処分を行った。

図6-2　公務員の懲戒処分の流れ

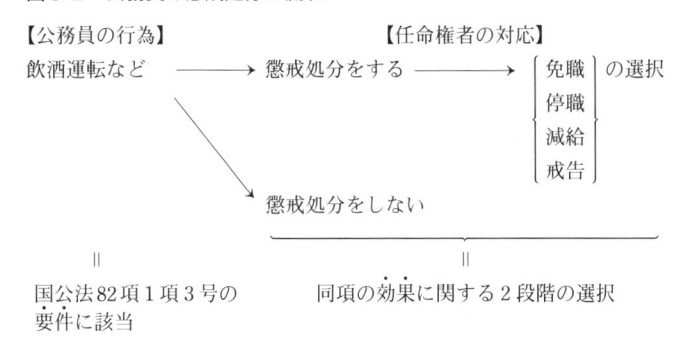

【公務員の行為】　　　　　　【任命権者の対応】
飲酒運転など　──→　懲戒処分をする　──→　┌免職┐の選択
　　　　　　　　　　　　　　　　　　　　　│停職│
　　　　　　　　　　　　　　　　　　　　　│減給│
　　　　　　　　　　　　　　　　　　　　　└戒告┘
　　　　　　　↘
　　　　　　　　懲戒処分をしない

＝　　　　　　　　　　　　　＝
国公法82条1項3号の　　　同項の効果に関する2段階の選択
要件に該当

　国家公務員法82条1項は，同項1号～3号の要件に該当する場合に，懲戒権者（case 612ではB大臣）が4種類の懲戒処分のいずれかをすることができると定めている。すなわち，まず懲戒処分の要件についてみると，同項の1号（法令違反）と2号（職務上の義務違反）は比較的明確であるが，同項3号は「国民全体の奉仕者たるにふさわしくない非行のあつた場合」という**不確定概念**を用いている。他方，その効果については，「懲戒処分として，免職，停職，減給又は戒告の処分をすることができる」と定めている。このように，懲戒処分については，要件・効果のいずれも一義的でないので，懲戒処分は裁量行為である（羈束行為ではない）といえる。これに対して，たとえば，公務員の俸給（62条以下）や公務員の宣誓義務（同法97条）については，法律の要件や効果が明確に定められており，羈束行為であることになる（図6-2参照）。

　そこで次に，かかる懲戒処分が自由裁量行為であるか否かが問題になるが，case 612でいえば，理論的には，国公法82条1項3号の「国民全体の奉仕者たるにふさわしくない非行」という要件の該当性について裁量が認められる可能性がある。同じく効果についても，懲戒処分をするかどうかの選択と，懲戒処分をするとした場合に4つの処分のうちどの処分を選ぶかの選択という，2つの段階で裁量が認められる余地がある。ここで美濃部の効果裁量説を当てはめると，懲戒処分の効果に関する自由裁量が認められるが，懲戒免職処分は公務員の権利を制限する行為であるから，比例原則違反の観点から司法審査が及ぶことになる。

　判例も，美濃部説とほぼ同様の立場をとっている。すなわち，国公法82条1項3号に定められた懲戒事由がある場合に，懲戒処分を行うかどうか，懲戒処分を行うときにいかなる処分を選ぶかについては，懲戒権者に裁量が認めら

第1節　行政訴訟の審理

れるとしつつ，社会通念上著しく妥当性を欠いた懲戒権の行使は違法と評価される，と述べている（最判昭和52・12・20〔百選78〕）。

伝統的には，公務員の法律関係は特別権力関係であり，その権利義務は司法審査の対象にならないと考えられてきたが，最高裁はそれを修正する一方で，公務員の懲戒処分に効果裁量を認め，原則として違法評価の対象にならないとしている。そのうえで，例外的に，社会観念に照らして裁量権の踰越・濫用が認められる範囲で違法性が認定される，という枠組みを設定しているわけである（美濃部説に親和的な判例として，このほか，農地賃借権の承認に関する最判昭和31・4・13〔百選70〕）。

＊ 自由裁量行為か否かは条文の体裁で分かる？　　注意を要するのは，自由裁量行為であるか否かの判断にあたって，条文の文言は決め手にならないことである。たとえば，懲戒処分に関する国公法82条1項3号の要件は，一義的であるとはいえないが，判例は同条の要件について明示的に裁量を認めていない。

　また，懲戒処分は，公務員の非違行為に対するサンクションであるが，そのような制裁的要素をもたない分限処分についても，要件・効果に関して，ほぼ同じような体裁の規定がおかれている（国公法78条）。ところが，分限処分については，判例上，懲戒処分のように効果に裁量を認めるのではなく，要件に裁量が認められている（最判昭和48・9・14〔百選77〕）。さらに，学生に対する懲戒処分については，最高裁は要件・効果のいずれにも裁量を認めているようにみえる（最判昭和29・7・30〔旧百選24〕，最判昭和49・7・19〔旧百選19〕，最判平成8・3・8〔百選79〕）。こうした帰結の違いは，条文の体裁からは説明できない。

◇行政裁量（その4）：近時の判例・学説
　以上が伝統的な学説と，これに比較的忠実な判例であるが，これに対して，田中説以降の学説や判例は，次の2つのポイントに重点をおいている。

①　今日の学説は，裁量の有無の判断にあたって，政治的裁量ないし専門技術的裁量を重視しており，その結果として，個別法の趣旨・目的の解釈が重要になっている。この背景としては，美濃部らの伝統的学説の時代には，行政法各論にいう警察作用が中心であったのに対して，現代では警察以外の行政作用が拡大し，警察的な規制か否か（権利義務を侵害するか否か）という単純な分類ができなくなっているという事情がある（第3章第4節2.）。

②　裁量の統制方法として，実体的な統制（自由裁量行為を限定するなど）よりも手続的な統制が重視される傾向がある。すなわち，①の結果として，自由

裁量行為が広がる可能性があるが，自由裁量行為とされた行為についても，判断のプロセスに不合理な点があったかどうか（あるいは，考慮するべき事情を考慮しているか）を審理することが重視される。結果として，自由裁量行為か否かの分類よりも，裁量権の踰越・濫用に関する司法審査が重要になる（行政規則としての裁量基準が訴訟において有する意義については，case 424 の項目を参照）。以上の傾向について，具体的にみてみよう。

(case 613) 原子炉設置許可の取消訴訟において，裁判所は，審査の基礎とされた科学技術の理論の当否についても審理すべきか。

判例上，専門技術的な問題については，裁量が認められる傾向にある。case 613 の原子炉設置許可は，まさにその例であり，もっぱら審査のプロセス（諮問機関の調査・審議，およびそれをもとにした行政庁の判断）に不合理がないかどうか，という手続的な観点から司法審査がなされている（最判平成4・10・29〔百選74〕）。

教科書検定（case 422）についても，「学術的，教育的な専門技術的判断」であるとして，裁量が認められている（最判平成5・3・16〔百選75〕）。他方，政治的判断ないし政策的判断に裁量が認められた例として，外国人の在留期間の更新処分がある（最大判昭和53・10・4〔百選73〕。裁量基準との関係につき，第4章第3節の註〔103頁〕を参照）。

◇行政裁量（その5）：時の裁量

行政裁量に関する現代的な論点として，**時の裁量** の問題がある。時の裁量とは，行政処分をどのタイミングで行うかという点に関する裁量である。これは，しばしば建築確認をめぐって問題になる。

(case 614) Aのマンション建設計画に対して近隣住民が反対しているので，Aの建築確認申請をうけたB市の建築主事は，建築確認を留保している。

現行法上，不作為違法確認訴訟では，申請後に「相当の期間」が経過しているか否かが司法審査の対象になることからしても，原則として時の裁量は否定されるべきであるが（行訴法3条5項），判例は一定の範囲で時の裁量を認めている（最判昭和57・4・23〔百選128〕）。これは，いわゆる応答留保（この場合には，建築確認の留保）の問題であり，実務上は，行政指導の実効性を高める手段として用いられる（case 429 参照）。

第1節　行政訴訟の審理

＊そもそも行政裁量が認められる理由は何か　行政裁量に関する司法審査が制限される理由としては，公益に適合するかどうかの判断は裁判所でなく行政庁に委ねられるべきであることなど，さまざまな見解が提示されているが，結局のところ，《法律家たる裁判官がすべてのことがらに介入するべきではない》という常識感覚に依拠している。こうした考え方は，専門技術的判断や政治的判断について原則的な行政裁量を認める田中説に顕著である。たとえば，原発に関する科学技術の選択に関する当否は，法律家が積極的に解決するべき問題ではないであろうし，都市計画の決定において民主的な判断が示されたのであれば，法律家もその結果を尊重するべきであろう。法律家が介入するとすれば，それらの判断の中身ではなく，判断のプロセスに問題があったかどうかである。その意味からしても，行政裁量の判断枠組みは，《法律上の争訟》として認められるか否か（第5章第1節1.）に関する判断方法と共通性をもつことになる。

◇違法事由の主張制限

　取消訴訟における訴訟物は処分の違法性全般であるから，原告は処分の違法事由（処分の違法性を基礎づけることがら）を何でも主張できるはずであるが，民事訴訟の一般原則として，時機に後れた攻撃防御方法が禁じられる（民訴法157条）。このほかに，取消訴訟に特徴的な違法主張の制限として，行訴法10条1項がある。同項によると，原告は「自己の法律上の利益に関係のない違法」を理由として取消しを求めることはできない。具体的にみてみよう。

> case 615　滞納処分をうけた納税者Aは，その取消訴訟において，「滞納処分にあたって，Aの財産の抵当権者Cに対する通知がなされなかった」という違法事由を主張できるか。
>
> case 616　原子炉設置許可の取消訴訟において，原告である近隣住民Aは，「原子炉施設の作業者であるCらに被爆のおそれがある」という違法事由を主張できるか。

　まず，類型I₂の滞納処分の取消訴訟についていえば，滞納処分をうけた納税者は，滞納処分（公売）に際して担保権者への通知（税徴法96条1項2号）を欠くことを主張できないとされる。これがcase 615であり，立法関係者のあげる古典的な例である。

　また，類型II₂の許認可についていえば，原発訴訟において原告住民は，《原子炉設置許可が法令上の許可の要件（原子炉規制法24条1項の諸要件）に適合していない》という主張をすることになるが，裁判例において，主張が制限されているものがある。たとえば，case 616のように，同項4号の「災害の防

止上支障がないもの」の要件に関して，原子炉施設の作業者に被爆の可能性があると主張することは認められていない（東京高判平成13・7・4）。逆に，同条3号にいう，原子炉の設置者が原子炉設置のために必要な「技術的能力」および「経理的基礎」を欠いていることは，違法事由として主張されうる（水戸地判昭和60・6・25，千葉地判平成19・8・21〔重判20-48〕）。

最高裁の判決のなかには，労働組合の資格要件のように，「直接，国家に対して負う責務」に関する違法事由，すなわち《公益的な違法事由》は主張できない，と判示したものがある（最判昭和32・12・24〔百選196〕）。原発設置と同じく許認可に関する新潟空港訴訟（航空会社に対する航空運送事業免許の取消訴訟）では，近隣住民は，新たな航空機の就航によって輸送力が供給過剰になることを，処分の違法事由として主張しえないとされた（最判平成元・2・17〔百選170〕）。昭和32年最判によれば，これも公益的な違法事由であると説明されることになろうが，新潟空港訴訟の判決の結論については，学説の批判が強いところである。

このように，学説・判例は混沌とした状態にあるが，基本的な考え方としては，行訴法9条2項の考慮要素が同法10条1項の解釈にあたっても採用されるべきであると考えられている（前掲千葉地判平成19・8・21など）。より実際的にいえば，二面関係で原告が課税処分などの不利益処分を直接うける場合（類型I₂のcase 608など）と同様に，三面関係（類型II₂）においても，原則として原告はすべての違法事由を主張できると解される。したがって，結論的には，問題となっている規定がもっぱら原告以外の第三者（たとえばcase 615のC）を保護していると考えられる場合にのみ，原告（同じくA）の違法主張が閉ざされると考えることができよう。

◇違法性の承継

取消訴訟における **違法性の承継** の問題は，《取消訴訟の違法事由として，取消訴訟の対象になっている処分（乙）の違法性自体ではなく，先行する処分（甲）の違法性を主張することができるか》という問題である。

違法性の承継は，伝統的には行政法総論のなかで，行政行為論のひとつとして論じられてきた。行政行為の瑕疵の一類型であると考えられたからである。しかし，実質的には救済法の問題であるので，ここで説明することにしたい。

しばしば例としてあげられるのは，類型I₂における課税処分（＝先行行為：甲）と滞納処分（＝後続行為：乙）の関係であり，より詳しくいえば，《滞納処

第1節　行政訴訟の審理

分の取消訴訟において、課税処分の違法性を主張することはできるか》という問題である（図6-3参照）。このほか、類型I₁における農地買収計画と農地買収処分の関係、類型IV₁における事業認定と収用裁決の関係についても、違法性の承継が論ぜられる。

図6-3　違法性の承継が問題となる場面の例
【先行行為：甲】　　　　　　【後続行為：乙】
課税処分　　　　　　　　　　滞納処分
　　＝　　　　　　　　　　　　　＝
　違法　――――――――――→　違法??
　　↑　　　　　　↑
　不可争力　　違法性の承継??
　　↑
　不服申立期間ないし出訴期間の徒過

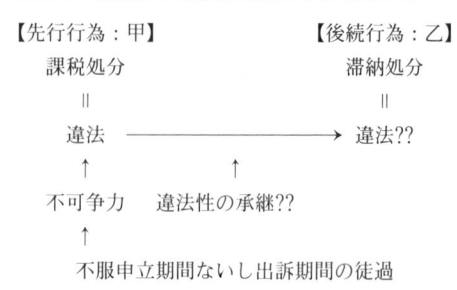

　しかしながら、より実際的な問題状況をイメージしておく必要がある。再び類型I₂の租税関係についていえば、①課税処分の違法事由（たとえば、課税要件をみたしていないこと）があって、課税処分に対して不服申立てをしたうえで、出訴期間内に取消訴訟を提起した場合、②滞納処分に違法事由（たとえば、権限を有しない公務員が滞納処分を行ったこと）があって、滞納処分の出訴期間内に滞納処分の取消訴訟を提起した場合、については、いずれも、それぞれの訴訟でそれぞれの違法事由を主張すれば足りるので、違法性の承継は問題にならない。これに対して、③課税処分に違法事由はあるが、課税処分の不服申立期間や出訴期間内に争訟を提起せず、（滞納処分自体には違法事由がないにもかかわらず）滞納処分の取消訴訟を提起した場合、その取消訴訟において課税処分の違法事由を主張できるか、という形で、違法性の承継が問題になる。なお、先行行為が無効である場合、出訴期間を問わずにその違法性が主張できるから、実際上、違法性の承継は問題にならない。

　したがって、さきにあげた類型I₂・類型IV₁・類型I₁のそれぞれについて、違法性の承継が問題になる実際的な状況を述べれば、以下のようになる。いずれも、先行処分の出訴期間（ないし不服申立期間）を徒過した場合である。

case 617　B税務署長がAに対して違法な課税処分をして1年半が経過したあと、Aに対する滞納処分が適法な手続でなされた。

case 618　B県知事が違法な事業認定をして1年半が経過したあと、B県収用委員会がAに対する収用裁決を適法な手続で行った。

case 619　地主Aの農地に関する違法な買収計画がなされてから1ヵ月が経過したあと、その買収計画をもとにして、適法な手続で買収処分がなされた。

　伝統的学説によると、違法性の承継を認める基準は、先行行為と後続行為が一体として同一の法的効果の実現を目指す関係にあるか否かであった（これに

近い判断基準を用いる最近の判決として，最判平成21・12・17)。これに対して，近時の学説は，伝統的学説の基準は不明確であると批判している。

　この問題を実質的にみると，違法性の承継をむやみに認めると，出訴期間（ないし不服申立期間）を限定した行訴法の趣旨に反し，法的安定性を害することになる。逆にいえば，違法性の承継を認めることは，出訴期間等の制限を実質的に緩和する機能を有する（case 617 を，出訴期間に関する case 543-1 と比較してみてほしい）。そこで本質的な問題は，本来は無効でない限り争えないはずの違法事由を，別途取消訴訟において主張することを認めるかどうかである。そこで最近では，《原告が先行行為を争うチャンスが十分にあったかどうか》という実質的な観点が重視されている。つまり，先行行為を争える機会があった場合には，違法性の承継を認めて後続行為の取消訴訟で争わせる必要がないわけである。

　その観点から case 617 をみると，先行行為たる課税処分（甲）が行政処分として争えるのであるから，その違法性を滞納処分（乙）の取消訴訟で争わせる必要はない。したがって，違法性の承継が否定される（鳥取地判昭和26・2・28）。

　これに対して，case 618 については，事業認定（甲）の時点ではAは収用の内容について十分な認識がないのが通常であることから，収用される土地の範囲が確定していない。そこで，事業認定の段階ですべての紛争を処理してしまうには無理があるので，事業認定の違法性が収用裁決（乙）に承継されると解されてきた（名古屋地判平成2・10・31，福岡地判平成10・3・27）。もっとも，2001（平成13）年の土地収用法の改正によって，Aらの地権者に対する事前説明会や公聴会の手続が整備されたので（15条の14，23条），今後は違法性の承継が否定される可能性がある。

　また，case 619 については，当時の自創法の規定上，農地買収計画（甲）の不服申立期間が10日間に制限されていたという事情があったので，最高裁は農地買収処分（乙）への違法性の承継を認めている（最判昭和25・9・15〔百選83〕）。したがって，この最高裁判決は違法性の承継の一般論を述べたものではないと解される。結局，以上のような考慮をしながら，違法性の承継の有無を個別的に判断する必要がある。

　＊　**違法性の承継と処分性の関係**　違法性の承継を制限的に解する考え方は，要するに，前の段階で争えるときには《先に争え》ということである。これは，処分

第1節　行政訴訟の審理

性のところで述べた，紛争の成熟性の論理と対照的である（case 517～case 519）。つまり，紛争の成熟性を要求することは《後で争え》という意味であり，違法性の承継の論理と対立するわけである。そこで，処分性の判断において，どちらの論理を優先するかという問題が生ずる。大まかにいえば，違法性の承継を認めることは，先行行為の処分性を否定する方向につながるわけである（最大判平成20・9・10〔重判20-52〕の近藤補足意見を参照）。この点について，最高裁の立場はまだ明確になっていないというべきであろう。

◇違法判断の基準時

違法判断の基準時の問題とは，《取消訴訟においてどの時点を基準にして違法性を判断するか》という問題である。学説を大別すると，処分時を基準にする立場（処分時説）と，口頭弁論終結時を基準にする立場（判決時説）に分けられる。紛争の一挙的解決を重視する立場からは，判決時説が有力に主張されるが，取消訴訟の本質は行政庁による処分が適法になされたかどうかの事後審査にあることからすると，基本的には処分時説が適当であるといえる。判例も，処分時説をとっている（最判昭和27・1・25〔百選200〕）。いくつかの例をあげておこう。

case 620　建築主Aの建築確認申請をうけたB市の建築主事は，その当時の建築制限に反しているとして拒否処分をしたが，取消訴訟の係属中に建築制限が緩和され，Aの建築確認が適法になしうる状態になっている。

case 621　地主Aに対する農地買収処分は，処分当時は違法であったが，取消訴訟の係属中に法改正がなされ，適法な内容になっている。

このうち case 620 では，判決時には拒否処分が違法と評価されうるが，判例によれば，処分時を基準として原告敗訴の判決が下されることになる。他方，case 621 では，判決時に適法であっても処分時には違法であったと評価されるから，農地買収処分は取り消されることになる。

◇主張責任・立証責任

取消訴訟の主張責任や立証責任の問題は，伝統的には公定力の概念から説明されてきた。すなわち，行政行為には公定力によって《適法性の推定》が認められるから，それを覆す違法性については，原告が主張・立証責任を負うと考えられてきた。しかし，今日では，伝統的な公定力の考え方は修正されつつあるので，学説は混沌とした状態にある。

最高裁の一般的な立場を示した判例は存在しないが，無効確認訴訟における裁量権の踰越・濫用については，原告に主張・立証責任が課せられるとしている（最判昭和42・4・7〔百選199〕）。そこでは，重大明白な瑕疵に基づく例外的な救済方法であるという事情が考慮されていると思われる。また，原発訴訟においては，原子炉の安全審査に関する資料を行政側が有していることを考慮して，原告の主張・立証の負担を軽減している（最判平成4・10・29〔百選74〕）。さらに，情報公開に関する訴訟でも，被告が主張・立証責任を負うとされており（最判平成6・2・8など），これも原告が当該情報に接することができない状態にあるという事情を考慮しているものといえよう。総じて判例は，情報へのアクセス可能性（特に原告にとっての情報収集の容易さ），さらには行政庁の調査義務を実質的に判断して，主張・立証責任を振り分けていると解される。

＊ 主張責任と立証責任の関係をめぐる有力説　民事訴訟においては，一般に立証責任の分配は主張責任の分配と同じであるとされ，取消訴訟についても同様に解するのが通説的立場である。もっとも，行政過程においては行政庁に説明責任が課せられていることから，処分の適法要件に関する主張責任は被告行政側が負うとする立場も有力である。

第2節　行政訴訟の判決

判決についても，取消訴訟を中心に説明する。取消訴訟の判決としては，①請求認容判決（原告勝訴の判決），②請求棄却判決（原告敗訴の判決），③請求却下判決（門前払いの判決）の3種類があるが，このうち特に，①の請求認容判決，すなわち**取消判決**の効力に関しては，多くの議論がある（1.）。これらの判決の種類は，基本的には民事訴訟の場合と同じであるが，取消訴訟に固有の判決として，④**事情判決**がある（2.）。また，判決によらないで訴訟が終了する場合にも，民事訴訟とは違った問題がある（3.）。

1．取消判決の効力

取消判決の効力としては，形成力，既判力，拘束力があり，さらに形成力に含まれる特徴的な効力として，第三者効がある。これらの整理の仕方（相互の

関係）については，さまざまな立場があるが，伝統的な学説に即して，オーソドックスな説明をしておこう。

◇形成力

　形成力とは，簡単にいえば，《処分をなかったことにする》効力である。たとえば，租税に関する 類型Ⅰ₂ において，Aに対してB税務署長の課税処分がなされた場合，Aが課税処分の取消訴訟を提起して勝訴すれば，課税処分はなかったことになり，Aは租税を支払う義務がなくなる（取消訴訟の形成力により，課税処分という行政庁の行為がなかったことになるので，法律関係が元に戻り，租税債務が存在しない状態に戻る）。やや複雑なのは，Aが課税処分に応じて租税を支払っていた場合であるが，形成力以外の効力を概観する意味をこめて，以下に整理しておこう。

　case 622　B税務署長の課税処分に不満な納税者Aは，いったん租税を納付した後，課税処分の取消訴訟を提起し，勝訴判決を得た。

　このcase 622の場合，Aが勝訴判決をうけると，Aが納付した租税には「法律上の原因」がなくなるので，その分が国の不当利得になる。そこでB税務署長は，Aに対し，税額分の金銭を国庫から払い戻す義務を負うが，これは後述の拘束力による効果であるといえる。また，B税務署長は，別の訴訟において当該課税処分が効力を有するという主張をすることができなくなるが，これは次に述べる既判力の帰結である。さらに，B税務署長は，原則として再度の課税処分をすることができない，という反復禁止効（拘束力のひとつ）が生ずる。

　他方，農地買収に関する 類型Ⅰ₁ で，土地が小作人Cに移転しているとき，農地買収処分の取消判決が下されると，取消判決の形成力として買収処分がなかったことになる。さらに後述のように，形成力には第三者効（case 625）があるので，小作人Cにも判決の効果が及んで，CはAに土地を返還する義務を負うことになる。

◇既判力

　既判力については，行訴法には直接的な規定はないが，基本的には民事訴訟の判決に認められる効力と同じものが認められる。要するに，判決が確定したあとに当事者間で紛争の蒸し返しを防止する効力であり，裁判所は確定判決

の内容に矛盾・抵触する判断をすることはできないというものである（民訴法114条）。その範囲は，《処分の違法性一般》であると解されている（case 608の説明を参照）。

　取消訴訟に特徴的なのは国賠訴訟との関係であり，特に取消判決の既判力が国賠訴訟において有する意義について，両訴訟における違法性の異同と絡んで議論されている（case 804・case 805）。

◇拘束力（その1）：基本的な考え方
　取消判決に特徴的な効力として，拘束力がある。拘束力とは，裁判所の判断の内容を行政庁に尊重させる効力である（33条1項）。その要素としては，①反復禁止効，すなわち同一の事情のもとで同一の理由により同一の処分を行うことができなくなる効力，②不整合処分の取消義務，③再審査義務，④原状回復義務がある。このうち④の原状回復義務については，行訴法33条から当然に認められるかどうかについて争いがある（肯定的な裁判例として，名古屋高判平成8・7・18，否定的な裁判例として，東京地判昭和44・9・25）。
　拘束力の性質については，既判力の一種とみる学説（既判力説）と特殊な効力とみる学説（特殊効力説）が対立しており，通説的な立場は，後者の特殊効力説である。それによると，既判力は直接的には裁判所に向けられた訴訟法上の効力であるのに対して，拘束力は行政庁に向けられた実体法上の効力であると説明される。
　この対立は，とりわけ①の反復禁止効として，《同一の事情のもとで，同一の処分を，当初の理由とは別の理由によって行うことができるか否か》という問題において意味をもつ。総じて既判力説によると，取消訴訟の訴訟物は処分の違法性全般であることから，同一事情のもとでの反復禁止効が広く認められやすい。これに対して，特殊効力説によると，拘束力は既判力とは別の効力であるから，同一の事情に加えて，同一の理由という限定が課される帰結に結び付きやすい（特許無効審決の取消訴訟において，判決理由中の認定判断に広く拘束力を認めた最高裁判決として，最判平成4・4・28〔重判4-261〕）。もっとも，同一の処分を全般的に禁ずる立場においても，行政処分が手続的な違法を理由として取り消された場合には，行政庁が再び（適法な手続によって）同一の処分をすることは可能であるとされ，この点について異論はない。

　＊　判決の拘束力と訴えの利益　　三面関係の紛争においては，《判決の拘束力によ

って第三者（競願者など）に影響がもたらされる場合には，当該第三者に原告適格ないし訴えの利益が肯定される》という判断が示されることがある（case 528 に関する最判昭和43・12・24〔百選178〕のほか，最判平成 5・12・17〔百選205〕を参照）。

◇拘束力（その２）：申請に対する処分の場合

行訴法は，申請に対する処分については，特別な拘束力の規定をおいている（33条２項・３項）。これは，取消判決の拘束力のうち，申請に対する処分について行政庁の再審査義務を定めたものである。

case 623-1　B市長に補助金交付申請をして拒否決定をうけたAは，取消訴訟を提起して，拒否決定の取消判決（Aの勝訴判決）を得た。

拒否処分に関する行訴法33条２項は，類型Ⅱ₁ や 類型Ⅲ₁ のような二面関係で，不利益処分の名宛人が原告となって取消訴訟を提起した場合を想定しており，取消判決後に行政庁が「判決の趣旨に従い」処分のやり直しをすることを求めている。case 623-1 の場合には，B市長は改めて申請に対する審査をしなければならない。この場合に，Aは再度申請する必要はないが，当然に生活保護がえられるわけではない（本章第１節１.参照）。特に，裁判所が拒否処分に手続的瑕疵があることを理由として，当該拒否処分を取り消した場合には，行政庁は再度の拒否処分をすることも可能である。

case 623-2　B市の建築主事は，C消防長の不同意を理由として，Aの建築確認を拒否した。その後，拒否処分の取消判決が下された。

取消判決は，処分をした行政庁のみならず，「関係行政庁」をも拘束する（33条１項）。たとえば case 623-2 において，建築確認の取消判決が下された場合には，処分のやり直しの手続（33条２項）のなかで，C消防長は再度の判断をすることが義務付けられる（福岡高判昭和29・２・26）。

case 624　経済産業大臣がC電力会社に対して原子炉設置許可をしたので，近隣住民Aはその取消訴訟を提起した。裁判所は，同大臣が法令上の諮問手続を経ずに許可したことを理由として，取消判決を下した。

行訴法33条３項は，類型Ⅱ₂ の三面関係において，処分の第三者が原告である場合を想定して，手続的瑕疵を理由とした取消判決後に，行政庁に処分のやり直しを求めている。case 624 が，その適用場面である。立法関係者によれば，手続的瑕疵以外の瑕疵による取消判決の場合には，取消判決によって紛争

が終局的に解決するので，特に再処分を義務づける必要はないとされる。

◇第三者効

　行訴法32条は，取消判決は「第三者」に対しても効力を有する，と規定している。この結果，民事訴訟の一般原則が修正され，当事者以外にも判決効が及ぶことになる。ところが伝統的には，取消訴訟は主観訴訟（原告の個人的な権利・利益を守るための訴訟）であることから，原告の権利救済に資する範囲でのみ判決効が認められる，と考えられてきた。この点を具体的にみてみよう。

　case 625　地主Aは，農地買収処分の取消訴訟で勝訴した。取消判決の効力は，農地の売渡しをうけた小作人Cに及ぶか。

　case 626　B地方運輸局長がD鉄道会社の特急料金の値上げを認可したところ，これに不満な利用者Aが，値上げ認可処分の取消訴訟を提起して勝訴した。取消判決の効力は，他の利用者Cにも及ぶか。

　行訴法32条が典型的に適用される場面は，case 625である。この場合に，小作人に判決効が及ばないとすれば，取消訴訟を提起した意味がなくなる。取消訴訟は形式的には行為訴訟であるが，実質的には小作人に対する権利訴訟と同じ機能をもつ，という説明も可能である（第5章第1節3.のcase 501-2に関する説明を思い出してほしい）。

　他方，case 626では，条文上は第三者効が認められそうであるが，伝統的な立場によると，判決効は及ばない。この場合には，Cに対する判決効は，原告Aの救済とは無関係だからである。この結論は，取消訴訟が主観訴訟であるという性質に調和的である。

　結局，伝統的な学説によれば，行訴法32条にいう「第三者」は《原告と利益の対立する第三者》のみを意味し，《原告と利益を共通にする第三者》は含まれない，ということになる。たとえばcase 625では，小作人Cの利益は地主A（＝原告）の利益と対立するから，買収処分の取消判決は第三者たる小作人Cにも判決効が及ぶ。これに対して，case 626では，利用者Cの利益は原告Aの利益と共通するから，取消判決の効力は第三者Cには及ばない。この考え方は，第三者の性質に応じて判決効の有無を区別するので，《相対効説》と呼ばれる。

　もっとも，今日では異論もあり，case 625とcase 626のいずれの場合にも，第三者Cに判決効を認めるべきであるという立場もある。これは，第三者の性質を問わずに判決効を認める立場であることから，《絶対効説》と呼ばれる。

紛争の一挙的解決の要請からすれば，このような立場にも合理性が認められよう。判例の立場はまだ示されていないと思われる（拡張的な判決効を認めるようにみえる最高裁判決として，最判平成21・11・26。土地区画整理事業計画の取消訴訟に関する最大判平成20・9・10〔重判20-52〕では，絶対効説に立つ補足意見がある）。

> case 627　B電力会社に対する原発設置許可に不満な近隣住民Aは，その取消訴訟を提起して勝訴判決を得た。取消判決の効果は，他の近隣住民Cにも及ぶか。

いずれにしても，《事実上利益が共通する第三者》の場合は別である。すなわち，case 627 の原発訴訟などで，取消訴訟の原告以外の近隣住民は，行訴法32条の「第三者」にあたらないが，事実上，取消判決の利益をうけることになる。これは，理論的には第三者効の問題ではない。

また，以上に述べたのは，あくまで取消判決の法的な効力であり，その実際上の影響力とは別である。たとえば，case 626 で取消判決が下されると，別途の措置（行政庁の職権取消しや，鉄道会社による別途の認可申請など）がとられて，それによって他の利用者Cは値上げ分を支払わなくてすむ結果になることが多いであろう。

---

* 取消判決の第三者効に関する裁判例　近鉄特急事件〔百選171〕の第1審判決は，利用者全体に対する第三者効を認めたうえで，事情判決を下していることから，絶対効説に立つ裁判例であるといえる（大阪地判昭和57・2・19）。他方，立法行為について相対効説に立つものとして，健康保険医療費の値上げ告示に関する東京地決昭和40・4・22があるが，前掲最判平成21・11・26は絶対効説に立つようにみえる。

他方，無効確認訴訟については，条文上，行訴法32条の準用はない（38条）。行特法のもとでの最高裁判決には，無効確認判決に第三者効を認めた例がある（最判昭和42・3・14〔百選206〕）。現行の行訴法上は，無効確認訴訟が《取消訴訟の亜種》としての性格を有することから，その第三者効を肯定する立場もあるが，当事者訴訟や争点訴訟，さらには民事訴訟（確認訴訟）とのバランスから，否定説も有力である。

◇第三者の再審の訴え

取消判決の判決効は行訴法32条にいう「第三者」に及ぶことから，第三者に手続的な保障をする必要がある。たとえば，農地買収に関する case 625 の

取消判決は，小作人にも効力をもつことになる。そこで，小作人に対しては，取消訴訟の係属中に訴訟参加させる仕組みが求められるし，また原告の勝訴判決後には再審の機会が与えられる必要がある。それぞれ，第三者の訴訟参加（22条），第三者再審の訴え（34条）として，明文化されている。

このように，行訴法の22条・32条・34条がワンセットで理解される必要がある。したがって，これらの規定にいう「第三者」の範囲は基本的に同じであり，通説的な立場によれば，いずれも基本的には《利益の対立する第三者》であることになる。再び古典的な例で確認しておこう。

case 628　地主Ａが農地買収処分の取消判決をえたが，Ａの農地の売り渡しをうけていた小作人Ｃが不満である。

これは，訴訟参加に関するcase 605，および判決効に関するcase 625に相当する事例である。この場合の小作人Ｃは，行訴法22条や34条にいう「第三者」に当たり，取消訴訟の段階では訴訟参加が可能であり，判決が下された段階では第三者再審を申し立てることができる。これに対して，さきのcase 626のような場面では見解が分かれることになる。

なお，やや問題状況が異なるが，労働委員会が労働組合の救済申立てを退け，それに不満な労働組合が労働委員会の決定の取消訴訟を提起した場合において，最高裁は，その労働組合に所属する労働者が自ら救済を求める権利に何ら影響を及ぼさないとして，当該労働者の訴訟参加を否定している（最決平成14・9・26〔百選191〕）。これは，そもそも労働者の《法的な利益》に関わらない場面といえよう。

◇他の抗告訴訟への準用†

以上にあげた行訴法の規定の多くは，取消訴訟以外の抗告訴訟に準用される（38条）。義務付け訴訟や差止訴訟に出訴期間の規定が準用されないなど，常識的に理解できるところが多いと思われるが，平成16年改正の特徴として，しばしば注目されるのは，義務付け判決（義務付け訴訟の原告勝訴判決）において第三者効の規定が準用されていないことである。その実際的意義を考えてみよう。

case 629　Ａは，Ｂ市長を被告として，Ｃの違法建築物に対する除却命令の義務付け訴訟を提起し，勝訴判決（義務付け判決）を得た。判決の効力は，Ｃに及ぶか。

第2節　行政訴訟の判決

現行法上，case 629 で義務付け判決が下されても，その判決の効力はCには及ばず，Cは，除却命令について，差止訴訟や取消訴訟で争うことができる。つまり，改正行訴法は，義務付け訴訟について，欲張った解決方法を意図していないのである。

2．事情判決

取消訴訟に特徴的な判決，すなわち民事訴訟などにはみられない判決として，**事情判決**がある（行訴法31条）。

◇事情判決の意義

通常，違法と認定された処分に対しては取消判決が下され，処分は取り消されるが，事情判決の場合には，裁判所は，処分を違法として認めつつも，処分を取り消さずに，処分の効力を維持することになる。

取消訴訟においては，一方では，法治主義に基づき，違法状態は排除されるべきである，という要請があるが，その他方で，法的安定性の維持ないし既成秩序の維持という要請がある。この調和のために，事情判決の制度が創設されたわけである。要するに《覆水盆に返らず》の原理であり，その意味では，訴えの利益の事後消滅の議論（第5章第2節3.）と関連する。そこで，まさに両者の関係が問題となる。

◇事情判決の適用範囲

このように，事情判決の適用範囲は，取消訴訟の訴えの利益の事後消滅との関係で問題になる。さきにあげた判例上の事例をいま一度みておこう。

> case 630　土地区画整理事業計画の取消訴訟が提起され，裁判所は事業計画が違法であると判断しているが，すでに事業が終了している。裁判所は，どのような判決を下すことができるか。

先に述べたとおり，原状回復が物理的に不可能な場合には，訴えの利益が否定される（case 536・case 537）。これに対して，case 630 のように，原状回復が物理的には不可能ではないが，社会通念上不可能とみられる場合には，判例は訴えの利益が存続するという立場をとっており（case 538），社会通念上，原状回復が不可能であるという事情は，事情判決制度の適用にあたって考慮す

244　　第6章　行政訴訟その2：審理・判決・仮の救済

れば足りるとしている（最判平成4・1・24〔百選182〕）。言い換えれば，原告は，土地改良事業などの工事が完了しても，事情判決をうける利益があり，それによって訴えの利益は存続するわけである。なお，この判決は，土地改良事業（土地改良事業施行認可の取消訴訟）に関する判決であるが，case 630 のような土地区画整理事業でも，基本的に同じであると考えられている（処分性の問題につき，case 521 を参照）。

＊ **選挙訴訟における事情判決法理の適用**　選挙訴訟において，行訴法31条は準用されないと規定されているが（公職選挙法219条），議員定数不均衡訴訟において最高裁は，事情判決の法理が《法の一般原則》として適用されることを認めている（最大判昭和51・4・14〔百選214〕，行特法時代の判決として，最判昭和33・7・25〔百選204〕）。

◇事情判決の効果

　事情判決がなされると，処分は取り消されないが，違法性の宣言がなされる（行訴法31条2項）。これによって，原告の金銭的救済が可能になる。その場合の金銭的救済が損害賠償であるか損失補償であるかについては争いがある。損失補償とみれば，補償にあたって公務員の故意・過失は要求されず，金銭的救済の可能性が確保されるが，同条1項が「損害の賠償」という文言を用いていることに矛盾するという難点があるので，損害賠償と解する立場が有力である。

3．判決によらない訴訟の終了

　民事訴訟においては，当事者主義（本章第1節1.）のうちの処分権主義から，当事者の意思が尊重される。**処分権主義** とは，いかなる場合に訴訟が開始・終了し，どのような範囲で訴訟がなされるか（訴訟物の限定）について，当事者に主導権を認める原則である。いわゆる《訴えなければ裁判なし》の原則は，処分権主義のひとつの側面である。

　処分権主義のもとでの判決以外の訴訟の終了原因として，**訴えの取下げ** があり，これについては，取消訴訟においても民事訴訟と同様に，被告の同意のもとで肯定される（民訴法261条）。このほかの終了原因として，**請求の放棄・認諾** および **和解** があるが（民訴法267条），このうち特に和解については，学説の対立がある。取消訴訟が主観訴訟（原告の権利利益を保護するための訴訟）で

あることから，和解を肯定する立場がある一方で，取消訴訟には公益的な機能（当事者の個人的な意向に帰着されない要素）があることから，和解を否定する立場も有力である。

なお，原告が死亡した場合にも訴訟が終了することがあるが，これについては，訴えの利益の事後消滅の個所を参照してほしい（case 539〜case 541）。

第3節　仮の救済

仮の救済は，終局判決（最終的な判決）以前になされる仮の救済措置である。民事の紛争における仮の救済としては，仮処分と仮差押えがある（このうち，行政に関する民事訴訟で意味をもつのは仮処分であり，仮差押えが問題になったケースは，今のところ存在しない）。これに対して，取消訴訟や無効確認訴訟では，**執行停止** という制度が設けられている。さらに平成16年の行訴法改正によって，義務付け訴訟と差止訴訟について，それぞれ **仮の義務付け** と **仮の差止め** が認められるようになった。当事者訴訟については，条文上は仮の救済が存在しないが，解釈によって何らかの救済を認める立場が有力である。なお，不作為違法確認訴訟それ自体には，仮の救済は存在しない。

以上の状況を概観したのが表6-3である。単に仮の救済のリストを覚えるのではなく，平成16年改正の前後を比較しながら，相互の論理的な関係を理解する必要がある。

表6-3　仮の救済のリスト

訴訟の形式	仮の救済
取消訴訟	執行停止
無効確認訴訟	執行停止
不作為違法確認訴訟	〔なしだが，義務付け訴訟を併合提起すれば，仮の義務付けが可能〕
義務付け訴訟	仮の義務付け
差止訴訟	仮の差止め
当事者訴訟	〔条文上はなしだが，解釈論上の肯定説あり〕
民事訴訟	仮処分〔ただし，行訴法44条による制約あり〕，仮差押え

1．執行停止

執行停止 とは，処分に対して《仮のブレーキ》をかけることである。取消訴訟の勝訴判決は，処分の執行に《確定的なブレーキ》をかける機能をもち，被

告が上訴しない限りブレーキが固定されるが，判決前の仮の救済として，行政処分に仮のブレーキをかける手段があるわけである。もちろん，その後の判決によって仮のブレーキが外されることもありうる。

◇**執行停止をめぐる典型的な問題状況**
あくまで教科書事例であるが，執行停止の典型的な適用場面は次のようなものである。

> case 631　幹線国道の予定地に土地を所有する地主Aは，B県収用委員会の収用裁決に不満である。

この場合のAは，収用裁決の取消訴訟を提起するとともに，仮の救済として，収用裁決の執行停止を求めることになる。後者が認められれば，土地収用の手続が訴訟係属中にいったん中断されることになる。

◇**条文に照らしてみると…**
このように取消訴訟には執行停止が認められるが，行訴法の体裁上，執行停止が認められるのは，あくまで例外的であることに注意する必要がある（以下の記述とあわせて，図6-4 も参照してほしい）。

図6-4　執行停止をめぐる原則と例外

原則：執行不停止（25条1項），仮処分も不可
例外：執行停止（同条2項）　　　　　← 仮処分排除（44条）
例外の例外：内閣総理大臣の異議（27条）　→ 原則に戻って執行不停止

すなわち，まず行訴法25条1項は，**執行不停止の原則** を掲げている。この例外として，同条2項は執行停止がなされる場合があると規定している。さらに，この例外がひっくり返り，原則の執行不停止に戻る可能性もあり，それが**内閣総理大臣の異議** の制度である（27条）。

この執行不停止原則を定めた行訴法25条1項の前提として，**仮処分排除** の原則がある（44条）。この条文は，行政処分などの公権力の行使について仮処分が排除されることを定めているが，行政訴訟の諸類型のみならず，民事訴訟を含めて，すべての訴訟に意味をもつ規定である。すなわち，①行政訴訟のうち，取消訴訟をはじめとした行為訴訟において仮処分が排除される結果，仮処分以外の仮の救済が求められることになる。取消訴訟においては，それが執行停止であるわけである。さらに，②民事訴訟や当事者訴訟のような権利訴訟に

第3節　仮の救済

おいても，仮処分が排除される（3. 参照）。

なお，執行停止に関する行訴法の規定は，《取消訴訟の亜種》である無効確認訴訟にも準用される（38条3項）。

◇執行停止の要件

このように，執行停止はあくまで例外的な存在であるが，平成16年の行訴法改正によって，執行停止が認められる範囲が拡大している。そこで以下に，執行停止の要件について整理しておこう。

① 条文上は明確でないが，平成16年改正前からの学説・判例上，一致して求められている要件として，《本案訴訟の適法な係属》がある。民事保全法の仮処分が，本案訴訟とは別に申立ての対象になるのと異なり，行政処分に対する執行停止だけを求めることはできない。したがって，取消訴訟の訴訟要件（原告適格など）が満たされている必要がある。

② 執行停止の積極的要件としては，平成16年の行訴法改正前は，「回復の困難な損害」を避けるための緊急必要があるときであったが，改正後はその文言が「重大な損害」に置き代わり，損害の「回復の困難の程度」が考慮事由となった（25条3項）。この結果，原告が執行停止を得られる可能性が高まった。この要件の書きぶりは，義務付け訴訟や差止訴訟の訴訟要件と類似している（37条の2，37条の4参照）。

この要件の解釈として，《事後に金銭的賠償の可能性があることによって，執行停止は当然には排除されない》と考えられている。たとえば，ダム建設にあたって建設後の金銭的賠償では救済は不十分であるから，別途，執行停止が認められる可能性がある（弁護士の懲戒処分につき，最決平成19・12・18）。

③ さらに行訴法は，執行停止の消極要件として，「公共の福祉に重大な影響を及ぼすおそれがあるとき」と「本案について理由がないとみえるとき」の2つを掲げており，これらのいずれかに該当する場合には執行停止をすることができない（25条4項）。また，訴えの利益の問題状況（case 537 など）と同じように，執行が終わってしまえば，申立ての利益は消滅する（最決平成14・2・28）。

◇執行停止の効果

行訴法は，執行停止の種類として，①処分の効力の停止，②処分の執行の停止，③手続続行の停止の3つをあげており（25条2項），最も強力なのは①で

ある。過剰な執行停止を避ける趣旨から，①は②・③の補充的存在として位置づけられている（同項ただし書）。したがって，さきのcase 631では，基本的には②の措置として，後続する代執行手続の停止（現に代執行手続が行われていれば，③の代執行手続の続行停止）が認められることになろう（大阪地決平成2・8・10）。これに対して，類型I₃の公務員の懲戒免職処分では，②や③がありえないので，もっぱら①が求められることになる。

執行停止が認められると，将来的に処分の執行等が停止されることには異論がない。これに対して，遡及的に効力が否定されうるか否かについては争いがあるが，最高裁は，執行停止の遡及効について否定的な立場をとっている。

  case 632 地主Aの農地に対して，買収処分と売渡処分がなされた。Aは，買収処分の執行停止によって，小作人Cから農地を取り戻すことができるか。

  case 633 公務員Aの懲戒免職処分の執行停止が認められたとき，Aは，処分時から執行停止時までの給与を請求できるか。

判例によれば，case 632において，過去になされた売渡処分の効力には及ばないとされる（最判昭和29・6・22〔百選202〕）。また，case 633のように，民間企業であれば肯定されるはずのバックペイ（免職されなければ支払われたであろう賃金相当額の支払）についても，否定するのが通説的立場である。

◇執行停止の限界

平成16年の行訴法改正前は，取消訴訟の考え方を基本にして，すでになされた処分に対する《仮のブレーキ》だけが認められていた。そこに改正前の法制度の限界があった。この点について，説明しておこう。

① 改正前は，申請に対する処分については執行停止が機能しなかった。たとえば，次項のcase 635-2では，執行停止はAの仮の救済になりえない。なぜなら，拒否処分に仮のブレーキがかけられても，申請の段階に戻るだけであり，Aに有利な地位は確保されないからである。何ら処分がなされていないcase 635-1の場面でも，同様の問題があった。そこで，改正法において，**仮の義務付け**というメニューが追加され，仮の救済の空白が埋められるようになった。

② 同じく，後出case 637では，まだ処分がなされていないから，執行停止の対象は存在しない。それゆえに，執行停止は意味がない。そこで，平成16年改正により，差止訴訟とともに**仮の差止め**を求めることが可能になった。

第3節 仮の救済

これらの改正点については，後述することにしよう。

◇内閣総理大臣の異議
　こうした執行停止の機能的限界とは別に，執行停止が機能する場合においても，執行停止に対する公益的観点からの歯止めが明文で定められている。それが 内閣総理大臣の異議 の制度である（27条）。これは，裁判所の執行停止の判断に対して，行政庁である内閣総理大臣が《待った》をかけるものである。先の例に即していえば，次のような状況が想定される。

>　case 634　case 631で，裁判所が収用裁決の執行停止を認めたが，内閣総理大臣は，この措置が公益上の観点からみて問題があると考えている。

　この場合には，内閣総理大臣が異議を申し立てることができる。これによって，執行停止という裁判所の判断（例外的判断）を行政府の長が覆せることになる。行訴法制定の契機になった平野事件（第5章第1節1.）に現行法を当てはめるならば，①平野氏の公職追放→②同氏の執行停止の申立て→③裁判所の執行停止（公職追放の効力の停止）→④内閣総理大臣の異議（平野氏の公職追放の効力が維持される），という流れになる。
　ところが，本来であれば行政庁よりも裁判所の判断が優先されるべきなのに（そもそも取消訴訟というのは，そのような仕組みである），行政庁の判断が優先されることになるのは，司法権の概念，ひいては権力分立の原理に反するのではないか，という問題が生ずる。これは，内閣総理大臣の異議制度の合憲性に関する論点である。
　通説・裁判例は，この制度を合憲としている（東京地判昭和44・9・26）。その理由として，執行停止は，行政処分の効力・執行の停止という行政処分であるから，行訴法上，形式的には裁判所の決定によるとされていても，実質的には行政権に属する作用である，という説明がなされている。

2．執行停止以外の仮の救済

　すでに述べたように，従来の執行停止制度における限界を踏まえて，平成16年の行訴法改正によって，仮の義務付け と 仮の差止め が認められるようになった（37条の5）。訴訟類型との関係では，それぞれ義務付け訴訟，差止訴訟に対応する。

両者に共通する要件として，取消訴訟における執行停止と同様に，それぞれの訴訟が適法に係属し，訴訟要件が満たされる必要があり，仮の義務付けや仮の差止めを独立して求めることはできない。

◇仮の義務付け
　仮の義務付けが認められる可能性のある場面としては，次のようなケースがある。義務付け訴訟が認められる場面と同じである（case 561-1～case 563）。

- case 635-1　Aが建築確認の申請をしたところ，B市の建築主事は応答しない。
- case 635-2　Aが建築確認の申請をしたところ，B市の建築主事はこれを拒否した。
- case 636　Cが違法建築物を建てたが，B市長はその除却命令を発しないので，近隣住民Aはこれに不満である。

　これらの場合に，Aは義務付け訴訟を提起するとともに，仮の義務付けを求めることになる。case 635-1 や case 635-2 のような申請型義務付け訴訟（二面関係：類型Ⅱ₁）のみならず，case 636 のような直接型義務付け訴訟（三面関係：類型Ⅱ₂）についても，仮の義務付けが可能である。

　なお，case 635-1 において，不作為違法確認訴訟を単独で提起した場合には，仮の救済が認められない。そこで，申請に対する不作為には，併合提起される義務付け訴訟の仮の救済（仮の義務付け）で対応すべきことになる。

◇仮の差止め
　仮の差止めの典型例も，差止訴訟の例（case 566～case 569）を思い出せば，容易に想像できるだろう。

- case 637　公務員Aは，B大臣の職務上の指示に従わないでいるので，懲戒処分をうけるおそれがある。
- case 638　B市の福祉事務所長は，Aの生活保護の決定をしたが，その後，この決定を撤回しようとしている。
- case 639　B市の建築主事がCに対して建築確認をしようとしており，近隣住民Aはこれに不満である。

　これらの場合にAは，差止訴訟を提起したうえで，仮の救済として仮の差止めを求めることになる。このうち，case 637 と case 638 は二面関係であるが，case 639 のような三面関係でも仮の差止めを求めることができる。

第3節　仮の救済

仮の義務付けと仮の差止めのいずれも，その要件として「償うことのできない損害」を掲げており，執行停止の要件よりも厳格である（「金銭賠償のみによって〔上記Aのような申立人に〕損害を甘受させることが社会通念上著しく不相当と評価される損害」を含むとする裁判例として，岡山地決平成19・10・15〔重判20-56〕）。これは，伝統的な学説に即していえば，行政庁の第一次判断権に抵触する可能性が高いことを考慮した結果といえる。実際的に考えても，現状維持を可能にするにすぎない執行停止と違って，仮の義務付けや仮の差止めでは裁判所が将来的な判断を先取りすることになるので，より慎重な判断が求められる。

3．当事者訴訟と民事訴訟における仮の救済†

以上は，抗告訴訟（＝行為訴訟）における問題状況であるが，当事者訴訟や民事訴訟（争点訴訟）のような権利訴訟においても，仮の救済が問題となり，通常の民事訴訟の場合とは異なった考慮が求められる。

なお，以下に述べるところは，やや難しく，最高裁の判例もまだ出ていないので，学習を後回しにしてもよいが，無効確認訴訟や当事者訴訟の理解を深めたあとで，ぜひともチャレンジしてほしい。ここでも，権利訴訟と行為訴訟の相互関係に関する大局的理解がカギとなる。

◇行訴法44条の意義

仮処分の排除に関する行訴法44条は，主として，行訴法が適用されない民事訴訟において問題になるが，同法第5章の「補則」に置かれていることからしても，行政に関する訴訟全般に適用される。繰り返し述べておくと，①行政処分等の公権力の行使に対する行為訴訟については，仮処分が排除される代償として，執行停止（25条），仮の義務付けと仮の差止め（37条の5）が用意されている。②公権力の行使に関わる権利訴訟，すなわち当事者訴訟と民事訴訟のうち，民事訴訟においては，仮処分の排除（44条）が妥当するので，仮処分がいっさい認められないことになりそうである。③当事者訴訟には，そもそも仮の救済の規定が存在していない。

そこで，学説や裁判例は，行訴法の柔軟な解釈によって，②や③の条文上の不都合（権利訴訟における仮の救済の欠如）を修正する試みをしている。以下に述べる論点も，条文上の不都合をいかに解消するか，という問題意識に根ざし

ている。

◇当事者訴訟における仮処分

　仮処分の排除に関する第1の論点として，《当事者訴訟のような権利訴訟に仮の救済はありえないか》が問題となる。具体的な問題に即して考えてみよう。

(case 640)　公務員Aに対して懲戒免職処分がなされてから，1年半が経過した。Aは，懲戒免職処分の無効を理由とした訴訟を提起したうえで，仮の救済を求めたい。

　①　先に行訴法36条の個所で述べたように，公務員たる身分の確認などを求める当事者訴訟を提起すべきである，というのが通説的立場であるが，その場合には，当事者訴訟の仮の救済が条文上明記されていないことから，仮の救済に難点が生ずる。実際，仮の救済を否定した裁判例もある（福岡高判昭和55・3・28，行特法時代の否定例として，高松高判昭和36・1・17）。

　②　しかし，取消訴訟において執行停止が認められていることとのバランスからしても，仮の救済を全面的に否定するのは不合理である。そこで，仮処分を限定的に肯定する立場がある。その場合には，執行停止と同程度の仮処分まで許容されるという限定が付される。

　③　逆に，端的に執行停止を認める立場もある。これは，権利訴訟について，明文のない執行停止を拡張的に用いる立場である（退学処分の執行停止に関する高知地決平成4・3・23）。

　④　他方，少数説として，行訴法36条の文言には反するが，仮の救済を認めるために，本案訴訟として無効確認訴訟を肯定する立場がある（甲府地判昭和38・11・28）。この立場によると，本案訴訟に関して，①に述べる通説的立場自体が修正されることになる。それによると，無効確認訴訟を提起したうえで，仮の救済として執行停止を求めることができることになる。なお，当事者訴訟と無効確認訴訟のいずれの提起も認める有力説（第5章第3節1.の註〔187頁〕）からすると，後者に基づく執行停止が許容されうることになる。

　この点についての最高裁判決はなく，議論の決着はついていないが，いずれにしても，当事者訴訟としての確認訴訟には，仮の救済の観点から弱点があることに留意が必要である。結果の妥当性を考慮するならば，②説が支持されるべきであろう。この立場によると，公務員に関するcase 640では，現在の地位保全は可能であるにしても，過去の俸給を請求することはできなくなる。こ

れによって，執行停止に関する救済（case 632・case 633）に近い解決方法が得られることになる。

◇争点訴訟における仮の救済

以上は当事者訴訟の場面であるが，争点訴訟（行政行為の効力が問題になる民事訴訟）においても同様の問題が生ずる。

> case 641　B県知事は，地主Aの土地を買収して小作人Cに売り渡した。買収処分が無効であると考えるAは，Cに訴訟を提起するとともに，仮の救済を求めたい。

上記のような農地買収に関する事例では，形式的には，行訴法44条によって仮処分が排除されるが，②の立場によると，農地の売渡しを受けた小作人Cに対して，当該農地への立入禁止を命ずる仮処分などが認められる可能性がある。その反面，小作人Cから当該農地の返還をうける仮処分は否定されるであろう。類型IVの土地収用に関しても，同様の解決が図られることになる。

◇公共事業に対する仮処分

仮処分排除に関する第2の論点は，《非権力的な事実行為に先行する行政処分（公権力の行使）がある場合，事実行為の仮処分は排除されるか》という問題である。しばしば，《行政庁の許認可に基づいて公共工事がなされているときに，どの範囲で仮処分が排除されるか》という形で問題になる。具体的に，次の場合に仮処分が可能かどうかを考えてみよう。

> case 642　C市の都市計画決定に基づいて，近隣に国道の建設がなされているが，近隣住民Aはこれに不満である。
> case 643　B県知事がC市に与えた公有水面（海面）の埋立免許に基づいて，C市が埋立工事を始めているが，近隣住民Aはこれに不満である。

処分性の論点においては，一般に公共事業自体の公権力性は否定されている（最判平成7・7・7〔旧百選165〕；case 513～case 515）。そこで，原告は民事訴訟とあわせて，仮の救済として民事の仮処分を求めることが可能であるようにみえる。ところが，公共事業に先行する許認可には公権力性があることから，行訴法44条による仮処分排除との関係が問題になる。特に，公権力の行使に実質的な干渉がもたらされる場合には，仮処分の制限がかかる可能性がある。

この問題について答えた最高裁判例はなく，裁判例も固まっていないが，基

本的には，許認可の根拠法令の趣旨解釈によるとされる（神戸地尼崎支決昭和48・5・11〔重判48-15〕，熊本地判昭和55・4・16）。その場合の手がかりとして，《行政処分に際して，利害関係人の権利利益に対する考慮が求められているか》が重視される。この立場によると，仮処分の可否は，実質上，原告適格の有無の判断基準に近似することになる。

(case 644) 国営空港の供用に不満がある近隣住民Aは，裁判所に仮の救済を求めようとしている。

念のために述べると，上記のような立場をとっても，case 644 のような場合には，判例上，仮処分は認められない。なぜなら，最高裁によれば，国営空港の事業全体に公権力性が認められるから，民事訴訟も仮処分も排除されるからである（最大判昭和56・12・16〔百選157〕; case 516）。そこでAとしては，国土交通大臣に対して，航空機騒音障害防止法に基づく措置（同法3条に基づく航空方法の指定など）の義務付け訴訟などを提起し，その仮の義務付けを求めることになる。

第7章　行政不服審査（行政上の不服申立て）

　行政処分などの公権力の行使に不服のある者が，行政機関に不服を申し立てることを **行政上の不服申立て** という。こうした不服申立てに対して行政機関が審理して，その解決を図る制度が **行政不服審査** である。行政不服審査は，イメージ的には《行政訴訟の簡略版》であるといえるだろう。多くの場合には，行政訴訟に先立って不服申立てがなされ，その結果にさらに不満のある私人は行政訴訟で争うことになる。

　行政上の不服申立てについて定める一般法は行審法であり，言い換えれば，同法は行政機関によるフォーマルな紛争解決手続に関する基本法典である（ただし，行訴法よりも《一般法としての威厳》が乏しいことにつき，本章第1節3.を参照）。そこで本節では，行審法について概観するが，適宜関連する法令にも触れることにしよう。

　＊　行政不服審査と他の救済制度との比較　　行政不服審査は，行政訴訟と異なり，行政機関による紛争解決ではあるが，行政訴訟と同じように，行審法などの法令に基づいたフォーマルな紛争解決制度であり，不服申立てをする私人は《権利としての救済》を求められる。これとは別に，行政機関によるインフォーマルな紛争解決制度として，行政上の **苦情処理** や **行政相談**，**オンブズマン** などの諸制度があるが，本書ではこれらの諸制度には触れない。

> 学習のアドバイス
>
> 　行政上の不服申立てについては，実務的・技術的な論点が多いので，初学者の段階では，条文を知っていれば足りる項目が大半であり，行政訴訟よりも学習量は少なくてすむだろう。そこで本章では，基本的部分についてのみ解説し，細かな条文の説明は省略するが，その一方で，理論的にみて重要なポイント（不服申立ての要件，審理手続の基本原理，裁決・決定の効力な

ど）については，やや詳しく述べることにしたい。
　本章全体を通じてのポイントは，取消訴訟との比較である。すなわち，行政不服審査は《行政訴訟の簡略版》といえることから，行政訴訟の枠組みと共通する要素が多い。そこで，取消訴訟，さらには民事訴訟・刑事訴訟と比較しながら，共通点と相違点を理解するようにしてほしい。

第1節　行政不服審査法の意義

本節では，行政不服審査に関する基本法律である行審法の意義について，概略的に述べる。

1．行審法の沿革

　はじめに，行政不服審査制度の沿革について，簡単に述べておこう。現行の行審法の前身となるのは**訴願法**であり，同法は，明治憲法のもとで，行政訴訟に関する行政裁判法とともに1890（明治23）年に制定されたが，国民の権利利益の救済を図る制度としては，不明確・不十分な要素を多分に含んでいた。
　戦後の日本国憲法のもとで，行政訴訟に関しては1948（昭和23）年に行特法が制定されたが，訴願制度については従前の仕組みが維持された。しかも行特法は，行政裁判法と同様に，訴願が可能な場合には訴願の裁決を経たあとでなければ行政訴訟の提起ができないという**訴願前置主義**を採用していたので（2条），訴願制度が不備なままで訴願前置が求められたことによって，少なからぬ場面で私人が行政訴訟を利用する道が閉ざされる結果になっていた。そこで，行特法の全面改正とあわせて訴願制度の改善が検討され，1962（昭和37）年に行訴法とともに行審法が成立した。
　さらに，2004（平成16）年に行訴法が改正されたことをうけて，現在，行審法の改正が検討されている。

＊ **行審法の改正作業**　　行審法の改正法案（以下，改正行審法案という）は，2008（平成20）年4月の第169回国会に提出されたが，翌年7月に廃案になっている。本章では現行行審法に即して解説するが，参考までに同法案にも触れるので，ここで同法案の全体的なポイントを示しておこう。

第1節　行政不服審査法の意義　　257

①　現行法上の異議申立ては廃止され，審査請求に一本化される。現行法上の異議申立て（各省大臣の処分に対する異議申立てなど）も実質的には残るが，現行の審査請求の場面を含めて，原処分に直接関与していない職員を **審理員** に指名して意見書を提出させ，さらに行政不服審査会等の諮問手続を経て裁決がなされることになり，より公正な手続として一体化される。また，課税処分など，大量に行われる処分については，審査請求の前段階として，《再調査の請求》を個別法で設けることが認められ，異議申立てに近い機能が与えられる。なお，現行の再審査請求は廃止される。

　②　申請に対する拒否処分などに関する審査請求を認容する上級行政庁は，処分庁に対し，申請に対して一定の処分をするよう《義務付け》をすることができる。これは，行訴法の義務付け訴訟に対応するものである。これに対して，《差止め》については，基本的には行政手続法改正による事前手続の整備で対応される（36条の2，36条の3の創設）。

　③　不服申立期間が60日間から3ヵ月に延長される。また，審査庁は **標準審理期間** を定めるように努める。さらに，複雑な事件については，審理員は，迅速かつ公正な審理を行うため，審理事項・手順を整理して，審理の終結予定時期を決定する。

2．行審法の特色

　かつての訴願制度や現行の行政訴訟制度（特に取消訴訟）と比較すると，行審法には次のような特徴が認められる。これによって，行政不服審査が《行政訴訟の簡略版》であるというイメージが明確になるとともに，かつての訴願法よりも権利救済の内容が充実していることが明らかになろう。

◇**訴願法との比較**

　行審法と訴願法を比較した場合，さまざまな違いがみられるが，大きな相違点は次の2つである。

　①　訴願法は，行政の適正な運営を確保することを主たる目的としていたのに対して，行審法は，国民の権利利益の救済を主眼とし，行政の適正な運営確保は副次的な目的としている（行審法1条1項の列記の順序に注目してほしい）。この点は，現行の行審法上，申立てをした私人にとって不利益となる変更ができないことに象徴される（40条5項，47条3項；case 720）。

　②　行審法は，行政庁の違法または不当な公権力の行使にあたる行為を，広

く不服申立ての対象としている（4条1項）。このような仕組みは、訴願法のもとで**列記主義**が採用され、訴願事項が限定されていたのと対照的であり、**概括主義**と呼ばれる。また、行政庁の事実行為や不作為についても、不服申立ての対象とされている（2条1項・2項、7条）。

　もっとも、行審法は概括主義を採りながらも、多くの適用除外を認めており（4条1項ただし書の列記事項を参照）、また行審法が適用される場合にも、個別法で例外規定が設けられている場合がある（3.参照）。

◇行政訴訟との比較

　続いて、行政不服審査と行政訴訟（特に取消訴訟）を簡単に比較しておこう。
　①　行審法においては、処分の適法性のみならず、処分の当・不当（裁量権の行使が適正さを欠くかどうか）まで審査することができる。このように、《違法ではないが不当な処分》の取消しまでもが認められることは、行政訴訟との大きな相違点である。
　②　行審法は、簡易迅速な手続によって国民の権利利益の救済を図ることを意図している。そのため、第三者機関による紛争解決にはこだわらない体裁をとっており、また審理手続としても、書面主義や職権主義を多く採用している。これらは、行政訴訟との相違点である。
　③　その一方で、不服申立ての要件については、取消訴訟の訴訟要件と共通点が多い。たとえば、不服申立ての利益は、取消訴訟における訴えの利益と同じであるというのが判例の立場であるし、不服申立ての対象も取消訴訟の対象（行政処分）と同一である（case 710などを参照）。

＊　行政不服審査と行政訴訟の関係　　行政不服審査と行政訴訟の関係について、行訴法は**自由選択主義**を採用しており、不服申立てのあとに訴訟を提起するか、直接裁判所に訴えるかの選択を、基本的に私人の判断に委ねている（同法8条）。ただし、個別法により**不服申立前置主義**（多くは審査請求前置主義）がとられる場合が多くあり、本書に掲げる典型的な問題状況の大部分もこれにあたる（類型I₂に関する税通法115条、地方税法19条の12、類型I₃に関する国公法92条の2、類型Ⅲ₁に関する生活保護法69条など）。こうした不服申立前置の実際的な意義については、すでに述べたとおりである（case 546〜case 547-3）。

第1節　行政不服審査法の意義

3．行審法の位置づけ

　行審法は，行政不服審査についての一般法である。すなわち，行政庁の処分その他公権力の行使に関する不服申立てについては，他の法律に特別の定めがある場合を除くほか，行審法の定めるところによる（1条2項）。しかしながら，実際上，行審法の適用範囲はかなり制限されている。この点を次に述べることにしよう。

◇行審法の適用範囲
　行審法の適用範囲については，類型的に整理しておくのが適当であろう。行審法と個別法の関係は，立法実務上，用語によって区別されているので，行審法の適用の有無は形式的に判別することができる。
　①　他の法律に特段の定めがない場合には，行政上の不服申立てについては行審法が適用される。たとえば，類型Ⅱのうち，鉄道事業法に基づく許認可処分（case 701 など），類型Ⅲのうち，国から私人に対して補助金適正化法上の処分がなされる場面（case 546 など）については，行審法の規定がそのまま適用される。類型Ⅰ₂の課税処分のうち，地方税の課税処分についても同様である（地方税法19条参照）。
　②　他の法律に特別の定めがある場合でも，行審法が適用されるものについては，行審法と同様に，「異議申立て」と「審査請求」の文言が用いられる。そのような法律は，行審法の一般原則のうち，不服申立庁を修正する程度にとどまる場合（建基法94条など）がある一方で，行審法の適用を広範に排除している例も多い。たとえば，類型Ⅰ₂の課税処分のうち，国税の手続については国税通則法で多くの例外が設けられているし（81条以下），類型Ⅰ₃の公務員に対する不利益処分についても同様である（国公法90条以下，人事院規則13-1）。しかしながら，これらはタテマエとしては行審法を《立てて》いるので，次の③の類型と区別される（税通法80条1項，国公法90条1項）。
　なお，情報公開や個人情報保護の手続においても，行審法の適用が認められているが，不服申立てをうけた場合に情報公開・個人情報保護審査会への諮問をしなければならないという，重大な例外規定を設けている（情報公開法18条，行政機関個人情報保護法42条，第4章第7節2.）。電波法上の処分に対する不服申立て（本章補論）についても同様である（同法85条）。
　③　同じく他の法律に特別の定めがなされる場合で，そもそも行審法の適用

図7-1　行政上の不服申立ての概観

```
                ┌ 異議申立て……処分庁に対する不服申立て
                │ 審査請求………処分庁以外（原則は上級行    ┐
                │              政庁）に対する不服申立て  ├＝行審法の適用対象
行政上の不服申立て┤ 再審査請求……審査請求の結果に不満な場  │
                │              合の不服申立て〔＝例外的〕┘
                │ その他の不服申立て
                └ （異議の申出，審査の申出など）          ＝行審法の適用対象外
```

が予定されていないものについては，それらの法律において，「審査請求」や「異議申立て」とは別の名称，たとえば「審査の申立て」とか「異議の申出」，「審決の申請」といった名称が用いられる（自治法255条の4，地方財政法27条3項，公職選挙法202条など）。地方税に関する手続のうち，固定資産の評価に関する不服申立てについていえば，固定資産評価審査委員会に対する「審査の申出」として扱われるが，そこでは行審法の適用が排除され，行審法の一部の規定が「準用」されるにすぎない（地方税法432条；case 706・case 716）。都市計画法上の開発許可の申請拒否処分に対する公害等調整委員会への不服申立て（同法51条）も同様である（以上につき，図7-1を参照）。

いずれにしても，これらの3つのカテゴリーは，あくまで形式的にみた区分であり，規範の内容的な違いには直結しない。つまり，②のカテゴリーでも，行審法の適用がほとんど排除されている場合があるし，③のカテゴリーでも，行審法の多数の規定を準用している場合もあるわけである。なお，②や③については，行政審判としての性格が与えられることも多い（本章補論）。

＊　②の類型における例外的な諮問手続は，いわば，不服申立てというバイパスのなかで，《寄り道》を通ることが強制される仕組みであるが（第3章第2節2.），改正行審法案においては，こうした《寄り道》の制度が基本とされている（42条）。あわせて行政不服審査会を創設して，情報公開・個人情報保護審査会を統合することにより，《寄り道の一本化》が図られている。

第2節　不服申立ての種類

現行の行審法上，初学者が最初につまずきやすいのが，不服申立ての種別（あるいは，どの行政機関に不服申立てをすべきかの判断）であろう。実際には，こうした複雑さを和らげる機能が行政庁の教示（本章第6節）に期待されてい

るが，初学者が戸惑いを感ずるのは自然のことである。以下にひととおりの説明を示しておくが，繰り返し学習して理解してほしい。

1．異議申立て・審査請求・再審査請求の区別

　行審法上の不服申立てには，異議申立て，審査請求，再審査請求の3種類がある。行審法の適用のない不服申立てには，用いられない区分である（本章第1節3.）。

　① **異議申立て** とは，行政庁の処分（または不作為）について，処分庁（または不作為庁）に対してなされる不服申立てをいう。

図7-2　異議申立てと審査請求のイメージ

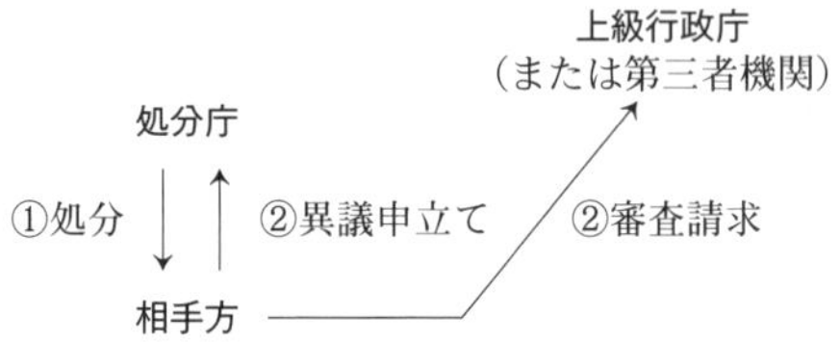

　② **審査請求** とは，行政庁の処分（または不作為）について，処分庁（または不作為庁）以外の行政庁に対してなされる不服申立てをいう。つまり，当該行政庁以外の上級行政庁または第三者的立場にある行政庁に対してなされる不服申立ては，すべて審査請求と呼ばれる。

　③ **再審査請求** とは，審査請求の裁決に不服がある者がさらに不服を申し立てる手続をいう。再審査請求は，(a) 法律または条例に再審査請求ができる旨の定めがある場合（case 708 で建築審査会の裁決後になされる，国土交通大臣への再審査請求〔建基法95条〕など），(b) 審査請求ができる処分について委任がなされた場合という，2つの場面でのみ許容される（8条1項）。再審査請求においては，原処分を申立ての対象にしてもよいし，審査請求の裁決を対象にしてもよく，いずれを争うかは不服申立人の選択に委ねられる。

　このうち再審査請求は例外的であるので，以下では異議申立てと審査請求を中心に，相互の関係をみていくことにしよう（両者を図式化したのが，図7-2である）。

2．異議申立てと審査請求の関係

　異議申立てと審査請求の関係については，処分の場合と不作為の場合とで，多少異なっているが，前者を中心に整理しておこう。

◇**処分についての不服申立ての場合**

　行審法においては，**審査請求中心主義**が採用されている。この趣旨は，異議申立ては処分庁自身の決定に対する自己評価にすぎないので，それ以外の行政庁に新たな判断を求めた方が，客観的で公正な審理が期待できることにある。

　審査請求中心主義は，審査請求ができるときには異議申立てはなしえない，という原則となって現われる。すなわち，処分庁に上級行政庁があるときは審査請求によることとされ（5条1項1号，同条2項），異議申立てができるのは，基本的に，処分庁に上級行政庁がないとき，または処分庁が各省大臣等であるときに限られる（6条1号・2号）。図7-2で，①処分，②異議申立て，③審査請求という3段階の構成にはなっていないことに注意してほしい。

　もっとも，個別の法律によって，審査請求と異議申立てのいずれもなしうる旨が定められることがある。たとえば，類型Ⅰ₂の国税の課税処分のように，大量かつ専門的な処分については，異議申立てと審査請求の双方が認められている（税通法75条1項・3項など）。このように，異議申立てと審査請求の双方が認められている場合には，**異議申立前置主義**がとられ，原則として異議申立ての決定を経た後でなければ審査請求はできない（20条）。また，この場合，異議申立ての決定を経たあとの審査請求は，原処分を対象とすることになり，異議申立てに対する決定を対象とするものではない。つまり両者は，裁判所における第1審判決（地裁判決）と第2審判決（高裁判決）との関係にあるわけではない。

　これらの規定の具体的な当てはめ方については，次の不服申立庁の項目で考えることにしよう。

◇**不作為についての不服申立ての場合**

　不作為についての不服申立ては，処分についての場合と異なり，**自由選択主義**により，異議申立てまたは審査請求のいずれかをすることができる（7条）。すなわち，異議申立てと審査請求を同時にすることはできないが，いずれをするかは不服申立人の任意の選択に委ねられている。もともと，不作為に対する不服申立ては，行政庁に事務処理の促進を求めるのであるから，不作為庁に直接申し立てた方が迅速かつ適切な処理が期待できることもあり，いちがいに審査請求の方が異議申立てより優れているとはいえない。これが自由選択主義の実質的な根拠である。ただし，不作為庁が各省大臣等である場合には，異議申立てのみが認められる（7条ただし書）。

◇行審法の体系

　行審法は，同法が適用される不服申立てに共通した事項を「通則」として規定したあと（9〜13条），処分に対する審査請求について詳細な規定を設け（14〜44条），これを他の不服申立て（処分に対する異議申立て・再審査請求，不作為に対する不服申立て）に準用する体裁をとっている（48条，52条，56条）。そこで以下では，審査請求の手続を中心に述べ，必要に応じて異議申立て等の手続に触れることにしたい。

3．不服申立庁（不服申立先）

　行審法の定める不服申立庁は，不服申立ての種類によって異なっている。異議申立てが処分庁または不作為庁に対してなされること（6条，7条），再審査請求が法律や条例の定める行政庁（委任がなされた場面では，もともと権限を有していた行政庁）に対してなされること（8条2項）については，特に問題はない。これに対して，審査請求については，多くのバリエーションがあり，異議申立てと審査請求の関係を含めて，分かりにくい場面がある。そこで，典型的な事例を用いながら，確認していこう。

◇行審法のルールによる場合

　先に述べた審査請求中心主義からして，行審法の一般原則としては，処分庁の上級行政庁に対する審査請求が基本である。客観的で公正な判断をえるために，処分庁以外の機関によって審査させるべきであるという要請と，処分に関する専門技術的判断が求められるという要請とを，調和させた結果ともいえる（処分庁やその上級行政庁とは別の第三者機関が審査すると，前者の要請はみたされやすいが，専門的な担当者を確保することはコスト面でも障害が多いことから，実際上，後者の要請には適合しにくい）。ただし，不作為の場合を含めて，行審法は多くの例外的ルールを設けている。その当てはめ方について，具体的にみていこう。

　　case 701　国土交通大臣から委任をうけたＢ地方運輸局長は，Ａ鉄道会社の運賃値上げ認可の申請に対し，拒否処分をした。

　行審法は審査請求中心主義を採用しているから，実際的な判断としては，まず審査請求の可否が判断されることになる。そして審査請求は，法律または条

例に特別の定めがある場合のほかは，処分庁の直近上級行政庁に対してなされる（5条，7条）。上級行政庁とは，当該行政事務に関し，処分庁を指揮監督する権限を有する行政庁を指す（直近上級行政庁という限定が付されているのは，二重三重の上級行政庁がある場合に，処分行政庁に最も近接した上級行政庁に審査請求をするべきことを意味している）。したがって，case 701 では，地方運輸局長の上級行政庁である国土交通大臣に対して審査請求がなされることになる。この場合に，異議申立てはなしえない（2.参照）。

　このケースが，不服申立ての最も基本的な形である。一般化していえば，上級行政庁がある場合には，原則として審査請求のみが認められることになる。

(case 702)　A鉄道会社は，国土交通大臣から事業改善命令をうけた。

　理論的には上級行政庁が観念される場合でも，各省大臣（および外局の長，外局に置かれる庁の長）には，上級行政庁がないものとみなされる（5条1項1号ただし書）。たとえば，内閣総理大臣は各省大臣の上級行政庁であるといえるが，行審法は各省大臣の処分について内閣総理大臣に対する審査請求を認めていない。この場合には審査請求ではなく，異議申立てによることになる（6条2号）。case 702 がその例であり，この場合には，国土交通大臣に対する異議申立てのみが可能である。

(case 703)　B市長が地主Aに対して固定資産税の課税処分をしたが，Aは自分の土地が課税対象にならないと考えている。

　case 701 と case 702 は国の行政機関に関する例であるが，地方公共団体の行政機関の行為については，市町村長，都道府県知事には上級行政庁は存在しない（地方公共団体は国から独立した存在であるから，総務大臣が彼らの上級行政庁になるわけではない）から，それらの処分に対しては異議申立てしかできない。したがって，case 703 では，AはB市長に対して異議申立てをすることになる。ただし，地方税の課税処分が（長から委任をうけた）税務事務所長などの出先機関によってなされた場合には，一般原則に戻って，地方公共団体の長に対する審査請求のみが認められることになる。

(case 704)　A鉄道会社が運賃値上げ認可を申請したが，B地方運輸局長は応答しない。

　以上にみたのは，行政庁の処分（作為）に対する不服申立てであるが，不作為の場合には，審査請求と異議申立てのいずれも可能である（行審法7条）。し

第2節　不服申立ての種類

たがって，case 704 の場合には，B地方運輸局長に対する異議申立てと，国土交通大臣に対する審査請求の双方が認められることになる。

*　内閣総理大臣は行政各部を指揮監督する権限を有するから，各省大臣の上級行政機関であることに異論はない（憲法 72 条，内閣法 6 条）。なお，最高裁は，内閣総理大臣が各省大臣らに対して有する指揮監督権を，広範に認めている（最大判平成 7・2・22〔百選 22〕）。

◇**個別法のルールによる場合（第三者機関に対する審査請求）**
　以上は，行審法の一般原則に基づく解決方法であるが，他の法令によって，第三者機関（上級行政庁以外）に対する審査請求が予定されている場面は多い。
　case 705　B税務署長は，Aに対して所得税の更正処分をした。

　税務署長の課税処分については，上級行政庁である国税庁長官に対する審査請求に代えて，第三者機関である国税不服審判所長に対する審査請求がなされる（税通法 75 条 3 項）。
　ところが，前述のように，税務署長による課税処分に対しては，税務署長に対する異議申立ても認められており，異議申立前置主義によって異議申立てが先になされる必要がある（行審法 20 条）。さらに，租税に関しては不服申立前置主義が採用されていることから（税通法 115 条；case 546 の説明を参照），結局 case 705 では，①税務署長に対する異議申立て，②国税不服審判所長に対する審査請求，③裁判所に対する取消訴訟，という 3 段階の手続が予定されていることになる。
　case 706　case 703 で，Aは，自己の土地が固定資産税の課税対象になることは認めるが，固定資産の評価額に不満がある。

　国税と違って地方税については，原則として行審法の適用があるので，case 703 でみたように，基本的には課税団体たる地方公共団体の長に対する異議申立てのみが許される。ところが，case 706 のような固定資産の評価額についての不服申立ては，固定資産評価審査委員会という第三者機関がおかれており，同委員会に対する「審査の申出」のみが認められる（地方税法 423 条以下；本章第 1 節 3.）。
　case 707　国土交通大臣は，職員Aに対して懲戒処分を行った。

国家公務員の不利益処分に関しては，第三者機関である人事院に対して審査請求がなされる（国公法90条1項）。

　case 708　Aは，B市長から違法建築物の除却命令をうけた。

　建築基準法に基づく処分（建築確認申請に対する拒否処分など）に対しては，その建築主事がおかれた市町村または都道府県の建築審査会に審査請求がなされる（建基法94条）。

　総じて，国税不服審判所や人事院など，行政機関でありながら一定の独立性を有する機関が審査庁となっており，通常の上級行政庁よりも中立的な判断がなされることが期待されている。

◇法定受託事務の場合†

　ここで法定受託事務に関する不服申立てに触れておこう。行審法上の制度ではないが，実務上は重要な制度である。

　case 709　B県知事は，乳製品の加工業者Aに対し，甲製品の廃棄命令をした。

　1999（平成11）年の地方自治法改正以前は，国の機関委任事務については，主務大臣は都道府県知事・市町村長の，都道府県知事は市町村長の，それぞれ上級行政庁であることから，主務大臣や都道府県知事に対する審査請求が認められていた。これに対して現行法は，機関委任事務に代えて法定受託事務の概念を採用しており（第3章第4節1.），法定受託事務は地方公共団体の事務であるから，一般原則に従えば異議申立てだけが認められることになる（case 703参照）。しかし，法定受託事務の処理については国も大きな関心をもつことから，現行の地方自治法は，都道府県知事の処分・不作為については主務大臣に対して（市町村長その他の機関の処分・不作為については都道府県知事に対して），審査請求をするべきものとしている（255条の2）。これは，国の裁定的関与と呼ばれる。case 709についていえば，食品衛生法54条に基づく都道府県知事の廃棄・除去命令は法定受託事務であるので（同法69条参照），厚生労働大臣に対する審査請求が認められる。その一方で，行審法の一般原則（審査請求中心主義）により，B県知事に対する異議申立てはなしえないことになる（行審法5条1項2号，6条）。

　＊　こうした国の関与については，近時の地方分権の趨勢に鑑みて，批判もみられるところであるが，改正行審法案は，この仕組みを当面維持することとしている

第2節　不服申立ての種類

(同法案附則4条)。

第3節　不服申立ての要件

　不服申立ての要件については，取消訴訟の考え方がそのまま用いられる場面が多い。適宜，取消訴訟に関する第5章の説明を振り返りながら読み進めてほしい。ここでも，主として審査請求について説明する。

◇**不服申立ての対象**
　行審法による申立ての対象は，「行政庁の違法又は不当な処分その他公権力の行使に当たる行為」であるが（1条1項），この点について行審法には何ら定義的な文言はない。そこで，これらの概念の意義および範囲については，解釈に委ねられているが，判例・学説においては，取消訴訟の対象となる処分（行訴法3条2項の定める**行政処分**）についての判断基準（case 506 以下）が，そのまま当てはまると考えられている（最判昭和43・4・18など）。

　行審法にいう処分には**事実行為**が含まれることが明記されており（2条1項），その点では行訴法との相違がみられるが，取消訴訟の対象としても事実行為が含まれることには異論がない（第5章第2節1.の註〔153頁〕）。ここにいう事実行為は，人の収容や物の留置など，継続的性質を有するものに限定されており，すぐに効果の終了してしまう行為（一時的な立入検査など）は，不服申立てを認めるだけの実益がないと考えられるから，不服申立ての対象にならない。

　また，行審法の不服申立ての対象には，特定の場合の行政庁の不作為を含む（2条2項）。これは，行訴法における不作為違法確認訴訟（3条5項；case 557 以下）と同様である。

＊　**不服申立ての対象となる例**　建築基準法上の壁面線決定について，判例は不服申立ての対象になることを認めているので，取消訴訟の対象にもなると解される（最判昭和61・6・19〔百選145〕）。ただし，特別の法令において，行政処分とはいえない行為についても不服申立てが認められることがある。固定資産税の課税処分に先立ってなされる，case 706 における固定資産の評価額の決定などがそれにあたる。

◇不服申立人（不服申立ての利益）

　不服申立ての利益をめぐる問題状況は，抗告訴訟における《訴えの利益》の問題とほぼ共通している。

　行審法が不服申立事項について概括主義をとるからといって，誰からでも不服申立てができるというわけではなく，不服申立てをするだけの利益を有する者だけが不服申立てをすることができる。その場合の利益を **不服申立ての利益** という。

　判例は，不服申立ての利益が認められる範囲について，取消訴訟において訴えの利益が認められる範囲と同一に解し，「法律上の利益」を有する者に限定している（最判昭和53・3・14〔百選138〕）。すなわち，個別的利益と公益ないし反射的利益との区別を前提として，法律によって公益に包摂・吸収されない個別的利益が認められる場合に限って，不服申立てが認められるとしている。結局，行訴法9条の原告適格に関する解釈論がそのまま当てはまることになる（case 526以下を参照）。

　もっとも，不服申立ての場合には，行審法が行政の適正な運営の確保という目的を有していること（1条）に注目して，取消訴訟の場合よりも申立人の範囲を広げるべきだという考え方もある。しかし，行審法は国民の権利利益の救済を第一義的な目的にしていること（本章第1節2.①）のほか，行政不服審査と取消訴訟は行政争訟として連続性を有することから，判例・通説は取消訴訟と同様に考えている。

　(case 710)　B市長がCに対して固定資産税の減免決定をしたが，B市の住民Aはこれに不満である。Aの不服申立てにおいて，取消訴訟の場合とは異なった考慮がなされるか。

　典型的な例を用いて，上記の判例法理を当てはめてみよう。まず，case 710のような固定資産税に関する決定については，異議申立てが考えられるが，それはあくまで，個々の課税処分等の名宛人である納税者が申立てをすることを予定したものであり，当該課税処分等に直接関わらない他の納税者からの不服申立てを許容するものではない（case 525参照）。したがって，Aは不服申立てをすることができない。

　また，判例は，地方議会の議員資格決定に対する不服申立て（自治法118条5項，127条4項）についても，個人的な「法律上の利益」を有する者，つまり決定をうけた議員のみに申立てを認め，その他の地方議会議員の申立てを排

除している。つまり，行政訴訟における客観訴訟に相当する**客観争訟**（民衆争訟）という性格が否定されている（最判昭和56・5・14〔百選139〕。逆に，客観争訟としての不服申立てが認められる例としては，選挙の効力等を争う不服申立て〔公職選挙法202条以下〕がある）。

　なお，不作為に対する不服申立てに関しては，当該不作為に係る処分その他の行為を申請した者に限られる，という明文がある（7条）。不作為の違法確認訴訟の原告適格と同様の趣旨をもつ規定である。

　　＊　行審法は，「国民に対して」広く不服申立てを認めようとするものであるから（1条1項），地方公共団体その他の公共団体がその「固有の資格」で処分の相手方となるときは，行審法による不服申立てをすることができないと考えられている（case 731）。
　　　不服申立ての利益については，改正行審法案でも，特に手当てがなされていない。とはいえ，平成16年の行訴法改正をうけて，判例は，原告適格（訴えの利益）を緩やかに認める傾向にあるので，結果的に，不服申立ての利益が認められる範囲も拡大する可能性がある。

◇**不服申立期間**
　不作為についての不服申立てに関しては，行審法上，不服申立期間の定めはなく，いつでも不服申立てができる。
　これに対して，処分についての不服申立ては，法定の期間内にしなければならない。処分の不服申立期間に関する行審法の原則は，おおむね次のとおりである。不服申立人の知・不知を基準にした主観的な不服申立期間（下記の①～③）と，処分後の経過時間を基準とした客観的な不服申立期間（同じく④）がある点で，取消訴訟の出訴期間（case 542-1以下）とほぼ同じである。
　①　処分に対して異議申立てや審査請求をする場合，「処分があつたことを知つた日」の翌日から起算して60日以内にしなければならない（14条1項，45条）。取消訴訟の出訴期間の場合と同様に，処分のあったことを知った日とは，「処分のあったことを現実に知った日」のことであるが，「社会通念上処分のあったことを当事者の知り得べき状態に置かれたとき」も含まれうると解されている（出訴期間に関する最判昭和27・11・20〔百選186〕のほか，処分の相手方以外の第三者に関して最判平成5・12・17〔百選205〕をも参照）。都市計画事業のように，権利者への個別の通知でなく一般的な告示・公告などがなされると

きには，その告示等が起算日の基準とされる（最判平成14・10・24〔百選137〕，最判昭和61・6・19〔百選145〕など）。

② 裁決・決定をうけた後，いわば第2審的な不服申立て（再審査請求または審査請求）をする場合には，裁決・決定のあったことを知った日の翌日から起算して30日以内にしなければならない（14条1項本文，53条）。

③ 以上の原則については，天災その他やむをえない理由があるときには例外が認められる。この場合の不服申立ては，その理由がやんだ日の翌日から起算して1週間以内にしなければならない（14条1項ただし書，同条2項，48条，56条）。

④ 処分などがあったことを知らなかった場合でも，処分などがあった日の翌日から起算して1年を経過したときは，正当な理由がある場合を除いて不服申立てはできない（14条3項，48条，56条）。正当な理由に該当するかどうかは客観的に判断されるべきであり，個人的な都合は含まれない。

＊ 不服申立期間は，個別法によって短縮されることがある（収用法130条など）。なお，改正行審法案では，①の主観的な不服申立期間は3ヵ月に延長されている（17条1項）。行訴法の出訴期間である6ヵ月よりも短いが，この点も《行政訴訟の簡略版》ということから正当化しうる。

第4節　不服申立ての審理

続いて不服申立ての審理手続について概観するが，ここでも審査請求を中心にし，また便宜上，仮の救済である執行停止を含めて述べることにしよう。

1．手続の開始

不服申立ての提起は，訴訟でいえば訴えの提起に相当し，基本的には訴訟（民事訴訟や行政訴訟）と同じ扱いがなされるが，いくつかの例外的な規定がおかれている。

行政不服審査は，私人の申立てによって開始され，他の法律に特別の規定がない限り，行政機関の職権で審理が開始されることはない（9条1項）。この点は訴訟と同じであり，処分権主義の表れである。

また，他の法律や条例で定めがある場合を除き，不服申立ては書面を提出し

てしなければならない（同項）。この原則もまた，通常の訴訟と同じである。なお，申立書が行政上の不服申立てであるのか，応答義務のない陳情書であるのかが不明確な場合があるが，いずれであるかは当事者の意思によるとするのが判例である（最判昭和32・12・25〔百選136〕）。

　不服申立てがなされたとき，審査庁は，申立てが不服申立ての要件をみたしているか否かの審理（要件審理）を行う。不服申立ての要件をみたしているものについてのみ本案審理に移り，申立ての内容の当否について審理することになる。不服申立ての要件をみたしていない場合には，不適法な申立てとして却下することになるが（40条1項），**補正**することができるときには直ちに却下してはならず，相当の期間を定めて補正を命じなければならない（21条）。補正することなく却下した場合には，その却下裁決・決定は違法となる。不服申立てに際して補正が義務付けられることは，行政手続において補正が義務付けられないのと対照的である（行手法7条；前出の図4-10の説明も参照）。

2．執行不停止原則と例外的な執行停止

　適法に不服申立てがなされた場合について，行審法は**執行不停止原則**を採用しているが（34条1項，48条，56条），例外的に**執行停止**を認めている。この執行不停止原則と執行停止の制度は，基本的には行訴法の仕組み（25条）と同じであるので，行政訴訟の項目を読み返してほしいが（case 631以下の項目），いくつかの相違点がある。

◇執行停止の要件

　そこでまず，行訴法上の執行停止との違いをみてみることにしよう。

　case 711　B地方運輸局長がA鉄道会社の事業許可を撤回したので，A社は国土交通大臣に対して審査請求をした。A社自身は，仮の救済を求めていない。

　まず，審査庁は，必要があると認めるときは，執行停止をすることができる（34条2項・3項）。これは，いわば《任意的な執行停止》である。基本的には，審査請求人の申立てによるが，審査庁が処分庁の上級行政庁の場合には，もともと処分庁に対して一般的な監督権を有するので，当事者の申立てを待つことなく職権によって執行停止をすることも可能である。したがって，case 711では，国土交通大臣は職権で執行停止をすることができる。こうした措置は，行

訴法では認められていない。

他方，審査庁は，当事者の申立てがあった場合において，一定の場合には執行停止をしなければならない。これは，いわば《義務的な執行停止》であり，その要件は，取消訴訟による執行停止とほぼ同じである（34条4項・5項）。なお，以上のルールは異議申立ての場合にも準用される（48条）。

◇執行停止のための措置

審査庁や処分庁は，①処分の効力の停止，②処分の執行の停止，または③手続の続行の停止，という3つの措置をとることができる（34条2項・3項）。①の処分の効力停止が例外的であることを含めて，取消訴訟の執行停止と同じである（同条6項）。

case 712　A鉄道会社がB地方運輸局長に対して運賃値上げ認可を申請したが，申請が拒否されたので，A社は国土交通大臣に対して審査請求をした。

このような拒否処分に対して執行停止が意味をもたないことについても，取消訴訟の執行停止と同じである（case 631の説明を参照）。

なお，上級行政庁および処分庁は，処分を暫定的に変更するなど，「その他の措置」をとることもできる（34条2項，48条）。この点は，行訴法上の執行停止との相違であるが，処分庁の上級行政庁以外の審査庁は，このような措置をとれない（34条3項）。これは，変更裁決の可否（case 720〜722）に類似したルールである。

3．審理手続の諸原則

審査請求の審理手続においては，簡易・迅速な解決をはかるために，**書面審理主義**を原則とし，かつ**職権主義**に重点をおいている。他方で，審理の公正さを保つために，部分的に口頭審理主義や当事者主義の原理を採用している。この点は，口頭審理主義・当事者主義を基調とする民事訴訟の手続と大きく異なっており，取消

表7-1　民事訴訟の諸原則との関係

民事訴訟の原則	不服申立てにおける修正
口頭審理主義	書面審理主義〔例外あり〕
当事者主義	職権主義〔例外あり〕
処分権主義	変更裁決など
弁論主義	職権証拠調べ，職権探知など

第4節　不服申立ての審理

訴訟との相違でもある。そこで，とりわけ審理手続については，民事訴訟や取消訴訟との比較をしながら学習することが求められる（表7-1を参考にしてほしい）。

なお，もうひとつの民事訴訟の原則である処分権主義（刑事訴訟法でいえば不告不理の原則）については，裁決・決定の個所で再度述べることにしよう（本章第5節参照）。

◇**書面審理主義**

はじめに，書面審理主義に関する具体例をみてみよう。

case 713　B地方運輸局長は，A鉄道会社の運賃値上げ認可の申請をうけて，拒否処分をした。その審査請求において，国土交通大臣はもっぱら書面で審理できるか。また，A社が口頭で意見を述べる機会を求めた場合はどうか。

行審法上の審理は，原則として書面によるとされ（25条1項本文），**書面審理主義の原則**が採用されている。他方で行審法は，審査請求人または参加人の申立てがあったときには，審査庁・処分庁は申立人に口頭で意見を述べる機会を与えなければならないものとされる（同項ただし書）。これは，申立人の**口頭意見陳述権**を認めたものであり，書面審理主義が部分的に緩和されている。

case 714　B市の住民Aは，B市長がCに対して固定資産税の減免決定をしたことに不満で，B市長に不服申立てをした。Aの申立ての利益の審理において，口頭意見陳述の機会は保障されるか。

口頭意見陳述の機会については，《本案審理についてのみ保障されるか，要件審理についても保障されるか》が論じられている。一方では，民事訴訟上の原則（民訴法140条）を当てはめて，本案審理についてのみ行審法25条の規定が適用されるとする見解がある。他方では，要件審理と本案審理が明確に区別しがたいとして，原則として要件審理についても適用されるとし，例外は申立てが不適法であることが明白な場合に限られる，とする立場も有力である（名古屋高裁金沢支判昭和56・2・4）。不服申立ての利益がないことの明らかなcase 714では，後者の立場からしても，口頭意見陳述が不要となるであろう。

case 715　case 713で，国土交通大臣が当該処分を正当とする心証を得て，裁決書の作成作業に入っていたところ，A社から口頭意見陳述の請求がなされた。口頭意見陳述はなされるべきか。

審査庁がすでに処分を正当とする心証を得ていたとしても，そのことを理由

に口頭意見陳述の請求を退けることはできない，と考えられている（東京地判昭和 45・2・24）。

case 716 固定資産評価審査委員会は，口頭審理外で行った調査結果を判断の基礎にできるか。

申立人の意見陳述の方法について，行審法は公開・対審構造までは要求していない。ところが，個別法においては，case 716 の場面を含めて，公開による口頭審理手続を定める例もあり（国公法 91 条 2 項，地方税法 433 条 6 項，都市計画法 50 条 3 項），その場合の手続についてはそれぞれの法律の仕組みに即して検討する必要がある。たとえば，case 716 の固定資産評価委員会の口頭審理手続に関して，口頭審理外で行った職権調査の結果を口頭審理に上程する必要があるか否かにつき，最高裁は，審査申出人は同法および条例により，資料・調査記録を閲覧し，これに関する反論・証拠を提出することができるから，口頭審理に上程する必要はないとしている（最判平成 2・1・18〔百選 141〕）。

◇職権主義

当事者主義を基調とする民事訴訟では，弁論主義が採用されていることから，職権証拠調べを含めた職権探知が原則として否定されているのに対して，行審法では，審査庁の職権審理に重点がおかれており，弁論主義を修正して職権証拠調べ・職権探知が認められるとともに，職権進行主義が強化されている（取消訴訟が両者の中間的存在であることにつき，前出の 表 6-2 を参照）。

以下では，類型 I₃ の公務員の懲戒免職処分を例にとって，説明することにしよう（公務員の不利益処分について，行審法の諸規定は原則として適用されないが（国公法 90 条 3 項），本文で述べた諸問題については，実務上，行審法とほぼ同じ扱いがなされているので，行審法の問題として考えて差し支えない）。

case 717 B 大臣は，職員 A が 1 月中に怠業したことを理由にして，懲戒免職処分を行った。その審査請求をうけた人事院は，1 月中の怠業が事実であるか否かについて，自ら証拠調べできるか。

こうした 職権証拠調べ については，行審法が明文で認めている。すなわち審査庁は，審査請求人・参加人が証拠書類・証拠物を提出すべき相当の期間を定めることができ（26 条），申立てまたは職権により，参考人の陳述・鑑定を求めることができる（27 条）。また，書類その他の物件の所持人に対し，その提出を求め，かつ提出された物件を留め置くことができる（28 条）。さらに，

第 4 節 不服申立ての審理

必要な場所について検証すること（29条），審査請求人または参加人を審尋すること（30条）が認められている。かかる職権証拠調べが可能なことは，取消訴訟と同じである（行訴法24条）。

> case 718 case 717で，人事院は2月中の怠業の有無について，自ら探索できるか。

こうした **職権探知** について行審法には明文はないが，審査請求において職権探知が可能であることは，学説・判例上，一致をみている。つまり，審査庁は，当事者が主張しない事実を職権で取り上げ，その存否を調べることができる（訴願法の時代の判例として，最判昭和29・10・14〔百選140〕）。その理由として，職権証拠調べの規定の類推解釈があげられることが多いが，むしろ，行審法が処分庁に対して弁明書の提出を義務づけていないこと（22条），実際的にみて，不服申立人の側には十分な情報がないのが通例であり，こうした情報の不足を審査庁が補う必要があること，が主たる理由とされるべきであろう。こうした解釈は，取消訴訟との相違である（以上につき，case 601・case 602参照）。

異議申立てについては，職権証拠調べの規定が準用されている（48条）。また，職権探知については，審査請求にさえ認められるのであるから，異議申立ての場合に，当該処分を行った行政庁（処分庁）にも当然に認められることになろう。

◇**職権主義**（つづき）

他方，行審法は，審理の進行についての審査庁の職権的判断を重視している（**職権進行主義**）。たとえば，審査庁は，事案の解決のために必要であると考えるときには，職権で（つまり，関係人の申立てがなされなくても），利害関係人を手続に参加させることができる（24条2項）。また審査庁は，必要があると認めるときは，数個の請求を併合し，又は併合された数個の審査請求を分離することができる（36条）。

以上に述べた職権主義は，当事者主義のうち，弁論主義が修正される側面である。これに対して，**処分権主義** については，審査請求人は，裁決があるまでは，いつでも審査請求を取り下げることができ（39条），取下げがあったときには当初より審査請求がされなかったことになる。これは民事訴訟の処分権主義に沿った規定である。ところが，行審法を全体としてみると，処分権主義がそのまま妥当しているわけではない。このことは，処分庁や審査庁が一定の場

合に処分の変更をなしうることにも表れている (case 720・case 721)。

このほか執行停止についても，職権主義が取り入れられていることは，先述のとおりである (case 711)。

4．その他の手続的規定

このほかの行審法の手続的規定のうち，重要なものを掲げておこう。いずれも実質的に，民事訴訟（ないし取消訴訟）における弁論主義を修正するものである。

◇**弁明書の提出要求**

審査請求を受理した審査庁は，審査請求書の副本（口頭の不服申立ての場合には審査請求録取書の写し）を処分庁に送付し，相当の期間を定めて**弁明書**（処分庁の立場を説明する文書）の提出を求めることができる（22条）。

審査庁から処分庁に対してなされる弁明書の提出要求は，審査庁の裁量的な権限であり，弁明書の提出がなくとも請求に理由がないときは，審査庁は棄却の裁決ができると解されている。他方，審査請求人に弁明書の提出要求権が認められるか否かについては，争いがある。裁判例としても，弁明書の提出要求が審査庁の裁量に属するため，審査請求人の提出要求権は認められないとするもの（大阪高判昭和50・9・30）と，かかる要求権を認めるもの（大阪地判昭和44・6・26）とが対立している。なお，国税通則法は，弁明書の提出を一律に求めている（93条1項）。

処分庁から弁明書が提出されたときは，審査庁はその副本を審査請求人に送付する（22条5項）。送付を受けた審査請求人は，これに対する反論書を提出することができる（23条）。もとより，反論書を提出しないことも可能である。

◇**処分庁からの物件の提出とその閲覧**

審査請求人・参加人は，審査庁に対し，処分庁から提出された書類その他の物件の閲覧を求めることができる。審査庁は，第三者の利益を害するおそれがあると認めるとき，その他正当な理由があるときでなければ，その閲覧を拒むことができない（33条2項）。

case 719　A鉄道会社が運賃値上げ認可の申請をしたところ，B地方運輸局長は

これを拒否した。A社は，審査請求をうけた国土交通大臣が処分庁において収集した資料を，閲覧できるか。

閲覧請求の対象となる物件については，《処分庁が任意に提出したものに限られるか，審査庁が職権で収集したもの（たとえば，審査庁が処分庁に出向いて作成したメモ）も含まれるか》が問題となる。この点については，肯定する裁判例（大阪地判昭和 44・6・26）と否定する裁判例（大阪地判昭和 46・5・24）がある。同条1項との連続性からすれば，閲覧請求の対象となる物件は，処分庁が自ら提出したものに限られることになろうが，申立人の保護を考えると，より広く閲覧請求を認める余地もある。

仮に否定説をとったとしても，情報公開制度や個人情報保護制度（第4章第7節2.）によって，別途閲覧が認められる可能性がある。また，case 716 の固定資産評価審査委員会の審理においては，判例のいう《了知義務》の範囲で開示義務が認められる可能性がある（最判平成 2・1・18〔百選141〕）。ちなみに行政訴訟においては，行訴法上の釈明処分（23条の2）によって，この種の情報提供が実質的に確保されることになろう。

＊ 利害関係人は，審査庁の許可を得て，**参加人** として当該審査請求に参加することができる。また審査庁は，必要があると認めるときは，利害関係人に対し，参加人として当該審査請求に参加することを求められる（24条）。これは，審査請求の結果が自己の権利に影響するにもかかわらず，審査請求人になりえない者をも当該審査請求に参加させ，十分にその主張をさせたうえで，適正な裁決をする必要があるからである。なお，審査請求人・参加人が口頭で意見を述べる場合には，審査請求人・参加人は，審査庁の許可を得て，**補佐人** とともに出頭することができる（25条2項）。

審査請求においては，**手続の承継** が認められる。審査請求人が死亡したときは，相続人その他権利の承継者が審査請求人の地位を承継する（37条1項）。法人・社団・財団が審査請求人である場合に合併があったときには，合併後に存続する法人等または合併により設立された法人等は，審査請求人の地位を承継する（37条2項）。また，審査請求の目的である処分にかかる権利を譲り受けた者は，審査庁の許可を得て，審査請求人の地位を承継することができる（37条6項）。

他方，審査庁が審査請求を受理した後，法令の改廃により当該審査請求について裁決する権限を有しなくなったときは，審査請求書その他の物件を，新たに権限を有することになった行政庁に引き継ぐことになっている（38条）。

第5節　不服申立てに対する裁決・決定

　不服申立てに対しては，行政庁は何らかの判断を下すことが予定されている。異議申立ての場合には決定，審査請求・再審査請求の場合には裁決によって，審査庁の判断が示される。いずれも，裁判における判決に相当する行為である。ただし，行訴法は，裁決と決定をまとめて「裁決」として表現し，裁決取消訴訟というカテゴリーを設けていることに注意してほしい（3条3項）。

1．裁決・決定の種類

　裁決・決定には，却下，棄却，認容の3つの種類がある（そのカタログにつき，40条，47条を参照）。これも，取消訴訟などの判決の区分にならった概念である（第6章第2節参照）。
　① 却下の裁決・決定は，不服申立期間の経過後に申立てがなされた場合や不服申立ての利益を欠く場合など，不服申立ての要件を欠くときになされる（補正が可能であって審査庁が補正を命ずる場合を除く）。門前払いの判決に相当する。
　② 棄却の裁決・決定は，不服申立ての要件はみたすが，不服申立ての中身（本案）に理由がないとして，原処分（または決定）を是認するときになされる。
　③ 認容の裁決・決定は，不服申立てに理由があるとき，つまり《不服申立人に分がある》と判断された場合になされる。訴訟でいえば，原告の勝訴判決に相当する。取消訴訟の認容判決と同じように，処分の取消し（ないし処分の一部取消し，事実行為の場合には撤廃）が一般的であるが，取消訴訟に比べて特徴的なのは，処分の変更ができる場合があることであり，処分権主義が修正される場面であるといえる。この点は，次の項目で詳しく述べることにしよう。
　④ 例外的に，不服申立てに理由があるのに棄却の裁決・決定がなされることがある。これは処分が違法または不当であっても，これを取り消したり撤廃したりすることが公の利益に著しい障害を生ずる場合になされるものであり（40条6項，48条），事情裁決・事情決定と呼ばれる。行訴法上の事情判決の制度に相当する制度である（同法31条）。

　以上は裁決・決定の種類であるが，裁決・決定に至らないで不服申立てが終了する場合もある。その例として，不服申立ての取下げをした場合がある（39

条，48条，52条）。この点では，民事訴訟や取消訴訟と同様に，処分権主義がそのまま妥当する。

* 裁決・決定の方式や効力発生時期　行審法は，裁決・決定の方式や効力発生時期について，詳細な規定をおいている。
① 裁決・決定は書面で行い，かつ理由を附記して，審査庁がこれに記名押印をしなければならない（41条1項，48条，52条）。判例によれば，理由附記の瑕疵がそれ自体で裁決・決定の取消原因になり，たとえば「処分に誤りはなかった」という理由を附記するにとどまる決定は，審査決定の手続に違法がある場合と同様に，取消訴訟による取消しを免れない（最判昭和37・12・26〔百選144〕）。
② 裁決・決定に対しさらに不服申立てができるときは，再審査請求または審査請求ができる旨，再審査庁ないし審査庁，および不服申立期間を，裁決書または決定書に付記して教示しなければならない（41条2項，47条5項，52条）。
③ 裁決・決定は不服申立人（一定の場合には，不服申立人および処分の相手方）に送達することによってその効力を生ずる。送達は，裁決書・決定書の謄本の送付によるのが本則であるが，それが不可能なときには公示の方法によってすることができる（42条）。なお，一定期間内に裁決・決定をすべき旨が個別法に定められている場合，期間の定めは訓示規定であり，期間経過後になされた裁決も違法でないとした最高裁判決がある（最判昭和28・9・11）。

2．処分を変更する裁決・決定

一般に，処分の変更の可否については，異議申立ての場合，上級行政庁に対する審査請求の場合，第三者機関に対する審査請求の場合，の3つに分けて考える必要がある。

◆変更裁決・変更決定の可否

はじめに，典型的な場合（申請に対する拒否処分以外の場面）を考えてみよう。

case 720　A鉄道会社が1000円の運賃値上げ認可を申請したところ，B地方運輸局長は，700円の値上げ認可をした。A社の審査請求をうけた国土交通大臣は，500円の値上げ認可に変更すべしとする裁決をなしうるか。

まず審査庁が処分庁の上級行政庁である場合，処分についての審査請求に理由があると判断した審査庁は，処分の取消しのほか，処分の変更もなしうる

（40条5項本文）。ただし，審査請求人の不利益になるように処分を変更することはできない（同項ただし書）。事実行為についても同様である。変更裁決が可能なのは，処分庁の上級行政庁が処分庁に対して一般的な監督権を有するためであり，不利益変更が禁じられるのは，行政不服審査制度が国民の権利利益の救済を主たる目的としていることによる。case 720のような変更裁決は，不利益変更の禁止原則に反して許されず，国土交通大臣は棄却裁決をすることになろう。なお，この場合には，概念上は，処分の量的変化であるので《処分の一部取消し》に相当し，case 725のように処分の質的変化を伴う《処分の変更》と区別されるが，いずれも不利益変更の制限にかかると解されている。

case 721　国土交通大臣から事業許可を撤回されたA鉄道会社は，同大臣に異議申立てをした。同大臣は，事業許可の撤回を事業停止命令に変更する決定をなしうるか。

また，異議申立てにおいても同様に，処分庁は，異議申立人にとっての不利益変更にならない範囲で，処分を変更することができる（47条3項，4項）。これは，処分庁がもともと処分庁として当該処分をなしうる権限を有するからである。case 721でいえば，国土交通大臣は，最初から事業停止命令を発することも可能であったのであるから，異議申立てのあとに事業認可撤回を事業停止命令に変更することは否定されるべきでない。ただし，これらの場合に，異議申立人の不利益になるように当該処分や事実行為を変更すること（たとえば，事業停止命令から事業許可撤回への変更）は許されない。

case 722　B市長から建築物の除却命令をうけたAは，B市の建築審査会に審査請求をした。同審査会は，除却命令を修繕命令に変更する裁決をなしうるか。

これらに対して，審査庁が第三者機関の場合には，原則として処分の変更はできない。たとえば，case 722の建築審査会は，B市長の上級行政庁ではなく第三者機関であるから，処分の変更はできない。ただし，第三者機関に変更裁決を認める明文があれば，例外的に処分の変更が認められる（国公法92条，税通法98条2項）。たとえば，国税不服審判所長は，税務署長が行った100万円の課税処分に対する審査請求をうけて，50万円の課税処分が適当であるとする裁決をなしうることになる。

◇申請認容裁決の可否

次に，申請拒否処分に対する変更裁決の意義について，考えてみることにし

> **case 723**　A鉄道会社が運賃値上げ認可の申請をしたところ，B地方運輸局長が拒否処分をしたので，A社は国土交通大臣に審査請求をした。同大臣は，値上げを認めてよいと判断している。

申請拒否処分に対する審査請求において，審査庁が審査請求に理由があると判断した場合，審査庁は《申請拒否処分の取消しをする裁決》をすることは可能である。取消訴訟における取消判決に相当する。

さらに審査庁が上級行政庁である場合，《申請を認容すべしとする裁決》をすることができるか，という問題がある。いわば義務付け裁決であり，申請型義務付け訴訟における義務付け判決に相当するが，行審法40条5項の認める「変更」裁決に含まれるかという問題である。昭和37年の行審法の立法者は，この場合には拒否取消裁決で十分救済されるので，申請認容裁決には否定的であったが，平成16年の行訴法改正によって義務付け訴訟が明示的に認められたことから，今日では肯定説も有力である。

> **case 724**　A鉄道会社が運賃値上げ認可の申請をしたところ，B地方運輸局長が応答しないので，A社は国土交通大臣に審査請求をした。同大臣は，値上げを認めてよいと判断している。

関連して，申請に対する不作為の場合について考えてみよう。不作為についての審査請求に理由があるとき，審査庁は不作為庁に対し，すみやかに申請に対して「なんらかの行為」をすべきことを命ずるとともに，裁決でその旨を宣言する（51条3項）。申請認容裁決が認められるかどうかについては，申請拒否処分に対する審査請求の場合と同様に，肯定・否定の両論がある。

他方，不作為に対する異議申立ての場合，異議申立てがあった日の翌日から起算して20日以内に，申請に対して「なんらかの行為」をするか，または書面で不作為の理由を示さなければならない（50条2項）。前者が認容決定，後者が棄却決定に，それぞれ相当する。前者の場合に，処分庁が申請を認容して許認可等をすることは，もちろん可能である。

＊　改正行審法案では，申請拒否処分または申請に対する不作為に対して不服申立てがなされた場合に，上級行政庁たる審査庁が処分庁・不作為庁に対し，申請認容等の措置を命ずることを認めている（45条2項1号，48条3項1号）。

なお，現行の行審法上，再審査請求の場合には，原則として，審査請求について

の裁決の規定が準用される。ただし，審査請求を却下ないし棄却した裁決が違法・不当である場合でも，最初の処分が違法または不当でないときは，再審査庁は当該再審査請求を棄却すべき旨の定めがある（55条）。原処分が違法または不当でないときは，当該裁決を取り消して審査請求をやり直してみても，結局は審査請求を棄却することになるからである。

◇処分の変更をめぐる諸問題

処分の変更については微妙な問題が多く，特に一部取消しとの区分が問題になる。実際上の問題をみてみよう。これらはいずれも，<u>審査庁が第三者機関の場合であるが，変更裁決をなしうるという特則があることを前提とした問題</u>である。

case 725　公務員Aから懲戒免職処分の審査請求をうけた人事院は，原処分を減給処分に修正した。これに不満なAは，どの処分を取消訴訟の対象にすべきか。

先述のように，人事院は第三者機関ではあるが，個別法によって処分を変更（条文上は「修正」）することが認められている（国公法92条）。かかる変更裁決の性質については，①原処分をすべて取り消し，新たな処分をしたものである，と解する立場と，②原処分を維持したうえで，その内容を変更したにすぎない，と解する立場（case 725でいえば，修正裁決によって，当初から減給処分がなされたものとみなす立場）に分かれる。この対立は，不服申立ての結果に不満な私人が訴訟を提起する場合に，原処分と裁決のいずれを取消訴訟の対象にするか，という論点に影響を与える。①の立場によると，裁決によって原処分が消滅するので，裁決に対する取消訴訟を提起するほかない。これに対して，②の立場によると，形式的には原処分が残るので，原処分主義（行訴法10条2項；case 548-1）により，原処分を取消訴訟の対象とすべきことになる。人事院の変更裁決について最高裁は，②の立場をとっており，原処分に対する取消訴訟のみを認めている（最判昭和62・4・21〔百選143〕）。もっとも，国公法92条は「変更」でなく「修正」という文言を用いていることから，この最高裁判決が変更裁決一般に当てはまるとは断定できない。

case 726　B税務署長は，Aに対して重加算税の賦課決定をした。Aの審査請求をうけた国税不服審判所長は，過少申告加算税分だけを残す裁決をなしうるか。

国税不服審判所長も，税務署長からみて第三者機関でありながら，明文で変更裁決の権限が認められている（税通法98条2項）。さらに判例は，税務署長

が行った重加算税に対する審査請求において，国税不服審判所長が過少申告加算税相当分を維持し，それを超過する部分を取り消す裁決を適法としている（最判昭和58・10・27〔百選142〕）。この場合，国税不服審判所長は変更裁決をなしうるにしても，過少申告加算税と重加算税は課税要件を異にする別個の処分であるから，審査庁の権限（処分を変更する権限）を逸脱していると解する余地もあるが，判決は，両者は別個独立の処分ではなく，重加算税の賦課は過少申告加算税の賦課に相当する部分を含むものである，という理由づけをしている。この場合の最高裁は，処分の変更というよりは，処分の一部取消しと考えているようにみえる。

3．裁決・決定の効力

　裁決・決定には，2つの性格がある。まず，形式的にみれば，裁決・決定も行政行為の一種であるから，行政行為としての効力が認められる。その一方で，実質的にみれば，訴訟における判決に類する紛争裁断行為であるから，通常の行政行為には見られない特殊な効力，つまり裁判所の判決に近い効力が認められる場面もある。これらについては，一般理論によって導かれるほか，行審法が明文で，判決と同じような効力を認めている場面もある（裁決・決定の拘束力）。このように，通常の行政行為と共通する効力か否か，行審法の明文で認められた特殊な効力か否か，によって，次の3つのカテゴリーに整理できる。

◇公定力と不可争力

　まず，裁決・決定は行政行為であるので，通常の行政行為と同じく，公定力や不可争力が認められる。

> case 727　B村農地委員会の定めた買収計画に不満な地主Aは，同委員会に異議申立てをしたところ，棄却決定をうけた。納得できないAは，小作人Cを被告として農地の返還を求める訴訟を提起できるか。また，裁決後1年を経過した場合，Aの救済方法はあるか。

　裁決・決定にも公定力が認められるので，裁決・決定が仮に違法であっても，権限ある機関によって取り消されない限り，それらは関係人や関係機関に対して効力を有する（最判昭和30・12・26〔百選66〕）。たとえば，民事訴訟において裁決・決定の違法性を主張することは，原則として許されない（裁決・決定

が無効原因となる瑕疵をおびる場合〔case 413・case 543-2 参照〕は別である）。case 727 は，まさにこの場面である。

　また，裁決・決定には不可争力（形式的確定力）も認められるので，当該裁決等の不服申立期間ないし出訴期間が経過すると当該裁決等を争うことができなくなる。したがって，case 727 では，裁決後1年が経過すると，買収計画や裁決に重大明白な瑕疵がない限り，Aの救済の可能性はなくなる（行審法14条参照）。

◇不可変更力と実質的確定力

　次に，通常の行政行為には認められないが，その性質上認められる効力として，不可変更力と実質的確定力がある。行審法に明文の規定はないが，裁決・決定の性質から認められる場合がある。いずれも行政庁や裁判所による事後的な変更を制約するものである。

　case 728　B村農地委員会の定めた買収計画に不満な地主Aは，D県農地委員会に審査請求をして，認容裁決を得た。その後，D県農地委員会は，みずからの裁決を職権で取り消すことができるか。

　不可変更力 とは，裁決・決定をした行政機関が自ら，当該裁決・決定を変更できないという効力である。裁判所の判決でいえば自縛力に相当する。行政行為でいえば，職権取消しの制限に相当する。裁決・決定は，一定の争訟手続を経て争訟を解決するための判断作用としてなされるものであるから，いったん裁決・決定がなされた以上，かりにそれに瑕疵がある場合でも，審査庁自身もこれに拘束され，上訴の手続によって当該裁決・決定が取消し・変更される場合は別として，自ら取消しや変更をすることはできない。case 728 の場面で，最高裁もこの理を認めているが（最判昭和29・1・21〔百選68〕），これに対して異議申立てについては，不可変更力を否定する見解もある。

　case 729　B村農地委員会は買収計画を定めたが，地主Aの異議申立てをうけて，買収計画を取り消す決定をした。その後，同委員会は，再度同じ買収計画を定めることができるか。

　他方，**実質的確定力** とは，裁決・決定が確定した後は，裁判所でさえも（ひいては，関係する行政庁も）当該裁決・決定の取消し・変更ができず，さらにこれに反する内容の行為をなしえないとする効力である。訴訟における判決の既判力に相当する。すなわち，民事訴訟において判決が確定した場合には，後の

訴訟の裁判所もこれと矛盾する判断を下せなくなるが，これと同様に，原処分を取り消す裁決・決定のあとに，処分庁は再度同じ処分をすることができなくなる。判例も，この法理を認めている（最判昭和42・9・26〔百選69〕）。これは，case 729における判断であるが，case 728の不可変更力に関する判例と同様に，農地改革における特殊事情を考慮する必要もあり，不服申立て一般に当然に妥当する判例とは言いきれない（特に，異議申立てについては異論が強い）。

　　＊　**不可変更力や実質的確定力の位置づけ**　　伝統的には，不可変更力や実質的確定力は，行政行為の効力として語られてきたが，実際には，裁決・決定のように，裁判行為に類する行政行為にのみ認められるのであるから，実質的には行政不服審査の問題である（公定力や不可争力も，実質的には行政救済法の問題であることにつき，case 413の項目を参照）。

　　このほか，**一事不再理**の問題がある。一事不再理とは，私人からの不服申立てが行政庁によって処理されたあとに，同一の不服申立てがなされた場合，その審理を拒否する法理である（適用例として，最判昭和29・5・14〔旧百選79〕）。これも，裁判行為に類する行政行為にのみ認められる効果である。なお，一事不再理は住民監査請求においても問題になる（case 581）。

◇**拘束力**

　さらに，通常の行政行為には認められない効力で，行審法が明文で認めたものとして，拘束力がある。裁決は，審査請求人（および参加人）を拘束する力を有するだけでなく，広く関係行政庁（処分庁を含む）を拘束する（43条1項）。取消判決の拘束力（行訴法33条）に対応する効力であり，それとほぼ同様の規定がおかれている。

　こうした拘束力は棄却裁決については認められず，棄却裁決があっても処分庁は自ら処分を取り消すこと（職権取消し）ができる（最判昭和33・2・7，最判昭和49・7・19）。また，異議申立てに対する決定は，処分庁自身がなすので，拘束力に関する規定は準用されない（48条）。

第6節　教示制度

　行審法の制定によって不服申立制度は整備されたとはいえ，不服申立てができるかどうか，いつまでに，どの機関に不服申立てをすべきか，などの点は一

般国民にとって必ずしも明確でない場合がある。そこで，行審法は**教示制度**を採用し，一定の要件をみたす場合に，行政庁にこれらの事項について教示する義務を課している。

1．教示に関する諸規定の特殊性

　教示制度に関しては，行審法上，特殊な位置づけが与えられていることを理解しておく必要がある。

　行審法は不服申立てに関する一般法であるが，行審法の適用がない不服申立ても存在している（本章第1節3.）。したがって，<u>行審法の本体部分（第1章・第2章）は，行審法上の異議申立て・審査請求・再審査請求のみに適用される</u>。ところが，同法の教示制度（第3章の2ヵ条）については，行審法上の異議申立てと審査請求に限られることなく，<u>行政上の不服申立て全般に適用される</u>（57条1項かっこ書を参照してほしい）。

　case 730　Aが開発許可の申請をしたところ，B県知事は，鉱業関係の調整を理由として，これを拒否した。

　この場合の開発許可については，行審法の適用はないが（都市計画法51条），行審法の教示制度に関する規定だけは適用されることになる。

2．教示に関する諸規定の内容

　続いて，教示に関する行審法の規定の具体的な内容をみてみよう。

◇教示義務に関する一般原則

　行政庁に教示義務があるのは，①書面による処分の場合（57条1項），②利害関係人が行政庁に教示を求めた場合（57条2項）の2つのケースである。①の場合の教示は，処分の相手方に対してなされるが，②の場合の教示は，処分の相手方に限られない。

　また，行審法は，書面で処分をする場合の教示の対象を処分の相手方に限っていることから（57条1項），一般処分のように名宛人が特定されない場合には教示が不要であるとされる（建基法46条1項による壁面線指定につき，最判昭和61・6・19〔百選145〕）。

第6節　教示制度

◇**教示の内容・方法**

教示の内容は，書面による処分の場合には，①当該処分について不服申立てをすることができる旨，②不服申立てをすべき行政庁，③不服申立てをすることができる期間，の3つである（57条1項）。これに対して，利害関係人の請求による教示の場合には，①当該処分が不服申立てをすることができるかどうか，②不服申立てをすることができるのであれば，不服申立てをすべき行政庁，③不服申立てをすることができる期間，である（57条2項）。

教示の方法については，一般的なルールはなく，口頭でも書面でもよい。ただし，利害関係人から書面による教示が求められたときは，書面で教示する義務がある（57条3項）。もっとも，行審法以外の法律において，書面による教示が義務付けられることがある（国公法89条3項など）。

◇**教示の不備等に対する救済方法**

行審法は，処分庁が教示をしなかった場合に救済の道を確保するために，あるいは誤った教示がなされた場合に申立人の信頼を保護するために，いくつかの規定をおいている。

① 処分庁が教示をしなかった場合　行政庁が教示義務に反して教示をしないときは，当該処分庁に不服申立書を提出することができる（58条1項）。この場合，当該処分が異議申立てのできる処分であれば，処分庁への不服申立書の提出は適法な異議申立てとして扱われる（58条5項）。審査請求のできる処分であれば，その処分庁は，適法な審査請求があったものとして，すみやかに不服申立書の正本を所定の審査庁に送付しなければならない。これが送付されたときは，はじめから権限ある行政庁に不服申立てがなされたものとみなされる（58条3項・4項）。

② 誤った教示をした場合　処分庁が誤って審査庁でない行政庁を審査庁として教示した場合や，審査請求と異議申立てを取り違えて教示した場合には，教示された行政庁に教示されたとおりの不服申立てをすれば，はじめから権限ある行政庁に適法な不服申立てをしたものとみなされる（18条，46条）。処分庁が誤って法定期間よりも長い期間を不服申立期間として教示した場合において，その教示された期間内に不服申立てがされたときは，当該不服申立ては法定期間内にされたものとみなされる（19条，48条）。

なお，審査請求のできない処分について，審査請求ができる旨の教示がされて申立人がそれに従った場合，取消訴訟の出訴期間は，裁決があったことを知

った日，または裁決の日から起算される（行訴法14条3項）。この規定は，不服申立て全般に適用されるから（同法3条3項参照），行審法に基づかない不服申立てにも適用される（地方公務員法8条8項に基づく再審請求につき，最判昭和56・2・24〔旧百選208〕）。

◇取消訴訟における教示制度との相違

最後に，行審法における教示制度を取消訴訟における教示制度（第5章第2節4.）と比較しておこう。両者の間には，次のような相違がある。

① 行訴法では，相手方に対してのみ，行政庁の教示が義務付けられている（46条）。これに対して行審法では，利害関係人も教示を求めることができる（57条2項）。

② 行訴法では，教示義務違反などに対する明示的な救済方法がない。出訴期間の算定において，誤った教示をうけた私人に対して「正当な理由」による例外を認めるなど，部分的な救済が図られるにとどまる。これに対して行審法では，前述のように，明文で救済方法が定められている（18条，19条，46条，48条）。

総じて，行審法よりも行訴法の方が私人の救済に乏しいが，これは大まかにいえば，行審法では行政庁どうしの問題にとどまるのに対して，行訴法では，行政と司法の関係が問題になるので，微妙な配慮が求められるからである。

3．公共団体に対する処分の場合†

このように，行審法の教示に関する規定は，不服申立て全般に適用されるという建前がとられているが，地方公共団体などの公共団体に対する処分については，別途の扱いがなされている（57条4項）。この規定の意義については，具体的な事例とともに，やや詳しい説明を要するであろう。

(case 731) A市が港務局の設立認可を申請したところ，国土交通大臣はこれを拒否した。

まず第1に，教示制度以前の問題として，公共団体が「固有の資格」での不服申立てをすることは，そもそも許されない，というのが原則である（57条4項の当然の前提）。固有の資格とは，一般私人が立ちえない立場のことであり，公共団体だからこそ立ちうる立場を意味する。たとえば，case 731の港務局設

第6節　教示制度　　289

図7-3　公共団体に対する処分の取扱い
① 「固有の資格」での不服申立て（公共団体≠私人）
　　原則として，不服申立ては不可（57条4項の前提），教示はありえない
　　例外的に，個別法によって不服申立てが可能なときは，教示不要（57条4項）
② 「固有の資格」でない不服申立て（公共団体＝私人）
　　不服申立てが可能，教示必要（57条4項の反対解釈）

立認可の申請（港湾法4条4項）は，地方公共団体のみが可能であり，A市が「固有の立場」で申請したことになるので，A市は申請の結果に対する不服申立てはできない。したがって，教示制度も問題にならない。

<u>case 732</u>　B県の行う土木事業について，B県はA市に対して事業費の一部負担を求める決定をした。

第2に，特別の法律によって「固有の資格」での不服申立てが認められる場合には，教示は不要である（57条4項）。つまり，第1の場合の例外として，公共団体が「固有の資格」で処分をうけるときに，特別の法律によって例外的に不服申立てが認められることがあるが，その場合には教示は不要である。たとえばcase 732では，地方財政法27条3項に基づき，「異議の申出」が可能である。したがって，B県はA市に対して教示する必要はないことになる。

<u>case 733</u>　A市が市営バスの経営許可を申請したところ，B地方運輸局長はこれを拒否した。

第3に，「固有の資格」以外の立場での不服申立てについては，つまり公共団体が私人と同じ立場で処分をうけるときには，教示が必要である（57条4項の反対解釈）。たとえば，case 733で問題になるバス事業の許可（道路運送法4条1項）については，地方公共団体は私人（民間のバス事業者）と同じ立場で国土交通大臣から許可をうけるので，B地方運輸局長はA市に対して教示をする必要がある（以上につき，図7-3を参照）。

＊　公共団体が「固有の資格」で提起する行政訴訟　公共団体が「固有の資格」で提起する争訟は，不服申立てのみならず訴訟についても，原則として否定され（行審法57条4項のほか，行手法4条1項をも参照），例外的に特別の規定がある場合にのみ，機関争訟・機関訴訟の提起が可能であると考えられてきた。ただし，最近の学説においては，公共団体が提起する訴訟を広く認める見解が有力である。

補論　行政審判

◇**行政審判の意義**

　行政審判とは，行政組織の通常のピラミッドの系統から独立した行政機関が，準司法的手続に従って行う決定の仕組みである。行審法上の不服申立てと同じく，行政機関によって紛争が裁断されるが，独立性をもった行政機関（**行政委員会**またはこれに準ずる行政機関）が**準司法的手続**によって審理する点で，言い換えれば，より裁判所の審理に近い審理がなされる点で特殊性がみられ，通常の行政不服審査と行政訴訟の中間的な性格が与えられることになる。もっとも，《紛争解決》という要素は行政審判に必須の要素ではないので，行政審判は必ずしも行政争訟ではないが，多くの場合には行政不服審査の一類型であるので，便宜上，ここで説明しておく。

　行政審判に関する一般法は存在せず，その内容は個々の法律の定めるところによるが，通常は行審法とは異なる規定をおいている。行政審判の具体例としては，公正取引委員会の審判手続（独禁法49条以下），電波監理審議会が行う異議申立ての審査手続（電波法83条以下），特許無効等に関する特許庁の審判手続（特許法123条以下），海難審判庁の海難審判手続（海難審判法23条以下）のほか，case 707 の国家公務員の不利益処分に対する人事院の審理（国公法90条以下），case 216 の収用委員会の裁決手続（収用法39条以下）も含められる。行政審判によってなされる裁断行為（訴訟における判決に相当するもの）は，**審決**と総称される。

◇**行政審判の特色**

　行政審判における準司法的手続においては，公開の口頭審理の機会が保障されること（独禁法61条1項，国公法91条2項など），また事実認定が審判手続に現われた証拠によってのみなされること（独禁法68条，海難審判法37条など），などの特殊性がある。総じて，手続の公正さを担保し，当事者や利害関係人の権利利益を保護するための措置がとられている。

　準司法的手続と関係する重要な原則として，行政審判においては**実質的証拠法則**が採用されている（独禁法80条1項，電波法99条1項など）。実質的証拠法則とは，行政委員会の認定した事実は，これを立証する実質的証拠（当該事実の合理的な基礎になりうる証拠）があるときには裁判所を拘束するという原理

である。これは，民事訴訟における自由心証主義（民訴法247条）の例外をなすものであり，事実認定に限定されるとはいえ，行政機関の判断に裁判所が拘束されるので，憲法32条・76条2項後段に反する可能性が生ずる。その点に配慮して，実質的な証拠の有無は裁判所が判断するとされている（独禁法80条2項，電波法99条2項など。実質的証拠の存在が否定された例として，最判昭和37・4・12〔百選198〕）。

　実質的証拠法則が採用されている場合には，審判の取消訴訟において新しい証拠を申し出ることは制限される。この点は，明文がおかれる場合もあるが（独禁法81条1項など），明文がない場合にも実質的証拠法則の趣旨から導かれうる（最判昭和43・12・24頁〔百選178〕）。

　学説上，実質的証拠法則は，これを定める明文がないときでも，解釈論によって肯定される場合があると考えられているが，最高裁は否定的である（最判昭和47・4・21）。もっとも，実質的証拠法則が法定されていない場合でも，訴訟以前の準司法的手続によって事実認定がなされたときには，取消訴訟において新証拠の提出が制限される場合がある（特許審判手続につき，最大判昭和51・3・10〔百選195〕）。

第 8 章　国家補償

　国家補償 は，行政争訟と並ぶ行政救済の仕組みであるが，行政訴訟が行政に関する違法状態を確認したり除去したりする制度であるのに対して，国家補償は<u>私人の金銭的な救済を図る制度</u>であることに特徴がある。

　国家補償は，**国家賠償** と **損失補償** に分けられる。もともと国家補償という語は，国家賠償と損失補償を組み合わせて作った概念である。前者は違法な行政活動に基づく賠償であるのに対して，後者は適法な行政活動に基づく補償であるが，いずれも金銭的な救済を目的とすることから，統一的に論じられている（図8-1 参照）。「国家」補償とはいっても，国が金銭的な救済をする場合だけでなく，地方公共団体などの公共団体が金銭的な救済をする場合も含まれる。

＊　**伝統的な行政法各論の観点からみると…**　　国家補償法の典型事例をみるうえでは，行政法各論（第3章第4節2.）が少なからぬ意味をもつ。
　①　国賠法1条が典型的に適用されるのは，権力的な警察作用である（たとえば，警察官が不必要にピストルを使って私人にケガを負わせた場合）。もっとも，今日の判例・学説は，国賠法1条の「公権力」の文言を広く解しているので，学校での

図8-1　国家補償の体系

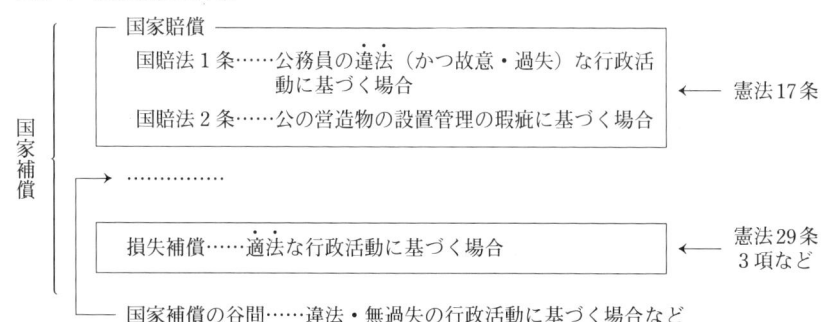

```
          ┌─ 国家賠償 ────────────────────────────
          │    国賠法1条……公務員の違法（かつ故意・過失）な行政活
          │              動に基づく場合                          ← 憲法17条
国家      │    国賠法2条……公の営造物の設置管理の瑕疵に基づく場合
補償  ────┤    ‥‥‥‥‥‥
          │   ┌──────────────────────────────────┐
          │   │ 損失補償……適法な行政活動に基づく場合 │  ← 憲法29条
          │   └──────────────────────────────────┘       3項など
          └─ 国家補償の谷間……違法・無過失の行政活動に基づく場合など
```

293

事故などの公企業の分野においても国賠法1条の適用が可能であると解されており、国賠法1条の適用対象は広範に及んでいる。

② 国賠法2条については、同条の「公の営造物」は公物であると考えられているので、公企業法で問題になることが多い。ずさんな道路管理によって道路利用者が損害を受けた場合が、国賠法2条の典型的な適用場面である。もっとも、判例上は、警察作用で用いられる公物（警察官のピストルなど）についても、国賠法2条の適用が認められる。

③ 損失補償が問題になるのは、主として公用負担である。公用負担のうち、公用収用と公用制限では異なった扱いがなされており、また、公用制限と区別される警察制限の場合には、原則として補償を要しないとされる。さらに、公企業ないし公物との関係では、公物の占用許可の撤回の場合にも、公用収用の場合に準じて、損失補償が求められることがある。

④ このように、国賠法1条に関しては雑多な問題状況があるが、国賠法2条については、公企業ないし公物に関する問題が基本であり、損失補償の場面を含めて、道路事業（類型Ⅳ₁と類型Ⅳ₂）が重要な素材となる。そこで、道路に関する典型的な問題状況をイメージするとともに、公物に関する基礎知識（第3章第4節3.）を活用しながら、国家補償法を学習するのが望ましい。

> **学習のアドバイス**
>
> 国賠法は、全体として民事の不法行為と多くの共通点を有している。実際、国賠法の中核をなす1条と2条は、それぞれ民法715条と民法717条に類似している。そこで、民法との比較をしながら学習していくのが有効であろう。他方、損失補償は、民法にはみられない問題状況であり、むしろ憲法との連続性に注意する必要がある。

第1節　公権力の行使に関する国家賠償

国賠法1条は、公務員の違法な行為によって私人が損害をうけた場合に関する規定である。同条1項は、「国又は公共団体の㋐公権力の行使に当る㋑公務員が、㋒その職務を行うについて、㋓故意又は過失によつて㋔違法に他人に損害を加えたときは、国又は公共団体が、これを賠償する責に任ずる」と規定している。同条2項は、賠償責任を負った国や公共団体が、故意または重過失によって加害行為を行った公務員に対して求償できることを規定している。

1．国賠法1条の基本的な仕組み

はじめに，国賠法1条と民法の不法行為との比較，および同条に関する本質論に触れておこう。

◇**国賠法1条と民法715条の比較**

国賠法1条は，公務員の行為について行政主体（＝法人）が責任を負うという意味で，使用者責任に関する民法715条の規定に近い。

民法の使用者責任との相違点として，①民法の使用者責任では使用者の免責が認められているのに対して（民法715条1項ただし書），国賠法1条ではこの種の免責が認められていないこと，②求償権の要件について，民法上は被用者が軽過失の場合も求償が可能であるのに対して（民法715条3項），国賠法1条では公務員の故意・重過失がなければ求償できないとされていること（同条2項），③国賠法には相互主義の適用があること（6条），④被害者が公務員個人に対して賠償責任を追及することが認められていないこと（case 816・case 817）があげられる。しかし，民事の実務において①の使用者免責はほとんど認められていないし，②や③の違いも相対的なものである。そこで，国賠法1条と民法715条の最大の相違点は，④の点にあるといえる。

◇**国賠法1条の本質論**

国賠法1条の本質論（理論構成に関する議論）として，代位責任説と自己責任説の対立がある。**代位責任説**は，違法行為を行った公務員にいったん損害賠償責任が生じ，それを行政主体が肩代わり（代位）するという論理構成をとる。これに対して，**自己責任説**は，行政主体が直接的に損害賠償責任を負うという考え方であり，公務員の責任は観念されない。

> (case 801) B市長であるPが，Aの建築物の除却命令を発したので，Aはやむなく建物を取り壊したが，その後，除却命令が違法であることが明らかになった。B市の損害賠償責任が認められるとして，理論上，Pの責任は観念されるか。

このケースに代位責任説を当てはめると，いったんP個人の責任が観念されたうえで，それをB市が肩代わりする，という理解になる。これに対して，自己責任説によると，P個人の責任を観念することなく，直接B市の責任が発生

第1節　公権力の行使に関する国家賠償

することになる。

　立法者は代位責任説に立っていたといわれる。その理由として，国賠法1条が公務員の主観的な事情（故意・過失）を要件としていること，「国又は公共団体が」という文言をとっていること（日本語の自然な感覚としては「国又は公共団体は」となるべきところ，あえて「国又は公共団体が」という文言が使われており，そこには《公務員に代わって》という意味が含まれていると説明される），などがあげられてきた。しかし，行政は多くの場合，組織体として活動していることを考えると（case 801 の除却命令も，P個人の意思とは無関係になされるのが通例であろう），自己責任説による論理構成も説得的であり，民事の危険責任ないし報償責任の考え方も当てはめやすい。そこで，<u>条文上の形式的な論理としては代位責任説に立ちつつも，実質的に自己責任説の考え方を取り入れていく</u>のが適当であろう。

＊　国賠法1条の本質論の意義　　こうした本質論は，加害公務員の特定の要否（case 811），公務員の過失の意義（case 814・case 815），公務員の個人責任（case 816・case 817）などの論点において意味をもつ。もっとも，いずれの立場によるかが具体的な論点の結論を導く決定的な根拠にはならないことが多いが，学習上，それぞれの帰結を説明できるようにしておくことが望ましい。

2．国賠法1条の要件

　続いて，国賠法1条の要件と効果（特に同条1項の要件）を順にみていくことにしよう。

◇公権力性の意義

　国賠法1条の「公権力」の意義については，学説の対立があるが，判例・通説は広義説をとっており，抗告訴訟における「公権力」よりも広く捉えられている。

- case 802　B市の市立小学校のプールで，体育の授業時間中，教員Pが十分な指導をすることなく飛び込みをさせて，児童Aがケガをした。AはB市に対し，国賠法1条による損害賠償請求ができるか。
- case 803　B県の職員が，公衆浴場の営業許可に関して誤った行政指導をしたために，申請者Aが損害をうけた。AはB県に対し，国賠法1条による損害賠償

請求ができるか。

たとえば，case 802 の学校教育のような非権力的な行政作用や，case 803 のような行政指導も，国賠法1条の「公権力」の要件をみたすと考えられている（前者につき，最判昭和62・2・6〔百選217〕）。

とはいえ，国賠法1条の公権力性の意義については，抗告訴訟の場合と違って，あまり白熱した議論がなされていない。なぜなら，国賠法による救済は，民法の不法行為に基づく救済と実質的に異ならない場合が多いからである。つまり，公務員の行為に公権力性が認められなければ，民法上の不法行為（民法715条など）として損害賠償請求がなされることになるが，その実質的な要件は国賠法1条による場合とほとんど変わらない。

この点は，抗告訴訟の訴訟要件としての公権力性との相違である。なぜなら，抗告訴訟の対象にするかどうかは，行為訴訟か権利訴訟かという，大きな取扱いの相違につながるのに対して（第5章第1節2.），損害賠償については，そのような違いがないからである。

結局，民法715条との比較（前出）を踏まえると，広義説の実質的な意義は，広く行政作用について公務員を訴訟の矢面に立たせないことにあると考えられる。

* 私人の行為に国賠法1条が適用される場合　都道府県が，保護を要すると判断された児童を，民間の児童養護施設に入所させた場合（児童福祉法27条1項3号），当該児童養護施設の職員の養育監護行為（＝私人の行為）は，都道府県に代わって公権力の行使をするものであるから，国賠法1条の適用をうける（最判平成19・1・25〔重判19-56〕）。なお，国や地方公共団体以外で国賠法1条の「公共団体」に該当する可能性のある法人については，第3章第4節1.を参照。

◇違法性の意義（その1）：抗告訴訟の違法性との関係

国賠法1条の「違法」の要件については，抗告訴訟（特に取消訴訟）における違法性と同じかどうかが議論されている。具体的にみてみよう。

case 804　課税処分の取消訴訟で勝訴判決（取消判決）を得たAが，当該処分による損害について国賠訴訟を提起した。

これに関する事件において，最高裁は，過大な金額の更正処分（＝取消訴訟で違法と評価される更正処分）を行ったことから直ちに国賠法1条の違法の評価

をうけるのではなく,「職務上通常尽くすべき注意義務を尽くすことなく漫然と更正をしたと認め得るような事情がある場合に限り」国賠法1条の違法の評価をうける, と述べている (最判平成5・3・11〔百選221〕)。ここで判例は, <u>国賠訴訟の違法性は取消訴訟の違法性とは異なる</u>という立場を示しており, **職務行為基準説**（違法性二元説）といわれる。それによると, 国賠法上の違法性は, 故意・過失の主観的要素と一体的に判断されることになる (case 810 の項目で引用する判例をも参照)。これに対して学説上は, 国賠法上の違法性は取消訴訟の違法性と同じであるという, **結果違法説**（違法性一元説）が有力に主張されている（学説のネーミングの仕方はさまざまである)。

　これら2つの立場の違いは, 国賠請求が認められるための実質的な要件に関しては差異がないものの, case 804 のような場面で,《抗告訴訟の既判力が国賠訴訟にも及ぶか》といった問題において意味をもつ。すなわち, 結果違法説によると, 取消判決の既判力は国賠訴訟にも及び, 被告の国または公共団体は当該処分の適法性を主張できない。これに対して職務行為基準説によると, こうした既判力は当然には認められないことになろう（不作為違法確認判決に関する最判平成3・4・26〔百選220〕を参照)。

　case 805　課税処分の取消訴訟で敗訴判決（請求棄却判決）をうけたAが, 当該処分による損害について国賠訴訟を提起した。

　この case 805 は, case 804 のような原告勝訴の場合と異なり, 原告敗訴の場合である。この場合については, 取消訴訟の棄却判決の既判力によって, 国家賠償の違法性の主張ができなくなるという最高裁判決がある（最判昭和48・3・27)。ただし, これは職務行為基準説が形成される以前の判決であることに注意を要する。他方, 取消訴訟の却下判決が下された場合には, 裁判所は違法性の判断に触れていないのであるから, 国賠訴訟の違法性には何ら影響がない。

　なお, 類似の問題は, 国賠訴訟の判決のあとに取消訴訟を提起する場合にも生ずるが, 国賠訴訟と違って取消訴訟には出訴期間の制限があるので, こうした問題は実際には生じにくい。

* **職務行為基準説の根拠**　職務行為基準説の一般的な理由づけとしては, ①国賠訴訟と取消訴訟の機能は異なるから, 両者の違法性の基準も相違してしかるべきであること（取消訴訟は, 違法状態の除去を目的とするから客観的な規範が基準となるのに対して, 国賠訴訟は, 他人に損害を与えることが許容されるかという見地

からの基準によるべきこと），②学校事故（case 802）や公務員の不作為（case 808・case 809），検察官らの行為（case 810 の項目を参照）などでは違法性と故意・過失が一体的に判断されざるをえないこと，③国賠法1条の立法趣旨は民事の相関関係説を基調としており，その違法性の判断においては侵害行為の態様が考慮されること，などがあげられる。

　他方，この職務行為基準説の立場によると，違法性が独立して認定されないことから，国賠法において違法性の抑止機能が損なわれるという難点があり，それゆえに結果違法説が有力に主張されている。結果違法説の立場からすると，case 804 の前掲最判平成5・3・11については，租税手続の特殊性（第三者機関を交えた2段階の不服申立手続が存在することなど）が指摘され，検察官の行為に関する判例（最判昭和53・10・20〔百選229〕）についても，検察官の職務の特殊性（裁判所の判決に先立って中間的な判断が示されるにすぎないこと）が重視されることになる。

　いずれにしても，職務行為基準説と結果違法説の対立は理論構成の違い（故意・過失を違法性と別個に認定するかどうかの違い）にすぎず，損害賠償責任の成否に関する結論には実質的な違いが生ずることはないと思われる。

◇違法性の意義（その2）：公定力との関係

　国賠法1条の違法性については，さらに行政行為の公定力との関係が問題になる。行政法総論や行政訴訟の延長で理解してほしい（case 411 および第5章第2節1. も参照）。

　case 806　建築物の除却命令に関する case 801 で，取消訴訟を提起しないで国賠請求することはできるか。

　判例は，この場合に取消判決を求めることなく，国賠請求をすることができるとしている（最判昭和36・4・21〔百選233〕）。その理論的な説明をする際には，公定力の本質として，行政行為の《違法性の推定》まで認めるか，行政行為の《効力の維持》にとどめるか，のいずれの立場をとるかが問題になる。前者の立場によると，取消訴訟によって公定力を排除しない限り，国賠訴訟で違法性が認定されることはない（この場合の「推定」は，取消訴訟などによらなければ覆せないという意味であり，通常の推定の意味ではない）。これに対して，後者の立場からすると，国賠訴訟では公定力に関わらず（つまり取消訴訟を経ることなく），国賠請求が可能であることになる。もっとも，この法理がすべての場面で妥当するとは言いきれない。次の事例を考えてみよう。

第1節　公権力の行使に関する国家賠償

case 807　違法な課税処分に関するcase 804で，取消訴訟を提起しないで，税額分の国賠請求をすることはできるか。

先の判例の考え方を当てはめると，この場合にも当然に国賠請求が可能になるようにみえるが，租税に関しては特殊な問題がある。この点については議論があるところで，最高裁の判例も存在しないが，関連して述べておこう。

たとえば，case 807 で，取消訴訟によることなく国賠訴訟だけでの救済を認めると，結果的にみて，取消訴訟という《バイパス》を作った意味がなくなってしまう。公定力の言葉を用いていえば，この種の国賠請求は形式的には公定力に反しないが（課税処分の公定力は，一方的に賦課徴収する作用にのみ認められる），実質的には公定力に反することになる（賦課徴収したお金の取返しを認めるのでは，公定力の実質がなくなる）。それゆえに，国賠請求の否定説が有力に主張されているのである。国賠請求と同じく金銭的な救済を目的とする不当利得返還請求についても，同様の問題が生ずる。なお，抗告訴訟と国賠訴訟の違法性を別々に捉える職務行為基準説をとったとしても，抗告訴訟と同じ意味での客観的な違法性のあり方が問題になるから，同じく公定力との関係という問題が生ずることになる。

◇**不作為の違法性**

国賠法1条が適用される典型的場面は，以上にみたように，公務員が何らかの積極的な違法行為（作為）をした場合であるが，これに対して，公務員の不作為によって損害が生じた場合はどうだろうか。

case 808　B市長がCの違法建築物の除却命令を発しないことによって，近隣住民Aが損害をうけた。Aは，B市に対して国賠請求できるか。

case 809　Aは，厚生労働大臣から薬の製造認可（製造承認）をうけたC社の薬を服用したところ，その薬の副作用によって健康を害した。Aは，同大臣が製造認可を撤回しなかったことが違法であると主張して，国賠請求できるか。

不作為の違法性は，とりわけ規制の名宛人以外の<u>第三者との関係での三面関係</u>において，行政庁の権限の不行使によって損害が発生した場合に問題となる。これは，<u>類型Ⅱ₂</u>の場面であり，義務付け訴訟の紛争の場面と同じである（図8-2とあわせて，前出の図2-7や図5-11を想起してほしい）。

ここで理論的に障害になるのは，まず第1に，規制によってもたらされる第三者の利益（case 808やcase 809におけるAの利益）は<u>反射的利益</u>にすぎない

のではないか，という問題である。この問題は，抗告訴訟の原告適格の場面と同じく，基本的には個別法の解釈によることになる（否定例として，最判平成元・11・24〔百選223〕）。ただし，反射的利益にすぎないとされても，取消訴訟の場合のように国賠請求が却下されることはない。

図8-2　薬害訴訟の問題状況

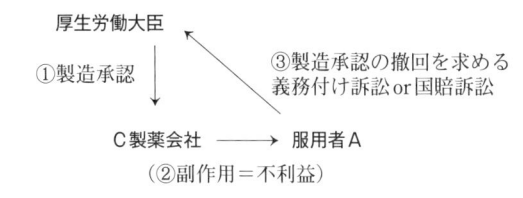

厚生労働大臣
①製造承認↓　　③製造承認の撤回を求める義務付け訴訟or国賠訴訟
C製薬会社　→　服用者A
（②副作用＝不利益）

第2の障害は，**行政便宜主義**である。伝統的に，行政権限を行使するか否かには裁量が認められると考えられてきたため，権限不行使については違法性が観念しえないことになる。そこで学説や裁判例は，行政便宜主義の修正を図るために，**裁量権収縮の理論**を提唱してきた。それによると，①法益侵害の重大性（生命・身体などの重大な法益侵害があったこと），②予見可能性（法益侵害が予見できたこと），③結果回避可能性（行政庁の権限行使により法益侵害を回避できたこと），④期待可能性（行政の介入が期待できる状況にあったこと）がある場合には，例外的に行政権限の不行使についての裁量が収縮し，違法性が認められる。これに対して，最高裁は，《根拠法令の趣旨・目的や権限の性質等に照らして，権限の不行使が著しく合理性を欠くと認められる場合》に限って違法性が認められる，という枠組みを採用している（前掲最判平成元・11・24，最判平成16・4・27〔百選225〕，最判平成16・10・15〔百選226〕など）。判例の枠組みにおいても，実質的な判断要素は裁量権収縮論と同じであると考えられる。

こうした判例によって，私人は，一定の範囲で行政介入（行政庁の規制権限の発動）を求めることが可能になる。つまり，直接型義務付け訴訟が問題になる状況（case 563 など）において，事後的な金銭上の救済が図られうるわけである。最高裁は，case 809 について国家賠償請求が認容される可能性を肯定しており（最判平成7・6・23〔百選224〕），case 808 についても損害賠償請求が認められる余地があると思われる。

＊　不作為の違法性は三面関係で問題になることが多いが，二面関係においても不作為の違法性が問題になるケースはある。たとえば，警察官らが砲弾の処理をしなかったことによって住民が被害を受けた場合に，国家賠償責任を認めた最高裁判決がある（最判昭和59・3・23〔重判59-36〕）。

第1節　公権力の行使に関する国家賠償

なお，許認可の撤回の不作為が問題になる場面（類型Ⅱ₂）では，そもそも許認可の撤回がなしうるかが，別途論点になる（case 418-2 の説明を参照）。case 809 について最高裁は，明文の根拠がないにもかかわらず，撤回を肯定している（前掲最判平成7・6・23）。

◇特別な公務員の行為に関する違法性

　以上は通常の行政機関の公務員についての問題であるが，国会議員・裁判官・検察官も「公務員」であることに違いはないから，彼らの行為にも国賠法1条は適用されうる。たとえば，次の架空事例を考えてみよう。

　　case 810　所得税法として，「政令の定めるところにより所得税を課する」という，一行だけの法律が制定され，それに基づいて，Aに対する課税処分がなされた。これに不満なAは，慰謝料等の賠償を求めたい。

　国会議員などの特殊な公務員についても，判例は，通常の公務員と同じように職務行為基準説をとっている。もちろん注意義務の内容は，それぞれの公務員の種類によって異なることになる。case 810 の場合には，制定された法律は白紙委任として違法であるから（case 421 参照），違法性が容易に認められるであろう。

　このような国会議員の立法行為・立法不作為のほか，裁判官が判決を下す行為（上訴によって原判決が破棄された場合），検察官の公訴提起（無罪判決が下された場合）についても，職務行為基準説に立った判例が形成されている（最判昭和60・11・21〔百選227〕，最大判平成17・9・14〔百選209〕，最判昭和57・3・12〔百選228〕，最判昭和53・10・20〔百選229〕）。

◇加害公務員の特定

　国賠法1条の「公務員」の要件について，代位責任説によると，違法行為を行った公務員自身に賠償責任が生ずることが前提となるので，加害公務員の特定が求められるのに対して，自己責任説によれば，公務員の特定は不要であるとされる。判例は公務員の特定を不要とする傾向にあるので，その意味では自己責任説的な発想を取り入れているといえる。

　　case 811　パチンコ球遊器に関する case 424 で，仮に税務官庁の物品税法の解釈が間違いであった場合，営業損失をうけたAは，どの公務員の行為に注目して国賠請求をすべきか。

最高裁の判例としては，公務員の健康診断のレントゲン写真で肺に結核の陰影があったにもかかわらず，当該公務員に結核にかかっていることが知らされなかったとき，それが診断した医師のミスによるか，事務職員のミスによるかの特定は不要であるとした例がある（最判昭和57・4・1〔百選231〕）。case 804と同じく課税処分に類する事件で，公務員の特定は不要であり，税務当局の過失が認定されれば国賠法1条の賠償責任が認められるとした裁判例がある（東京地判昭和39・3・11）。

◇**職務関連性**
　職務関連性とは，国賠法1条の「〔公務員がその〕職務を行うについて」の要件の問題である。

- case 812　B県の警察官Pが，非番中にピストルを持ち出して，制服制帽を着用のうえで発砲し，Aにケガをさせた。AはB県に対し，国賠請求できるか。
- case 813　税務署職員Pの自宅で，Pが知人Aの所得税について誤ったアドバイスをし，Aに損害を与えた。Aは，国に損害賠償を請求できるか。

　判例上**外形理論**が採用されており，公務の外観を呈している場合には，当該公務員の主観的な意図とは無関係に職務関連性が認められる。case 812に関する最高裁の判決として，警察官が勤務時間外に制服制帽を着用し，ピストルを使って私人に損害を与えた場合には，国賠法1条による損害賠償責任が成立するとされている（最判昭和31・11・30〔百選230〕）。逆に外形がない場合には，私人としての公務員個人に対して，賠償責任が追及されることになる。case 813では，公務の外形がないので，国家賠償責任は否定されるであろう。
　この点は，民法715条の「事業の執行について」の解釈論とも共通している。すなわち，民事の判例は，取引安全の見地から外形説をとっており（最判昭和39・2・4など），国賠法1条の職務関連性の判断基準と同じ考え方が採用されている。

◇**過失に関する諸問題**
　国賠法1条は，損害賠償の要件として，公務員の「故意又は過失」があることを要求しているが，その過失の認定は客観化される傾向にあり，平均的な公務員の水準の注意義務が基準とされている。また，組織全体に注目した**組織過失**を意味するとされることもある。代位責任説からすると，公務員個人の

主観的な心理状態が問題にされるべきであるが，ここにも自己責任説的な考え方が投影されている。この点は，加害行為の特定性の論点 (case 811) とともに，組織体としての行政の行為が評価される場面であるといえる。

case 814　B県の保健所での集団的な予防接種によって，児童Aに事故が生じた。この場合，担当医師Pがその人なりに十分な注意を尽くしたといえれば，国賠法上の過失は否定されるか。

最高裁は，予防接種によって後遺症が発生した場合には，原則として禁忌者（接種すべきでない者）に該当するという推定が働くとしており（最判平成3・4・19〔百選219〕），また，担当医師が禁忌者に該当するという判断を誤った場合には過失も推定されるとしていることから（最判昭和51・9・30），予防接種事故に関する過失は広範に認められることになる。

case 815　case 811 で，課税処分を行った公務員Pが法令解釈を誤ったことについて，過失が認められるか。

最高裁は，法令の解釈が分かれていたときに，通達等に従って一方の解釈を採用し，それに基づいて公務を遂行したときには，過失が認められないとしている（最判昭和44・2・18，最判平成16・1・15〔百選222〕）。case 815 でも，関係する最高裁判決が出される前であれば，同様の解決がなされるであろう。

◇**公務員の個人責任**

一般的な論点として，《国賠法1条による賠償責任が成立するときに，公務員個人に賠償責任を追及することはできるか》という問題がある。具体的には，次のような場面で問題になる。

case 816　違法建築物の除却命令に関する case 801 で，Aは，B市長であるP個人に対して損害賠償を請求できるか。

case 817　非番警察官のピストル発射に関する case 812 で，Aは，警察官であるP個人に対して損害賠償を請求できるか。

代位責任説によると，国賠法1条は，公務員の賠償責任を行政主体が肩代わりするシステムであるから，公務員個人の責任はそれに吸収されて，被害者は公務員個人に対して賠償責任を追及できないことになる。これに対して自己責任説によると，行政主体の賠償責任のほかに，被害者は別途（連帯債務として），原因者たる加害公務員の責任追及をする余地が残ることになる。

この問題について，最高裁は，特段の理由を付けることなく，公務員の個人

責任を否定している（最判昭和30・4・19〔百選234〕）。学説上の根拠としては，公務員の勇猛果敢な公務を保障すること，公務員の個人責任を否定しても行政主体の賠償責任は認められるので，被害者救済に欠けることがないこと，などがあげられてきた。

この点は，国賠法1条が民法上の不法行為責任と最も異なっている点である。つまり，私人間では，民法715条によって使用者責任が成立する場合にも，被害者は民法709条に基づいて被用者個人の責任を追及することができるのに対して，国賠法上は，国や公共団体の賠償責任が成立するときには，公務員の個人責任を追及することはできないわけである。

もっとも，国賠法上，国や公共団体の賠償責任が成立した場合，その原因が公務員の故意・重過失に基づくときには，国や公共団体は当該公務員個人に対して求償することができる（国賠法1条2項）。こうした求償の途が残されていることからしても，判例の結論は支持される。

第2節　公の営造物の設置管理に関する国家賠償

国賠法2条は，公の営造物の設置・管理の瑕疵に起因して損害が生じた場合に関する賠償責任を定めている。すなわち同条1項は，「道路，河川その他の⑦公の営造物の⑦設置又は管理に瑕疵があつたために他人に損害を生じたときは，国又は公共団体は，これを賠償する責に任ずる」と規定している。

1．国賠法2条の基本的な仕組み

ここでも，民法との比較から始めて，国賠法2条の要件である「公の営造物」と「瑕疵」について一般的な説明をしておこう。

◇国賠法2条と民法717条の比較

国賠法2条は，民法717条の「土地の工作物」に関する損害賠償責任と類似の規定である。両者の相違としては，①国賠法2条の「公の営造物」には動産が含まれるという意味で，民法717条の「土地の工作物」よりも広い概念であること（case 818），②民法上は工作物の占有者の免責が定められているのに対して（717条ただし書），国賠法2条ではかかる免責規定が存在しないこと，③国賠法2条に関しては費用負担者の責任も追及できること（3条），が

あげられる。総じて，国賠法2条は民法717条よりも被害者救済の配慮が多くなされているといえる。とはいえ，国賠法2条は，基本的には民法717条に準じた規定であるので，ここでも民法と比較しながら理解していくとよいだろう。

◇判例の概観

　国賠法2条については判例が蓄積されているが，「公の営造物」の要件に関しては最高裁の一般的な定式はないので，学説に依存するところが大きく，学説上の公物の概念が意味をもつ。これに対して，「瑕疵」の要件については，最高裁が明確な定式を提示しており，営造物の種類によって判例が形成されている。問題状況としては，①被害者が「公の営造物」の利用者である場合と，②同じく利用者以外の場合とを，区別する必要がある（ただし，判例の瑕疵の定式のうえでは，両者は一括されている）。①の場合の瑕疵は **物的性状瑕疵**，②の場合の瑕疵は **供用関連瑕疵** と呼ばれる。

◇「公の営造物」の意義

　国賠法2条の要件として，まず「公の営造物」について説明しよう。

　case 818　非番警察官のピストル発砲に関するcase 812で，国賠法2条の賠償責任が成立する余地はあるか。

　同条の「公の営造物」は，道路や河川などの **公物** であると解されている。したがって，不動産のみならず，警察官のピストルやパトカーなどの動産も含まれると解されている（大阪高判昭和62・11・27など）。最高裁も，テニスコートの審判台について国賠法2条の適用を認めており（最判平成5・3・30〔百選240〕），動産が「公の営造物」に含まれることを示す先例とされる。したがって，case 818でも，国賠法2条の賠償責任が成立する可能性がある。

　とはいえ，判例を理解するうえでは，国賠法2条の典型的な適用場面は道路であるので，学習上は，類型Ⅳ₂ の道路に関する典型的な問題状況を理解したうえで，道路と比較をしながら，他の営造物（河川・空港など）の問題を考えていくとよい。

＊ 動産に関する裁判例　ピストルが「公の営造物」に該当するにしても，操作ミスの場合，たとえば，ピストルの使用が許容される状況のもとで，手元がくるっ

て他の人に当たってしまった場合などは，国賠法2条の瑕疵は認められないと解される。これに対して，非番警察官が容易にピストルを持ち出せるような状態であれば，ピストルの《管理体制の瑕疵》が認められ，国賠法2条の賠償責任が成立することになる（前掲大阪高判昭和62・11・27）。ただし，こうした管理体制の瑕疵は，国賠法2条ではなく国賠法1条によって救済されるべきであるという立場も有力である（同判決の原審である大阪地判昭和61・9・26）。

同様に，パトカーも「公の営造物」に該当するが，犯人の追跡方法が不適当であったために他の運転者にぶつかった場合には，もっぱら国賠法1条の問題となる（最判昭和61・2・27〔百選218〕）。これに対して，パトカーのブレーキがきちんと整備されずに事故を起こした場合には，国賠法2条が問題になると思われる（札幌高裁函館支判昭和29・9・6）。

◇「瑕疵」に関する判例の定式

道路と河川を通じて，国賠法2条の「設置・管理の瑕疵」に関する判例の定式は共通している。すなわち，「営造物が通常有すべき安全性を欠き，他人に危害を及ぼす危険性のある状態をいい」，「かかる瑕疵の存否については，当該営造物の構造，用法，場所的環境及び利用状況等諸般の事情を総合考慮して具体的個別的に判断すべきものである」とされる（最判昭和59・1・26〔百選237〕，最大判昭和56・12・16〔百選241〕）。この判例の定式は，最高裁が国賠法2条の「瑕疵」を言い換えたものであるので，実務上は，法律の条文に近い存在になっている。

2．国賠法2条の具体的な問題状況

国賠法2条の瑕疵に関する判例の定式（特に後段部分）に示されるように，営造物の種類に応じて，瑕疵の判断方法は異なっている。そこで，抽象論よりも類型的な考察が求められるので，以下では道路を中心に検討していこう。

◇国賠法2条の典型的な問題状況：道路の場合

国賠法2条が典型的に当てはまるのは道路の事故であるので，その基本的な例をあげておこう。

(case 819) 落石が頻発していながら防護柵が設置されていなかったB県の県道において，落石事故が発生して，運転手Aが負傷した。AはB県に対し，損害賠償を請求できるか。

これが国賠法2条の典型事例であり、最高裁は道路管理者の賠償責任を認めている（最判昭和45・8・20〔百選235〕）。この判決によって、①営造物の瑕疵は物的安全性の欠如を意味すること、②国賠法2条は国賠法1条と違って無過失責任であること、③瑕疵の存否の判断にあたって予算制約は考慮されないこと、という3つの原則が示された。

ところが、このうち①の原理については、その後の判例において、若干ニュアンスが変わるようになる。その契機となったといわれるのが、次の事例に関連する判決である。

case 820　B県の県道の道路自体の状態に異常はなかったが、予知しえない集中豪雨によって制御困難な土石流が発生し、Aの車が谷底に転落した。Aの遺族は、B県に対して損害賠償を請求できるか。

この場合、道路自体が安全であれば、物的安全性を重視する判例の考え方からすると、瑕疵が否定されそうである。ところが裁判所は、「適切妥当な道路管理の方法」がなされていたか否かに注目し、通行止めなどの事前規制を怠ったものとして、損害賠償責任を肯定した（名古屋高判昭和49・11・20〔重判49-50〕）。これが、いわば安全確保義務というべき主観的要素を重視する判例の先駆けとなった。

case 821　B県の県道に故障車が放置されたために、走行していた運転手Aが事故にあった。AはB県に対し、損害賠償を請求できるか。

このケースのような道路上の障害物については、重要な最高裁判決が2つあり、一方では損害賠償が認められ、他方では否定されている。まず、故障トラックを87時間にわたって放置した事件（最判昭和50・7・25〔百選236〕）では、道路管理者は道路を「常時良好な状態に保つ」義務があるとして、安全確保義務に基づく瑕疵を認定して、賠償責任を認めた。

他方、道路管理者が工事箇所に設置した赤色灯が何者かに倒されて事故が発生した事件（最判昭和50・6・26〔交通事故百選44〕）において、最高裁は、道路管理者が道路を安全な状態に保つことが不可能であるとし、安全確保義務を限定して瑕疵を否定している。両者の違いは、道路管理者が損害発生を防止するための対策をとる時間的余裕があったかどうか、つまり結果回避可能性があったかどうかにあると考えられる。

以上の判例をまとめると、営造物の物的安全性を基本にしつつも、瑕疵の判断にあたって、安全確保義務のような主観的な要素が取り入れられている。後

述の河川災害に関する case 825 や，過失相殺に関する case 822 や case 823 においても，同様である。もっとも，客観的要素を重視した前掲最判昭和 45・8・20 においてさえ，「不可抗力ないし回避可能性」による免責が認められており，実質的には主観的要素が存在していたことに留意すべきであろう。

* **国賠法1条による救済の可能性**　case 821 では，国賠法2条のほか，国賠法1条による救済も考えられなくはない。すなわち，道路管理者が道路通行の規制等に関する権限（道路法 42 条，46 条）を有することを根拠にして，道路管理者の不作為に基づく責任を追及することが考えられる。しかし，これらの規定に基づく道路利用者の利益は反射的利益にすぎないとして，それに依拠した請求は棄却される可能性が高い（case 533 参照）。なお，前掲最判昭和 50・7・25 は，道路交通法上の規制権限に注目し，その権限行使を怠ったことを，（国賠法1条ではなく）国賠法2条の瑕疵の肯定理由にしている。

** **主観説と客観説**　国賠法2条の瑕疵の理解をめぐっては，主観説と客観説の対立がある。客観説は，営造物の客観的な状態に注目して瑕疵の有無を判断するのに対して，主観説は，管理者の義務違反に注目して瑕疵の有無を判断する。しかし，客観説でも「不可抗力ないし回避可能性」による免責の可能性はあるし，主観説でも，実質的に客観的・一般的な安全性を考慮している。結局，道路・河川などの類型ごとに判断する必要があるので，主観説と客観説の対立は直接意味をもたないことになる。

もっとも，判例の流れを理解するうえでは，主観的な要素が重視される傾向があるので，《客観説から主観説へ》という描写は一応の意味をもっている（その転機となったのが，case 820 に関する前掲名古屋高判昭和 49・11・20 である）。しかしながら，国賠法が1条と2条を並列させている以上，国賠法2条について主観的要素を過度に強調することは適当でなく，学説・判例の流れにも反するであろう。

一見すると，客観説と主観説の対立は，国賠法1条における自己責任説と代位責任説の対立と並んで，国賠法2条に関する本質論であるようにみえるが，その対立は相対的であり，国賠法1条の本質論が伝統的な学説の対立に起源をもつのと対照的である。

◇過失相殺に近い考え方

国賠法2条に関する判例は，利用者の過失ないし過失相殺に近い考え方を取り入れている。

(case 822)　B県の県道の防護柵に後向きに腰掛けていたAが，誤って転落して怪

我をした。AはB県に対し，損害賠償を請求できるか。

<u>case 823</u>　B県の県道をAのトラックが重量制限オーバーで走行していたところ，橋の倒壊で転落した。Aの遺族は，B県に対して損害賠償を請求できるか。

　最高裁は，放課後に開放された公立中学校の校庭で，幼児が審判台から転落した事件において，通常有すべき安全性の有無（国賠法2条の瑕疵の有無）は「本来の用法」に従った利用を前提として判断されるべきであるとして，「本来の用法」に従わない使用について，賠償責任を否定している（最判平成5・3・30〔百選240〕）。実質的には，幼児の保護者の過失を認めたものといえよう。

　道路防護柵に関するcase 822でも，最高裁は同様の判断を示している（最判昭和53・7・4）。同じように考えると，case 823でもドライバーの過失が考慮されることになろう。具体的には，道路管理者による表示の適切さ，運転手による見落としの有無などが考慮要素になると思われる。

　　＊　より理論的にいえば…　　case 822やcase 823に関しては，そもそも《無過失責任であるはずの国賠法2条において，過失相殺を観念することはできるか》という問題がある。この点については，民法の学説上，過失相殺は損害の金銭的評価の問題にすぎないとされ，民法717条について過失相殺が認められているので，民法717条と同じ趣旨をもつ国賠法2条についても，同様に過失相殺を認めることができると解される。

◇**安全設備の導入**

　「公の営造物」における事故を防ぐために安全設備が開発されていた場合，《新しい安全設備を導入しなかったことが国賠法2条の瑕疵を基礎づけるか》が問題になる。

<u>case 824</u>　トンネルの事故防止のための新しい安全設備が考案されていたが，B県の県道上にある甲トンネルには新設備が導入されていなかった。甲トンネルの事故によって運転手Aに損害が生じたとき，国賠法2条の瑕疵は認められるか。

　この点については，視力障害者が駅ホームから転落しないようにするために開発された，点字ブロックの設置に関する最高裁判決がある（最判昭和61・3・25〔百選239〕）。最高裁は，その安全設備の普及度，身障者の利用度・危険性，設置の必要性，設置の困難性などを考慮事由としている。

　case 824のような道路の事故に関しては，事故発生時の進入禁止を知らせる

警報装置が問題になった事件があり，その未設置について損害賠償を認める高裁判決が下されている（東京高判平成5・6・24）。そこでは，事故が起こったトンネルが，日本有数の長大トンネルであるという特殊性が考慮されており，これは前記の最高裁判例にいう《必要性》に相当する事情であると解される。こうした瑕疵の限定は，河川に関する過渡的安全性（case 825）と共通する考え方である。

　＊　点字ブロックに関する前掲最判昭和61・3・25で，最高裁は当時の国鉄（国賠法2条の「公共団体」にあたる存在であった）の賠償責任を否定したが，同じ点字ブロックの事件で，視力障害者の《利用度》が高い駅での事故について，国賠法2条の責任を認めた下級審判決がある（東京地判昭和54・3・27）。他の駅においても，もし現在同じ事故が生じた場合には，点字ブロックの《普及度》に照らして，賠償責任が肯定されることが多いと思われる。

◇河川の場合
　以上は，道路に関する事例であるが，同じく公的な施設（公物）である河川についてはどうか。道路の場合と比較しながら整理してみよう。

case 825　B県が管理する甲川が氾濫して，近隣住民Aが被害をうけた。AはB県に対し，損害賠償を請求できるか。瑕疵の判断に際して，道路と同じ判断基準が用いられるか。

　道路が人工公物であるのに対して，河川は自然公物である。行政の立場を考えると，道路については，行政はサービスを能動的に提供する立場にあるのに対して，河川については，行政は災害や危険を受動的に防止する立場にある。別の言い方をすれば，上記の道路の事例で損害賠償を求めているのは道路の利用者であるが，河川の場合には利用者は存在しにくい。道路が《便益提供施設》であるのに対して，河川の堤防などは《危険防止施設》であるともいわれる。
　そこで，判例は両者の違いを考慮して，異なった法理を定立している。河川の場合の瑕疵の有無は，河川管理の一般的水準に照らして判断される。道路の場合と比べて特徴的なのは，過渡的な安全性で足りること，予算制約を認めていることである。その根拠としては，河川が本来的な危険性を有していること（客観的事情），簡易な危険回避の手段がないこと（主観的事情）があげられてい

る（最判昭和59・1・26〔百選237〕，最判昭和60・3・28）。ただし，すでに改修された河川については，別途の扱いが認められており，過渡的な安全性ではなく，河川管理計画に照らした安全性が基準とされている（最判平成2・12・13〔百選238〕）。

◇利用者以外に対する賠償責任

　これまでにあげた事例は，基本的には公の営造物の利用者に対する損害賠償責任であったが，利用者以外に対しても国賠法2条は適用されるだろうか。利用者以外の第三者との関係で，公の営造物の瑕疵が問題とされる場合，**供用関連瑕疵**と呼ばれる。

　case 826　B県の県道の供用によって，近隣住民Aに騒音被害が生じている。AはB県に対し，損害賠償を請求できるか。

　case 827　国営空港の騒音に悩まされている近隣住民Aは，金銭的な救済を得たいと考えている。

　判例は，供用関連瑕疵について国賠法2条が成立する可能性を認めている。最高裁によれば，かかる損害賠償請求が認められるかどうかは，先述の瑕疵の定式にいう「危険性」のある営造物を利用に供することによって，「社会生活上受忍すべき限度を超える被害」が生じているか否かによって判断される。すなわち，営造物の供用によって第三者に対する賠償責任が生ずるか否かを判断するにあたっては，「侵害行為の態様と侵害の程度，被侵害利益の性質と内容，侵害行為のもつ公共性ないし公益上の必要性の内容と程度等を比較検討するほか，侵害行為の開始とその後の継続の経過及び状況，その間にとられた被害の防止に関する措置の有無及びその内容，効果等の事情をも考慮し，これらを総合的に考察してこれを決すべきものである」とされる（最大判昭和56・12・16〔百選241〕）。これは，いわゆる受忍限度論である。この枠組みは，空港周辺の被害の場合のみならず，道路公害の場合にも妥当するとされる（最判平成7・7・7〔旧百選165〕）。

　その前提となる論点として，《供用関連瑕疵に関する救済方法として，いかなる理論構成がありうるか》という問題がある。判例は国賠法2条によっているが，このほかに，国賠法1条や損失補償の法理による救済の可能性もある。ところが，国賠法1条は，管理者の故意・過失を認定する必要があるので，実際上の困難を伴う。また，国家賠償と損失補償を比べると，国家賠償には違法

性を抑止する機能ないし事故を防止する機能があるから，国賠請求が優先されるべきであろう。もっとも，大阪空港訴訟の最高裁判決は，空港の供用による利用者の利益が「周辺住民の……特別の犠牲」のうえに成り立つ「公共的利益の実現」であることを理由に，国賠法2条による損害賠償責任を肯定しており，実質的には損失補償の論理と類似している。

具体的な当てはめにあたっての論点として，住民以外の外部利用者にとっての《公共性》を考慮することの当否が議論されている。最高裁の判例においては公共性が考慮されうることになるが，批判が強いところである。すなわち，住民以外の利用者に公共性があれば，本来は利用者に負担を転嫁すべきであり，利用者に料金を転嫁しないと《外部不経済》が生じ，利用者が利益を得ることに伴う不利益を第三者（住民）に転嫁することになる。この結果，社会的に適度な範囲を超えた需要を創出することになるという問題が生ずる。

◇国賠法1条と国賠法2条の関係

国賠法1条と国賠法2条の関係については，《両者のいずれの要件も充足する場合には，どちらの請求が優先されるべきか》という問題がある。

> (case 828) 道路上の故障車放置に関するcase 821で，B県が道路管理を怠る行為に注目して，国賠法1条による請求ができるとして，同法1条と同法2条のいずれの請求を優先すべきか。

> (case 829) 非番警察官のピストル発砲に関するcase 812ではどうか。

国賠法は1条と2条で別個の要件を掲げている以上，いずれの請求も可能であると考えられている。したがって，両者のいずれかを優先するべきである，というルールは存在しないことになる。

もっとも，被害者にとって国賠法1条と国賠法2条のどちらの請求が有利かは，具体的な状況によって異なる。case 828では国賠法1条の成立は認めにくいし，case 829では国賠法2条の成立が否定される可能性もある（それぞれcase 821・case 818の註を参照）。

第3節　賠償責任者

以上で国賠法1条と国賠法2条の概観を終えたことになるが，同法のその他の規定のなかでは，賠償責任者に関する国賠法3条が最も重要である。

◇国賠法3条1項が適用される典型例

　国賠法3条1項は、「前2条の規定によつて国又は公共団体が損害を賠償する責に任ずる場合において、㋐公務員の選任若しくは監督又は㋑公の営造物の設置若しくは管理に当る者と㋒公務員の俸給、給与その他の費用又は㋓公の営造物の設置若しくは管理の費用を負担する者とが異なるときは、費用を負担する者もまた、その損害を賠償する責に任ずる」と定めている。事故に関係する行政主体がひとつだけであるときには、賠償責任者はおのずから特定されるが、組織的ないし財政的に複数の行政主体が関わっている場合に、国賠法3条1項が意味をもつわけである。

　case 830　市立小学校のプールでの事故に関するcase 802で、Aは、B市ではなく、教員の給与を負担しているC県に対し、損害賠償を請求できるか。

　公立小学校の教員については、市町村の教育委員会が監督を行うが、給与は都道府県が負担している（市町村立学校職員給与負担法1条など）。そこで、国賠法3条1項によって、C県に賠償請求をすることが可能である。これは、上記条文における㋐の監督者と㋒の費用負担者とが相違する場面である。これは、国賠法1条との関係で国賠法3条1項が適用される例である。警察官の場合にも類似の問題がある（警察法37条3項参照）。

　case 831　県道の落石事故に関するcase 819で、Aは、道路管理者であるB県ではなく、費用の一部を補助している国に対し、損害賠償を請求できるか。

　国賠法2条についても、同様の問題が生ずる。ここでも道路を例にとってみると、まず国道の場合には、国と県の双方が費用を「負担」しているので（道路法50条参照）、国賠法3条1項により、国と県のいずれにも賠償請求ができることになる。これは、上記条文における㋑の管理者と㋓の費用負担者が異なる場合である。

　これに対して県道の場合には、一定の場合に「補助」することができるにとどまるので（道路法56条）、国に対する賠償請求を否定する見解もあったが、判例は、国の「補助」がなされているときにも、法律上の負担義務者と同等の補助がなされているなどの事情がある場合には、国に対しても賠償請求できる場合があるとしている（最判昭和50・11・28〔百選242〕）。

　＊　法定受託事務については、国の関与が認められていることから（自治法245条以下；第3章第4節1.)、国の機関による「監督」がある場合とみなして、一般に

第8章　国家補償

国賠法3条が適用されるという見解もあるが，従来の機関委任事務を廃止した趣旨からして，否定的な立場が有力である。後者の立場によれば，法定受託事務についても，国賠法3条の該当性は，関係法令に即して個別に判断されることになる。

◇最終的な損害賠償費用の負担者
　国賠法3条1項は，<u>被害者に対する損害賠償の窓口を広げただけ</u>であり，被害者に損害賠償をした行政主体は，最終的に賠償責任を負う行政主体に対して実際上の負担を求める（求償する）ことができる（同条2項）。そこで，《国賠法3条1項が適用された場合に，最終的にどの行政主体が損害賠償費用を負担するか》が論点となる。これは，国賠法3条2項にいう「内部関係でその損害を賠償する責任ある者」は誰か，という問題である。

　 case 832 　case 830 や case 831 で，Aの国賠請求が認められた場合，最終的にどの行政主体が賠償額を負担すべきか。

　学説上は，管理責任の主体が最終的な負担者であるという管理者説，当該事務の費用負担者が最終的な負担者であるという費用負担者説，損害発生の寄与度に応じて最終的な負担者を決めるべきであるという寄与度説などが提唱されているが，実務上は費用負担者説が採用されている（法制意見昭和44・9・25〔法制意見百選266頁〕，最判平成21・10・23）。損害賠償の費用も管理費用の一部であることからしても，かかる解決方法が妥当であろう。この立場によると，case 830 については，B市が費用負担者（給与以外の事務経費の負担者）であるので，Aから損害賠償請求をうけたC県はB市に全額を請求できることになる。case 831 についても，B県が最終的に損害賠償費用を負担することになる。

＊　国家賠償法のその他の規定　　国賠法4条は，国または公共団体の損害賠償の責任については，同法1条〜3条の規定のほか，「民法の規定による」と規定している。具体的には，過失相殺や消滅時効に関する民法のルール（722条・724条など）は，国家賠償にも適用される。判例によると，失火責任法は同条にいう「民法」に含まれる（最判昭和53・7・17〔百選243〕）。言い換えれば，失火責任法は国賠法5条の「民法以外の他の法律」ではないとされる。
　その国賠法5条は，国または公共団体の損害賠償の責任について「民法以外の他の法律に別段の定があるとき」は，その定めるところによると規定しており，その例として，郵便法による賠償制限があったが（平成14年改正前の68条，73条），最高裁はこれらの規定が憲法違反であると判示している（最大判平成14・9・11

〔百選 244〕)。

　国賠法 6 条は，国家賠償の **相互保証主義** を定めており，国家賠償制度がある国を本国とする外国人に対してのみ適用を認めているが，そもそも（国賠法に類する法律を特に定めることなく）民法上の損害賠償による法制度のもとでは，相互主義の対象にならないかという問題などがあるから，相互主義が妥当する場合に限って国賠法の適用を認める扱いをするのは実際上困難である。実務上も，国際人権保障の観点から，国賠法 6 条の限定解釈がなされており，同条が空文化しているといわれる。

　なお，同条に関する憲法問題として，憲法 17 条が「何人も……その賠償を求めることができる」と規定していることとの関係で，《国賠法 6 条は憲法 17 条に違反しないか》という論点があるが，憲法 17 条から直接具体的な賠償請求権が発生するわけではないとして，合憲性を認めた裁判例がある（東京地判平成 14・6・28）。ただし，憲法 17 条について最高裁は，「立法府に無制限の裁量権を付与」したものではないと述べている（前掲最大判平成 14・9・11）。

第 4 節　損失補償

　損失補償が問題になる **典型的場面は，公用負担**（特定の公益事業のために私人に対して強制的に財産上の負担を課す作用）がなされる場面である。**公用負担は，公用収用と公用制限に分けられる**（第 3 章第 4 節 2.）。このほかに，公用収用に近い性質をもつことから補償が認められる場面として，**行政行為の撤回（特に，公物の占用許可の撤回）** がある。以下に，それぞれの概要を示しておこう。

　① **公用収用** とは，公益事業（たとえば，道路や鉄道の建設）のために必要とされる土地等を一方的に取得する方法である（類型Ⅳ）。土地収用法に基づく土地収用が代表的であるが，農地買収もそれに近い側面がある。

　② **公用制限** とは，公益事業のために特定の土地等に対して一方的に課せられる制限である。都市計画法の都市計画地域，古都保存法の特別保存地区，自然公園法の特別地域などにおける建築制限が，その例である。公用収用と違って，財産が取り上げられるわけではないが，利用方法などに一定の制限が加えられる。

　③　行政行為の撤回は，私人が行政行為を通じて正当に取得した権利・利益を一方的に奪い上げる側面があるため，損失補償の対象になる場合があるとされてきた。特に，公物に対する **占用許可の撤回** は，民法でいえば賃借権者の地位の剥奪に近いので，公用収用に類似した性格をもつ。なお，普通財産に関し

ては，基本的に民法の諸原理によって解決される。

　これらの損失補償に関しては，主として，(a) 補償の要否の問題と，(b) 補償の内容の問題が論じられるが，問題状況によって論点の現れ方が異なることに注意が必要であり，特に公用収用と公用制限のいずれの問題なのかを見極めることが重要である。そこで，以下では，2つの場面に分けて説明することにしよう。

　＊　損失補償の基本的な論点　　損失補償に関する論点のうち，(a) 補償の要否の問題は，そもそも補償が必要かという問題であり，(b) 補償の内容の問題は，補償が必要であるとして，いかなる補償が与えられるべきかという問題であるので，基本的には，2段階の判断が求められることになる。ところが，公用収用については，当然に補償が求められると解されているので，実際上，(a) の問題は生じない。また，(b) の問題のうち，《完全補償か相当補償か》という論点は，理論的には損失補償全般において意味をもつが，公用制限の場合には別途の考慮がなされるので，それが実際に問題になるのは公用収用の場面に限られる。そこで以下では，公用収用と公用制限という2つの問題状況に分けて，論点を整理することにしたい。

1．公用収用に対する補償

　公用収用の場合には，財産権の剥奪がなされるので，原則として補償は必要であると考えられている。公用収用の場合に議論されるのは，もっぱら補償の内容であり，完全補償説と相当補償説が対立している。

◇補償の内容（その1）：**基本的な論点**
　ここでも，農地買収と道路事業を例にとって考えてみよう。

- case 833　農地買収がなされた場合における補償額は，当該農地の市場価格と一致する必要があるか。
- case 834　道路事業の用地取得のために土地収用がなされた場合，事業認定の時点を基準にして補償額を算定することが許容されるか。

　農地買収に関する補償基準（自創法6条3項の対価基準）につき，市場価格に一致しなくても，合理的に算出された価格であれば許容されるという，相当補償説をとった判例があり（最大判昭和28・12・23〔百選247〕），今日でも先例と

して生きている。もっとも，土地収用に関しては，完全補償説に立つとみられる最高裁判決が出されたこともあるが（最判昭和48・10・18〔百選249〕），1967（昭和42）年の土地収用法改正によって，補償額の算定時期が権利取得裁決時から事業認定時に変更されたことに関連して，相当補償説に立つ判例が形成されている（最判平成14・6・11〔重判14-17〕）。この法改正は，被収用者のゴネ得を防止するために，事業認定後の土地値上り分の補償を否定することを定めたものである。

　＊　前掲最判昭和48・10・18は，憲法29条3項の解釈ではなく，土地収用法の解釈を示したものであると解される。なお，土地収用法71条は，補償額について「相当な価格」などの不確定概念をもって定めているが，収用委員会に裁量が与えられているわけではないとされる（最判平成9・1・28〔百選210〕）。こうした土地収用法上の補償に関する訴訟は，形式的当事者訴訟によることになる（case 575）。

◇補償の内容（その2）：補償の種類
　ここで，補償の種類について整理しておこう。基本的には，**財産権補償**（権利対価補償など）と生活権補償に分けられ，それらとは別に，精神的損失に対する補償の要否が問題になる。
　①　前項で述べた，完全補償説と相当補償説の対立で念頭におかれているのは，収用される土地等の所有権などに対する **権利対価補償** である。権利対価補償は，財産権補償の中核をなしている。
　②　権利対価補償以外に認められる財産権補償としては，後述の **みぞかき補償**（収用法75条，93条；case 839参照）などのほかに，営業上の損失等に対する **通損補償**（通常受ける損失の補償）がある（収用法88条）。このうち，営業補償は，転業に通常必要となる期間の収益相当額などであり，逸失利益は含まれないとされる。さらに，収用する事業が執行される過程で生ずる損失（騒音・振動など）である **事業損失** が問題になるが，実務上は原則として補償されず，例外的に損害賠償の対象になる場合があるとされる。
　③　財産権補償のほかに，離職者補償，少数残存者補償，各種の生活再建措置など，生活権に対する補償が問題になり，**生活権補償** と呼ばれる。これについては，後述する（case 844）。
　④　他方，精神的損失に対する補償については議論があるが，実務上は否定

されている。最判昭和63・1・21も，文化的価値に対する補償が土地収用法88条の通損補償に含まれないとしている。

* 損害賠償の種類との比較　国家賠償を含めた損害賠償においては，財産的損害と精神的損害に分けられ，さらに前者の財産的損害が積極的損害（現実の財産価値の減少）と消極的損害（得べかりし利益ないし逸失利益）に細分される。損失補償の場合にも，ほぼ同様の分類がなされるが，請求できる範囲は同一でない。

2．公用制限に対する補償

公用収用については，原則として補償が必要であるのに対して，公用制限については，補償が求められる場面は限られている。また，警察制限の場合には，原則として補償を要しないと解されている。以下でも，道路に関する事例を中心に述べることにしよう。

◇通常の公用制限の場合（その1）：補償の要否

公用制限が問題になる典型的な状況としては，街並み保存のための規制の場面と，都市計画等のゾーニング（地区割り）による規制の場面とがあり，道路に関わることも少なくない。次のそれぞれの場合に，Aが損失補償を求められるかを考えながら整理していこう。

- case 835　B市の条例によると，旧街道沿いの歴史的な街並みが残る甲地区では，建物の改築にあたって市長の許可が求められている。甲地区の建物の所有者であるAは，改築許可をうけられなかった。
- case 836　Aは，国立公園の特別地域内に別荘を新築するために，B県知事に対し，自然公園法に基づく工作物の新築許可申請をしたところ，不許可になった。
- case 837　都市計画法上の市街化調整区域において，地権者Aは新たな建築物を建てられないでいる。

公用制限に際しての補償が求められるのは，私人が**特別の犠牲**をうけていると判断される場合であるが，その判定に関する一般論として，通説的見解は形式的基準と実質的基準をあげている。形式的基準とは，侵害行為が一般的でなく特定的であるか（広く一般人を対象にしているか否か）という基準であり，実質的基準とは，財産権の本質的内容を侵害するほど侵害行為が強度であるか否かという基準である。基本的には，形式的基準と実質的基準の双方の条件が

みたされたときに，補償が認められることになる。しかしながら，特別の犠牲の判断は微妙であり，結局は，制限の内容のみならず，制限の目的（ないし必要性）や制限の及ぶ期間を含めた総合判断によることになる。概して最高裁は，「一般的に当然に受忍すべきものとされる制限の範囲」を超えた犠牲については，特別の犠牲として補償を認めているが（最判平成17・11・1〔百選252〕およびその藤田補足意見，最大判昭和43・11・27〔百選251〕のほか，最大判昭和43・11・27〔百選253〕をも参照），この基準のなかには上記の実質・形式の両面が含まれていると解される。

　実際の判断にあたっては，財産の本来の効用・目的を害するか否か，従来の利用を制限するかどうか，という観点が重要になる。これは **目的疎外説** ないし **状況拘束性説** と呼ばれる立場である。前者は，その土地に社会的に期待される本来的目的に適合した利用のみが保障されるという考え方であり，後者は土地の社会的拘束の内容・程度は，当該土地のおかれた状況，従来の利用の態様等によって異なるという考え方であるが，実際には両者の視点が複合的に用いられて，内在的制約の有無が判断されている（東京地判平成2・9・18など）。たとえば，従来もっぱら農地として利用されていた土地であれば，建築行為が禁止されても，原則として補償が不要であるが，従来行っていた利用が将来的に禁じられるのであれば補償が必要になる。最高裁判決のなかにも，建築許可に際しての附款（建物撤去の負担）について，類似の考え方をとったようにみえるものがある（最大判昭和33・4・9〔百選94〕）。

　こうした考え方を当てはめてみると，まずcase 835では，建物本来の目的のための規制ではなく，国民全体の文化的な事業のための規制であるから，補償が必要になる可能性が高い。関連する法令として，特別保存地区内における行為制限を課している古都保存法がある。同法では，不許可に際しては，「通常生ずべき損失」の補償をすべきことが定められているが，社会通念に照らして補償が不要とされる場合がある（8条，9条）。

　また，case 836も同じく文化的な視点からの規制であり，現行法上，補償の規定はおかれているが（自然公園法13条3項，52条），状況拘束性の考え方をもとに，それまで別荘地としての利用がなかったなどの事情を考慮して，補償を不要とした裁判例がある（東京地判平成2・9・18）。

　他方，case 837のような場合については，現行法上，補償の規定はない（都市計画法7条3項参照）。理論的にも，一般的な規制にとどまり，財産権の本来の目的，ないし財産権のおかれた状況に照らした内在的制約として，補償が不

要であると解される。

　いずれにしても、文化的な観点からの公用制限と街づくりの観点からの公用制限とは区別する必要があり、実質的観点のなかには規制の目的を含めざるをえないと思われる。この点は、次項にみる警察制限の場合に顕著にみられる。

◇通常の公用制限の場合（その2）：補償の内容

　公用制限の場合に補償が認められる場合に、いかなる内容の補償が求められるかについては定説がない。学説としては、地価の下落分を基準とする財産価値低落説、実際に行った出費にかぎって補償する実損補償説、不法行為と同様に相当因果関係がある範囲での補償を認める相当因果関係説などがある。総じて、前2説による補償の範囲は狭いが、最後の立場によると、逸失利益まで認められる可能性がある。裁判例は分かれている（財産価値低落説に立つものとして東京地判昭和57・5・31、実損補償説に立つものとして東京地判昭和61・3・17）。学説上は、状況拘束性の考え方を重視すると、実損補償説が支持されるべきであるといわれ、個別の事情を考慮する余地を残せば、一応の指針になると思われる。この立場によると、case 835 や case 836 では補償が認められない可能性が高い。

◇警察制限の場合

　以上は公益事業のための公用制限に関する補償の問題であるが、これに対して、警察規制のための警察制限（第3章第4節2.）の場合には、原則として補償が否定される。規制の目的によって補償が否定される場面である。次のそれぞれの場合に、Aが補償を求められるかどうか、考えてみよう。

　case 838　B市の市道の存在によって、消防法関係の規制上、Aは、新たな石油貯蔵タンクを設置できないでいる。
　case 839　B市の市道拡張工事に伴って、消防法関係の規制上、Aは、既存の石油貯蔵タンクの移転を強いられた。

　まず、case 838 では、消防関係法令（消防法10条・12条など）の警察制限（危険な施設を所有している者に対して課せられる**警察責任**による制約）によって、もともと石油貯蔵タンクが増設できないでいるのだから、補償は不要とされる。

　他方、case 839 では、Aの石油タンクの設置後に道路が拡張されたのだから、補償が求められてもよさそうである。しかも、道路法上は、道路の新設・改築

第4節　損　失　補　償

321

によって、道路に隣接する土地に通路・みぞ・かきなどを新築・移転等しなければならないときに、損失補償が求められる規定がおかれているからである（70条）。これは、**みぞかき補償**と呼ばれる。ところが、このケースについての判例は、道路の拡張によって消防関係法令の違反という「警察違反の状態」が生ずることに伴う損失であるから、補償が不要であるとしている（最判昭和58・2・18〔百選246〕）。いわば、警察制限の法理（消防法10条など）を補償の法理（道路法70条）よりも優先させて、補償を否定したものといえる。

やや特殊な事例であるが、ため池の堤とうの使用禁止条例に関する最高裁判決（最大判昭和38・6・26〔百選250〕）も、公用制限ではなく警察規制であることを根拠に補償を制限している。他方、警察規制としての破壊消防（消火活動に伴う家屋の破壊）について、判例は消防法の解釈を通じて補償の範囲を広げている（最判昭和47・5・30〔百選245〕）。このように、警察規制であっても立法論ないし法令の解釈を通じて補償が肯定される場合もあるわけである。

3．占用許可の撤回に対する補償

いったんなされた公物の使用許可が事後に取り消された場合、すなわち<u>公物占用許可の撤回</u>の場合にも、損失補償が求められることがある。これは、占用許可の撤回が一方的に使用権を奪うという意味で、<u>公用収用に近い性質</u>をもつと考えられるためであるが、その場合の補償には一定の制限がある。

◇公用財産の目的外使用の場合

はじめに、庁舎などの公用財産の目的外使用許可（第3章第4節3．）に関する問題をみてみよう。

> **case 840** B市長は、市役所の庁舎の一部について、Aに1年間の使用許可を与え、職員食堂を営業させていたが、市役所の業務に使う必要が生じたので、半年後に許可を撤回した。

この場合の取消しは、教科書的には行政行為の撤回であり、その根拠規定については明文がある（自治法238条の4第9項）。判例は、行政財産の目的外使用の撤回の場面では、使用権自体の補償を原則として否定している。この場合のAの地位は、賃借権者に近いため、補償を認める下級審判決があったが、最高裁は、使用権の内在的制約により賃借権よりも弱い権利であると述べたうえ

で，例外的な場合にのみ補償が認められるとしている（最判昭和49・2・5〔百選92〕）。

判例によれば，例外が認められる場面としては，使用許可の際に特別な定めがなされた場合や，初期投資の償却期間に満たない時期に撤回がなされた場合（たとえば，開店にあたって100万円の投資をし，月10万円の収益が得られる場合に，わずか3カ月で許可が撤回された場合）などが考えられる。もっとも，最高裁が判示したのはもっぱら使用権補償であり，移転費用や営業費用などの付随的損失については，別途の考慮が求められる。

なお，補償なくして撤回がなされたときにも，撤回自体が違法になるわけではなく，補償請求がなしうるにとどまると解されている。この結論は，case 842の判例にも調和的である。

◇公共用財産の許可使用の場合

ついで，公共用財産の許可使用について，道路占用許可の撤回を例にとって考えてみよう。

(case 841)　B市が市道の一部について，Aが露天商を行うために1ヵ月の占用許可を与えたが，道路工事に障害が出てきたので，半月で許可を撤回した。

道路法上，許可の撤回については明文で認められており（71条2項），その場合には**通損補償**（通常生ずべき損失の補償）がなされるという規定がある（72条1項）。そこで通損補償として，移転費等の補償や営業補償を認めつつ，使用権の補償を否定した裁判例がある（東京地判昭和47・8・28）。

判例の傾向としては，行政財産の目的外使用であるか否かは区別されておらず，また，行政財産の本来の目的のための撤回であるか否かという区別も，特になされていない。総じて，占用の実態に応じて個別的に判別するという手法がとられている（前掲東京地判昭和47・8・28のほか，都市公園法の管理許可につき昭和49年最判を引用した裁判例として，横浜地判昭和53・9・27）。

4．憲法上の諸論点

以上にみた損失補償は，いずれも究極的には憲法29条3項から導かれるものであり，同項の基本的な論点はすでに示しているが，それ以外に，同項の法的な意義と限界に関する論点を補足しておこう。

第4節　損失補償

◇憲法29条3項の効果

　公用収用や公用制限を定めた法令に損失補償の規定が存在しない場合,《憲法29条3項に基づいて直接補償を請求することができるか》が問題になる。

　case 842　街路規制に関する case 835 で,条例に補償の規定がない場合,Aは憲法29条3項に基づいて補償を請求できるか。

　これは条例を素材にした設例だが,法律による公用負担の場合も同様である。学説上は,憲法29条3項による補償請求を認める立場（請求権発生説）がある一方で,補償請求を否定する立場もある。後説によれば,補償なくして公用負担を定めた法令は違憲無効であり,当該法令に基づく公用収用・公用制限がなしえなくなる（違憲無効説）。これに対して,前説によれば,補償規定を欠く法令も,当然に無効にはならない。

　最高裁は,憲法に基づく直接的な補償請求を認めている（最大判昭和43・11・27〔百選251〕）。この立場は,私人の裁判的救済を認める一方で,補償の規定がなくても公共事業の遂行が確保されるというメリットがある。

◇損失補償の時期

　憲法上の補償が認められるにしても,公用収用や公用制限と同時に補償金の支払がなされること（補償の同時履行）が当然に要求されるわけではない。

　case 843　農地買収処分をうけた地主Aは,買収処分と同時に補償を求められるか。

　判例は,補償の同時履行が憲法上の要請ではないとしている（最大判昭和24・7・13〔百選248〕）。ただし,土地収用法上の問題として,収用に基づく損失補償が過少であった場合に,遅延損害金の発生時期は権利取得の時点であるとされる（最判平成9・1・28〔百選210〕）。

◇生活権補償

　ダムなどの大規模工事においては,コミュニティそのものが消滅するという問題がある。その場合の補償は,道路などの局地的な収用の場合と同じだろうか。

　case 844　ダムの建設に伴う土地収用によって生活基盤を奪われたAは,生活環境の整った代替地や新たな仕事のあっせんを請求できるか。

この問題は，財産権補償とは区別された**生活権補償**と呼ばれる問題である（1.参照）。生活権補償は，財産権補償を定めた憲法29条の範囲外であると解されているので，法令に定められた補償以外の補償を求めるには困難が伴う。生存権に関する憲法25条を援用したとしても，そこから具体的な権利が導かれるわけではない。

　もっとも，現行制度上，部分的に生活権補償が用意されている。それによると，金銭的な補償のみならず，仕事のあっせんなどの生活再建措置も求められる（収用法139条の2，水源地域対策特別措置法8条）。しかし，この種の法令は，起業者に対し，生活再建措置をとるように努力義務を課すにとどめているので，生活再建措置を訴訟によって請求することは難しい。

　訴訟が提起される場合の論点としては，①そもそも生活権補償が憲法上の保障であるかという問題があり，さらに，②訴訟技術上の論点として，生活再建措置の義務付けを求める訴訟（あるいは，生活再建措置をとる義務があることの確認訴訟）などにおいて，特定の生活再建措置を求めることが請求の趣旨として認められるかという問題がある（抗告訴訟としての差止訴訟の否定例として，岐阜地判昭和55・2・25〔重判55-44〕）。

5．国家補償の諸問題

　国家賠償と損失補償をあわせて《国家補償》という土俵を設定すると，さまざまな問題が考察の対象になるが，ここでは基本的な問題として，国家補償の谷間と計画担保責任という2つの問題だけを取り上げることにしよう。

◇**国家補償の谷間**

　国家補償の谷間とは，国家賠償と損失補償の狭間にあって，十分な救済がなされない場面を指す。とりわけ，①違法・無過失の行政作用の場合が問題になるが，このほか，②設置管理に瑕疵が認めがたい場合，③正当行為の場合などがある。①および③に関連する典型的な問題状況は予防接種事故（case 814）であり，その救済を図るための論理構成としては次の2つがある。

　まず第1に，事故を起こした予防接種が違法行為であるとして，国賠法1条による救済を図ることが考えられるが，予防接種に際して公務員の過失が認められない場合があるという難点がある。そこで，過失の客観化や過失の推定という手法を用いる必要がある（case 814にあげた判例を参照）。

そこで，第2の考え方として，予防接種を適法行為とみて，《収用類似の補償》の考え方により損失補償を認める立場がある。つまり，財産権の収用についてさえ補償が認められるのであるから，まして生命・身体に対する危険については，当然に補償が認められるという立場である。これは，《いわんや》の論法と呼ばれる。いずれにしても，予防接種事故に対する解釈論的な救済には限界があるので，立法による解決が重視されている。

◇**計画担保責任**
　同じく国家賠償と損失補償の中間に位置する問題として，計画担保責任の問題があり，行政計画の問題としても議論される（第4章第4節4.）。
　　case 845　過疎地のB村は，まちの活性化のためにA社の工場を誘致しようとして積極的に働きかけ，A社が工場整備の準備を始めていた。その後，B村の方針が変更され，A社は工場の建設ができなくなった。
　　case 846　B村の山林地域に村道が建設されるという計画を知ったA社は，観光事業を行うために土地を購入したが，その後，B村の計画が白紙に戻された。

　これは，行政の計画を信頼した者をいかに保護するかという問題であり，**計画担保責任**と呼ばれる問題である。case 845 や case 846 におけるA社の信頼を保護し，B村に対する金銭的な請求を認めるための論理構成として，損害賠償（国賠法1条1項ないし民法709条）による救済と損失補償（憲法29条3項）による救済とが考えられる。後者によるべしとする見解も有力であるが，最高裁は前者を採用している（最判昭和56・1・27〔百選27〕）。計画変更によって損失補償が当然になしうるとするのでなく，損失補償等の代替措置の有無をも考慮しながら，柔軟に違法性を認定するという考え方といえる。最高裁は，その前提として，法の一般原則としての信義則を掲げており，その先例としても重要である（case 404 参照）。もとより，最高裁が信義則の適用を認めたのは，case 845 のように行政側の個別的・具体的な勧誘があった場合であるので，そのような勧誘のない case 846 では損害賠償は請求できないであろう。
　救済される範囲については，損害賠償の構成によると，消極的損害（case 845 でいえば，工場の営業によって得られたであろう逸失利益の喪失分）や精神的損害（慰謝料請求の相当額）までも含められるのに対して，損失補償の構成によると，現実に被った積極的損害に限られるという違いがあるといわれる（1.参照）。もっとも，最高裁は，形式的には損害賠償の法理によりつつも，損

失補償における救済の範囲にとどめているようにみえ，その意味では両者の区分は相対的である。

第4節 損失補償

あとがき

　本書の利用方法など，一般読者向けの説明については，はしがきや第1章を参照ねがうことにして，以下では，おもに筆者の同業者（行政法研究者）を念頭において，強調しておきたいことがらを記しておく。これは，行政法に関する類書が多いなかで，本書のような拙い書物を出版する目的を示す意味があるが，同時に，行政法の教育方法に関して所見を述べることも，行政法研究者としての責務であると考えるからである（その意味では，以下の記述には，一般読者にとっても，学習上の参考になるところがあると思われる）。

　①　本書では，説明の方法として，典型事例を多く用いている。概して，行政法教育においては，多種多様な法令によってさまざまな問題状況があるという前提のもとで，一般理論を個別の問題に当てはめる能力（さらには，個別法の解釈能力）が重視されている。まさに新司法試験の公法系科目では，そうした能力を試す出題がなされているし，筆者も日々の教育にあたって，学生がこうした能力を身に付けられるように配慮している。しかしながら，その一方で，初学者に対しては，古典的な典型事例をたたきこみ，それをもとに一般理論を理解させることが重要ではないか。学部レベルでそのような基本的なトレーニングができていないから，法科大学院に入っても四苦八苦するのではないか。

　誤解を恐れずにいえば，本書は，教育面において，古典的な概説書における行政法各論を部分的に再生する試みでもある。たとえば《道路に関する法》とか《農地買収に関する法》のように，典型的な問題状況をもとにした説明方法は，それなりに有効ではないかと思われる（農地買収を重視する理由については，13頁の註を参照）。

　もっとも，本書では，まさに上記の教育的配慮から，事例については簡潔を旨としているので，専門家の目から見ると適当でない例が散見されるであろうが，学習の便宜を最優先させた結果であることは言うまでもない。たとえば，caseとして掲げた事例において，条件が不明確で一義的な結論が導けないものがあるとか，典型的な行政作用として掲げた 類型 相互のバランスを欠くとか，さまざまな改善の余地があることは承知のうえであるが，現段階での試案として受けとめていただきたいと考えている。また，本書が提示しているのは教育面での工夫であり，理論的な意味で何らかの各論体系を提唱しているわけ

ではないことも，念のため述べておきたい。

＊ 典型事例の活用という教育方法は，筆者が数年来，大学の講義で採用している手法であるが，最近になって公刊された行政法の教科書のなかで，事例を重視した記述をしているものとして，芝池義一『行政法読本』（有斐閣，2009年），大橋洋一『行政法①』（有斐閣，2009年），阿部泰隆『行政法解釈学①・②』（有斐閣，2008・2009年）などがある。また，本書のモチーフに比較的近いものとして，高木光ほか『行政救済法』（弘文堂，2007年）の序論部分があげられる。しかしながら，これらの洗練されたハイレベルな書物では，多種多様な法令をもとにした複雑な事例が多いという印象をうける。このほか，判例を素材とした演習書にも，少なくとも初学者にとっては，同じような取っ付きにくさがあるように思われる。

他方，民事法（とりわけ民事訴訟法）では，本書のような典型事例を重視する教科書が，比較的早くから出版されている。その例として，中野貞一郎ほか『新版民事訴訟法講義〔第2版補訂2版〕』（有斐閣，2008年），井上治典編『ブリッジブック民事訴訟法』（信山社，2006年）があげられる。

総じて，公法系の科目に比べて，民事法では典型事例が強調されているが，これは，民法の典型契約（特に売買契約と賃貸借契約）や民事訴訟法の3類型（給付訴訟・確認訴訟・形成訴訟）のように，典型的な問題状況が学界・実務で共有されていることによると思われる。これに対して行政法では，数多くの法令に基づいて多種多様な問題状況が形成されており，典型事例を見定めにくいことに特徴があろう。しかしながら，筆者の持論は，《問題状況が多様な行政法においてこそ，民事法の場合以上に，典型事例の教育が重要である》というものである。

さらに，そのためには，典型的な行政作用を基礎づける法制度（自創法・租税法・公務員法など）の説明が不可欠である。自戒の意味をこめていえば，多くの講義担当者は，これらの基本的な制度について，学生がある程度イメージできている，という前提で話を進めているところがないだろうか。ところが，受講している学生は，個々の制度をみる余裕がないのが現実であろう。そのギャップをうめるための試みが本書第2章であり，筆者自身，同章の執筆を通じて，伝統的な行政法概説書の各論部分の有用性を，改めて認識させられている。とはいえ，初学者向けの説明（いわば行政法総論に先立つ説明）は，体系的な各論の叙述（総論の応用的な説明）とは異なるべきものであり，今後いっそうの改善が求められよう。

② 本書は，分野的には行政救済法を中心にしており，行政法総論や行政組織法については，相対的に手薄になっているが，この点は，筆者なりの経験に基づいた学習方法の提案を意味している。すなわち筆者は，この数年，学部や法科大学院において，おもに行政救済法の講義を担当しているが，学生の反応

をみていると，行政法総論を学んだあと行政救済法の授業をうけて，「やっと行政法のイメージがつかめた」という感想をもらす者が少なくない。もちろん，このことは，《行政法総論よりも行政救済法の学習を優先させるべきだ》という教育方針を正当化するまでには至らないけれども，そうした声が本書のひとつの動機となっている。そこで，学生に対しては，本書のような救済法中心の入門的学習を経たうえで，総論や組織法について，より深い学習をしていくことを期待している。

　＊　本書は，千葉大学法経学部の「行政法Ⅱ」の講義ノートに，同大学法科大学院の「基礎行政法」の講義内容を追加する形で執筆した。とりわけ後者は，法学の勉強を始めてから半年しかたっていない実質未修者に，わずか15回の授業で行政法のエッセンスを述べるという難物であり，同じ苦労を背負わされている全国の法科大学院教員に対して，本書が何らかの参考になれば幸いである。
　もとより筆者は，このほかにも，学部や法科大学院における行政法関係の授業・演習を広く担当しており，他大学の非常勤講師の経験を含めて，筆者なりの試行錯誤の結果（の一部）として産まれたのが本書である。なお，法科大学院の演習科目の教材については，別に公表する機会を得たいと考えている。

③　本書は，あくまでも行政法の教科書（ないし入門書）であって，概説書や体系書の類ではない。フランスの出版物にならっていえば，《講義要録（mémento）》ということになろうか。これを本格的な《教科書（manuel）》ないし《概説書（traité）》に仕立て上げるには，なおいっそうの作業が求められるであろう。

　そのような性格に伴う制約はあるにしても，本書では，判例・通説を理解しやすくするために，筆者なりの分析を加えている個所がある。ひとつの特徴といえるのは，財政法や公物法の視点を取り入れていることであり，その一環として，住民訴訟に関して思い切った鳥瞰を試みている。

　この点は，もっぱら筆者の個人的な興味・関心に基づくものではなく，《行政法と財政法の理論的な関連性を把握することは，行政法の基本的な理解のためにも有益である》という持論に基づいている。フランス公法学の巨匠，モーリス・オーリウにならっていえば，財政作用は行政法の裏地（doublure）をなしているからである。

　＊　筆者は，1994年に千葉大学に赴任して以来，行政法関係の講義とともに「財政

法」の講義を担当してきた。ところが，2004年に法科大学院を創設するにあたって，学部の開講科目を削減するという全体方針のもと，それまで毎年50人程度の受講者を集めていた「財政法」を，やむなく廃止することにした。結果的には，基本科目たる行政法を重視するという選択は正しかったと思うし，一般論として，教員の個人的な関心から発展的・応用的な科目を開設することには，慎重さが求められると考えている。

　その一方で，研究者と教育者を兼ねた立場にいる以上は，専門分野のバックグラウンドを教育にも反映させることが要求されるであろう。本書では，教科書としての性格上，参考文献を最小限に抑えているなかで，拙著『ガバナンスの法理論』（勁草書房，2008年）をはじめとした研究成果を部分的に引用していることも，そうした配慮に基づいている。

以上に述べたように，本書にはささやかな存在意義があると考えられるが，その多くは先人のアイデアに依拠していることは言うまでもない。筆者が学生時代に受講した，小早川光郎教授の講義はもちろんのこと，すでに公刊された教科書等を参考にしている個所が少なからずある。また，筆者が気づかぬうちに，他の書物で採用されている説明方法があるかもしれない。何より，本書でたびたび用いている《バイパス》という表現は，塩野宏教授が早くから使われているものであるし，《行政法の三段階モデル》は藤田宙靖教授が強調されるところである。本書は，これらの名表現のパロディにすぎない，という評価もありえよう。

　そもそも本書は，行政法の基本構造を，筆者なりに噛みくだいて説明しようとした試みであり，あえてくだけた表現をしているところが多い。多くの用語について厳密な定義を避け，イメージ的な説明をしているのも，そのためである。しかしながら，行政法学者としては，理論的に間違った記述は許されないであろう。ラフな説明がどこまで許容されるかの判別は難しいが，もし研究者としてファールしている個所があれば，甘んじて批判を受けるほかない。

　最後に，筆者のような未熟な教育者に声をかけてくださり，我流になりがちな執筆スタイルに対して随時，的確なアドバイスをしてくださった，信山社の渡辺左近・柴田尚到・木村太紀の3氏に対して，厚く御礼申し上げる。

　　　2009年12月

　　　　　　　　　　　　　　　　　　　　　　　　　　　　　　木　村　琢　麿

［追記］　本書の脱稿直前に，法科大学院の「共通的到達目標（コア・カリキュラム）」モデル案（第1次案）が公表されたので，執筆の最終段階で，モデル案の行政法の項目と対照する作業を行った。もとより，本書は入門書的な性格が強く，法科大学院での到達目標に達するには，本書に引用した判例を読み込むなどの継続的学習が不可欠であるが，全般的にみれば，本書のような具体例に即した説明方法は，モデル案の方向性に沿っていると思われる。

　他方，本書の項目のうち，モデル案では落とされている項目として，伝統的な行政法各論の体系はもちろんのこと，行政行為の分類論などが散見されるが，これは執筆当初から意図したことがらである。古臭い書物という印象を与えることを覚悟のうえで，激動する法学教育に向けて，本書を上梓する次第である。

事例一覧

以下に掲げる事例の番号は，原則として本文中の番号と同じであるが，表現等を多少変えている個所があり，また一部の順序を入れ替えている。なお，本文の説明の便宜のために事例を重複させている部分については，あえてそのまま掲載している。

これらは練習問題として使うこともできるが，むしろ典型的な事例の確認（あわせて，関係する基礎知識の確認）のために活用してほしい。

1．行政法総論
◇公法と私法

次のそれぞれの場合に，Cは，D（またはE市）に対して自己の所有権を主張して，土地の返還を請求できるか。

- (case 301) Aの農地がCに譲渡されたが，所有権の移転登記はなされていなかった。後にB県知事は，その農地の買収処分を行って小作人Dに売り渡し，所有権の移転登記がなされた。
- (case 302) Aの土地がCに譲渡されたが，所有権の移転登記はなされていなかった。後にAが租税を滞納したので，B税務署長は，その土地を差し押さえてDに公売し，所有権の移転登記がなされた。
- (case 313) CがE市の市道の一部を占拠して，20年以上が経過したが，その部分の道路の形状は維持されている。
- (case 314) case 313で，もともとE市は道路の供用開始決定をしていなかった。
- (case 315) case 313で，道路用地はDが所有していたが，E市はDとの間で賃貸借契約などを締結していなかった。

◇法律による行政の原理

- (case 401) 租税の賦課徴収に法律の根拠は必要か。また，補助金の交付についてはどうか。
- (case 402) 財務省設置法に基づいて新たな租税を課することはできるか。
- (case 403) 全部留保説に立った場合，補助金適正化法は法律の根拠といえるか。

◇法の一般原則

次のそれぞれの場合に，どのような法原則が問題になるか。

- (case 404) B市長は，Aの固定資産について長らく非課税の扱いをしていたが，あるとき法令解釈の間違いであることに気付き，その資産に固定資産税を課すことにした。
- (case 405) Aがジャズ喫茶を営業するために，B県知事に食品衛生法上の許可を求めたところ，B県知事は教育上好ましくないという理由で，これを拒否した。

- case 406　AがB市に水道の供給を求めたところ，AがB市の行政指導に従わないことを理由として，B市は水道供給を拒否した。
- case 407　B県公安委員会は，ドライバーAが僅か10キロの速度違反をしたことを理由として，免許停止処分をした。
- case 408　B大臣が職員Aに対して懲戒処分を行うにあたって，Aからまったく言い分を聴く機会をもたなかった。

◇行政行為の種類
- case 409　AとCが順に公衆浴場の営業許可を申請したところ，B県知事はCに許可を与えたが，拒否処分をうけたAが不満である。AがCに対する営業許可の取消訴訟を提起したとき，どのような論点が問題になるか。
- case 410　AとCが，B県知事の認可をうけないで農地の売買をした。この売買契約は有効か。

◇行政行為の効力
次のそれぞれの場合に，行政行為の一般的な効力として，いなかる効力が認められるか。
- case 411　B県知事は地主Aの農地の買収処分を行い，それを小作人Cに売り渡したが，その農地は買収処分の対象にならないものであった。
- case 412　case 411で，買収処分後，1年半が経過した。
- case 413　case 411で，買収処分をうけた地主Aが頑として立ち退かない。

◇行政行為の瑕疵
次のそれぞれの場合に，裁判所はどのような判断をすべきか。
- case 414　case 411の農地買収処分は，本来，別の地主Dになされるべきものであったが，処分後1年半が経過した。
- case 415　B村農地委員会は，小作人Cの申請があったと勘違いして，地主Aの農地について買収計画を定めたが，実際にはCの申請がないことが分かった。そこで同委員会は，職権で買収計画を定めたものとして，買収処分を行った。
- case 416　case 415で，農地買収計画の縦覧期間が法令の定めよりも1日短かったが，実際にはその期間に関係者全員が縦覧をすませていた。

◇行政行為の職権取消しと撤回
次の場合に，行政庁はどのような措置をとることができるか。
- case 417　B県知事はAに対して公衆浴場の営業許可を与えたが，後日，法令上の許可の基準がみたされていないことに気づいた。
- case 418-1　公衆浴場の営業許可をうけたAは，法令で定める衛生上の基準をみたさずに営業している。
- case 418-2　同じくAが，Cらの浴場の利用を理由なく拒否した。

事 例 一 覧

◇行政行為の附款
- case 419　B税務署長がAの相続税の延納許可をするにあたって,「Aが相続した土地の一部を市民公園として開放すること」という条件を付すことはできるか。
- case 420　AはC国に抗議するために,C国大使館前を通るデモ行進の許可申請をしたところ,公安委員会は,「C国大使館を通らないルートで行うこと」という条件を付して許可をした。これに不満なAは,どのような訴訟を提起すべきか。

◇行政立法
- case 421　所得税法として,「政令に定めるところによって所得税を課する」という1条だけの法律を制定して,所得税を賦課徴収することはできるか。
- case 422　小学校の教科書について,学校教育法34条1項は「文部科学大臣の検定を経た教用図書又は文部科学省が著作の名義を有する教科用図書を使用しなければならない」と規定し,その詳細については政省令に委ねているが(同法142条),このような扱いに問題はないか。
- case 423　case 422の省令で,戦前のような国定教科書を優先させる原則を定めたときはどうか。
- case 424　旧物品税法は「遊戯具」を課税対象にしていたが,パチンコ球遊器については長らく課税されてこなかった。その後,国税庁長官から,パチンコ球遊器は「遊戯具」にあたる旨の通達が発せられたため,B税務署長は,その製造業者Aに対して物品税の課税処分を行った。Aが訴訟を提起した場合,どのような解決がなされるべきか。

◇行政契約
- case 425　B県は,A社との合意をもとに,法令に基づかずに,A社の工場から出る有害物質の排出規制をすることにした。この合意は有効か。
- case 426　B市の大規模な契約を,法令上求められた入札手続によることなく,随意契約によってC社との契約を締結した。この契約は有効か。
- case 427　国営空港建設の反対運動を和らげるために,国土交通大臣が地主との間で,「国の機関は収用権限を発動しない」という契約を結ぶことはできるか。
- case 428　地主AとB市の間で,「B市は,Aの土地を賃料相場額の半額の賃料で借りる代わりに,Aの固定資産税を半額にする」という契約を結ぶことはできるか。

◇行政指導
- case 429　Aが大型マンションを建設しようとしているので,B市は宅地開発指導要綱に基づいて,近隣住民の同意をとるように行政指導をしたが,Aはこれに従わないでいる。B市は,Aに対してどのような措置をとることができるか。

◇行政手続
- case 430　成田空港の周辺において,国土交通大臣が告知・聴聞の手続を経ることなく,

過激派の活動用の小屋の使用禁止命令を発することは，憲法31条に違反するか。
- case 431　古着屋を営もうとしているAが，B県公安委員会に対して古物営業許可の申請をした。この場合に，行政手続法は適用されるか。
- case 432　case 431で，Aの申請をうけたB県公安委員会は，どのような対応が可能か。また，事前にどのような措置を講じておくべきか。
- case 433　case 431で，B県公安委員会は，Aの申請の受理を拒否することができるか。また，応答を留保することはできるか。
- case 434　許可を得て古着屋を営んでいるAが法令違反をしたために，Aに対する営業停止処分がなされようとしている。どのような手続が求められるか。
- case 435　古着屋を営んでいるAのもとに，B町長から，まちおこしのために古物市を開催する通知が届き，参加が求められていた。これに参加しないと，Aは今後，行政上の不利益をうけるおそれがあるか。
- case 436　有料老人ホームを設置しようとしている事業者Aが，B県知事に対し，その届出をしたが，B県知事はAが行政指導に従わなかったことから，届出を受理しないでいる。このような措置は許されるか。
- case 437　B税務署長はAに対し，法令上要求される理由付記をしないで，内容的には正しい課税処分をした。Aは，裁判所を通じて，当該処分の取消しを求めることができるか。
- case 438　A社のバス事業の免許申請をうけたB地方運輸局長は，法令上要求される公聴会を開催しないで拒否処分をした。A社は，裁判所を通じて，当該処分の取消しを求めることができるか。

◇行政上の強制措置の種類

次のそれぞれの場合に，どのような種類の強制措置が問題になるか。また，強制措置をとることは可能か。
- case 439　B市長は，Aに対して違法建築物の除却命令を発したが，Aはこれを除去しないでいる。
- case 440　B市が道路用地を取得するために，Aの土地に対して収用裁決（明渡裁決）がなされたが，Aはその土地を明け渡さないでいる。
- case 441　B市長がAに対して固定資産税の課税処分をしたが，Aは租税を納付しないでいる。
- case 442　case 439で，代執行がなされたにもかかわらず，Aはその費用を納付しないでいる。
- case 443　case 430で，過激派が建物の使用禁止命令に従わないので，国土交通大臣は，その建物を封鎖する措置をとった。
- case 444　Aは砂防指定地区で砂利を採取しているので，B県知事は採取禁止命令を発した。Aがそれに従わないので，B県知事はAに対し，1ヵ月ごとに1万円の過料を科すことにした。

事例一覧

(case 445-1) Aが建築確認申請をしないで建築物を建てた（金銭的な制裁の問題）。
(case 445-2) 古着屋を営んでいたAの死後，Aの遺族が許可証を返納しないでいる（同上）。
(case 446) Aが新型インフルエンザに感染したので，そのまん延を防止するために，B県知事はAを強制入院させた。
(case 447-1) Aは砂防指定地区における砂利採取の許可をうけたが，その条件に違反して砂利採取をしているので，B県知事はその許可を撤回した。
(case 447-2) case 429で，B市長は，宅地開発指導要綱に従わないAの名前を公表しようとしている。

◇行政上の強制措置の諸論点
(case 448) 仮に国税徴収法の滞納処分の規定が存在しないとして，税務署長Bは，所得税の課税処分に従わないAに対し，所得税法を根拠にして租税を強制徴収することができるか。
(case 449) 行政代執行の手続を一般的に簡略化するために，地方公共団体が独自に条例を制定することはできるか。
(case 450) B市は，国の法令に定めのない建築制限を条例で定めた。その条例に基づく除却命令に従わない事業者Aに対し，B市長は，行政代執行法の手続をとることができるか。
(case 451) AがB市の固定資産税を納付しないでいるとき，B市長は，裁判所にAの財産の差押えを求めることができるか。

◇行政調査
次のそれぞれの場合は，どのような行政調査の類型に当てはまるか。また，法律の根拠なしに調査できるか。
(case 452) B国税局査察部の査察官は，Aの巨額脱税事件の調査のために，Aの抵抗を排して書類を押収した。
(case 453) B税務署の調査官は，所得税を少なく申告した疑いのあるAに対し，質問検査をした。
(case 454) 警察官Bが，覚醒剤を所持している疑いがあるAに対して職務質問をした。

◇行政調査の諸論点
次のそれぞれの場合に，法的な問題点はあるか。
(case 455) case 454で，警察官Bが職務質問に際して，Aの承諾なしに所持品検査を行った。
(case 456) case 453で，質問検査されようとしているAは，裁判所の令状がないことを理由に，調査を拒否している。
(case 457) D国税局査察部の査察官は，Aに対してB税務署職員が行った税務調査の結

果を，国税犯則調査に利用した。
- case 458 Aに対する税務調査の結果をもとに，B税務署長が課税処分をした。Aは，課税処分の取消訴訟において，調査職員が身分証明書を提示しなかったことの違法性を主張しようと考えている。

◇情報公開

次のそれぞれの場合に，どのような訴訟が提起されるか。
- case 459 AがB大臣に対し，C社がB省からうけた補助金に関する情報公開を請求したが，B大臣は，C社に不利益をもたらす情報であるという理由で，不開示決定をした。
- case 460 case 459 で，逆にB大臣が開示決定をしたことに対して，C社が不満である。

◇個人情報保護

次のそれぞれの場合に，開示請求は認められるか。
- case 461-1 Aは，B市長に対し，B市が保有するAの個人情報について，個人情報保護制度によって自己情報の開示請求をした。
- case 461-2 同じくAは，自己情報について，情報公開制度によって開示請求をした。

2．行政訴訟
◇取消訴訟と民事訴訟の比較

次のそれぞれの場合に，どのような訴訟が提起されるか。
- case 501-1 AがBに売り渡した土地を，BはさらにCに売り渡した。その後Aは，Bとの契約が詐欺に基づくものだと考えるようになった。
- case 501-2 B県知事は，地主Aの農地に対して買収処分を行い，小作人Cに売り渡した。ところがAは，その農地が買収処分の対象にならないと考えている。
- case 502-1 Bから「貸した100万円を返してほしい」といわれたAは，強引な取り立てをうけて支払ったが，実際にはBにお金を借りた覚えはない。
- case 502-2 B税務署長から100万円の課税処分をうけたAは，やむなく100万円を納付したが，課税されるべき事実はないと考えている。
- case 503-1 民間企業B社に勤務しているAは，懲戒解雇されたが，懲戒事由に当たる事実はなかったと考えている。
- case 503-2 B大臣が職員Aに対して懲戒免職処分を行ったが，Aは，懲戒事由に当たる事実はなかったと考えている。

◇取消訴訟と他の抗告訴訟の関係

次のそれぞれの場合に，どのような訴訟が提起できるか。
- case 504-1 Aが違法建築物を建てたので，B市長はその建築物の除却命令を発したが，Aはこれに不満である。
- case 504-2 Cが違法建築物を建てたのに，B市長がその除却命令を発しないので，近

隣住民Aは不満である。
- (case 505-1) B大臣は職員Aに対して懲戒免職処分を行ったが，Aは懲戒事由に当たる事実がなかったと考えている。
- (case 505-2) B大臣から不当な職務上の義務を課せられた職員Aは，その義務に従わなかった場合にB大臣から懲戒処分がなされることを恐れている。

◇処分性

次のそれぞれの場合に，取消訴訟は提起できるか。
- (case 506) B市の市道を新設するためにAの土地が必要になったので，P県知事の事業認定とP県収用委員会の収用裁決がなされた。Aは，これらの措置に不満である。
- (case 507) Aが建築確認申請をしたところ，B市の建築主事はこれを拒否した。
- (case 508) Aが建築確認申請をしたところ，B市の担当者から，「宅地開発指導要綱に反するので建築しないでほしい」という指導をうけた。
- (case 509) Aが建築物を新築した後，B市に対して水道供給の申込みをしたが，Aが建築に際して行政指導に従わなかったことから，B市はこれを拒否した。
- (case 510) Aが生活保護の申請をしたが，B市の福祉事務所長はこれを拒否した。
- (case 511-1) AとBの間で締結された贈与契約に基づいて，AがBに100万円の贈与を求めたところ，Bはこれを拒否した。
- (case 511-2) AがB大臣に100万円の補助金の申請をしたが，B大臣はこれを拒否した。
- (case 512-1) Aが友人Bに預けていた100万円を返してもらおうとしたところ，Bはこれを拒否した。
- (case 512-2) Aが法務局に供託した100万円の取戻しを求めたところ，供託官Bは，消滅時効を理由としてこれを拒否した。
- (case 513) Aは，隣地でBが操業する工場の騒音に悩まされており，工場の操業をやめさせたいと考えている。
- (case 514) Aは，近隣でB市がゴミ処理場を建設しようとしていることに不満である。
- (case 515) Aは，B市の市道の騒音に悩まされており，道路の供用をやめさせたいと考えている。
- (case 516) Aは，国営空港の騒音に悩まされており，空港の供用をやめさせたいと考えている。
- (case 517) パチンコ球遊器が課税対象になるという通達が出され，課税処分をうけるおそれのある製造業者Aは，これに不満である。
- (case 518) Aの建築確認申請に対して，消防長が同意を拒んだために，Aは建築確認が得られていない。
- (case 519) Aの所有地を含む地区について，B県知事は，都市計画法上の工業地区に指定した。Aは，病院の建築ができなくなるので，これに不満である。
- (case 520) Aの所有地を含む地区について，B市長は，第2種市街地再開発事業の事業計画を決定した。Aはこれに不満である。

- case 521) Aの所有地を含む地区について，B市長は，土地区画整理事業の事業計画を定めたが，Aはこれに不満である。
- case 522) 有料老人ホームを設置しようとしている事業者Aは，B県知事に対し，その届出をしたところ，B県知事は，届出の受理を拒否した。

◇原告適格

次のそれぞれの場合に，取消訴訟（抗告訴訟）の原告適格は認められるか。
- case 523) B税務署長から課税処分をうけたAは，これに不満である。
- case 524) Aが建築確認を申請したところ，B市の建築主事はこれを拒否した。
- case 525) B市長がCの固定資産税を減免する決定をしたが，B市の住民Aはこれに不満である。
- case 526) B県知事がCに対して質屋営業の許可を与えたが，すでに近隣で質屋営業しているAは，これに不満である。
- case 527) B県知事がCに対して公衆浴場の営業許可を与えたが，すでに近隣で浴場を営業しているAは，これに不満である。
- case 528) 総務大臣による唯一の放送免許を求めて，A社とC社が申請をして，C社が免許をうけたが，A社はこれに不満である。
- case 529) B市の建築主事がCに対して建築確認をしたが，近隣住民Aはこれに不満である。
- case 530) 経済産業大臣がC電力会社に対して原子炉設置許可をしたが，近隣住民Aはこれに不満である。
- case 531) B県公安委員会がCに対してパチンコ店の営業許可を与えたが，近隣住民Aはこれに不満である。
- case 532) B地方運輸局長がC鉄道会社の特急料金値上げを認可したが，C社の利用者であるAは，これに不満である。
- case 533) B市の市道廃止決定に対して，その市道を利用しているAは不満である。

◇訴えの利益の事後消滅

次のそれぞれの場合に，取消訴訟の訴えの利益は存続するか。
- case 534-1) B県公安委員会から運転免許の停止処分をうけたAは，その取消訴訟を提起したが，処分後，無事故・無違反のまま1年が経過した。
- case 534-2) 運転免許の取消処分をうけたAが，その取消訴訟を提起したが，訴訟係属中に免許期間が満了した。
- case 535-1) B大臣から懲戒処分として停職処分をうけたAは，その取消訴訟を提起したが，訴訟係属中に停職処分の期間が満了した。
- case 535-2) B大臣から懲戒免職処分をうけたAは，その取消訴訟を提起したが，訴訟係属中にAが市議会議員に立候補した。
- case 536) B市の建築主事がCに対する建築確認をしたところ，近隣住民Aがその取消

訴訟を提起した。訴訟係属中に建築物が完成し，検査済証の交付がなされた。
(case 537) B市長がAの建築物の除却命令を発したので，Aはその取消訴訟を提起した。ところが，訴訟係属中に除却命令の代執行が完了し，更地になった。
(case 538) B市の土地区画整理事業に不満なAは，事業計画の取消訴訟を提起したが，訴訟係属中に事業が完了した。
(case 539) 運転免許の取消処分をうけたAは，その取消訴訟を提起したが，訴訟係属中にAが死亡した。
(case 540) B市の建築主事がCに対して建築確認をしたところ，近隣住民Aはその取消訴訟を提起したが，訴訟係属中にAが死亡した。
(case 541) B大臣から懲戒免職処分をうけたAは，その取消訴訟を提起したが，訴訟係属中にAが死亡した。

◇出訴期間
次のそれぞれの場合に，取消訴訟は提起できるか。
(case 542-1) Aは国の補助金の交付をうけて事業を行っていたが，B大臣から補助金の返還命令をうけた。ところが，Aは何かの間違いであると思って，通知を受け取った後7ヵ月間，これを放置した。
(case 542-2) case 542-1で，Aは海外出張で5ヵ月間不在にしていたので，その間は通知の存在を知らなかった。
(case 543-1) B税務署長から課税処分をうけたAは，何かの間違いだと思って，4ヵ月間，これを放置した。
(case 543-2) case 543-1で，課税処分が人違いでなされたという事実が判明した。

◇被告適格・管轄裁判所
(case 544-1) B税務署長の課税処分に応じて租税を納付したAは，処分に納得できないので，課税処分の取消訴訟を提起しようとしている。誰を被告として提訴すべきか。
(case 544-2) case 554-1で，Aは，課税処分が無効であることを前提として，納付した税額分の不当利得返還請求訴訟を提起しようとしている。誰を被告として提訴すべきか。
(case 545) 大分県に居住するAは，B大臣に補助金交付を申請したが，B大臣はこれを拒否した。Aは，どの裁判所に提訴すべきか。

◇不服申立てとの関係（その1）
次のそれぞれの場合に，取消訴訟に先立って不服申立てをすべきか。
(case 546-1) AがB大臣に補助金交付を申請したところ，B大臣はこれを拒否した。
(case 546-2) AはB大臣に対し，C社がB省からうけた補助金に関する情報公開を請求したが，B大臣は，C社に不利益をもたらす情報であるという理由で，不開示決定をした。
(case 547-1) 公務員Aは，B大臣から懲戒免職処分をうけた。

- case 547-2　case 547-1 で，Aは人事院に対して審査請求をしたが，不服申立期間が徒過していたので，審査請求が却下された。
- case 547-3　case 547-1 で，Aは人事院に対して不服申立期間内に審査請求をしたが，不服申立期間を徒過しているとして却下された。

◇不服申立てとの関係（その２）
次のそれぞれの場合に，どのような訴訟が提起されるべきか。
- case 548-1　B大臣から懲戒免職処分をうけたAは，人事院に対して審査請求をしたが，Aの請求は棄却された。
- case 548-2　case 548-1 で，Aは，人事院が口頭審理の手続をしなかったことに不満である。
- case 548-3　case 548-1 で，審査請求をうけた人事院は，免職処分を減給処分に変更する裁決をした。

◇無効確認訴訟
次のそれぞれの場合に，無効確認訴訟は提起できるか。
- case 549　B県知事は，地主Aの農地にについて買収処分を行い，それを小作人Cに売り渡した。Aは，買収処分後１年半が経過してから，その処分が人違いでなされたことに気づいた。
- case 550　公務員Bは，A大臣からまったく根拠のない懲戒免職処分をうけて，１年半が経過した。
- case 551　Aは，B税務署長から課税処分をうけて租税を納付したが，１年半後に，課税処分が人違いでなされたことに気づいた。
- case 552　Aが喫茶店の営業許可申請をしたところ，B県知事から拒否処分をうけた。その後１年半が経過したが，Aは当該拒否処分が無効であると考えている。
- case 553　C電力会社に対して国土交通大臣の原子炉設置許可がなされて１年半が経過したが，近隣住民Aは，同大臣には許可の権限がないと考えている。
- case 554　B市の職員PがCに対して建築確認を行い，１年半が経過したが，近隣住民Aは，Pには建築確認を行う権限がなかったと考えている。
- case 555　B税務署長から課税処分をうけたAは，人違いであると考えて租税を納付せず，１年半が経過したが，滞納処分がなされることを恐れている。

◇無効確認訴訟の実際的意義
- case 556　Aが重大明白ではない瑕疵をおびた補助金返還命令をうけ，処分の２ヵ月後に無効確認訴訟を提起した場合，裁判所はどのように審理すべきか。重大明白な瑕疵がある場合はどうか。

◇不作為違法確認訴訟

次のそれぞれの場合に，不作為違法確認訴訟は提起できるか。

- case 557　Aが建築確認の申請をしたところ，B市の建築主事はAが行政指導に従っていないことから，応答を留保している。
- case 558　Aが生活保護の申請をしたところ，B市の福祉事務所長は応答しないでいる。
- case 559　Aが建築確認の申請をしたところ，B市の建築主事はこれを拒否した。
- case 560　Cが違法建築物を建てたが，B市長はその除却命令を発しないので，近隣住民Aが不満である。

◇義務付け訴訟

次のそれぞれの場合に，義務付け訴訟は提起できるか。

- case 561-1　Aが建築確認の申請をしたところ，B市の建築主事は，Aが行政指導に従っていないことから，応答を留保している。
- case 561-2　Aが建築確認の申請をしたところ，B市の建築主事はこれを拒否した。
- case 562-1　Aが生活保護の申請をしたが，B市の福祉事務所長は応答しないでいる。
- case 562-2　Aが生活保護の申請をしたところ，B市の福祉事務所長はこれを拒否した。
- case 563　Cが違法建築物を建てたが，B市長はその除却命令を発しないので，近隣住民Aが不満である。
- case 564　過大な所得申告をしたために所得税が過大に課される状態にあるAは，B税務署長が減額更正処分することを求めたい。
- case 565　B市長は，固定資産税を納税すべきCに対し，固定資産税を減免する決定をしたが，B市の他の納税者Aは，これに不満である。

◇差止訴訟

次のそれぞれの場合に，差止訴訟（抗告訴訟）は提起できるか。

- case 566　公務員Aは，B大臣から職務上の不当な指示をうけ，「指示に従わないと懲戒処分をする」といわれて困惑している。
- case 567　Aは，共同で事業を行っている夫Pに代わって所得税を納めなければならないところ，これを滞納したので，B税務署長が滞納処分としてAの財産を差し押さえた。Aは，その財産が公売されるのを阻止したい。
- case 568　B市の福祉事務所長はAの生活保護を決定したが，その後，同所長はこれを撤回しようとしている。
- case 569　B市の建築主事がCに対して建築確認をしようとしているが，近隣住民Aはこれに不満である。

◇当事者訴訟

次のそれぞれの場合に，どのような訴訟が提起できるか。

- case 570　B大臣が職員Aに対して懲戒免職処分を行ったが，Aは懲戒処分が無効であ

ると考えて，未払い分の給与を請求しようとしている。
(case 571) B税務署長から人違いの課税処分をうけたAは，いったん処分に従って租税を納付したが，納めた税金を取り戻したいと考えている。
(case 572) 有料老人ホームを設置しようとしている事業者Aは，B県知事に対し，その届出をしたが，B県知事は届出の受理を拒否した。
(case 573) 旧物品税法に関する国税局長の通達が改められ，製造業者Aに対して課税処分がなされるおそれがある。
(case 574) 農地買収処分に不満なAは，買収処分が無効であると考えて，小作人Cから土地を取り戻そうとしている。
(case 575) Aの土地がC市の市道を新設するにあたって収用の対象になり，B県収用委員会の収用裁決がなされた。Aは，収用されるのはやむをえないとしても，補償額が少なすぎると考えている。
(case 576) case 575 で，Aは，そもそも自己の土地が収用の対象にはなりえないと考えている。

◇住民訴訟
次のそれぞれの場合に，住民訴訟は提起できるか。できるとすれば，どのような訴えか。
(case 577) B市長は，B市の職員でないCに対し，B市の給与を支出しようとしている。
(case 578) B市長は，近親者Cに対する補助金交付決定を行い，まったく公益性のない補助金を交付しようとしている。
(case 579) Cが納付すべき固定資産税について，B市長は課税処分をしようとしない。
(case 580) case 577 や case 578 で，実際にB市長がCに対して公金の支出をした。
(case 581) Aは，B市が違法な契約を締結したことについて住民監査請求をしたが，その結果に不満であるので，同じ契約に基づく支出命令や支出について住民監査請求をしようとしている。
(case 582) B市長の公金支出について，D市に住所をもちながらB市に固定資産税を納付しているAが不満である。
(case 583) B市長の公金支出について，B市に居住するAが住民訴訟を提起したが，訴訟係属中にAはD市に転出した。
(case 584) B市長の公金支出について，B市に居住するAが住民訴訟を提起したが，訴訟係属中にAは死亡した。
(case 587-1) B市長は，市道の管理を怠り，Cに占拠された状態にしている。
(case 587-2) B市長は，市道の管理を怠って荒れるがままの状態に放置し，通行が困難な状態にしている。
(case 588) B市長は，事業者Cに対し，市庁舎の一部をレストランとして使用する許可を与えたが，B市の住民Aは，こうした使用方法に公共上の必要性がないと考えている。

◇住民訴訟と抗告訴訟の比較
次のそれぞれの訴訟は提起できるか。
(case 585-1) Cに対して課税されるべき固定資産税について，B市長が減免する決定をした。B市民であるAは，減免決定の取消訴訟（抗告訴訟）を提起した。
(case 585-2) case 585-1 で，Aは，減免決定の取消訴訟（住民訴訟）を提起した。
(case 586-1) B市長が市道の廃止決定を行い，その用地を売却しようとしているので，その市道を使っている住民Aは，市道廃止決定の取消訴訟（抗告訴訟）を提起した。
(case 586-2) case 586-1 で，Aは，道路用地を売却する契約の差止訴訟（住民訴訟）を提起した。

◇住民訴訟における違法性
次のそれぞれの場合に，住民訴訟の原告は勝訴しうるか。
(case 589) B市が公民館の新築にあたって地鎮祭を行い，そのために公金を支出したが，B市の住民Aは，地鎮祭が憲法上の政教分離の原則に反すると考えている。
(case 590) B市長は，懲戒免職処分をすべき職員Cに対して分限免職処分を行い，Cに対して違法に退職金を支給した。
(case 591) 第三セクターに派遣されたB市の職員に対し，B市から違法に給与が支払われた。
(case 592) B市は，新しい市道の建設を違法に決定し，道路用地を買収した。

◇取消訴訟の審理（その1）
(case 601) B大臣は，職員Aが1月中に職務を怠ったとして，Aに対する懲戒免職処分をした。その取消訴訟において，裁判所は，1月中の怠業が事実であるか否かについて，自ら証拠調べできるか。
(case 602) case 601 で，2月中の怠業の有無について，裁判所は自ら探索できるか。
(case 603) B県知事が地主Aに対して農地買収処分をしたので，Aは，農地買収処分の取消訴訟とともに，小作人に対する農地返還請求訴訟を提起した。裁判所は，後者を前者の係属する裁判所に移送できるか。
(case 604) B税務署長から課税処分をうけて納税したAは，課税処分の取消訴訟と，納付した税額の不当利得返還請求訴訟とを，併合して提起できるか。
(case 605) 農地買収処分に不満な地主Aは，その取消訴訟を提起した。小作人Cは訴訟参加できるか。
(case 606) Aは，B市の建築主事が近隣のCに対して建築確認をしたことに不満であり，その取消訴訟を提起した。別の近隣住民Dは，その訴訟に補助参加できるか。
(case 607) Aの建築確認申請についてD消防長の同意が得られなかったので，B市の建築主事は拒否処分をした。Aが提起した取消訴訟に，D消防長は訴訟参加できるか。
(case 608) 税務署長Bから課税処分（青色申告に対する更正処分）をうけたAは，税額の計算方法が間違っていると考え，不服申立てを経て取消訴訟に及んだ。訴訟において

Aは，課税処分に理由付記がなかったことを，新たに主張できるか。

case 609　B税務署長は，AがD社との取引で100万円の収入を得ていたことを理由として，Aに対する更正処分をした。Aの提起した取消訴訟において，B税務署長は，E社からAが同額の収入を得ていたことを主張して，処分を維持できるか。

case 610　B大臣は，職員Aが交通事故を起こしたことを理由として，懲戒免職処分をした。その取消訴訟においてB大臣は，Aが秘密漏洩をしたことを理由として，処分を維持できるか。

case 611　Aの運転免許の交付申請に対して，B県公安委員会は，Aがアルコール中毒者であることを理由として，拒否処分をした。その取消訴訟において同委員会は，Aが過去に重大な法令違反行為をしたことを理由として，処分を維持できるか。

case 612　公務員Aが飲酒運転をして事故を起こしたので，B大臣は，Aに対して懲戒免職処分を行った。その取消訴訟をうけた裁判所は，B大臣の判断について全面的に審理できるか。

case 613　原子炉設置許可の取消訴訟をうけた裁判所は，審査の基礎とされた科学技術の理論の当否についても審理すべきか。

case 614　Aのマンション建設計画に対して近隣住民が反対しているので，Aの建築確認申請をうけたB市の建築主事は，建築確認を留保している。このような措置は，行政庁の裁量として認められるか。

case 615　滞納処分をうけたAは，その取消訴訟において，「滞納処分にあたって，Aの財産の抵当権者Cに対する通知がなされなかった」という違法事由を主張できるか。

case 616　原子炉設置許可の取消訴訟において，原告である近隣住民Aは，「原子炉施設の作業者であるCらに被爆のおそれがある」という違法事由を主張できるか。

◇取消訴訟の審理（その2）

case 617　B税務署長がAに対して違法な課税処分をしてから1年半が経過したあと，Aに対する滞納処分が適法な手続でなされた。Aは，どのような争い方をすべきか。

case 618　B県知事が違法な事業認定をしてから1年半が経過したあと，B県収用委員会がAに対する収用裁決を適法な手続で行った。Aは，どのような争い方をすべきか。

case 619　地主Aの農地について違法な買収計画がなされてから1ヵ月が経過したあと，その買収計画をもとにして，適法な手続で買収処分がなされた。Aは，どのような争い方をすべきか。

case 620　Aの建築確認申請をうけたB市の建築主事は，その当時の建築制限に反しているとして拒否処分をしたが，取消訴訟の係属中に建築制限が緩和され，Aの建築確認が適法になしうる状態になっている。その取消訴訟をうけた裁判所は，どのような判決を下すべきか。

case 621　Aに対する課税処分は，処分当時は違法であったが，その後の法改正によると適法な内容になっている。その取消訴訟をうけた裁判所は，どのような判決を下すべきか。

◇取消訴訟の判決（その１）
次のそれぞれの場合に，どのような判決の効力が生ずるか。
- case 622　Ｂ税務署長の課税処分に不満なＡは，いったん租税を納付した後で，課税処分の取消訴訟を提起し，勝訴判決を得た。
- case 623-1　Ｂ大臣に補助金交付申請をして拒否決定をうけたＡは，その取消訴訟を提起して，拒否決定の取消判決を得た。
- case 623-2　Ａの建築確認申請をうけたＢ市の建築主事は，Ｃ消防長の不同意を理由として拒否処分をしたが，後に拒否処分の取消判決が下された。
- case 624　経済産業大臣がＣ電力会社に対して原子炉設置許可をしたので，近隣住民Ａはその取消訴訟を提起した。裁判所は，同大臣が法令上の諮問手続を経ずに許可したことを理由として，取消判決を下した。

◇取消訴訟の判決（その２）
- case 625　地主Ａが，農地買収処分の取消訴訟で勝訴した。取消判決の効力は，農地の売渡しをうけた小作人Ｃに及ぶか。
- case 626　Ｂ地方運輸局長がＤ鉄道会社の特急料金の値上げ認可をしたところ，これに不満な利用者Ａが，値上げ認可処分の取消訴訟を提起して勝訴した。取消判決の効力は，他の利用者Ｃにも及ぶか。
- case 627　Ｂ会社に対する原子炉設置許可に不満な近隣住民Ａは，その取消訴訟を提起して勝訴した。取消判決の効果は，他の住民Ｃにも及ぶか。
- case 628　地主Ａが農地買収処分の取消判決を得たが，Ａの農地の売渡しをうけていた小作人Ｃが不満である。Ｃは，どのような訴えを提起できるか。
- case 629　Ａは，Ｂ市長を被告として，Ｃの違法建築物に対する除却命令の義務付け訴訟を提起し，勝訴判決（義務付け判決）を得た。判決の効力は，Ｃに及ぶか。
- case 630　土地区画整理事業計画の取消訴訟が提起され，裁判所は事業計画が違法であると評価しているが，すでに事業が終了している。裁判所は，どのような判決を下すことができるか。

◇執行停止
- case 631　幹線国道の予定地に土地を所有する地主Ａは，Ｂ県収用委員会の収用裁決に不満である。Ａは，どのような仮の救済が求められるか。
- case 632　地主Ａの農地に対して，買収処分と売渡処分がなされた。Ａは，買収処分の執行停止によって，小作人Ｃから農地を取り戻すことができるか。
- case 633　公務員Ａの懲戒免職処分の執行停止が認められたとき，Ａは，処分時から執行停止時までの給与を請求できるか。
- case 634　case 631 で，裁判所が収用裁決の執行停止を認めたが，内閣総理大臣は，この措置が公益上の観点からみて問題があると考えている。どのような措置がとられうるか。

◇執行停止以外の仮の救済
次のそれぞれの場合に，どのような仮の救済が求められるか。
- (case 635-1) Aが建築確認の申請をしたが，B市の建築主事は応答しない。
- (case 635-2) Aが建築確認の申請をしたところ，B市の建築主事はこれを拒否した。
- (case 636) Aが違法建築物を建てたが，B市長はAに対する除却命令を発しない。近隣住民Cは，これに不満である。
- (case 637) 公務員Aは，B大臣の職務上の指示に従わないでいるので，懲戒処分をうけるおそれがある。
- (case 638) B市の福祉事務所長は，Aの生活保護の決定をしたが，その後この決定を撤回しようとしている。
- (case 639) B市の建築主事がCに対して建築確認をしようとしているが，近隣住民Aはこれに不満である。
- (case 640) 公務員Aは，懲戒免職処分がなされてから1年半が経過した。これに不満なAは，懲戒免職処分の無効を理由とした訴訟を提起したうえで，仮の救済を求めたい。
- (case 641) B県知事は，地主Aの土地を買収して小作人Cに売り渡し，1年半が経過した。買収処分が無効であると考えるAは，Cに対する訴訟を提起するとともに，仮の救済を求めたい。
- (case 642) C市の都市計画決定に基づいて，国道の建設工事がなされているが，近隣住民Aはこれに不満である。
- (case 643) B県知事がC市に対して与えた公有水面（海面）の埋立免許に基づいて，C市が埋立工事を始めているが，近隣住民Aはこれに不満である。
- (case 644) 国営空港の供用に不満がある近隣住民Aは，裁判所に仮の救済を求めようとしている。

3．行政不服審査
◇不服審査庁
次のそれぞれの場合に，どの行政機関に対して不服申立てがなされるべきか。
- (case 701) 国土交通大臣から委任をうけたB地方運輸局長は，A鉄道会社の運賃値上げ申請に対し，拒否処分をした。
- (case 702) A鉄道会社は，国土交通大臣から事業改善命令を受けた。
- (case 703) B市長がAに対して固定資産税の課税処分をしたが，Aは，自分の土地が課税対象にならないと考えている。
- (case 704) B地方運輸局長は，A社の運賃値上げ認可の申請に対して応答しない。
- (case 705) B税務署長は，Aに対して所得税の更正処分をした。
- (case 706) case 703 で，Aは，自己の土地が固定資産税の課税対象になることは認めるが，固定資産の評価額に不満がある。
- (case 707) 国土交通大臣は，職員Aに対して懲戒処分をした。
- (case 708) Aは，B市長から違法建築物の除却命令をうけた。

(case 709) B県知事は，乳製品の加工業者Aに対し，甲製品の廃棄命令をした。

◇不服申立ての要件
(case 710) B市長がCに対して固定資産税の減免決定をしたが，B市の住民Aはこれに不満である。Aの不服申立てにおいて，取消訴訟の場合とは異なった考慮がなされるか。
(case 711) B地方運輸局長がA鉄道会社の事業許可を撤回したので，A社は国土交通大臣に対して審査請求をしたが，A社自身は仮の救済を求めていない。同大臣は，仮の救済をなしうるか。
(case 712) A鉄道会社は，B地方運輸局長に対して運賃値上げ認可を申請したが，申請が拒否されたので，国土交通大臣に審査請求をした。仮の救済はなされうるか。

◇不服申立ての審理
(case 713) case 712 で，国土交通大臣はもっぱら書面で審理できるか。また，A社が口頭で意見を述べる機会を求めた場合はどうか。
(case 714) B市の住民Aは，B市長がCに対して固定資産税の減免決定をしたことに不満で，B市長に不服申立てをした。Aの申立ての利益の審理において，口頭意見陳述の機会は保障されるか。
(case 715) case 713 で，国土交通大臣が処分を正当とする心証を得て，裁決書の作成作業に入っていたところ，A社から口頭意見陳述の請求がなされた。口頭意見陳述はなされるべきか。
(case 716) 固定資産評価審査委員会は，口頭審理外で行った調査結果を判断の基礎にすることができるか。
(case 717) B大臣は，職員Aが1月中に怠業したことに基づいて，懲戒免職処分を行った。その審査請求において，人事院は，1月中の怠業が事実であるか否かについて，自ら証拠調べをなしうるか。
(case 718) case 717 で，人事院は，2月中の怠業の有無について，自ら探索できるか。
(case 719) A鉄道会社が運賃値上げ認可を申請したところ，B地方運輸局長はこれを拒否した。A社は，審査請求をうけた国土交通大臣が処分庁において収集した資料を，閲覧できるか。

◇不服申立てに対する裁決・決定
(case 720) A鉄道会社が1000円の運賃値上げ認可を申請したところ，B地方運輸局長は，700円の値上げ認可をした。A会社の審査請求をうけた国土交通大臣は，500円の値上げ認可に変更すべしとする裁決をなしうるか。
(case 721) 国土交通大臣から事業許可を撤回されたA鉄道会社は，同大臣に異議申立てをした。同大臣は，事業許可の撤回を事業停止命令に変更する決定をなしうるか。
(case 722) B市長から建築物の除却命令をうけたAは，B市の建築審査会に審査請求をした。同審査会は，除却命令を修繕命令に変更する裁決をなしうるか。

- case 723　A鉄道会社が運賃値上げ認可を申請したところ，B地方運輸局長は拒否処分をしたので，A社は国土交通大臣に審査請求をした。同大臣は，値上げを認めてよいと判断している。どのような裁決がなされるべきか。
- case 724　case 723 で，B地方運輸局長が申請に対して応答しない場合はどうか。
- case 725　公務員Aに対する懲戒免職処分の不服申立てをうけた人事院が，原処分を減給処分に修正した。これに不満なAは，どの処分を取消訴訟の対象にすべきか。
- case 726　B税務署長は，Aに対して重加算税の賦課決定をした。Aの審査請求をうけた国税不服審判所長は，過少申告加算税だけを課すことを認める裁決をなしうるか。
- case 727　B村農地委員会の定めた農地買収計画に不満な地主Aは，同委員会に異議申立てをしたところ，棄却決定をうけた。納得できないAは，小作人Cを被告として農地の返還を求める訴訟を提起できるか。また，裁決後1年を経過した場合，Aの救済はありうるか。
- case 728　B村農地委員会が農地買収計画に不満な地主Aは，D県農地委員会に審査請求をして，認容裁決を得た。その後，D県農地委員会は，みずからの裁決を職権で取り消すことができるか。
- case 729　B村農地委員会は農地買収計画を定めたが，地主Aの異議申立てをうけて買収計画を取り消す決定をした。その後，同委員会は，再度同じ買収計画を定めることができるか。

◇教示制度

次のそれぞれの場合に，不服申立ての教示がなされる必要はあるか。
- case 730　Aが開発許可の申請をしたところ，B県知事は，鉱業関係の調整を理由として，これを拒否した。
- case 731　A市が港務局の設立認可を申請したところ，国土交通大臣はこれを拒否した。
- case 732　B県の行う土木事業について，B県はA市に対して事業費の一部負担を求める決定をした。
- case 733　A市が市営バスの経営許可を申請したところ，B地方運輸局長はこれを拒否した。

4．国家補償

◇国賠法1条関係
- case 801　B市長であるPは，Aの建物の除却命令を発したので，AはやむなくAの建物を取り壊したが，後日，除却命令の要件をみたしていないことが明らかになった。B市の損害賠償責任が認められるとして，理論上，Pの責任は観念されるか。
- case 802　B市の市立小学校のプールで，体育の授業時間中，教員Pが十分な指導をすることなく児童Aに飛び込みをさせて，Aがケガをした。AはB市に対し，国賠法1条による請求をすることができるか。
- case 803　B県の職員が，公衆浴場の営業許可に関して誤った行政指導をしたために，

申請者Aが損害をうけた。AはB県に対し、国賠法1条による損害賠償請求をすることができるか。

case 804 課税処分をうけたAは、当該処分の取消訴訟を提起して勝訴判決（取消判決）を得たあと、当該処分による損害について国賠訴訟を提起した。裁判所は、違法性についてどのような判断をすべきか。

case 805 課税処分をうけたAは、当該処分の取消訴訟を提起して敗訴判決（請求棄却判決）をうけたあと、当該処分による損害について国賠訴訟を提起した。裁判所は、違法性についてどのような判断をすべきか。

case 806 case 801 で、Aは、取消訴訟を提起しないで、国賠請求をすることができるか。

case 807 case 804 で、Aは、取消訴訟を提起しないで、税額分の国賠請求をすることができるか。

case 808 B市長がCの違法建築物の除却命令を発しないことによって、近隣住民Aが損害をうけたとき、AはB市に対して国賠請求できるか。

case 809 Aは、厚生労働大臣から製造認可をうけたC社製の薬を服用していたが、その薬の副作用によって健康を害した。Aは、同大臣が製造認可を撤回しなかったことが違法であると主張して、国賠請求できるか。

case 810 case 421 の法律が制定され、それに基づいて課税処分がなされた場合に、これに不満なAは、慰謝料等の国賠請求をなしうるか。

case 811 case 424 で、仮に税務官庁の物品税法の解釈が間違いであった場合、営業損害をうけたAは、どの公務員の行為に注目して国賠請求をすべきか。

case 812 B県の警察官Pが、非番中にピストルを持ち出して、制服制帽を着用のうえで発砲し、Aにケガをさせた。Aは、B県に対して国賠請求できるか。

case 813 税務署職員Pの自宅で、Pが知人Aの所得税について誤ったアドバイスをして、Aに損害を与えた。Aは、国に損害賠償を請求できるか。

case 814 B県の保健所での集団的な予防接種によって、児童Aに事故が生じた。担当医師Pがその人なりに十分な注意を尽くしたといえれば、国賠法上の過失は否定されるか。

case 815 case 811 で、課税処分を行った公務員Pが法令解釈を誤ったことについて、過失が認められるか。

case 816 case 801 で、Aは、B市長であるP個人に対して損害賠償を請求できるか。

case 817 case 812 で、Aは、警察官であるP個人に対して損害賠償を請求できるか。

◇国賠法2条関係

case 818 case 812 で、国賠法2条の賠償責任が成立する余地はあるか。

case 819 落石が頻発していながら防護柵が設置されていなかったB県の県道において、落石事故が発生して、運転手Aが負傷した。Aは、B県に対して損害賠償を請求できるか。

- case 820　B県の県道の道路自体の状態に異常はなかったが，予知しえない集中豪雨によって制御困難な土石流が発生し，通行していたAの車が谷底に転落した。Aの遺族は，B県に対して損害賠償を請求できるか。
- case 821　B県の県道に故障車が放置されたために，走行していた運転手Aが負傷した。Aは，B県に対して損害賠償を請求できるか。
- case 822　B県の県道の防護柵に後向きに腰掛けていたAが，誤って転落してケガをした。Aは，B県に対して損害賠償を請求できるか。
- case 823　B県の県道をAのトラックが重量制限オーバーで走行していたところ，橋の倒壊で谷底に転落した。Aの遺族は，B県に対して損害賠償を請求できるか。
- case 824　トンネルの事故防止のための新しい安全設備が考案されたが，B県の県道上の甲トンネルには新設備が導入されていなかった。甲トンネルの事故によって運転手Aに損害が生じたとき，国賠法2条の瑕疵は認められるか。
- case 825　B県が管理する甲川が氾濫し，近隣住民Aが被害をうけた。Aは，B県に対して損害賠償を請求できるか。瑕疵の判断に際して，道路の場合と同じ判断基準が用いられるか。
- case 826　B県の県道の供用によって，近隣住民Aに騒音被害が生じている。AはB県に対し，損害賠償を請求できるか。
- case 827　国営空港の騒音に悩まされている近隣住民Aは，金銭的な救済を得たいと考えている。どのような救済が求められるか。
- case 828　case 821で，B県が道路管理を怠る行為に注目して，国賠法1条による請求ができるとして，同法1条と同法2条のいずれの請求を優先すべきか。
- case 829　case 812で，国賠法1条と同法2条のいずれの請求を優先すべきか。

◇国賠法3条関係
- case 830　case 802で，Aは，教員の給与を負担しているC県に対し，国賠請求をすることができるか。
- case 831　case 819で，道路管理者であるB県ではなく，費用の一部を補助している国に対し，損害賠償を請求できるか。
- case 832　case 830やcase 831で，Aの国賠請求が認められた場合，どの行政主体が最終的に賠償額を負担すべきか。

◇損失補償関係（その1）
- case 833　農地買収をうけた地主に対する補償額は，市場価格と完全に一致する必要があるか。
- case 834　道路事業の用地取得のために土地収用がなされた場合，事業認定の時点を基準として補償額を算定することが許されるか。

事例一覧

353

◇損失補償関係（その２）

次のそれぞれの場合に，損失補償請求権は発生するか。

(case 835) Ｂ市の条例によると，旧街道沿いの歴史的な街並みが残る甲地区では，建物の改築にあたって市長の許可が求められているが，甲地区の建物の所有者であるＡは，改築許可をうけられなかった。

(case 836) Ａは，国立公園の特別地域内に別荘を新築するために，Ｂ県知事に対し，自然公園法に基づく工作物の新築許可申請をしたところ，不許可になった。

(case 837) 都市計画法上の市街化調整区域において，地権者Ａは，新たな建築物を建てられないでいる。

(case 838) Ｂ市の市道の存在によって，消防法関係の規制上，Ａは，新たな石油貯蔵タンクを設置できないでいる。

(case 839) Ｂ市の市道拡張工事に伴って，消防法関係の規制上，Ａは，既存の石油貯蔵タンクの移転を強いられた。

(case 840) Ｂ市長は，市役所の庁舎の一部について，Ａに１年間の使用許可を与え，職員食堂を営業させていたが，市役所の業務に使う必要が生じたので，半年後に許可を撤回した。

(case 841) Ｂ市は市道の一部について，Ａが露天商を行うために１ヵ月の占用許可を与えたが，道路工事に障害が出てきたので，半月で許可を撤回した。

(case 845) 過疎地のＢ村は，村の活性化のためにＡ社の工場を誘致しようとして積極的に働きかけ，Ａ社が工場整備の準備を始めていた。その後，Ｂ村の方針が変更され，Ａ社は工場の建設ができなくなった。

(case 846) Ｂ村の山林地域に村道が建設されるという計画を知ったＡ社は，観光事業を行うために土地を購入したが，その後，Ｂ村の計画が白紙に戻された。

◇損失補償関係（その３）

(case 842) case 835 で，条例に補償の規定がない場合，Ａは，憲法 29 条 3 項に基づいて補償を求めることができるか。

(case 843) 農地買収処分をうけた地主Ａは，買収処分と同時に補償を求められるか。

(case 844) ダムの建設に伴う土地収用によって生活基盤が奪われたＡは，生活環境の整った代替地や新たな仕事のあっせんを請求できるか。

事項索引

〔あ行〕

アカウンタビリティ　→説明責任
異議申立て　262〜
異議申立前置主義　263, 266
意見公募手続　121
一事不再理　211, 286
委任（権限の）　57, 213
委任条例　59
委任命令　102
逸失利益　318, 326
違反事実の公表　→公表
違法行為の転換　93
違法性の承継（住民訴訟における）　207, 215〜218
違法性の承継（取消訴訟における）　233〜235
違法の抗弁　151
違法判断の基準時　236
インセンティブ　→誘導行政
訴えの移送・併合　222
訴えの取下げ　245
訴えの利益　153〜
　　――の事後消滅　173〜
営造物　66
閲覧請求（行政手続における）　→文書等の閲覧請求権
閲覧請求（不服申立てにおける）　278
公の営造物　65, 305〜306
公の施設　55, 66
オンブズマン　256

〔か行〕

概括主義　259
解釈基準　102
戒告（行政代執行における）　125
開示請求権　28, 133
開発許可　27
外部関係　36
確認　86
確認訴訟（当事者訴訟としての）　201
確認訴訟（民事訴訟としての）　145
加算税　22, 127
瑕疵の治癒　94
課税処分　19〜21
ガバナンス　84
下命　86
仮処分の排除　247, 252〜255
仮の義務付け　246, 249, 251
仮の救済　246〜
仮の差止め　246, 251
過料　126
管轄裁判所　179
慣習法　83
間接強制　→執行罰
関与法定主義　58
関連請求　222
機関委任事務　58
機関訴訟　141, 206
棄却裁決・棄却判決　237, 279
規制規範　→統制規範
規制行政　14〜15, 63, 105
　　――の福祉行政化　35
規則　101
既判力　238
義務付け訴訟　144, 193〜
却下裁決・却下判決　237, 279
客観争訟　270
客観訴訟　141, 142, 205〜206, 210
求償（権）　294〜295, 305, 315

355

給水拒否　110, 128
給付行政・給付作用　14〜15, 63, 105
給付訴訟　145, 197, 200
教示制度　182, 286〜
行　政　3〜4
　――の行為形式　75, 85, 99
行政委員会　291
行政過程論　98
行政機関　53〜55, 143
行政規則　102〜103, 161
行政計画　104, 111〜113, 161
行政刑罰　126
行政契約　104〜
行政行為　46, 84〜, 163
　――の瑕疵　90, 92, 93〜
　――の裁量　→行政裁量
　――の職権取消し　→職権取消し
　――の争訟取消し　→争訟取消し
　――の撤回　→撤回
　――の附款　→附款
　――の無効　92
行政国家　139
行政財産　66
行政裁判所　39, 139
行政裁量　87, 227〜
行政作用（法）　3〜4
行政事件訴訟法　39, 140
行政指導　104, 109〜111, 120, 158
行政主体　53〜54, 144, 178
行政上の強制執行　124〜126, 127
行政上の強制徴収　125
行政上の強制措置　46, 123〜
行政上の三段階モデル　→三段階モデル
行政上の秩序罰　126
行政上の不服申立て　256〜
行政情報　28, 130〜
行政処分　49, 153, 163, 268
行政審判　291〜292

行政争訟　139
行政相談　256
行政組織法　52
行政代執行　125, 129
行政庁　55, 178
　――の第一次判断権　152, 196
行政調査　131〜132
行政通則法　5
行政手続　112〜
行政罰　124, 126, 127
行政不服審査（法）　256〜
行政便宜主義　228, 301
行政法　3, 37, 43, 44
行政立法　99〜
供用関連瑕疵　306, 312
許　可　64, 86, 87〜89, 167
許認可制度　24〜27
禁　止　86
勤務条件法定主義　23, 156
苦情処理　256
計画担保責任　326
警　察　60〜61, 293〜294
警察比例の原則　→比例原則
警察規制（警察制限）　60, 62
警察許可　→許可
警察責任　321
形式的当事者訴訟　200, 204〜205
形式的確定力　→不可争力
形成的行為　86
形成訴訟　145, 197
形成力　238
契約締結強制　105, 110
契約自由の原則　50
決定（異議申立てに対する）　279〜
権　限（行政機関の）　53
　――の連結　110
権限濫用の禁止原則　80
原告適格　88, 163〜

原処分主義　181
建築確認（制度）　25〜26
　――の留保　110, 231
減　免（租税の）　21
権利訴訟　143, 150, 184
権利対価補償　318
権力関係（→公法関係をも見よ）　38,
　146
行為訴訟　143, 149〜150, 184
公益原則　84
公企業　61, 294
　――の特許　→特許
公共組合　54
公共事業・公共工事　29, 159, 254
公共用物（公共用財産）　66〜
公　権　38, 41
　――の不融通性　38, 41
公権力性（公権力の行使）　143, 146, 154,
　157〜, 296〜297
公私協働　55
抗告訴訟　143〜145
公　証　86, 162
更正処分　→課税処分
更正の請求　21, 46
拘束力　239〜240, 286
公聴会　122
公定力　44, 91, 146, 154, 284, 299
口頭（審理）主義　220
口頭意見陳述権　274
公　表（違反事実の）　110, 128
公　布　83, 100
公　物　31, 38, 64〜, 294, 306
　――の占用許可の撤回　→占用許可の
　　撤回
　――の不融通性　68
公物管理　71
公物警察　71
公文書管理法　133

公法関係　37〜, 156, 186, 202
公法私法二元論　36〜, 139, 146
公務員（制度）　22〜24
　――の懲戒処分　→懲戒処分
　――の分限処分　→分限処分
公用開始行為・公用廃止行為　69
公用権利変換　32, 62
公用収用　29, 62, 316〜318
公用制限　62, 316, 319〜321
公用負担　62, 316
公用物（公用財産）　66〜67
効率性（の原則）　84
告　示　100
告　知　114
個人情報保護（制度）　132〜
個人情報保護法　130
国家賠償（法）　293〜
国家補償　139, 293〜, 325
　――の谷間　325
固有の資格　289〜290
根拠規範　48, 78

〔さ　行〕

裁　決　279〜
裁決主義　182
裁決取消訴訟　147, 181, 279, 283
財産管理　71
財産権補償　318
再審査請求　262
財　政　62
財務会計行為　207, 213〜215
裁量権収縮の理論　301
裁量権の踰越・濫用　227
裁量基準　102, 103, 231
差止訴訟（抗告訴訟としての）　144, 197
　〜
差止訴訟（民事訴訟としての）　159
サービス行政（給付行政をも見よ）　28

～29
三段階モデル　8, 33, 46～, 84, 108, 130
三面関係　16
市街地再開発事業　32, 62
事業損失　318
事業認定　30
事実行為　153, 268
自主条例　59, 130
自主法　79
支出負担行為　218
事情裁決・事情判決　244～245, 279
私　人　3～4
　　――による行政　54, 297
自然公物　311
自治基本条例　122
自治事務　58
執行機関　55
執行停止　246～, 272
執行罰　126, 127
執行命令　102
実質的当事者訴訟　200
実質的確定力　91, 285
実質的証拠法則　291～292
実質的法治主義　76
指定法人　55
指定管理者　55
指導要綱　→要綱
私物（私産）　65～66
司法国家　139
諮問機関　55
釈明権　221
釈明処分の特則　221
自由裁量（行為）　→行政裁量
自由使用（公物の）　67～, 173
自由主義　8, 33, 34～35, 48, 85
修正裁決　→変更裁決
自由選択主義　180, 259, 263
住　民　211

住民監査請求　210
住民訴訟　206～
収用裁決　30
主観訴訟　141, 142
主張制限　232
主張責任　236
出訴期間　176
受　理　86, 90, 121, 163
準法律行為的行政行為　86, 90, 162
情報公開（制度）　132～
情報公開・個人情報保護審査会　135
情報提供　133
条　例　47, 58
職員団体　54
職務命令　56
職権主義　220, 273
職権証拠調べ　220, 275
職権進行主義　220, 276
職権探知（主義）　220, 275～276
職権取消し　94～95
処分基準　102, 118
処分権主義　220, 245, 276, 279
処分性（→行政処分をも見よ）　153～
処分取消訴訟　→取消訴訟
書面（審理）主義　220, 273, 274
自力救済執行禁止の原則　51, 91
自力執行力　91
侵害作用　14～15
侵害留保（説）　77, 106
審議会　→諮問機関
信義誠実の原則（信義則）　51, 80, 83, 103
審　決　291
申告（納税申告）　21
人工公物　311
審査基準　102, 116
審査請求　262～
審査請求前置主義　→不服申立前置主義
審査請求中心主義　263

申　請　116
申請権　192, 193, 194
申請に対する処分　16, 116〜118, 225, 240
随意契約　107
生活権補償　318, 325
生活保護　29, 61
請求の放棄・認諾　245
政策評価　84
成文法源　79
説明責任　84, 222
先願主義　88
専　決　57, 213
占用許可の撤回　316, 322〜323
総合設計許可　27
相互保証主義　316
争訟取消し　95
争点訴訟　203, 254
訴願法　257
即時強制　48, 124, 127
組織過失　303
組織規範　77〜78
訴訟参加　149, 223, 243
訴訟の移送や併合　222
訴訟物　223
租税犯則調査　22
損失補償　293, 316〜

〔た　行〕

第三者効　241
第三者再審の訴え　243
第三者の訴訟参加　→訴訟参加
代執行　→行政代執行
滞納処分　19〜21, 125
代　理（権限の）　57
他事考慮　80
秩序罰　→行政上の秩序罰
地方公共団体　54, 58
懲戒処分（公務員の）　23

調達行政　14, 105
聴　聞　114, 119〜120
直接強制　125, 127
通損補償　318, 323
通　達　56, 102, 160
通　知　86, 162
適正手続　114
撤　回　94〜95, 128, 316
　——権の留保　96
手続的瑕疵　122
手続的正義の原則　82, 114
手続的法治主義　76
当事者主義　220
当事者訴訟　143, 200〜, 253
統　制　61
統制規範（規制規範）　48, 78
透明性（の原則）　84
道路の管理　30〜31, 61
登　録　90
時の裁量　231
特殊法人　54
特定管轄裁判所　179
特別権力関係　38
特別の犠牲　319
独立行政法人　54
土地改良事業　32, 62
土地区画整理事業　32, 62
土地収用　30
特　許　64, 86, 87, 167
届　出　16, 27, 120
取消権の留保　→撤回権の留保
取消訴訟　49, 144, 147〜
　——の排他性　44, 150
取消訴訟中心主義　152
取消判決　→認容判決

〔な　行〕

内　閣　59

事項索引

359

内閣総理大臣　266
　　──の異議　247, 250
内部関係　36, 102
内部行為　162
二重効果的処分　26
二面関係　16
入札（制度）　84, 107
任意買収　30, 106
認　可（→許認可制度をも見よ）　86, 88
　～89
認容裁決・認容判決　237, 279
農地買収　17～19

〔は 行〕

賠償責任者　313
白紙委任の禁止　101
パブリック・インボルブメント　122
パブリック・コメント　→意見公募手続
反射的利益　166, 300
判例法　79
PFI　69
被告適格　178
平等原則　81
平野事件　140
標準処理期間　117
比例原則　81, 228
不開示情報　134
不確定概念　229
不可争力　91, 177, 285
不可変更力　91, 285
附　款　96～97
福祉国家　35, 61
不作為違法確認訴訟　144, 191～193
普通財産　66
不服申立期間　178, 270
不服申立前置主義　22, 177, 180, 259
不服申立庁　264～267
不服申立ての利益　269～270

不文法源　79, 83
不利益処分　16, 116, 118～120, 224
分限処分　23
文書提出命令　222
文書等の閲覧請求権（行政手続における）
　119
紛争の成熟性　154, 160～162
変更裁決　280
弁明の機会の付与　119～120
弁明書　277
弁論主義　220
法　規　101
法規命令　101～102
法治主義　76
法定抗告訴訟・法定外抗告訴訟　144
法定受託事務　58～59, 267, 314
法の一般原則　38, 80～
法　律
　　──による行政の原理　75～
　　──の優位　76
　　──の（専権的）法規創造力　76, 101
　　──の留保　76
法律関係　53, 143
法律関係訴訟　→権利訴訟
法律行為的行政行為　86, 90
法律上の争訟　140
法律上の利益　165, 212
法　令　59
補助機関　55
補助金　29, 63
補　正　117, 272
本案審理　219, 272, 274

〔ま 行〕

みぞかき補償　318, 322
みなし許可・却下　191
民間委託　43, 55, 106

360　事項索引

民衆訴訟　141, 206
民主主義　34
無効（等）確認訴訟　144, 183〜, 200
無名抗告訴訟　→法定外抗告訴訟
命　令　101
命令的行為　85
免　除　86
目的外使用（公物の）　68, 322
目的外使用の禁止（行政情報の）　132
目的規定　83

〔や　行〕

夜警国家　60

誘導行政　16
要件審理　272, 274
要　綱　102, 109

〔ら　行〕

立証責任　236
理由の差替え　224〜226
理由付記　118
令状主義　132
列記主義　259

〔わ　行〕

和　解　245

事項索引　361

判例索引

　以下に付記した学習用判例集は，別冊ジュリスト『行政判例百選Ⅰ・Ⅱ〔第5版〕』を中心にしており，他の判例教材等（本書冒頭の「参考文献」参照）は補充的に掲げている。なお，「判例集未登載」となっている判決は，最高裁判所のホームページ（http://www.courts.go.jp/）などで参照できる。

◇最高裁判所

最大判昭和24・7・13刑集3巻8号1286頁〔百選248〕　324
最判昭和25・9・15民集4巻9号404頁〔百選83〕　235
最判昭和27・1・25民集6巻1号22頁〔百選200〕　236
最大判昭和27・10・8民集6巻9号783頁〔百選146〕　141
最判昭和27・11・20民集6巻10号1038頁〔百選186〕　177, 270
最大判昭和28・2・18民集7巻2号157頁〔百選8〕　40
最判昭和28・6・12民集7巻6号663頁〔百選212〕　206
最判昭和28・9・4民集7巻9号868頁〔百選89〕　95
最判昭和28・9・11民集7巻9号888頁〔旧百選185〕　280
最大判昭和28・12・23民集7巻13号1561頁〔百選63〕　71
最大判昭和28・12・23民集7巻13号1523頁〔百選247〕　317
最判昭和28・12・24民集7巻13号1604頁〔百選197〕　220
最判昭和29・1・21民集8巻1号102頁〔百選68〕　91, 285
最判昭和29・2・11民集8巻2号419頁　140
最判昭和29・5・14民集8巻5号937頁〔旧百選79〕　286
最判昭和29・6・22民集8巻6号1162頁〔百選202〕　249
最大判昭和29・7・19民集8巻7号1387頁〔百選86〕　94
最判昭和29・7・30民集8巻7号1501頁〔旧百選24〕　38, 230
最判昭和29・10・14民集8巻10号1858頁〔百選140〕　276
最判昭和30・4・19民集9巻5号534頁〔百選234〕　305
最判昭和30・9・30民集9巻10号1498頁〔百選12〕　43, 61
最判昭和30・10・27民集9巻11号1720頁〔百選16〕　42
最判昭和30・12・26民集9巻14号2070頁〔百選66〕　284
最判昭和31・4・13民集10巻4号397頁〔百選70〕　230
最判昭和31・4・24民集10巻4号417頁　40
最判昭和31・11・30民集10巻11号1502頁〔百選230〕　303
最判昭和32・3・19民集11巻3号527頁〔百選213〕　206
最判昭和32・12・24民集11巻14号2336頁〔百選196〕　233
最判昭和32・12・25民集11巻14号2466頁〔百選136〕　272

最大判昭和32・12・28 刑集 11 巻 14 号 3461 頁〔百選 44〕　83, 100
最判昭和33・2・7 民集 12 巻 2 号 167 頁　286
最判昭和33・3・28 民集 12 巻 4 号 624 頁〔百選 51〕　21, 102, 160
最大判昭和33・4・9 民集 12 巻 5 号 717 頁〔百選 94〕　97, 320
最大判昭和33・4・30 民集 12 巻 6 号 938 頁〔百選 116〕　127
最判昭和33・5・1 刑集 12 巻 7 号 1272 頁〔憲法百選 232〕　101
最判昭和33・7・25 民集 12 巻 12 号 1847 頁〔百選 204〕　245
最判昭和34・1・29 民集 13 巻 1 号 32 頁〔百選 23〕　160
最判昭和34・6・26 民集 13 巻 6 号 862 頁〔百選 33〕　42
最判昭和34・6・26 民集 13 巻 6 号 846 頁〔百選 133〕　80
最判昭和34・7・14 民集 13 巻 7 号 960 頁〔百選 10〕　108
最判昭和34・8・18 民集 13 巻 10 号 1286 頁　167
最判昭和34・9・22 民集 13 巻 11 号 1426 頁〔百選 80〕　92
最大判昭和34・12・16 刑集 13 巻 13 号 3225 頁〔百選 148〕　141
最判昭和35・3・18 民集 14 巻 4 号 483 頁〔百選 11〕　43, 61
最判昭和35・3・22 民集 14 巻 4 号 551 頁〔百選 32〕　42
最判昭和35・3・31 民集 14 巻 4 号 663 頁〔百選 9〕　40
最大判昭和35・6・8 民集 14 巻 7 号 1206 頁〔百選 152〕　141
最判昭和35・7・12 民集 14 巻 9 号 1744 頁〔百選 154〕　71
最大判昭和35・10・19 民集 14 巻 12 号 2633 頁〔百選 150〕　141
最大判昭和36・3・15 民集 15 巻 3 号 467 頁〔百選 164〕　160
最判昭和36・4・21 民集 15 巻 4 号 850 頁〔百選 233〕　155, 299
最判昭和36・5・4 民集 15 巻 5 号 1306 頁　94
最判昭和36・5・26 民集 15 巻 5 号 1404 頁〔百選 15〕　89
最判昭和36・7・14 民集 15 巻 7 号 1814 頁〔百選 84〕　94
最判昭和36・7・21 民集 15 巻 7 号 1966 頁〔百選 189〕　181
最判昭和37・1・19 民集 16 巻 1 号 57 頁〔百選 18〕　88, 164, 167
最判昭和37・4・10 民集 16 巻 4 号 699 頁〔百選 20〕　68
最判昭和37・4・12 民集 16 巻 4 号 781 頁〔百選 198〕　292
最判昭和37・12・26 民集 16 巻 12 号 2557 頁〔百選 144〕　280
最判昭和38・4・2 民集 17 巻 3 号 435 頁〔百選 93〕　97
最判昭和38・5・31 民集 17 巻 4 号 617 頁〔百選 124〕　123
最大判昭和38・6・26 刑集 17 巻 5 号 521 頁〔百選 250〕　322
最判昭和39・1・16 民集 18 巻 1 号 1 頁〔百選 19〕　70
最判昭和39・2・4 民集 18 巻 2 号 252 頁　303
最判昭和39・10・22 民集 18 巻 8 号 1762 頁〔百選 130〕　46
最判昭和39・10・29 民集 18 巻 8 号 1809 頁〔百選 156〕　153, 159
最大判昭和40・4・28 民集 19 巻 3 号 721 頁　174

判例索引

最判昭和 40・8・2 民集 19 巻 6 号 1393 頁　　174
最判昭和 41・2・8 民集 20 巻 2 号 196 頁〔百選 149〕　141
最大判昭和 41・2・23 民集 20 巻 2 号 320 頁〔百選 111〕　130
最大判昭和 41・2・23 民集 20 巻 2 号 271 頁〔百選 159〕　161
最判昭和 42・3・14 民集 21 巻 2 号 312 頁〔百選 206〕　185, 242
最判昭和 42・4・7 民集 21 巻 3 号 572 頁〔百選 199〕　237
最大判昭和 42・5・24 民集 21 巻 5 号 1043 頁〔百選 17〕　42, 176
最判昭和 42・9・26 民集 21 巻 7 号 1887 頁〔百選 69〕　91, 286
最判昭和 43・4・18 民集 22 巻 4 号 936 頁　　268
最判昭和 43・11・7 民集 22 巻 12 号 2421 頁〔百選 90〕　95
最大判昭和 43・11・27 刑集 22 巻 12 号 1402 頁〔百選 251〕　320, 324
最大判昭和 43・11・27 民集 22 巻 12 号 2808 頁〔百選 253〕　320
最判昭和 43・12・24 民集 22 巻 13 号 3147 頁〔百選 52〕　160
最判昭和 43・12・24 民集 22 巻 13 号 3254 頁〔百選 178〕　167, 174, 240, 292
最判昭和 44・2・18 判時 552 号 47 頁　　304
最判昭和 44・12・4 民集 23 巻 12 号 2407 頁〔百選 61〕　69
最大判昭和 45・7・15 民集 24 巻 7 号 771 頁〔百選 155〕　158
最判昭和 45・8・20 民集 24 巻 9 号 1268 頁〔百選 235〕　308, 309
最判昭和 45・10・30 民集 24 巻 11 号 1693 頁〔百選 34〕　42
最判昭和 45・12・24 民集 24 巻 13 号 2187 頁〔百選 14〕　89
最大判昭和 46・1・20 民集 25 巻 1 号 1 頁〔百選 46〕　102, 159
最判昭和 46・10・28 民集 25 巻 7 号 1037 頁〔百選 122〕　116, 123
最判昭和 47・4・21 民集 26 巻 3 号 567 頁〔重判 47-94〕　292
最判昭和 47・5・19 民集 26 巻 4 号 698 頁〔百選 62〕　88, 90
最判昭和 47・5・30 民集 26 巻 4 号 851 頁〔百選 245〕　322
最大判昭和 47・11・22 刑集 26 巻 9 号 554 頁〔百選 106〕　132
最判昭和 47・11・30 民集 26 巻 9 号 1746 頁〔百選 208〕　198
最判昭和 47・12・5 民集 26 巻 10 号 1795 頁〔百選 85〕　94, 123
最判昭和 48・1・19 民集 27 巻 1 号 1 頁〔自治百選 14〕〔重判 48-28〕　172
最判昭和 48・3・6 集民 108 号 387 頁　　175
最判昭和 48・3・27 集民 108 号 529 頁　　298
最判昭和 48・4・26 民集 27 巻 3 号 629 頁〔百選 81〕　92
最決昭和 48・7・10 刑集 27 巻 7 号 1205 頁〔百選 107〕　131, 132
最判昭和 48・9・14 民集 27 巻 8 号 925 頁〔百選 77〕　230
最判昭和 48・10・18 民集 27 巻 9 号 1210 頁〔百選 249〕　318
最判昭和 49・2・5 民集 28 巻 1 号 1 頁〔百選 92〕　68, 323
最判昭和 49・3・8 民集 28 巻 2 号 186 頁〔百選 37〕　201
最判昭和 49・7・19 民集 28 巻 5 号 759 頁　　286

最判昭和49・7・19民集28巻5号790頁〔旧百選19〕〔憲法百選13〕〔重判49-21〕=昭和女子大事件　230
最判昭和49・7・19民集28巻5号897頁〔百選6〕　38, 159
最判昭和49・12・10民集28巻10号1868頁〔百選120〕　176
最判昭和50・2・25民集29巻2号143頁〔百選28〕　80
最判昭和50・2・25民集29巻2号143頁〔百選35〕　41
最判昭和50・5・29民集29巻5号662頁〔百選123〕　123
最判昭和50・6・26民集29巻6号851頁〔交通事故百選44〕　308
最判昭和50・7・25民集29巻6号1136頁〔百選236〕　308, 309
最大判昭和50・9・10刑集29巻8号489頁〔自治百選28〕〔憲法百選90・235〕〔重判50-9〕=徳島公安条例事件　58, 71
最判昭和50・9・26民集29巻8号1338頁〔百選132〕　90
最判昭和50・11・28民集29巻10号1754頁〔百選242〕　314
最大判昭和51・3・10民集30巻2号79頁〔百選195〕　292
最大判昭和51・4・14民集30巻3号223頁〔百選214〕　206, 245
最判昭和51・4・27民集30巻3号384頁　188
最判昭和51・9・30民集30巻8号816頁　304
最判昭和51・12・24民集30巻11号1104頁〔百選36〕　64, 68
最判昭和52・3・15民集31巻2号234頁〔百選151〕　141
最判昭和52・6・20民集31巻4号449頁〔百選13〕　43
最大判昭和52・7・13民集31・4・533〔憲法百選47〕=津地鎮祭事件　217
最判昭和52・12・20民集31巻7号1101頁〔百選78〕　82, 230
最判昭和53・2・23民集32巻1号11頁〔旧百選14〕〔重判53-32〕　41
最判昭和53・3・14民集32巻2号211頁〔百選138〕　165, 269
最判昭和53・3・30民集32巻2号485頁〔百選216〕〔自治百選75〕　210, 211
最判昭和53・5・26民集32巻3号689頁〔百選31〕=個室浴場事件　81, 98, 110
最判昭和53・6・16刑集32巻4号605頁〔百選67〕　151
最判昭和53・7・4民集32巻5号809頁　310
最判昭和53・7・17民集32巻5号1000頁〔百選243〕　315
最判昭和53・9・7刑集32巻6号1672頁〔百選109〕　131
最判昭和53・9・19判時911号99頁　226
最大判昭和53・10・4民集32巻7号1223頁〔百選73〕　103, 231
最判昭和53・10・20民集32巻7号1367頁〔百選229〕　299, 302
最判昭和53・12・8民集32巻9号1617頁〔百選2〕　54, 161
最判昭和54・12・25民集33巻7号753頁〔百選165〕　90, 162
最判昭和55・2・22判時962号50頁〔重判55-56〕　211
最決昭和55・9・22刑集34巻5号272頁〔百選110〕　79, 131
最判昭和55・11・25民集34巻6号781頁〔百選179〕　174

判例索引

365

最判昭和 56・1・27 民集 35 巻 1 号 35 頁〔百選 27〕　80, 326
最判昭和 56・2・24 民集 35 巻 1 号 98 頁〔旧百選 208〕　288
最判昭和 56・2・26 民集 35 巻 1 号 117 頁〔百選 58〕　90
最判昭和 56・4・7 民集 35 巻 3 号 443 頁〔憲法百選 203〕〔重判 56-26〕　141
最判昭和 56・5・14 民集 35 巻 4 号 717 頁〔百選 139〕　270
最判昭和 56・7・14 民集 35 巻 5 号 901 頁〔百選 193〕　225
最大判昭和 56・12・16 民集 35 巻 10 号 1369 頁〔百選 157〕＝大阪空港訴訟　159, 255
最大判昭和 56・12・16 民集 35 巻 10 号 1369 頁〔百選 241〕＝大阪空港訴訟　307, 312
最判昭和 57・2・23 民集 36 巻 2 号 154 頁〔旧百選 147〕　46
最判昭和 57・3・12 民集 36 巻 3 号 329 頁〔百選 228〕　302
最判昭和 57・4・1 民集 36 巻 4 号 519 頁〔百選 231〕　303
最判昭和 57・4・22 民集 36 巻 4 号 705 頁〔百選 161〕　112, 161
最判昭和 57・4・23 民集 36 巻 4 号 727 頁〔百選 128〕　90, 231
最判昭和 57・5・27 民集 36 巻 5 号 777 頁〔重判 57-49〕〔公務員百選 6〕　156
最判昭和 57・7・13 民集 36 巻 6 号 970 頁〔自治百選 92〕〔重判 57-58〕　211
最判昭和 57・7・15 民集 36 巻 6 号 1169 頁〔百選 168〕　126, 160
最判昭和 57・9・9 民集 36 巻 9 号 1679 頁〔百選 180〕　164, 175
最判昭和 58・2・18 民集 37 巻 1 号 59 頁〔百選 246〕　322
最判昭和 58・4・5 判時 1077 号 50 頁　175
最判昭和 58・7・15 民集 37 巻 6 号 849 頁〔旧自治百選 75〕　218
最判昭和 58・10・27 民集 37 巻 8 号 1196 頁〔百選 142〕　284
最判昭和 59・1・26 民集 38 巻 2 号 53 頁〔百選 237〕＝大東水害訴訟　70, 307, 312
最判昭和 59・3・23 民集 38 巻 5 号 475 頁〔重判 59-36〕　301
最判昭和 59・10・26 民集 38 巻 10 号 1169 頁〔百選 181〕　175
最判昭和 59・11・6 判時 1139 号 30 頁　218
最判昭和 60・1・22 民集 39 巻 1 号 1 頁〔百選 125〕　123
最判昭和 60・3・28 民集 39 巻 2 号 333 頁〔重判 60-49〕　312
最判昭和 60・7・16 民集 39 巻 5 号 989 頁〔百選 129〕　110, 111
最判昭和 60・9・12 判時 1171 号 62 頁〔自治百選 70〕〔重判 60-37〕　217
最判昭和 60・11・21 民集 39 巻 7 号 1512 頁〔百選 227〕　302
最判昭和 60・12・17 判時 1179 号 56 頁〔百選 169〕＝伊達火力発電所事件　169, 170
最判昭和 61・2・13 民集 40 巻 1 号 1 頁　159
最判昭和 61・2・27 民集 40 巻 1 号 124 頁〔百選 218〕　307
最判昭和 61・3・25 民集 40 巻 2 号 472 頁〔百選 239〕　310, 311
最判昭和 61・6・19 判時 1206 号 21 頁〔百選 145〕　268, 271, 287
最判昭和 62・2・6 判時 1232 号 100 頁〔百選 217〕　297
最判昭和 62・2・20 民集 41 巻 1 号 122 頁〔百選 135〕　209, 211
最判昭和 62・4・17 民集 41 巻 3 号 286 頁〔百選 184〕　187

最判昭和62・4・21 民集41巻3号309頁〔百選143〕　　182, 283
最判昭和62・5・19 民集41巻4号687頁〔百選97〕　　107, 209
最判昭和62・10・30 判時1262号91頁〔百選26〕　　80, 83, 103
最判昭和62・11・24 判時1284号56頁　　70, 168, 171, 173
最判昭和63・1・21 判時1270号67頁　　319
最判昭和63・3・31 判時1276号39頁　　132
最判昭和63・6・17 判時1289号39頁〔百選91〕　　95
最判平成元・1・20 民集43巻1号1頁　　167
最判平成元・2・17 民集43巻2号56頁〔百選170〕＝新潟空港訴訟　　83, 160, 169, 170, 171, 172, 233
最判平成元・4・13 判時1313号121頁〔百選171〕＝近鉄特急事件　　168, 172, 173
最判平成元・6・20 判時1334号201頁〔百選172〕＝伊場遺跡事件　　172
最判平成元・7・4 判時1336号86頁〔重判1-46〕　　198, 199
最判平成元・9・19 民集43巻8号955頁〔百選7〕　　42
最決平成元・11・8 判時1328号16頁〔百選95〕　　110
最判平成元・11・24 民集43巻10号1169頁〔百選223〕　　301
最判平成2・1・18 民集44巻1号1頁〔百選49〕　　100
最判平成2・1・18 民集44巻1号253頁〔百選141〕　　275, 278
最判平成2・2・1 民集44巻2号369頁〔百選47〕　　102
最判平成2・4・12 民集44巻3号431頁　　213
最判平成2・12・13 民集44巻9号1186頁〔百選238〕＝多摩川水害訴訟　　312
最判平成3・3・8 民集45巻3号164頁〔百選103〕　　79, 209
最判平成3・4・19 民集45巻4号518頁〔百選147〕　　141
最判平成3・4・19 民集45巻4号367頁〔百選219〕　　304
最判平成3・4・26 民集45巻4号653頁〔百選220〕　　298
最判平成3・7・9 民集45巻6号1049頁〔百選48〕　　102
最判平成3・12・20 民集45巻9号1455頁・1503頁〔百選25〕　　213
最判平成4・1・24 民集46巻1号54頁〔百選182〕　　175, 244
最判平成4・2・18 民集46巻2号77頁〔租税百選108〕〔重判4-62〕　　225
最判平成4・4・28 民集46巻4号245頁〔重判4-261〕　　239
最大判平成4・7・1 民集46巻5号437頁〔百選121〕　　114
最判平成4・9・22 民集46巻6号571頁〔百選173〕＝もんじゅ訴訟　　165, 168, 170, 171
最判平成4・9・22 民集46巻6号1090頁〔百選185〕＝もんじゅ訴訟　　187, 188
最判平成4・10・29 民集46巻7号1174頁〔百選74〕　　231, 237
最判平成4・11・26 民集46巻8号2658頁〔百選160〕　　161
最判平成4・12・10 判時1453号116頁〔百選126〕　　135
最判平成4・12・15 民集46巻9号2753頁〔自治百選89〕〔重判4-60〕　　216
最判平成5・2・16 民集47巻2号473頁〔重判5-231〕　　226

最判平成 5・2・16 民集 47 巻 3 号 1687 頁〔自治百選 84〕〔憲法百選 52〕〔重判 5-26〕＝箕面忠魂碑訴訟　213
最判平成 5・2・18 民集 47 巻 2 号 574 頁〔百選 100〕　110
最判平成 5・2・25 民集 47 巻 2 号 643 頁〔百選 158〕　160
最判平成 5・3・11 民集 47 巻 4 号 2863 頁〔百選 221〕　298, 299
最判平成 5・3・16 民集 47 巻 5 号 3483 頁〔百選 75〕　101, 231
最判平成 5・3・30 民集 47 巻 4 号 3226 頁〔百選 240〕　70, 306, 310
最判平成 5・7・20 民集 47 巻 7 号 4627 頁〔百選 211〕　205
最判平成 5・9・10 民集 47 巻 7 号 4955 頁〔重判 5-60〕　175
最判平成 5・10・8 訟月 40 巻 8 号 2020 頁　162
最判平成 5・12・17 民集 47 巻 10 号 5530 頁〔百選 205〕　240, 270
最判平成 6・1・27 民集 48 巻 1 号 53 頁〔百選 39〕　134
最判平成 6・2・8 民集 48 巻 2 号 255 頁〔自治百選 16〕〔重判 6-48〕　237
最判平成 6・3・25 判時 1512 号 22 頁〔百選 40〕　134
最判平成 6・9・27 判時 1518 号 10 頁　171, 173
最判平成 6・12・20 民集 48 巻 8 号 1676 頁〔自治百選 94〕〔租税百選 90〕　83, 109
最大判平成 7・2・22 刑集 49 巻 2 号 1 頁〔百選 22〕　266
最判平成 7・3・7 民集 49 巻 3 号 687 頁〔憲法百選 88〕〔重判 7-16〕　71
最判平成 7・3・23 民集 49 巻 3 号 1006 頁〔百選 162〕　90, 156, 162
最判平成 7・6・23 民集 49 巻 6 号 1600 頁〔百選 224〕　95, 301, 302
最判平成 7・7・7 民集 49 巻 7 号 1870 頁・2599 頁〔旧百選 165〕〔重判 7-38〕　159, 254, 312
最判平成 7・11・7 民集 49 巻 9 号 2829 頁〔百選 65〕　158
最判平成 8・2・22 判時 1562 号 39 頁　165
最判平成 8・3・8 民集 50 巻 3 号 469 頁〔百選 79〕　230
最決平成 8・11・1 判時 1590 号 144 頁　223
最判平成 9・1・28 民集 51 巻 1 号 147 頁〔百選 210〕　318, 324
最判平成 9・1・28 民集 51 巻 1 号 250 頁〔旧百選 203〕〔重判 9-35〕　169, 171, 172, 176
最判平成 9・4・2 民集 51 巻 4 号 1673 頁〔自治百選 76〕〔重判 9-10〕　209
最判平成 10・4・24 判時 1640 号 115 頁〔百選 4〕　209
最判平成 10・7・16 判時 1652 号 52 頁〔百選 76〕　103
最判平成 10・10・13 判時 1662 号 83 頁〔百選 117〕　127
最判平成 10・12・17 民集 52 巻 9 号 1821 頁〔百選 175〕　168, 171
最判平成 11・1・21 判時 1675 号 48 頁〔百選 60〕　162
最判平成 11・1・21 民集 53 巻 1 号 13 頁〔百選 96〕　83, 110
最判平成 11・7・15 判時 1692 号 140 頁〔百選 55〕　200
最判平成 11・11・19 民集 53 巻 8 号 1862 頁〔百選 194〕　226
最判平成 11・11・25 判時 1698 号 66 頁〔百選 53〕　112, 171

最判平成 12・3・17 判時 1708 号 62 頁〔重判 12-32〕　171
最決平成 13・2・27 民集 55 巻 1 号 149 頁〔重判 13-34〕　180
最判平成 13・3・13 民集 55 巻 2 号 283 頁〔百選 174〕　172
最判平成 13・7・13 訟月 48 巻 8 号 2014 頁〔自治百選 96〕　136
最判平成 13・11・27 判時 1771 号 67 頁〔重判 13-44〕　135
最判平成 13・12・13 民集 55 巻 7 号 1500 頁〔自治百選 87〕〔重判 13-46〕　214
最判平成 13・12・18 民集 55 巻 7 号 1603 頁〔百選 41〕　133, 137
最判平成 14・1・17 民集 56 巻 1 号 1 頁〔百選 163〕　101, 162, 183
最判平成 14・1・22 民集 56 巻 1 号 46 頁〔百選 177〕　169, 171, 172
最決平成 14・2・28 判時 1781 号 96 頁　248
最判平成 14・3・28 民集 56 巻 3 号 613 頁〔重判 14-34〕　169
最判平成 14・6・11 民集 56 巻 5 号 958 頁〔重判 14-17〕　318
最判平成 14・7・9 民集 56 巻 6 号 1134 頁〔百選 112〕　130, 141
最大判平成 14・9・11 民集 56 巻 7 号 1439 頁〔百選 244〕　315, 316
最決平成 14・9・26 判時 1807 号 152 頁〔百選 191〕　243
最判平成 14・10・24 民集 56 巻 8 号 1903 頁〔百選 137〕　271
最判平成 15・1・17 民集 57 巻 1 号 1 頁〔重判 15-38〕　57, 216
最決平成 15・1・24 集民 209 号 59 頁〔百選 192〕　223
最判平成 15・9・4 判時 1841 号 89 頁〔百選 166〕　158
最決平成 15・10・10 判例集未登載　41, 105, 158
最判平成 15・11・11 民集 57 巻 10 号 1387 頁〔百選 42〕　134
最判平成 16・1・15 民集 58 巻 1 号 226 頁〔百選 222〕　304
最決平成 16・1・20 刑集 58 巻 1 号 26 頁〔百選 108〕　132
最判平成 16・2・24 判時 1854 号 41 頁　136
最判平成 16・4・26 民集 58 巻 4 号 989 頁〔重判 16-44〕　162
最判平成 16・4・27 民集 58 巻 4 号 1032 頁〔百選 225〕　301
最判平成 16・6・29 判時 1869 号 17 頁　134
最判平成 16・7・13 民集 58 巻 5 号 1368 頁〔百選 5〕　209
最判平成 16・10・15 民集 58 巻 7 号 1802 頁〔百選 226〕　301
最判平成 17・3・29 民集 59 巻 2 号 477 頁〔重判 17-37〕　222
最判平成 17・4・14 民集 59 巻 3 号 491 頁〔租税百選 87〕〔重判 17-39〕　149, 154
最決平成 17・6・24 判時 1904 号 69 頁〔重判 17-43〕　55
最判平成 17・7・15 民集 59 巻 6 号 1661 頁〔百選 167〕　158, 162
最大判平成 17・9・14 民集 59 巻 7 号 2087 頁〔百選 209〕＝在外邦人選挙権訴訟　201, 202, 206, 302
最判平成 17・10・28 民集 59 巻 8 号 2296 頁〔重判 17-53〕　84
最判平成 17・11・1 判時 1928 号 25 頁〔百選 252〕　320
最判平成 17・11・21 民集 59 巻 9 号 2611 頁　41, 43

最大判平成17・12・7民集59巻10号2645頁〔百選176〕＝小田急高架訴訟　164, 171
最判平成18・2・7民集60巻2号401頁〔重判18-39〕　68
最判平成18・7・14民集60巻6号2369頁〔重判18-47〕　141, 160
最判平成18・10・26判時1953号122頁〔重判18-53〕　84, 107
最判平成19・1・25民集61巻1号1頁〔重判19-56〕　106, 297
最決平成19・3・23民集61巻2号619頁〔重判19-95〕　121
最判平成19・10・19判時1993号3頁〔重判19-50〕　173
最決平成19・12・18判時1994号21頁　248
最判平成20・1・18民集60巻1号1頁〔重判20-64〕　217
最大判平成20・6・4民集62巻6号1367頁〔重判20-58〕　201
最大判平成20・9・10民集62巻8号2029頁〔重判20-52〕　161, 236, 242
最決平成21・1・15民集63巻1号46頁　135
最判平成21・2・27民集63巻2号299頁　165
最判平成21・7・10判時2058号53頁　107
最判平成21・10・15裁時1493号5頁　173
最判平成21・10・23裁時1494号1頁　315
最判平成21・11・18裁時1496号1頁　102
最判平成21・11・26判時2063号3頁　160, 242
最判平成21・12・17裁時1498号9頁　168, 176, 235

◇高等裁判所
福岡高判昭和29・2・26行裁集5巻2号403頁　240
札幌高裁函館支判昭和29・9・6判時40号11頁　307
高松高判昭和36・1・17行裁集12巻1号169頁　253
仙台高判昭和36・2・25行裁集12巻2号344頁　94
大阪高判昭和37・4・17行裁集13巻4号787頁　96
高松高判昭和45・4・24判時607号37頁　96
名古屋高判昭和49・11・20判時761号18頁〔交通事故百選45〕〔重判49-50〕＝飛騨川バス事件　308, 309
大阪高判昭和50・9・30行裁集26巻9号1158頁　277
福岡高判昭和55・3・28判時974号130頁　253
東京高判昭和55・7・28行裁集31巻7号1558頁〔自治百選98〕　158
名古屋高裁金沢支判昭和56・2・4行裁集32巻2号179頁　274
東京高判昭和59・4・16行裁集35巻4号517頁　168, 171
大阪高判昭和62・11・27判時1275号62頁　306, 307
高松高判昭和63・3・23行裁集39巻3＝4号181頁　199
東京高判平成5・6・24判時1462号46頁＝日本坂トンネル事件　311
福岡高判平成7・7・19判時1548号67頁　83

判例索引

名古屋高判平成 8・7・18 判時 1595 号 58 頁　　175, 239
東京高判平成 11・9・21 判時 1701 号 56 頁　　21
東京高判平成 13・7・4 判時 1754 号 35 頁　　233
東京高判平成 15・1・30 判時 1814 号 44 頁〔自治百選 4〕〔重判 15-26〕　　81
東京高判平成 15・5・21 判時 1835 号 77 頁〔重判 15-44〕　　128
東京高判平成 22・2・25 判例集未登載　　81

◇地方裁判所
鳥取地判昭和 26・2・28 行裁集 2 巻 2 号 216 頁　　235
甲府地判昭和 38・11・28 行裁集 14 巻 11 号 2077 頁　　253
東京地判昭和 39・3・11 訟月 10 巻 4 号 620 頁　　303
東京地決昭和 40・4・22 行裁集 16 巻 4 号 708 頁　　242
大阪地判昭和 44・6・26 行裁集 20 巻 5 = 6 号 769 頁　　277, 278
東京地判昭和 44・9・25 判時 576 号 46 頁　　239
東京地判昭和 44・9・26 行裁集 20 巻 8 = 9 号 1141 頁　　250
東京地判昭和 44・12・4 行裁集 20 巻 12 号 1654 頁　　214
東京地判昭和 45・2・24 行裁集 21 巻 2 号 362 頁　　275
大阪地判昭和 46・5・24 行裁集 22 巻 8 = 9 号 1217 頁　　278
東京地判昭和 47・8・28 判時 691 号 40 頁　　323
神戸地尼崎支決昭和 48・5・11 訟月 19 巻 12 号 33 頁〔環境法百選 34〕〔重判 48-15〕　　255
東京地判昭和 51・1・29 行裁集 27 巻 1 号 158 頁　　141
千葉地判昭和 53・6・16 行裁集 29 巻 6 号 1127 頁　　215
横浜地判昭和 53・9・27 判時 920 号 95 頁　　323
東京地判昭和 54・3・27 判時 919 号 77 頁　　311
岐阜地判昭和 55・2・25 行裁集 31 巻 2 号 184 頁〔街づくり百選 106〕〔重判 55-44〕　　325
熊本地判昭和 55・4・16 訟月 26 巻 7 号 1116 頁　　255
浦和地判昭和 55・10・1 判タ 430 号 85 頁　　149
大阪地判昭和 57・2・19 行裁集 33 巻 1 = 2 号 118 頁　　242
東京地判昭和 57・5・31 行裁集 33 巻 5 号 1138 頁　　321
水戸地判昭和 60・6・25 行裁集 36 巻 6 号 844 頁　　233
東京地判昭和 61・3・17 行裁集 37 巻 3 号 294 頁　　321
浦和地判昭和 61・3・31 判時 1201 号 72 頁　　215
大阪地判昭和 61・9・26 判時 1226 号 89 頁　　307
松山地判昭和 63・11・2 判時 1295 号 27 頁　　216
大阪地判平成 2・4・11 判時 1366 号 28 頁　　132
大阪地決平成 2・8・10 判時 1391 号 142 頁　　249
東京地判平成 2・9・18 行裁集 41 巻 9 号 1471 頁　　320

名古屋地判平成 2・10・31 判時 1381 巻 37 頁　　235
高知地決平成 4・3・23 判タ 805 号 66 頁　　253
東京地判平成 4・8・27 行裁集 43 巻 8＝9 号 1087 頁　　201
東京地判平成 5・3・22 行裁集 44 巻 3 号 260 頁　　215
東京地判平成 6・9・9 行裁集 45 巻 8＝9 号 1760 頁　　202
大阪地判平成 10・2・12 判時 1670 号 7 頁　　215
福岡地判平成 10・3・27 判例自治 191 号 72 頁　　235
東京地判平成 13・12・4 判時 1791 号 3 頁　　196
東京地判平成 14・6・28 判時 1809 号 46 頁　　316
千葉地判平成 19・8・21 判時 2004 号 62 頁〔重判 20-48〕　　233
岡山地決平成 19・10・15 判時 1994 号 26 頁〔重判 20-56〕　　252
東京地判平成 20・4・18 判例集未登載　　168

〈著者紹介〉

木村 琢麿（きむら・たくまろ）

1991 年　東京大学法学部卒業，同助手を経て，
現　在　千葉大学大学院専門法務研究科（法科大学院）教授
専　攻　行政法・財政法

〈著　書〉

『ガバナンスの法理論』（勁草書房，2008 年）
『港湾の法理論と実際』（成山堂書店，2008 年）
『ブリッジブック行政法』（共著，信山社，2007 年）
『財政法理論の展開とその環境』（有斐閣，2004 年）
『市民と公務員の行政六法概説』（共著，行政管理研究センター，2004 年）

プラクティス行政法

2010（平成 22）年 4 月 12 日　第 1 版第 1 刷発行

著　者　木　村　琢　麿
発行者　今　井　　　貴
　　　　渡　辺　左　近
発行所　信山社出版株式会社
〒113-0033　東京都文京区本郷 6-2-9-102
　　　　電　話　03(3818)1019
　　　　ＦＡＸ　03(3818)0344

Printed in Japan.

©木村琢麿，2010.　　印刷・製本／暁印刷・渋谷文泉閣

ISBN978-4-7972-2407-8

判例プラクティスシリーズ

成瀬幸典・安田拓人編
判例プラクティス刑法 I 総論　　　　　　　　　本体 4000 円
　収載判例 444 件

成瀬幸典・安田拓人・島田聡一郎編
判例プラクティス刑法 II 各論　　　　　　　　2010 年秋刊行予定

松本恒雄・潮見佳男編
判例プラクティス民法 I 総論・物権　　　　　本体 3600 円
　　収載判例 393 件　2010 年 4 月刊行

判例プラクティス民法 II 債権　　　　　　　　予価本体 3600 円
　　収載判例約 400 件　2010 年 4 月刊行予定

判例プラクティス民法 III 親族・相続　　　　予価本体 3000 円
　　収載判例約 200 件　2010 年続刊予定

判例プラクティス憲法　　　　　　　　　　　2010 年秋刊行予定
　憲法判例研究会編
　　（淺野博宣・尾形健・小島慎司・宍戸常寿・
　　　曽我部真裕・中林暁生・山本龍彦）
　　　　　　収載判例約 450 件

信山社